内 容 简 介

本书是高等师范院校数学教育专业数学教学实践课程的教材.本书以人民教育出版社高中数学教材(A版)为蓝本,详细阐述该教材内容,进行教材分析,剖析教材重点、难点,给出教学设计建议,并将精选的教学实践案例呈现给读者.

本书内容由绪论和正文八章组成.绪论主要对《普通高中数学课程标准(实验)》进行解读,阐述高中数学课堂教学基本理论和教学理念;第一章至第五章对高中数学教材必修1—必修5给出教材解读与教学案例;第六章至第八章对选修2-1,选修2-2,选修2-3给出教材解读与教学案例.本书每章由两部分内容组成:第一节总体说明;第二节教学实践案例,其中也包括说课案例.

本书广泛吸收国内数学教育教学优秀实践经验,全面贯彻新课程的教育理念,较好地体现了数学课程改革的精神,以适应新世纪高等师范院校数学教育教学改革的实践性要求;本书具有浓缩理论、注重实践、便于教学的特点,是快速、全面掌握高中数学课程体系,进行课堂教学的良师益友.

本书可作为高等师范院校数学教育专业本、专科大学生教材,或教学实践、教学实习的参考书;也可作为中学数学教师继续教育以及各类数学教育教学工作者的教学科研参考书.

为了方便教师开展多媒体教学,编者可为任课教师提供相关内容的电子稿,具体事宜可通过电子邮件与编者联系,邮箱地址:chengxiaoliang92@163.com.

作 者 简 介

刘 影 吉林师范大学数学学院教授、硕士生导师、数学学科教学论方向学科带头人,吉林省高等师范院校数学教育研究会副理事长、全国高等师范院校数学教育研究会理事.同时为本科生开设数学教学论、中学数学研究、微格教学、数学教学测量与评价等课程.其中数学教学论课程自1994年至今一直是吉林省高等学校优秀课程.主持或参与完成教育部软科学重点研究项目和省级高等教育教学改革项目多项.在《吉林大学学报(理学版)》《中小学教师培训》《中学数学的教与学》等刊物上发表学术论文30余篇,主编和参编教材10余部.其主编的《数学教学论》教材获2011年吉林省优秀教材奖.自2010年,指导学生参加"东芝杯"全国师范大学理科生教学技能创新大赛连续4次获奖,2011年获一等奖和创新奖.

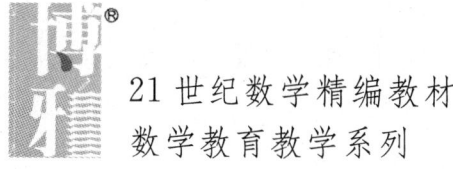

21世纪数学精编教材
数学教育教学系列

数学教学实践

(高中分册)

主　编　刘　影　程晓亮
副主编　张运林　王明礼　杨　尚
编著者　刘　影　程晓亮　王明礼
　　　　周其明　张运林　由　勇
　　　　吴晓冬　马秀梅　张智民
　　　　罗彦东　杨　尚　张海燕
　　　　李云晖　王　乐　戴　莹

图书在版编目(CIP)数据

数学教学实践·高中分册/刘影,程晓亮主编. —北京:北京大学出版社,2010.2
(21世纪数学精编教材·数学教育教学系列)
ISBN 978-7-301-15870-8

Ⅰ. 数… Ⅱ. ①刘… ②程… Ⅲ. 数学课－教学研究－高中－师范大学－教材 Ⅳ. G633.602

中国版本图书馆 CIP 数据核字(2009)第 171127 号

书　　名：数学教学实践(高中分册)
著作责任者：刘　影　程晓亮　主编
责 任 编 辑：刘　勇　曾琬婷
标 准 书 号：ISBN 978-7-301-15870-8/O·0795
出 版 发 行：北京大学出版社
地　　　址：北京市海淀区成府路 205 号　100871
网　　　址：http://www.pup.cn　电子信箱：zpup@pup.pku.edu.cn
电　　　话：邮购部 62752015　发行部 62750672　理科编辑部 62752021　出版部 62754962
印　刷　者：北京大学印刷厂
经　销　者：新华书店
　　　　　　787mm×980mm　16 开本　20.75 印张　440 千字
　　　　　　2010 年 2 月第 1 版　2017 年 9 月第 3 次印刷
印　　　数：6001—9000 册
定　　　价：39.00 元

未经许可,不得以任何方式复制或抄袭本书之部分或全部内容。
版权所有,侵权必究
举报电话：(010)62752024　电子信箱：fd@pup.pku.edu.cn

"21世纪数学精编教材·数学教育教学系列"编委会

名誉主编：高　夯（东北师范大学）　　　王光明（天津师范大学）
主　　编：刘　影（吉林师范大学）　　　程晓亮（吉林师范大学）
编　　委：（按姓氏笔画排序）

马秀梅	王　乐	王　君	王　彬	王　琦	王明礼
王玲娣	王雅丽	刘　露	刘宝瑞	刘金福	孙广才
孙雪梅	朱石焕	牟　欣	何素芳	吴晓冬	宋士波
张　平	张丰硕	张玉环	张海燕	张艳霞	李云晖
李光海	李全有	李春玲	李唐海	李艳军	杨　尚
杨灿荣	陈海俊	周仕荣	周其明	周荣昌	居　蕾
武江红	罗守胜	罗彦东	苗凤华	范兴亚	郑　晨
郑雪静	柳长青	柳成行	徐　伟	徐传胜	徐苏焦
徐建国	翁小勇	郭凤秀	常金勇	盛　登	龚剑钧
喇雪燕	彭　纲	彭艳贵	程广文	蔡炯辉	潘　俭

秘 书 长：程晓亮
责任编辑：曾婉婷　刘　勇

"21世纪数学精编教材·数学教育教学系列"书目

1. 数学教学论（第二版）
2. 初等数学研究
3. 数学教学实践（初中分册）
4. 数学教学实践（高中分册）
5. 中学竞赛数学
6. 数学教育测量与评价
7. 中学数学教师资格考试训练教程

前　言

数学教学实践是高等师范院校数学教育专业必修实践课程.北京、吉林、安徽、福建、陕西、黑龙江、辽宁、云南、河北、河南、四川、贵州、山西、山东、重庆、内蒙古、广西、青海等二十余个省、市、自治区的二十余所高等师范院校数学课程与教学论的教师、高中数学一线教师参与了编写本教材的全过程.我们组成提议、编写、审阅委员会.本书广泛吸收全国各地数学教育教学优秀实践经验,把握数学课程改革的理念与精神,适应新世纪高等师范院校数学教育教学改革实践要求.本书把新教育思想、教育模式、教育理念融合在数学教学实践中,全面体现了数学教育教学的实践性精神.本书是快速、全面掌握高中数学课程体系,进行课堂教学实践的良师益友,是师范生数学教学实践、微格教学、教育见习、教育实习的必备参考书.

本书内容包括绪论和正文八章,绪论主要阐述高中数学课堂教学基本理论,正文以人民教育出版社普通高中课程标准实验教科书·数学(A版)为蓝本,分册按章节详细阐述教材内容,进行教材分析,剖析教学重点、难点,给出教学设计建议.本书的特色在于全面贯彻新课程的教育理念,体现师范生的实践性要求.浓缩理论、注重实践,是理论与实践相结合的典范.本书的基本内容包括以下几个方面:

1.《普通高中数学课程标准(实验)》的基本理念.

2.数学的特点.

3.高中数学课程内容、课程目标.

4.高中数学教学设计总体建议.

5.中学数学的教学工作:备课、教案编写、说课、作业布置、课外辅导等理论内容.

6.高中数学按教材章节讲述基本内容,进行教材分析,指出教学重点与难点并给出教学设计建议.

7.高中数学说课案例.

8.高中数学教案案例.

全书的编写框架结构由吉林师范大学数学学院刘影、程晓亮确定,编写、审稿分工如下:绪论由刘影、程晓亮编写并审阅;第一章由王明礼、程晓亮编写并审阅;第二章由周其明、刘影编写并审阅;第三章由由勇、程晓亮编写并审阅;第四章由吴晓冬、程晓亮编写并审阅;第五章由马秀梅、王明礼编写并审阅;第六章由张智民编写,刘影、程晓亮审阅;第七章由罗彦东、刘影编写并审阅;第八章由杨尚、张海燕编写,程晓亮、刘影审阅;参加编写修改、图文处理工作的还有张运林、李云晖、王乐、戴莹.全书最后由刘影、程晓亮统稿并经讨论、修改后定稿.

在本书的编写过程中,全国十余所师范院校数学课程与教学论的专家,二十多所中学一线教师看了我们的初稿,提出了许多宝贵的建议,我们在此表示诚挚的谢意.天津师范大学王光明教授认真审阅本书的第一、三章,并提出了宝贵的建议,在此表示衷心的感谢.主编刘影、程晓亮得到了东北师范大学高夯教授的热情鼓励,以及吉林师范大学教务处的支持;各编写者也得到相应省市、学校的支持和资助,全体编者向给予支持和资助的单位和个人表示衷心的感谢.本书的出版得到北京大学出版社的大力支持,在此我们表示诚挚的谢意.

本书既可作为高等师范院校数学教育专业本、专科数学教学实践课程的教材以及高中数学教师教学参考书,也可作为中学数学教师继续教育以及其他各级、各类数学教育教学工作者的教学科研参考书.

本书内容虽然经过各编委多次讨论、审阅、修改,但限于编者的水平,不妥之处仍然会存在,诚恳希望广大同行和读者给予批评指正.

刘　影　程晓亮

2009 年 12 月

目 录

绪 论 …………………………………… (1)
  第一节 《普通高中数学课程标准（实验）》基本理念概述 …… (1)
  第二节 数学特点与高中数学教学设计总体建议 ……… (4)
    一、数学的特点 ……………… (4)
    二、高中数学的课程内容 ……… (6)
    三、高中数学课程目标 ………… (8)
    四、高中数学教学设计总体建议 …… (9)
  第三节 中学数学教学工作 ……… (11)
    一、中学数学的备课 …………… (12)
    二、中学数学的教案编写 ……… (16)
    三、中学数学的作业布置 ……… (17)
    四、中学数学的课外辅导工作 …… (18)
    五、中学数学的说课 …………… (19)
    六、中学数学的评课 …………… (23)
  参考文献 ……………………………… (26)

第一章 高中数学必修1教材解读与教学实践案例 …… (27)

  第一节 总体说明 ………………… (27)
    一、基本内容 …………………… (27)
    二、教材分析 …………………… (28)
    三、教学重点和难点 …………… (32)
    四、教学设计建议 ……………… (33)
  第二节 教学实践案例 …………… (38)
    案例1 "1.3 函数的基本性质"说课稿 ……………… (39)
    案例2 "2.1 指数函数"教案 …… (43)
    案例3 "2.2.2 对数函数及其性质"说课稿 ……………… (55)
    案例4 "3.1 函数与方程"说课稿 ……………………… (58)
  本章参考文献 ……………………… (62)

第二章 高中数学必修2教材解读与教学实践案例 …… (64)

  第一节 总体说明 ………………… (64)
    一、基本内容 …………………… (64)
    二、教材分析 …………………… (65)
    三、教学重点和难点 …………… (67)
    四、教学设计建议 ……………… (69)
  第二节 教学实践案例 …………… (70)
    案例1 "1.3 空间几何体的表面积与体积"教案 ………… (70)
    案例2 "2.2 直线、平面平行的判定及性质"教案 ………… (76)
    案例3 "2.3 直线、平面垂直的判定及其性质"说课稿 …… (79)
    案例4 "3.2 直线的方程"教案 …… (85)
    案例5 "4.1 圆的方程"说课稿 …… (88)
  本章参考文献 ……………………… (92)

第三章 高中数学必修3教材解读与教学实践案例 …… (93)

  第一节 总体说明 ………………… (93)
    一、基本内容 …………………… (93)
    二、教材分析 …………………… (95)
    三、教学重点和难点 …………… (97)
    四、教学设计建议 ……………… (100)
  第二节 教学实践案例 …………… (132)

目录

案例1 "1.1算法与程序框图"教案 …… (132)
案例2 "2.3变量间的相关关系"
　　　说课稿 …………………… (144)
案例3 "3.2.1古典概型"教案 …… (147)
案例4 "3.2.2(整数值)随机数
　　　的产生"教案 …………… (151)
本章参考文献 ………………………… (153)

第四章　高中数学必修4教材解读与教学实践案例 …………… (154)

第一节　总体说明 …………… (154)
　一、基本内容 …………………… (154)
　二、教材分析 …………………… (155)
　三、教学重点和难点 …………… (160)
　四、教学设计建议 ……………… (161)

第二节　教学实践案例 ……… (167)
　案例1 "1.4 三角函数的图像与性质"
　　　　说课稿 ………………… (167)
　案例2 "2.3.1平面向量的基本定理"
　　　　教案 …………………… (170)
　案例3 "3.1 两角和与差的正弦、余弦
　　　　和正切公式"教案 …… (173)
本章参考文献 ………………………… (175)

第五章　高中数学必修5教材解读与教学实践案例 …………… (177)

第一节　总体说明 …………… (177)
　一、基本内容 …………………… (177)
　二、教材分析 …………………… (180)
　三、教学重点和难点 …………… (183)
　四、教学设计建议 ……………… (183)

第二节　教学实践案例 ……… (187)
　案例1 "1.1.1正弦定理"说课稿 … (187)
　案例2 "2.3等差数列的前n项和"
　　　　教案 …………………… (193)
　案例3 "2.5等比数列的前n项和"
　　　　教案 …………………… (198)
　案例4 "3.3.2简单的线性规划
　　　　问题"说课稿 ………… (201)
本章参考文献 ………………………… (207)

第六章　高中数学选修2-1教材解读与教学实践案例 ………… (208)

第一节　总体说明 …………… (208)
　一、基本内容 …………………… (208)
　二、教材分析 …………………… (210)
　三、教学重点和难点 …………… (214)
　四、教学设计建议 ……………… (215)

第二节　教学实践案例 ……… (218)
　案例1 "1.1命题及其关系"教案 … (218)
　案例2 "2.2.1椭圆及其标准方程"
　　　　说课稿 ………………… (223)
　案例3 "3.1.1空间向量及其加减
　　　　运算""3.1.2空间向量的
　　　　数乘运算"教案 ……… (227)
本章参考文献 ………………………… (231)

第七章　高中数学选修2-2教材解读与教学实践案例 …… (232)

第一节　总体说明 …………… (232)
　一、基本内容 …………………… (232)
　二、教材分析 …………………… (233)
　三、教学重点和难点 …………… (236)
　四、教学设计建议 ……………… (237)

第二节　教学实践案例 ……… (243)
　案例1 "1.5 定积分的概念"
　　　　说课稿 ………………… (243)
　案例2 "1.6 微积分基本定理"
　　　　教案 …………………… (260)
　案例3 "2.3 数学归纳法"说课稿 … (266)
　案例4 "3.1 数系的扩充和复数
　　　　的概念"教案 ………… (271)

本章参考文献 …………………（275）

第八章　高中数学选修 2-3 教材解读与教学实践案例 ……（276）

第一节　总体说明 …………（276）
一、基本内容 ………………（276）
二、教材分析 ………………（278）
三、教学重点与难点 ………（279）
四、教学设计建议 …………（279）

第二节　教学实践案例 ……（281）
案例 1　"1.2 排列与组合"说课稿 …（281）
案例 2　"1.3 二项式定理"教案 ……（284）
案例 3　"2.2 二项分布及其应用"说课稿 …………………（295）
案例 4　"3.1 回归分析的基本思想及其初步应用"教案 ………（304）

本章参考文献 …………………（319）

绪 论

> 数学是研究数量关系与空间形式的科学,而数量关系与空间形式是无处不在的,高中阶段的数学内容在生活、生产、科学和技术中都有广泛的应用.数学对于培养人的逻辑思维能力、抽象概括能力、探索创新能力等有着独特的作用,数学素养已经成为人的基本素养之一.数学概念和命题、数学思想方法的产生和发展都是自然的,合情合理的,体现着人类创造的妙手偶得之功.数学是清清楚楚的,没有似是而非,对就是对,错就是错.然而,学习数学的方法却是丰富多彩、因人而异的,这正是条条大路通罗马.高中数学教学的任务之一就是要让学生理解数学概念,学会数学证明,掌握数学思想方法,积极主动地探索数学问题.

第一节 《普通高中数学课程标准(实验)》基本理念概述

《普通高中数学课程标准(实验)》(本书以下简称《课程标准》)由教育部制定并于 2003 年颁行.

在我国基础教育课程改革的理念与目标中,强调课程要促进每个学生身心健康发展,培养良好品德,培养终身学习的愿望和能力,处理好知识、能力以及情感、态度、价值观的关系,克服课程过分注重知识传承和技能训练的倾向.在关注基础知识和基本技能目标的同时,更关注学生的发展对课程目标提出的新要求,数学能力的全面发展对创新精神和实践能力的促进作用,数学学习中良好的情感体验以及对个性品质的培养.体现课程内容的现代化,淡化每门学科领域内的"双基",精选对学生终身学习与发展必备的基础知识和技能,处理好现代社会需求、学科发展需求与学生发展需求在课程内容的选择与组织中的关系,改变部分课程内容繁、难、多、旧的现象.内容上不过分追求逻辑严谨和体系形式化,数学教材类型多样化,实现一个课程标准,多套教材,提供更多的选择余地.实行三级课程管理机制,建立国家、地方、学校三级课程管理制度,增强课程对地方、学校及学生的适应性.借助信息技术手段进行数学实验和多样化的探究或学习,拓展学生的学习空间.注重学生的经验与学习兴趣,强调学生主动参与、探究发现、交流合作的学习方式,改变课程实施过程中过分依赖课本、被动学习、死记硬背、机械训练的观念.建立评价项目多元,评价方式多样,既关注结果更重视过程的评价体系,突出评价对改进教学实践、促进教师与学生发展的功能,改变课程评价方式过分偏重知识记忆与纸笔考试的现象以及过于强调评价的选拔与甄别功能的倾向.改变日常的考试过频、过难、分量过重现象;优化考试的形式、内容以及考试对数学教育过程的影响,对考试的结果采用科学、合理的处理方式.《课程标准》的基本理念具体体现在以下十个方面:

(一) 构建共同基础,提供发展平台

高中教育属于基础教育,高中数学课程应具有基础性.这包括两方面的含义:第一,在义务教育阶段之后,为学生适应现代生活和未来发展提供更高水平的数学基础,使他们获得更高的数学素养;第二,为学生进一步学习提供必要的数学准备.高中数学课程由必修系列课程和选修系列课程组成,必修系列课程是为了满足所有学生的共同数学需求;选修系列课程是为了满足学生的不同数学需求,它仍然是学生发展所需要的基础性数学课程.

(二) 提供多样课程,适应个性选择

高中数学课程应具有多样性与选择性,使不同的学生在数学上得到不同的发展.高中数学课程应为学生提供选择和发展的空间,为学生提供多层次、多种类的选择,以促进学生的个性发展和对未来人生规划的思考.学生可以在教师的指导下进行自主选择,必要时还可以进行适当的转换、调整.同时,高中数学课程也应给学校和教师留有一定的选择空间,他们可以根据学生的基本需求和自身的条件,制订课程发展计划,不断地丰富和完善供学生选择的课程.

(三) 倡导积极主动、勇于探索的学习方式

高中学生的数学学习活动不应只限于接受、记忆、模仿和练习,相应的高中数学课程还应倡导自主探索、动手实践、合作交流、阅读自学等学习方式.这些方式有助于发挥学生学习的主动性,使学生的学习过程成为在教师引导下的"再创造"过程.同时,高中数学课程设立"数学探究"、"数学建模"等学习活动,为学生形成积极主动的、多样的学习方式进一步创造有利的条件,以激发学生的数学学习兴趣,鼓励学生在学习过程中养成独立思考、积极探索的习惯.高中数学课程应力求通过各种不同形式的自主学习、探究活动,让学生体验数学发现和创造的历程,发展他们的创新意识.

(四) 注重提高学生的数学思维能力

高中数学课程应注重提高学生的数学思维能力,这是数学教育的基本目标之一.人们在学习数学和运用数学解决问题时,不断地经历直观感知、观察发现、归纳类比、空间想象、抽象概括、符号表示、运算求解、数据处理、演绎证明、反思与建构等思维过程.这些过程是数学

思维能力的具体体现,有助于学生对客观事物中蕴涵的数学模式进行思考和做出判断.数学思维能力在形成理性思维中发挥着独特的作用.

(五)发展学生的数学应用意识

在当今知识经济时代,数学和计算机技术的结合使得数学能够在许多方面直接为社会创造价值,同时也为数学发展开拓了广阔的前景.近几年来,我国大学、中学数学建模的实践表明,开展数学应用的教学活动符合社会需要,有利于激发学生学习数学的兴趣,有利于增强学生的应用意识,有利于扩展学生的视野.因此,高中数学课程应提供基本内容的实际背景,反映数学的应用价值,开展"数学建模"的学习活动,设立体现数学某些重要应用的专题课程;应力求使学生体验数学在解决实际问题中的作用、数学与日常生活及其他学科的联系,促进学生逐步形成和发展数学应用意识,提高实践能力.

(六)与时俱进地认识"双基"

我国的数学教育具有重视基础知识教学、基本技能训练和能力培养的传统.与此同时,随着时代的发展,特别是数学的广泛应用、计算机技术和现代信息技术的发展,数学课程设置和实施应重新审视基础知识、基本技能和能力的内涵,形成符合时代要求的新的"双基".例如,为了适应信息时代发展的需要,高中数学课程增加了算法的内容,把最基本的数据处理、统计知识等作为数学基础知识和基本技能;同时,删减繁琐的计算、人为技巧化的难题和过分强调细枝末节的内容,克服"双基异化"的倾向.

(七)强调本质,注意适度形式化

形式化是数学的基本特征之一.在数学教学中,学习形式化的表达是一项基本要求,但是不能只限于形式化的表达,要强调对数学本质的认识,否则会将生动活泼的数学思维活动淹没在形式化的海洋里.数学的现代发展也表明,全盘形式化是不可能的.因此,高中数学课程应该返璞归真,努力揭示数学概念、法则、结论的发展过程和本质.数学课程要讲逻辑推理,更要讲道理,通过典型例子的分析和学生自主探索活动,把数学的学术形态转化为学生易于接受的教育形态,使学生理解数学概念、结论逐步形成的过程,体会蕴涵在其中的思想方法,追寻数学发展的历史足迹.

(八)体现数学的文化价值

数学是人类文化的重要组成部分.数学课程应适当反映数学的历史、应用和发展趋势,数学对推动社会发展的作用,数学的社会需求,社会发展对数学发展的推动作用,数学科学的思想体系,数学的美学价值,数学家的创新精神.数学课程应帮助学生了解数学在人类文明发展中的作用,逐步形成正确的数学观.为此,高中数学课程提倡体现数学的文化价值,并在适当的内容中提出对"数学文化"的学习要求,设立"数学史选讲"等专题.

(九)注重信息技术与数学课程的整合

现代信息技术的广泛应用正在对数学课程内容、数学教学、数学学习等方面产生深刻的影响. 高中数学课程提倡实现信息技术与课程内容的有机整合（如把算法融入到数学课程的各个相关部分）. 整合的基本原则是有利于学生认识数学的本质. 高中数学课程提倡利用信息技术来呈现以往教学中难以呈现的课程内容, 在保证笔算训练的前提下, 尽可能使用各种数学教育技术平台, 加强数学教学与信息技术的结合, 鼓励学生运用计算机、计算器等进行探索和发现.

(十) 建立合理、科学的评价体系

现代社会对人的发展的要求引起评价体系的深刻变化. 高中数学课程应建立合理、科学的评价体系, 包括评价理念、评价内容、评价形式和评价体制等方面. 评价既要关注学生数学学习的结果, 也要关注他们数学学习的过程; 既要关注学生数学学习的水平, 也要关注他们在数学活动中所表现出来的情感态度的变化. 在数学教育中, 评价应建立多元化的目标, 关注学生个性与潜能的发展. 例如, 过程性评价应关注对学生理解数学概念、数学思想等过程的评价, 关注对学生提出、分析、解决问题等过程的评价, 以及在过程中表现出来的与人合作的态度、表达与交流的意识和探索的精神. 对于数学探究、数学建模等学习活动, 要建立相应的过程评价内容和方法.

第二节　数学特点与高中数学教学设计总体建议

我们将详细阐述数学高度的抽象性、严谨的逻辑性、广泛的应用性、内涵的辩证性、独特的优美性和深刻的文化性. 这些特点决定了对人的综合素质的训练数学有着其他学科不可替代的作用, 高中数学课堂教学要充分从数学学科特点中挖掘教育因素, 实现教学目标. 结合高中数学课程设置的原则与意图以及课程目标给出高中数学教学设计的总体建议.

一、数学的特点

(一) 高度的抽象性

数学是关于模式和秩序的科学, 它是对现实内容仅从数量与空间形式或一般结构方面来反映客观现实. 数学概念是抽象的结果, 原理法则反映数学概念之间的关系, 也是抽象的产物. 数学方法的抽象性, 变换、公理、对称、结构、无穷、模型方法都是抽象的结果. 数学多层次的符号化和形式化本身就是一种抽象, 日常语言能够表示抽象层次和对象间的简单逻辑关系, 但对于数学抽象的多层次、系统性和严谨的逻辑性, 日常语言无法把远离直观和经验的不同数学对象、概念的抽象层次和逻辑关系明确区分开来, 数学符号解决了这个繁杂、容易产生歧义的问题.

(二) 严谨的逻辑性

在数学公理系统中, 所有命题与命题之间都是由严谨的逻辑性联系起来. 具体过程是从

第二节　数学特点与高中数学教学设计总体建议

不加定义而直接采用的概念（原始概念）出发，通过逻辑定义的手段逐步建立起其他概念（派生概念），由不加证明而直接采用作为前提的公理出发，借助于逻辑演绎手段而逐步得出进一步结论，即定理，然后再将所有概念和定理组成一个具有内在逻辑联系的整体，即构成了公理系统．数学中的公式、定理的正确性无法由具体实验和经验来证明，必须从逻辑上以严格演绎证明才能被确认；无论数学成果的获取如何（逻辑思维的、非逻辑思维的），要成为一种数学真理，必须经受严谨的逻辑证明检验，解决问题基础上的合乎逻辑正是数学对真理性追求的实质所在．严密的逻辑体系产生前瞻性具有重要理论与实践价值．

（三）应用的广泛性

数学作为一种工具、语言和文化已经渗透到任何一门学科及其分支领域．如天文学、力学、物理学、化学等自然科学，经济学、地质学、生态学、社会学、心理学、法学、语言学等．数学的应用特别反映在现代的经济建设、科学技术、军事安全三个方面，如优化、控制与统筹，设计与制造，质量控制，预测与管理，信息处理，大型工程，资源开发与环境保护，农业经济，机器证明，新计算方法，数学物理，最短网络，几何设计，模糊推理等．

（四）内涵的辩证性

数学中蕴涵丰富的辩证唯物主义思想，揭示了唯物辩证法的许多基本规律．内容的辩证性：正数与负数，有理与无理，常量与变量，必然与随机，近似与精确，有限与无限，抽象与具体，微分与积分等．数学方法的辩证性：归纳演绎等形式逻辑的思维方法和直觉、联想等非形式逻辑的思维方法交互使用，就是对立统一规律，否定之否定规律的具体体现．在"直与曲"、"有限与无限"、"均匀与非均匀"等矛盾问题中产生了辩证性数学方法．数学的发展过程充满辩证性，表现在：三次数学危机，无理数的发现，无穷小是零吗，悖论的产生等．

（五）独特的优美性

人的心理是知、情、意的统一，是理智感、审美感和道德感的统一．数学教育对人的整体教育功能，也体现在审美教育功能．数学美的表现形式是多种多样的．从数学的外在形象上观赏：她有体系之美、概念之美、公式之美；从数学的思维方式上分析：她有简约之美、无限之美、抽象之美，定理的和谐美，推理的完全美，语言的简洁美，构思的创新美，结果的奇异美．没有一定的数学素养就无法理解和欣赏数学的美，数学教育作为对未来公民进行素质教育的重要工具，要重视数学的美育功能，并体现在数学课堂教学中．数学的美育功能有四个层次．第一层次美观：外观上的对称与和谐．如，圆、正三角形、五角星等图形的对称美，和谐的公式美．如，$a^n b^n=(ab)^n$．正如罂粟花美丽的外表下蕴藏着毒素与烦恼，金玉其外败絮其中，只是美观不足以认识数学（如 $1/2+1/3=1/5$）．第二层次美好：美好的心灵胜过外在的靓丽，一元二次方程的求根公式，看上去不对称，不和谐，不美观，了解、运用、欣赏它后便会感到它的美好．正如《巴黎圣母院》中的卡西摩多，外表的丑陋无法遮蔽他内心的美丽．第三层次美妙：许多数学内容都给人以美妙的震颤感觉，当你了解了勾股定理的上百种证明，才会觉得它是多么伟大深刻.致使人们把它作为与外星人进行沟通的图案和公式.当你了解更多关于 π 和黄金分割的奥秘,知道三角形的外心、中心、重心、内心、旁心的秘密,其深刻的美妙意义让人回味无穷.第四层次完美:数学总是要做到完美无缺,欧氏平面几何公理体系的构建,数学家证明费马定理经历了三百余年的努力与探索,陈景润对哥德巴赫猜想的追求,是求得数学完美的典范.

(六)深刻的文化性

数学文化作为传统文化的重要组成部分,其文化价值体现在:作为人类文化的重要组成部分的数学,它的一个重要特征是追求一种完全确定、完全可靠的知识.数学的研究对象必须有明确无误的概念,其方法必须由准确无误的命题开始,服从明确无误的推理规则,借以达到正确的结论.数学方法成为人类认识世界的一个典范,也成为人在认识宇宙和人类自己时所必须持有的客观态度的一个标准.它不断追求最简单的、最高层次的、超出人类感官所及的宇宙的根本.所有这些研究都是在最极度抽象的形式下进行的.这是一种化繁为简以求统一的过程.它不仅研究宇宙的规律,而且也研究它自身.在发挥自身力量的同时又研究自身的局限性,从不担心否定自身.数学不断反思,不断批判自身,并且以此开辟自身前进的道路.想一想数学发展过程的三次危机,就能发现数学的这一文化魅力.

了解了数学的上述特点,我们在课堂教学中要遵循数学的系统性,如果没有前面学过的基础知识为前提,就很难学好后面的新知识.新知识是从旧知识发展来的,课堂教学中要以旧引新、讲新带旧、新旧结合,承上启下,运用对比、类比等方法使学生在掌握旧知识的基础上获取新知识.知识内容上宜由浅入深,深入浅出,先讲什么,后讲什么,哪些讲,哪些不讲,讲解的深度与广度如何,这些都关系到课堂教学质量,需要认真推敲.把握教学规律,适合学生思维层次的教学才是合理的.那种"揠苗助长"的做法却适得其反,久而久之,将使学生深的难入,浅的飘浮,华而不实,玉外絮中.在课堂教学中不要韩信点兵,多多益善,以讲代练,面面俱到.教师只有抓住少而精,让学生多去想想为什么,让他们自己去学、会学,教学效果才能提高.对数学中的基本概念、定律、定理、公式及法则等知识,只有将它们放在一起环环相扣,知识信息在学生思维过程中才能"活"起来,并在灵活的解题中注意总结规律,把规律灵活运用.这就要求在课堂教学中教师应当采用有趣、多变、规范、实用等手段正确处理好教学中的教与学的关系.要在教学规律上讨时间,教学方法上讨效率,把课堂教学质量真正提高到一个新的层次.

二、高中数学的课程内容

高中数学课程分必修课程和选修课程.必修课程由 5 个模块组成;选修课程有 4 个系列,其中系列 1、系列 2 由若干个模块组成,系列 3、系列 4 由若干专题组成;每个模块 2 学分(36 学时),每个专题 1 学分(18 学时),每两个专题可组成一个模块.

（一）必修课程

必修课程是每个学生都必须学习的数学内容，包括如下 5 个模块：

数学 1：集合、函数概念与基本初等函数 I（指数函数、对数函数、幂函数）．

数学 2：立体几何初步、平面解析几何初步．

数学 3：算法初步、统计、概率．

数学 4：基本初等函数 II（三角函数）、平面上的向量、三角恒等变换．

数学 5：解三角形、数列、不等式．

（二）选修课程

对于选修课程，学生可以根据自己的兴趣和对未来发展的愿望进行选择．选修课程由系列 1、系列 2、系列 3、系列 4 等组成．

系列 1 由如下 2 个模块组成：

选修 1-1：常用逻辑用语、圆锥曲线与方程、导数及其应用．

选修 1-2：统计案例、推理与证明、数系的扩充与复数的引入、框图．

系列 2 由如下 3 个模块组成：

选修 2-1：常用逻辑用语、圆锥曲线与方程、空间中的向量与立体几何．

选修 2-2：导数及其应用、推理与证明、数系的扩充与复数的引入．

选修 2-3：计数原理、统计案例、概率．

系列 3 由如下 6 个专题组成：

选修 3-1：数学史选讲． 选修 3-2：信息安全与密码．

选修 3-3：球面上的几何． 选修 3-4：对称与群．

选修 3-5：欧拉公式与闭曲面分类． 选修 3-6：三等分角与数域扩充．

系列 4 由如下 10 个专题组成：

选修 4-1：几何证明选讲． 选修 4-2：矩阵与变换．

选修 4-3：数列与差分． 选修 4-4：坐标系与参数方程．

选修 4-5：不等式选讲． 选修 4-6：初等数论初步．

选修 4-7：优选法与试验设计初步． 选修 4-8：统筹法与图论初步．

选修 4-9：风险与决策． 选修 4-10：开关电路与布尔代数．

必修课程内容是满足未来公民的基本数学需求，为学生进一步的学习提供必要的数学准备．选修课程内容是满足学生的兴趣和对未来发展的需求，为学生进一步学习、获得较高数学素养奠定基础．其中系列 1 是为那些希望在人文、社会科学等方面发展的学生而设置的，系列 2 则是为那些希望在理工、经济等方面发展的学生而设置的．系列 1 和系列 2 的内容是选修系列课程中的基础性内容．系列 3 和系列 4 是为对数学有兴趣和希望进一步提高数学素养的学生而设置的，所涉及的内容反映了某些重要的数学思想，有助于学生进一步打好数学基础,提高应用意识,有利于学生终身的发展;有利于扩展学生的数学视野;有利于提高学生对数学的科学价值、应用价值、文化价值的认识.其中的专题将随着课程的发展逐步予以扩充,学生可根据自己的兴趣、志向进行选择.根据系列3,4内容的特点,它们不作为高校选拔考试的内容,对这部分内容学习的评价适宜采用定量与定性相结合的方式,由学校进行评价,评价结果可作为高校录取的参考.

必修课程是选修课程中系列1和系列2课程的基础.选修课程中系列3和系列4的课程基本上不依赖其他系列的课程,可以与其他系列的课程同时开设,这些专题的开设可以不考虑先后顺序.必修课程中,数学1是数学2、数学3、数学4和数学5的基础.学校应在保证必修课程,选修系列1、系列2课程开设的基础上,根据自身的情况,开设系列3和系列4中的某些专题,以满足学生的基本选择需求.学校应根据自身的情况逐步丰富和完善,并积极开发、利用校外课程资源(包括远程教育资源).对于课程的开设,教师也应该根据自身条件制订个人发展计划.高中数学课程要求把数学探究、数学建模的思想以不同的形式渗透在各模块和专题内容之中,并在高中阶段至少安排较为完整的一次数学探究和一次数学建模活动.高中数学课程要求把数学文化内容与各模块的内容有机结合.

三、高中数学课程目标

《课程标准》中指出:高中数学课程的总目标是使学生在九年义务教育数学课程的基础上,进一步提高作为未来公民所必要的数学素养,以满足个人发展与社会进步的需要.具体目标如下:

(1) 获得必要的数学基础知识和基本技能;理解基本的数学概念、数学结论的本质;了解概念、结论等产生的背景、应用,体会其中所蕴涵的数学思想和方法以及它们在后续学习中的作用;通过不同形式的自主学习、探究活动体验数学发现和创造的历程.

(2) 提高空间想象、抽象概括、推理论证、运算求解、数据处理等基本能力.

(3) 提高数学地提出、分析和解决问题(包括简单的实际问题)的能力,数学表达和交流的能力,发展独立获取数学知识的能力.

(4) 发展数学应用意识和创新意识,力求对现实世界中蕴含的一些数学模式进行思考和做出判断.

(5) 提高学习数学的兴趣,树立学好数学的信心,形成锲而不舍的钻研精神和科学态度.

(6) 具有一定的数学视野,逐步认识数学的科学价值、应用价值和文化价值,形成批判性的思维习惯,崇尚数学的理性精神,体会数学的美学意义,从而进一步树立辩证唯物主义和历史唯物主义世界观.

课程目标要求包括三个维度:知识与技能,过程与方法,情感态度与价值观.

知识与技能、过程与方法、情感态度与价值观三者之间是互为条件,相辅相成的.知识与技能是基础,既是目标又是载体.过程与方法是数学教育的一个至关重要的环节,它是调动学生的积极性和主动性,发挥学生的主体作用,培养学生创新精神和科学探究、研究意识的有效途径.过程与方法的培养必须贯穿于对知识传授和能力培养的过程中.情感态度与价值观是所有目标中最为重要、最为核心的,是培养学生完善人格的重要内容.积极向上的、健康的情感态度与价值观的培养,意义是深远的.从长远说,是培养和谐发展、全面发展人的根本所在;从近处说,是培养健康人生态度、学习态度,开发非智力因素的有效方式.

知识与技能的获得是课程特别是教学的基本目标,是学生学习的主要内容和发展基础.但知识与技能的获得,如果不能和过程与方法方面的素质培养协调起来,抛开了学生的情感态度与价值观方面的养成,就会变成机械的训练和记忆,这样基础教育为学生继续学习和终身发展打基础的价值就会在很大程度上受到削弱,甚至完全丧失或适得其反.另一方面,过程与方法、情感态度与价值观等方面素质的培养,必须以相应的知识与技能的获得为依托,与知识与技能的获得过程统一起来,才能落到实处.离开知识与技能的获得来考虑过程与方法、情感态度与价值观等方面素质的培养,只能流于空谈.在教学实践中,让学生积极参与探究过程,避免教师单向讲授为主的教学.不要过于追求教学形式上的东西,搞一些新花样,而对知识与技能的要求在无意中有所淡化,这样就会出现"课堂上气氛热热闹闹,课堂下学生头脑空空"的现象.知识与技能、过程与方法、情感态度与价值观三者都是我们的课程目标,区别在于:知识与技能是基础,是基础教育的根本目标,过程与方法是关键,而情感态度与价值观既是培养目标,也是落实新课程标准、提高教育教学质量的保障.

在教学中,我们要以知识的落实和技能的培养为着眼点,重视学生学习过程与方法以及内心体验,改革我们的课堂教学方式、方法和教学结构,把情感态度与价值观的培养有机地渗透在我们教育教学的每一个环节.

四、高中数学教学设计总体建议

数学教学是数学活动的教学,是师生之间、学生之间交往互动与共同发展的过程.数学教学过程是教师引导学生进行数学活动的过程,是教师引导学生经历数学化的过程,也是教师和学生之间互动的过程;数学教学是师生共同发展的过程,教学过程促进了学生的发展和教师本身的成长;数学教学是数学教师专业化发展的过程,它也是承认学生差异、张扬学生个性的过程.

所谓教学设计就是运用系统方法对各种课程资源进行有机整合,对教学过程中相互联系的各部分做出整体安排的一种构想.简单通俗地讲,就是要解决如下问题:你想把学生带到哪里去?你怎样将学生带到那里去?你这样做能将学生带到那里去吗?也就是说,教学设计是在实施教学之前就要对目标、过程和评价做出构想与设计安排.落实到具体环节上,就是我们常说的,在备课活动中要备学生、备目标、备任务、备过程和备评测.

教学设计过程中,我们要根据数学的特点与学生的认知水平,结合高中数学课程内容,把课程目标落实到具体每一节课的教学实践中.新课程由于教学理念的变化、教材系统的变化、培养目标的变化,因而,在数学课堂教学设计上要注意以下几个方面.

(一)依据课程目标,创新教学设计理念

课程改革的重点是课程实施,课程实施的关键是课堂教学,而课堂教学的好与差和教师有着密切的关系.教师走进课程,理解课程,确立一种崭新的教育观念,创新教学方法、教学行为和教学手段,改变课堂学生的学习方式,提升课程意识,提高教师专业化水平.要实现这些提高,首先应从学习开始,从学习教学设计,特别是从学习设计理念着手.教学设计受教师的设计理念制约,有什么样的理念就有什么样的教学设计.新课程的基本理念是"以学生的发展为本",即教师的所有教学活动都是围绕"一切为了学生的发展,为了全体学生的发展"进行的.这就要求从教学设计上体现教师及教学设计的服务功能、服务地位的根本转变,要求教师更新理念,实现角色转变,使课堂教学从统一走向分散,从以教材为主走向以学生发展为主,从以讲授、接受式为主走向以引导学习、自主学习为主,教师要从知识的化身、权威的象征中走出来,走近学生,关注过程,设计以促成学生有效学习为目的的教学活动.只有观念更新了,才能有符合新课程理念的教学设计.

(二)依据教学目标,创新教学过程设计

要做好教学设计,必须先明确教学目标是什么,即明确你想将学生带到哪里去.按布鲁姆的观点,教学目标是教学中师生所预期达到的教学效果和标准.教学目标是教学的根本指向和核心任务,是教学设计的关键.新课程提出的三维目标在关注知识的结果目标的同时,更注重对过程目标的关注和对学习者——学生的关注,目标更加人文化,更关注学生获取知识的过程以及在学习过程中的经历、感受和体验.教师在数学教学设计中,应特别关注过程性目标,着力研讨如何通过数学教学设计实现过程性目标.

(三)依据学生实际,创新教学情境设计

实际上,学生数学学习的基础与认知能力各不相同.而以学生为本的课堂教学的主要活动方式,就是让学习者有可能从个人实际需要出发展开学习活动.因此,学生的学习基础、学习兴趣及学习能力是教师设计教学内容的出发点.教学设计应从学生的实际出发,充分考虑学生的差异性和认知特点,为不同学生的学习留足自主学习的机会和发挥想象的空间;针对不同学生的学习状况,分层要求,分层布置作业.教师在教学设计中应充分考虑营造相关知识学习的学习环境.创设情境、设计活动应从学生身边熟悉的事物出发,让学生在相对熟悉的氛围中去探究知识的发生、发展过程,激发学生的学习兴趣,使他们在掌握知识的同时学会探究知识的方法.

(四)让学生参与教学设计,实现设计的多元化

教师设计的每一堂课,其目的是指导学生积极探究、主动参与,让学生经历"做数学"的过程,将学生引向数学学习的乐园,体验学习的乐趣,并在亲身体验和探索中认识数学,解决

问题,理解和掌握基本的数学知识、技能和方法.教学设计中应该重视教学过程中学生的主角地位,让学生积极参与.学生的生活经验固然有限,但并不妨碍他们独特的情感体验和内心追求.因此,教师在授课时,应考虑学生独特的心理特点.教师要充分考虑学生的身心发展,要利用他们的生活经验和已有知识设计教学过程.让学生参与到教学设计中,可以了解学生对某个具体课程内容的看法.这样做,不仅使学生能够参与教学设计,而且也有利于教师全面了解学生的认知水平和知识基础,设计出适宜的教学过程.与此同时,还可以让参与教学设计的学生分享数学学科的繁茂和教学设计的奥妙.

数学教学设计要在注重学生的学习方式的培养,突出创新精神和实践能力的培养,创造性地使用新教材,改革教师教学方式和学生学习方式等方面下工夫,在新课程教学理念指导下,勇于探索、不断实践,寻求数学教学设计的新突破.

第三节　中学数学教学工作

中学数学教师的日常教学工作,主要包括备课、上课、批改作业、辅导、学生成绩考核、组织数学课外活动及教学研究工作等.

中学数学教学的基本形式是课堂教学,根据每节课的教学目的和任务,数学课可分为绪论课、新授课、习题课、综合课、复习课、测验课、讲评课、课题学习课、讨论课、活动课及实习作业课等.新授课的主要任务是组织引导学生学习新知识,在传授基础知识的过程中促进学生思维的发展,培养学生的能力.这是数学课最常用、也是最重要的一种课型.新授课的课时结构一般有五个环节:创设情境—引入新课—探究讲解—巩固小结—布置作业.习题课是教师在某一个阶段的教学基础上根据知识系统要求和学生学习的实际,通过例题讲解对所学知识进行巩固、提高,或者是在教师指导下,由学生在课堂上独立完成作业的课型.习题课的主要任务是巩固、运用所学知识,形成一定的解题技能、技巧,发展思维,初步培养学生的数学基本能力.其特征是学生必须先阅读教材,复习有关的知识,教师作必要的提示、归纳,在练习后又必须完成一定的作业.习题课的基本结构是:变式练习—应用建构—归纳提炼—完善建构.复习课的主要任务是在教师的指导下,通过归纳、整理,使学生对所学知识加深理解和记忆,并使之系统化.同时达到查漏补缺,解决疑难的目的.复习课一般有单元复习,期末复习和学科总复习三种,复习课的方式是多种多样的.有时教师采用复述旧知识方式,利用复习题讲解法进行;有时教师采用事前准备好的复习提纲,用提问的方法进行,让学生在回答按知识系统编排的题目过程中,使知识得到巩固;也有时用演算或证明习题的方式来复习知识.一般情况下,复习课的基本结构是:复习提炼—重点讲解—总结—布置作业.讲评课的主要任务是对某一阶段的作业情况进行总结,或对某一次考试结果进行分析.其目的在于总结情况,指出问题和不足,纠正缺点和错误.同时,介绍优秀解题方法,帮助学生积累解题经验,调整学习方法.讲评课的基本结构是:情况介绍—重点讲解—总结—布置作业.

一、中学数学的备课

教学工作是教师按照确定的教学目的和一定的教学规律,传授知识,培养学生能力的过程.无论教师的知识经验多么丰富,若不进行备课就难以将课本知识系统地传授给学生.教师的知识和经验只能说是具备了潜在的教学能力.无论进行哪种类型课的教学,因其课程内容、学生、环境等因素的改变,备课都是必不可少的教学环节.备课的工作内容主要有备教材、备习题、备学生、备教法、制订教学计划等等.

(一) 备教材

教材是教师教学的依据,必须对教材反复钻研、反复推敲,才能弄清教材的知识结构、各部分教材在整体的地位和作用,才能弄清知识间的联系和分清主次,以便于准确地突出重点、合理分类、掌握规律和加强实践.教师的备课过程主要包括钻研课程标准、熟悉教材内容、阅读教学参考书.

1. 钻研《课程标准》

《课程标准》是根据党的教育方针和培养目标制定的.课程标准里规定了中学数学的教学目标、要求.因此,课程标准是教学的依据,是教师备教材的指导性文件.钻研《课程标准》,就是要弄清中学数学的目的要求、教学体系和基本内容.只有透彻地领会课程标准的精神,才能对教材中的知识、技能、技巧、培养能力、思想教育等方面,提出明确而恰当的要求,做到有的放矢.要认真学习课程标准,明确教学要求:了解普通高中数学课程改革的基本理念和设计思路;明确 10—12 年级学生通过数学学习,应达到的知识与技能、过程与方法和情感态度与价值观三个维度的学段目标;深刻领会三维目标中各个水平的行为动词;把握课程各系列内容对不同层次学生的要求;明确课程标准对教学和评价的建议.明确数学教学活动是师生积极参与、交往互动、共同发展的过程;评价的目的是了解学生数学学习的过程和结果,激励学生学习和改进教师教学.

2. 通读教材内容

教材是教学的依据,课堂教学质量很大程度上取决于教师对教材深度和广度的钻研.通读整册、整套教材,了解教材的基本内容和设计思路,教材的知识体系及整体结构;泛读本章教材,了解本章教材的主要内容,以及这些内容在整套教材中所处的地位和作用;精读本节、本课时教材中的课题引入、新知识形成和例题的分析过程,明确新知识的发生和发展过程,挖掘可能蕴涵的教育价值;仔细解答练习和作业中的每一道题,体会其中用到的数学知识、解题方法及蕴涵的数学思想;结合课程标准、教材内容和学生实际,确定本课时教学的重点、难点和教学关键;从知识与技能、数学思考、问题解决和情感与态度四个方面,确定既符合课程标准和教材要求,又符合学生实际的教学目标.

通读教材通常应有"粗读"、"细读"、"精读"三个过程.由粗到细再到精是指钻研教材的深度和广度的程度.也就是说,对教材的通读,在整个备课过程中至少要进行三次:第一次是开学前对整个教材的通读,相对于后两次可以粗些;第二次是对单元教材的通读,这时应读得细一些;第三次是精读一节或一堂课的教材,钻研得应更加深入.从要求上讲,粗读教材主要是通览全学期教材,目的是了解本学期教材与前后学期的联系,了解各部分内容的来龙去脉,把握教材内容的体系.而细读、精读教材,则要求细致深入地钻研教材,把教材弄通、弄懂.即对教材中的定义、公理、定理、公式与法则要逐字、逐句、逐步地推敲,抓住揭示其本质属性的关键字句,搞清其间的逻辑结构,把握教材的科学性;明确科目章节之间的衔接关系,搞清知识的因果关系,把握教材的系统性;揣摩每个例题的作用,搞清概念的引入、知识的应用与实际问题的关系,把握教材的实践性;探讨与挖掘教材的教育因素,把握教材的思想性;分清知识的本末主次,估计知识的难易程度,把握教材的可接受性.

3. 查阅参考书

教学参考书是教材的补充和说明,它对整个教材进行了分析,列举了每章的教学目的、重点、难点、关键及教学时间的分配,对教师备教材提供了重要依据,教师要仔细阅读和认真研究,要善于吸取好的教学经验,提高自己的教学艺术.不要盲目地照抄资料,漫无边际地旁征博引,以免削弱淡化自己的教学风格.

(二) 备习题

练习是使学生掌握系统的数学基础知识、技能和技巧的重要手段,也是学习数学过程中教学活动的主要形式,还是培养学生的数学能力、发展学生智力的手段.教师要特别强调解题过程中的思想方法训练.苏联的奥加涅相在《中学数学教学法》一书中写道:一位有创见的教师比教科书的作者看得远多了,在解某道题的过程中他能揭示和实现的功能要比预想的宽广得多(或有益得多).因此在设计练习、例题、作业题及指导解题的过程中,要注意每道题的功能和思维训练,既要有一定的数量,更要注意质量和效果.这就需要对习题进行认真的研究.选择习题要由浅入深,逐步提高要求,要包括适当数量的复习题和综合题.习题分量和难易要适当,以免造成学生负担过重.也就是说,选题必须从练习目的、内容、分量以及学生接受能力等方面去考虑,才能练得适当,练得有效果.为了精选习题,教师在备教材时必须认真地将教材中全部习题演算一遍.演算不能只停留在"会解"的水平上,而要细心研究每一个习题的目的、作用和要求,探讨每一个习题的背景和最优解法.在研究习题时要重点解决以下几个问题:

1. 研究习题的目的要求

概括地说,习题可分为填空题、选择题、改错题、判断题、证明题、作图题、封闭性试题、开放性试题等等.教材上的习题一般分为三部分:第一部分是安排在各个小节后的练习,它是围绕新课内容用以说明新概念的实质和直接运用新知识进行解答的基本题目,目的是让学生切实理解与掌握数学基础知识、初步获得运用这些知识的基本技能.第二部分是各章后的或每一大段教材之后的习题,是在进行了若干基本练习的基础上安排的,目的在于使学生巩固所学的基础知识,能熟练地运用这些知识进行解题并形成一定的技能技巧.它们比第一部分练习题要复杂些,更能深一层地体现基础知识、基本方法的运用. 第三部分是每章后的复习题,它们比前两种习题涉及的知识面更广,更富于变化,带有一定的灵活性、技巧性、综合性. 安排这种习题的目的在于使学生进一步巩固所学知识,发展学生的运算能力、逻辑思维能力和空间想象能力,培养学生灵活运用知识的能力. 教师在研究这些习题时,要注意体会每一道题的具体要求,解题关键,解题技巧以及解答方式,还要估计学生做题时可能出现的问题,做到心中有数.

2. 研究习题的重点

习题同数学基础知识一样也有主次、难易之分. 要让学生集中精力围绕有利于理解掌握基础知识、形成基本技能的习题去练. 教师要找出重点习题,要制订出反复练习的计划.

3. 研究习题的解答方式

为了提高学生解题兴趣和多角度培养学生的解答能力,应该让学生用各种不同的方式解答习题. 因此,教师在演算习题时,要研究各题的结构特点、难易和繁简程度,分别采用口答、板演、复习提问、书面作业、思考讨论等方式进行练习.

4. 把握习题的分量

习题的分量适当与否,会直接影响教学质量的高低. 题目太简单、分量太轻,学生轻而易举地就可以完成任务,这不仅达不到练习的目的,而且易助长学生自满情绪的产生. 题目太复杂,分量过重,大多数学生在规定的时间内完不成,这不仅会使学生丧失信心,而且会加重学生负担,影响学生的全面发展. 因此,必须根据题目的难易和学生解题能力的强弱来确定适当的分量.

教师要善于借鉴、自编、改编一些题作为补充题,以满足不同层次学生的发展需求. 总之,认真的研究习题是钻研教材的一项十分重要的工作,它对教学质量提高有着重要意义.

(三) 备学生

数学课程的学习具有很强的连贯性,要想学生学好高中课程,教师就要处理好初、高中数学学习衔接问题,清楚学生初中都学过什么内容,初中学生是以什么方式学习的,而初中教师又是如何教授的. 教学是教与学的双边活动,学生是教学的对象,而教学效果最终将落实到学生掌握知识和发展能力上. 要使教学收到好的效果,必须根据学生的实际水平去备课. 了解学生的学习习惯、兴趣爱好、思维方式和个性差异等状况;了解学生学习本节课内容所需的前期知识和学习方法的掌握情况,以及相关的生活和学习经验的具备情况;用绝大多数学生熟悉的事例和能理解的问题引入新课;用绝大多数学生能理解和解答的问题作为例题和练习的基础;对多数学生理解有困难的问题,通过问题细化、分解等方法作适当铺垫. 通常了解学生的途径有以下几个:

(1) 向原任课教师了解学生. 在初任一个班的数学课时,如果这个班是在校生,则可以向原任课教师和班主任了解该班学生接受能力的强弱、思维活动的状况、完成作业的情况、班内的学习风气、对数学的爱好及其数学基础状况,如果这个班是新生,要到学生原先所在的学校去了解,从入学成绩去分析.

（2）向学生家长了解学生.主要向家长了解学生在家庭中的表现,自学的情况,对数学是否感兴趣,听取家长对学校及教师的要求和意见.

（3）向学生了解学生.通过学生了解学生是行之有效的方法,这就需要和学生建立起深厚的感情,使学生能向教师说实话.

同时,教师还要了解学生的接受能力.在讲授某个内容之前,要了解学生对这部分知识的认识.在时间允许的情况下,最好在课前把所要讲的内容向部分学生(中下等学生)介绍,看看他们对教材理解的程度,听他们对教学的意见和建议,以便准确地了解学生的接受能力,合理地选取教学方案.为了便于全面地了解学生,最好是对每一个学生都建立卡片,记录他们的学习态度、接受能力、思维能力、学习成绩、作业完成的情况.这样,经过一段时间,对学生学习的情况,就会了解得比较清楚,教学的起点和教学方法的选择就有了依据,讲课也就有了针对性.

（四）备教法

教师课前备好了教材,如果教学方法不恰当,也是难以教会学生的.为此,必须认真研究教学方法.慎重地选择适当的教学方法,这是提高教学质量的重要环节.怎样备教学方法呢？首先要明确内容决定方法,方法是为内容服务的；要考虑教学目的、学生年龄特征、班级特点等因素.譬如,如何提出问题,创造情境,激发疑问,引起动机,启发思考,调动学生的学习积极性；如何利用直观教具为学生感知新教材创造条件；如何利用学生已有的知识启发学生自己推导新结论、获取新知识等.不论采取哪一种教学方法,都必须贯彻"启发式"教学原则,都要从实际效果出发.

（五）制订教学计划

教师在钻研教材和了解学生的基础上,应从全局出发,制订切实可行的教学工作计划.这种教学计划既要符合课程标准规定,又要切合学生实际.计划包括具有一定灵活性的教学进度和设计合理的课时教案,从要求上它又分为学期进度计划、单元教学计划和课时教学计划.学期教学进度表一般包括周次、日期、教学内容、执行情况和备注等栏目.在教学内容这个项目下,尽量详细填写,列出每一节(包括复习、考试、讲评等)的课题,指明教科书的章节及页码.教学进度表应张贴在适当的地方,便于随时检查教学进度完成的情况,督促指导教学工作的内容.在不影响大纲上规定的学年进度的前提下,可根据学生实际情况进行适当调整.在执行情况一栏中填写课后的精练分析,分出优劣,查出原因,对未达到要求的及时给予补救.在备注部分,应指出哪些地方与计划不一致,并查明原因.

教学计划内容虽条目较粗,但应认真、细致地拟定,先个人草拟,再备课组集体研究,最后教研组长审查.教学计划,是教师教学的总安排,尽管教学计划在执行过程中也可能根据教学实际作适当修改,但如果教学计划拟订得不切实际,执行起来将会感到异常被动.

二、中学数学的教案编写

编写教案是上好数学课最重要的环节之一,也是备课信息经过思维加工后输出的过程.编写教案的过程需要教师的创造性劳动,一份优秀的数学教案是设计者的数学教育思想、数学基本素质、智慧、经验、动机、个性以及教学艺术的集中体现.

(一) 教案编写的原则

教案编写的原则包括:科学性原则,对教材相关知识准确理解,避免出现知识上的错误;创造性原则,根据个人经验和能力,编写适合自己的教案;操作性原则,做到以简驭繁、具体明确;变通性原则,针对课堂出现的实际情况采用相应的改变;探究性原则,一要根据教学内容涉及相关的探究学习情境和展开程序,二要留出学生自主探究的时间,并注明需要引导和注意的地方,三要在教案上留出一些空白,用于记录教学过程中学生的实际情况和反馈信息,并在课后反思,以便今后使用.

(二) 教案一般内容

一节课的详细教案一般包括以下几个方面的内容:

(1) 课题.课题是指本节课的题目或本节课的主要内容,要把章、节、页码都写上,便于查找.

(2) 教学目标:从知识与技能,过程与方法和情感态度与价值观三个维度展开.知识与技能目标强调的是学科的基本知识与基本技能;过程与方法强调的是了解和体验问题探究的过程和方法,并初步掌握发现问题、思考问题和解决问题的基本方法,真正学会学习;情感态度与价值观关注的是形成积极的学习态度、健康向上的人生态度、具有科学精神和正确的世界观、人生观、价值观,成为有责任感和使命感的社会公民等.

(3) 学生分析.清楚本班学生的知识基础、学习特点、性格特征以及家庭情况等.

(4) 教材分析(重点、难点、关键).所谓重点,就是教材中贯穿全局,带动全面,起核心作用之点,它是由教材本身所处的地位和作用来确定的.通常教材的定义、定理、公式、法则以及它们的推导和重要应用,各种技能和技巧的培养和训练,解题的要领和方法等,都可确定为重点.判断某一知识是否是教学重点,可以考虑相对于教材的有关部分知识来说,它是不是核心,是否是后继学习的基础,有无广泛的应用性等.所谓难点,就是教材中理解、掌握或运用上的困难之点.难点也具有相对性,且是针对学生而言的.它是由学生的认识能力和知识要求之间的差距所确定的.一般来说,教材中的知识比较抽象,结构比较复杂,本质属性比较隐蔽,需要应用新的观点和方法或学生缺乏必要的感性知识等,均可确定为难点.纵观中学数学的整体,学生在认识上有五大难关:一是算术到代数的过渡;二是代数到集合的过渡;三是常量数学到变量数学的过渡;四是有限到无限的过渡;五是必然到或然的过渡.只要认真钻研教材,全面了解学生,就能准确确定教学的难点,从而掌握突破难点的关键.所谓关键,就是理解、掌握某一部分知识或解决某一问题的突破口.它还是攻克难点、突出重点之所在,往往起转折点的作用.一旦掌握好关键,其他部分的学习就迎刃而解了.

(5)教学方法.可根据学生年龄特征、班级学生特点、教材的内容、教学目的来确定.总的要求是贯彻启发式教学原则,调动学生学习的自觉性和积极性.

(6)教具.

(7)教学过程:① 新课导入(创设问题情境,引入新课);② 层层推进,探究新知;③ 变式练习,巩固新知;④ 小结;⑤ 布置作业.

(8)板书计划.

(9)教学后记(反思).

公开课的教案还要增加:教学时间、地点、班级、执教者等内容.实习课教案要附有时间分配.

三、中学数学的作业布置

学生完成作业是整个教学过程的重要一环.学生通过自己的实践活动巩固基础知识和掌握基本技能,并逐步形成能力.批改作业是教师了解学生学习情况和检查教学效果的一个有力手段.所以正确对待作业是教师和学生都面临的一个重要课题,而随着注重各种能力的培养,对作业的要求也就越来越受到重视.

(一)作业的布置

作业一般分为课堂练习和课外作业两种,它们的要求在前面有所阐述,现将有关形式简介如下:

(1)练习本形式作业.这种作业是每次教师布置作业后,由学生按先后顺序独立完成,按时报交,这种作业是最常见的形式.它的目的是使学生深刻地理解和完整地掌握课堂上所学的知识,系统地训练学生应用数学知识的技能、技巧和发展学生的思维能力.通过作业,教师全面地了解学生在学习中对某个环节掌握的情况,可对症下药及时纠正.所以这种传统的作业形式仍深受广大师生的欢迎,是学生作业的主要形式.

(2)活页式作业.这种作业是由作业纸单张组成,每次在事前由教师根据教学内容编写刻印好,让学生课后像考试一样独立完成并交回.这种作业的好处是作业规范、书写清楚、便于保留、便于复习,让学生养成保留资料的良好习惯.另外这种作业容量可大可小,学生不抄题,无监考,可养成良好的自学习惯.同时教师批改较作业本方便,也便于携带.所以这种作业形式越来越受到师生喜爱.

(3)自检式作业.除上述形式作业外还布置一些作业,它们是不需收回的,只公布答案让学生自我检查.这种作业可给学生一定机会接触大量习题,也可使学生对综合题的了解更全面.但这种作业不宜太多,否则将流于形式,效果不佳.

（二）作业的批改

对作业的批改是教师全面了解学生的主要途径．教师对作业的处理一般有以下几种形式：

（1）全批全改形式．这是一种学生和家长普遍欢迎的形式．对数学作业，学生每天交，教师每天改，这可以经常了解学生完成作业与作业质量情况，可督促学生每天按教师要求去完成学习任务．但是采用这种批改形式教师必须做到对作业进行登记，定期公布，并列为成绩考核的一部分．

（2）轮流批改形式．它是指将学生分成几组，每一次批改一部分，对发现的问题及时在课堂上总结纠正，对原则性错误和普遍性错误着重强调和提出解决办法．

（3）公布答案形式．这种批改形式是教师不直接改作业，而只公布答案，让学生自检．

（4）课堂讲解形式．它是指将上次布置的作业在开始上课时加以讲评．这种形式全班同学都可通过讲解而详细了解自己作业的对错，但占用新课时间，不宜普遍应用，而只能对普遍存在严重错误的作业，或者对有益于引进新课的作业题采取这种方法．

作业批改评分可鼓励先进、督促后进，起到调动学生学习积极性的作用．

四、中学数学的课外辅导工作

（一）课外辅导的方式

数学课外辅导方式一般有：

1. 作业批改辅导法

批改作业要因人而异，对待数学成绩优秀的学生要鼓励他们一题多解，寻求最佳解题途径，启发学生对问题进行变式，尝试写出解题心得体会．特别地，当面批改作业能有的放矢，更易为学生所接受，这比笼统辅导和空泛的讲解效果要好得多．

2. 个别辅导法

个别辅导法是数学教师最常用的方法之一．现代教育理论研究表明，学生的学习动机、学习习惯、学习方式和学生素质都是有差异的，对数学知识的理解和掌握程度也必定是参差不齐的，这就要求数学教师在课外辅导中也要贯彻因材施教的原则．

对于数学成绩较好的学生，以点拨的方式内化他们的数学知识结构，优化他们的思维能力、拓展他们的数学知识、强化他们对数学的兴趣与爱好，引导他们向深一层次的数学问题发起冲击．比如说可以向他们介绍一些新兴的数学分支，如模糊数学、简易逻辑、图论等，也可以给他们介绍一些经典数学问题的背景与研究概况等，以开阔他们的眼界，激发他们的求知欲．对于在数学方面有特长的学生，可以通过个别辅导，有目的、有计划地培养他们的逻辑思维能力和数学综合解题能力．如可以组织他们解答数学竞赛题、阅读各种初等数学杂志上的短文、撰写小论文、给数学问题制作实际模型等；组织他们成立数学课外活动小组，进一步提高他们的数学素养．

对于数学成绩较差的学生,通过个别辅导,可以增强他们学好数学的信心,提高他们学习数学的兴趣.对于他们提出的问题,教师要耐心细致地给予解答,并与他们一起分析问题的症结所在,是属于知识方面的问题还是技能技巧方面的问题,对于不同能力层次的学生做出不同的解答.通过辅导,帮助他们制订出可行的学习计划,并监督他们执行.制订计划要求做到"跳一跳,能摘到果子",如果"跳一跳"后仍"摘不到果子",那就会更加挫伤他们学习数学的积极性.

(二)课外辅导的要求

1. 态度和蔼,诲人不倦

课外辅导并非教学计划的硬性要求,只是教师利用课外时间对学生进行的一种教学活动的延伸.但教师不应该认为这是一种额外负担,而应看成是自己本职工作的一部分.在课外辅导中,教师应循循善诱,细致、耐心地解答学生提出的问题,特别是对反应慢、理解能力弱的学生,应付出更多的热情,多方位、多角度地分析问题,不能流露出不耐烦的情绪.如果对学生提出的问题教师一时解答不出,应做好记录,研究后再为学生解答.课外辅导中的态度如何,也是衡量一个教师能否为人师表的重要依据.在课外辅导中,教师应具备较强的综合分析问题的能力和灵活的应变能力,这也是对教师的基本功和专业知识水平的一个考验.

2. 注重个性差异,注重学生的整体素质提高

课外辅导不能只照顾优等生而冷落了后进生.通常后进生因成绩不佳而对数学学习产生了畏难情绪,在课外辅导中教师要帮助后进生提高学习兴趣和学习的积极性.

3. 做好记录,认真分析,总结经验

教学中的一条重要规律就是"教学相长".在从事教学工作和进行课外辅导的同时,教师本人也提高了自己的业务水平,所以教师在课外辅导中应做好记录,一方面可以积累资料,便于以后分析、研究、总结经验;另一方面也可以从中考查学生的知识掌握情况,进而真正提高自身的教学水平.

五、中学数学的说课

说课是教学改革中涌现出来的新生事物,是进行教学研究、教学交流和教学探讨的一种新的教学研究形式,也是集体备课的进一步发展,它有利于提高教师理论素养和驾驭教材的能力,也有利于提高教师的语言表达能力,因而受到广大教师的重视,登上了教育研究的大雅之堂.

(一)说课的涵义

关于什么是说课,目前至少有以下几种解释:所谓说课,是指授课老师在备课的基础上,面对同行、专家或领导,系统而概括地解说自己对具体课程的解释、所作的教学设计及其理论依据,然后由大家进行评说.说课就是指讲课教师运用系统论的观点和方法,在一定场

合说说某一教学课题,打算怎样进行教学设计,以及为什么这样进行设计的教学分析,也就是说,说课是讲课教师对教学课题的设计和分析.说课就是教师针对某一观点、问题或具体课题,口头表述其教学设想与理论依据,也就是教师说说自己是怎样教的,为什么这样教.

综上所述,说课可以理解为教师以语言为主要表述工具,在备课的基础上,面对同行、专家,系统而概括地解说自己对具体课程的理解,阐述自己的教学观点,表述自己具体执教某课题的教学设想、方法、策略以及组织教学的理论依据等,然后由大家进行评说.可见,说课是对课程的理解、备课的解说、上课的反思.

(二) 说课的内容

说课是中学数学的重要教学研究活动之一,对研究中学数学的教学规律,提高教师素质,改进教学工作,进而提高教学质量具有重要的指导意义.说课要依据《课程标准》来明确课堂教学的重点、难点以及阐述采用什么样的手段来突出重点突破难点.说课不同于教案设计,不仅要说出教学设计如何进行教学过程,即怎样教的问题.说课稿则重点说清为什么要这样教,即教学的理论与实践依据.所谓说清"为什么这样教",就是平常我们所讲的找理论依据.理论依据从哪里找? 一是指导思想、教学原则、教学要求等,这是指导我们确定教学目标、重点、难点、教学结构以及教法、学法的理论依据;二是教材的编排说明、具体要求等,这是指导我们把握教材前后联系和确定具体教学目标、重点、难点的理论依据;三是教育学、心理学中教学原则、原理、要求和方法等,这是我们确定教法、学法的理论依据;四是根据教材内容和学生实际,对教材中的知识点进行切合实际的考虑.

说课一般从简析教材、阐述教法、指导学法、阐明教学程序和教学效果分析等方面展开.撰写说课稿不必拘泥于固定、呆板的模式.可以分块写清,按部分阐述;可以按照整体构思融为一体,综合论述.另外,在语言表述上,既要把问题论述清楚,又切忌过长,避免陈词滥调,泛泛而谈,力求言简意赅,文词准确,语言针对性强.要做到这些,并非易事,需要认真学习,深入研究,多下苦功.必须明确说课稿不同于教案,教案只说"怎样教",而说课稿则重点说清"为什么要这样教".

说课内容一般应从以下几个方面来考虑:

1. 说课标

说课标就是要把课程标准中的课程目标作为本课题教学的指导思想和教学依据,从课程论的高度驾驭教材和指导教学设计.要重点说明有关课题教学目标、教学内容及教学操作等在课程标准中的原则性要求,从而为自己的教学设计寻找到有力的依据.说课标,可以结合到说教材中去进行.

2. 说教材

教材是课程的载体.能否准确而深刻地理解教材,高屋建瓴地驾驭教材,合乎实际地处理教材,科学合理地组织教材,是备好课、上好课的前提,也是说课的首要环节.教材是进行教学的依据,是学生获取知识的重要来源.说教材主要是说明教材内容、教学目的、教学重点、难点.具体要求包括:说明讲解内容的科目处于整套教材的哪一册,所在单元或章节,说清楚本节教材在本单元甚至本册教材中的地位和作用,即弄清教材的编排意图或知识结构体系;教学内容是什么,包含哪些知识点,说明如何精选教材内容,并合理地扩展或加深教材内容,通过一定的加工将其转化为教学内容,即搞清各个知识点及其相互之间的联系;课程标准对这部分内容的要求是什么;教学目标及其确定的依据,说明如何依据教材内容(并结合课程标准和学生)来确定本节课的教学目标或任务.课时目标是课时备课时所规划的课时结束时要实现的教学结果.课时目标越明确、越具体,反映教者的备课认识越充分,教法的设计安排越合理.分析教学目标要从知识与技能、数学思考、解决问题和情感与态度四个方面加以说明;说明如何确定教学重点和教学难点;说明教材处理上值得注意和探讨的问题.

3. 说教法

说教法应说出怎么教的办法以及为什么这样教的根据,具体要做到以下几个方面:说出本节课所采用的最基本或最主要的教法及其所依据的教学原理或原则;说出本节课所选择的一组教学方法、手段,对它们的优化组合及其依据.无论以哪种教法为主,都是结合学校的设备条件以及教师本人的特长而定的.要注意实效,不要生搬硬套某一种教学方法,要注意多种方法的有机结合,提倡教学方法的百花齐放;说明教师的教法与学生应采用的学法之间的联系;重点说说如何突出重点、化解难点的方法.教学实践表明,教学有法,教无定法,教学过程中要根据教学内容、教学环境、学生等特点选用几种不同教学方法结合使用,可增强教学效果.

4. 说学法

学法包括"学习方法的选择"、"学习方法的指导"、"良好的学习习惯的培养".应突出地说明:学法指导的重点及依据;学法指导的具体安排及实施途径;教给学生哪些具体的学习方法,培养学生的哪些能力,如何激发学生学习兴趣、调动学生的学习积极性.现代教育对受教育者的要求,不仅是学到了什么,更主要的是学会怎样学习.实施课程标准后,要求教师转换角色,基于这一转变,说课者就必须说明如何根据教学内容、围绕教学目标指导学生学习,教给学生什么样的学习方法,培养学生哪些能力,如何调动学生积极思维,怎样激发学生学习兴趣等.说课活动中虽然没有学生,看不到师生之间和学生之间的多边活动,但从教师的说课过程中,要体现以学生为主体,充分发挥学生在学习活动中的作用、调动学生的学习积极性.在最大程度上体现课改精神——教师是课堂教学的组织者、引导者、参与者、合作者、启发者.具体要说清:针对本节教材特点及教学目的,学生宜采用怎样的学习方法来学习它,这种学法的特点怎样?如何在课堂上操作?在本节课中,教师要做怎样的学法指导?怎样使学生在学会过程中达到会学?怎样在教学过程中恰到好处地融进学法指导?

5. 说教学过程

说教学过程是说课的重点部分,因为通过这一过程的分析才能看到说课者独具匠心的教学安排,它反映着教师的教学思想、教学个性与风格.也只有通过对教学过程设计的阐述,才能看到其教学安排是否合理、科学,是否具有艺术性.说教学过程要求做到:说出教学全程的总体结构设计,即起始—过程—结束的内容安排,完整的教学过程主要是怎样铺垫、如何导入、怎样进行新课、如何设计练习、如何小结、如何支配时间、如何通过多媒体辅助教学加大课堂教学内容的密度、强化认知效果.说教学过程要把教学过程所设计的基本环节说清楚,讲清楚每个环节安排的基本思路及其理论依据,做到前后呼应,使教学内容、教学方法和学习方法的设计落到实处.另外注意一点是,在介绍教学过程时不仅要讲教学内容的安排,还要讲清为什么这样教的理论依据(包括课程标准依据、教学法依据、教育学和心理学依据等).重点说明教材展开的逻辑顺序、主要环节、过渡衔接及时间安排.说明如何针对课型特点及教学法要求,在不同教学阶段,师与生、教与学、讲与练是怎样协调统一的,教学过程中双边活动的组织及调控反馈措施,教学方法、教学技术手段的运用以及学法指导的落实,如何突出重点、突破难点以及各项教学目的的实现.要对教学过程做出动态性预测,考虑到可能发生的变化及其调整对策.还要扼要说明作业布置和板书设计.

这部分内容实际就是课堂教学设计,但要与流水账式的条款罗列区别开,既要有具体步骤安排,又要把有针对性的理论依据融会其中加以阐述.

6. 教学效果分析

对学生参与教学活动的主动性、深广度的估计,学生达成教学目标状况的估计,学生学得怎样的教学效果评估.

以上六个方面,只是为说课内容提供一个大致的范围,并不意味着具体说课时都要面面俱到,逐项说来,应该突出重点,抓住关键,以便在有限的时间内进行有效的陈述,该展开的内容充分地展开,该说透的道理尽量去说透,这样才能取得良好的效果.说课分课前说课和课后说课两种形式,不论是课前说课还是课后说课上述内容必须阐述清楚.课前说课还应说疑点,说明在备课中自己拿不准的疑点,求教于其他教师.课后说课还应包括学生学得怎样的教学效果评估.

(三) 说课中要注意的几个问题

(1) 突出"说"字.说课不等于备课,不能照教案读;说课不等于讲课,不能视听课对象为学生去说;说课不等于背课,不能按教案只字不漏地背;说课不等于读课,不能拿事先写好的说课稿去读.说课时,要抓住一节课的基本环节去说,说思路、说方法、说过程、说内容、说学生,紧紧围绕一个"说"字,突出说课特点,完成说课进程.

(2) 把握"说"的方法.说课的方法很多,应该因人制宜,因教材施说,可以说物、说理、说实验、说演变、说本质、说事实、说规律,但一定要沿着教学法思路这一主线说.

(3) 语言得体、简练准确.说课时,不但要精神饱满,而且要充满激情.要使听课者首先从表象上感受到说课者对说好课的自信和能力,从而感染听者,引起听者的共鸣.说课的语言应具有较强的针对性.语言表达应十分简练干脆,避免拘谨,力求有声有色、灵活多变.前后整体要连贯紧凑,过渡要流畅自然.

(4) 说出特点、说出风格.说课的对象不是学生,而是教师同行.所以说课时不宜把每个过程说得过于详细,应重点说出如何实施教学过程,如何引导学生理解概念、掌握规律,说出培养学生学习能力与提高教学效果的途径.把握说课最主要的一点是因地制宜,灵活选择说法,把课说活,说出该课的特色,把课说得有条有理、有理有法、有法有效,说得生动有趣;其次是发挥个人的特长,说出个人的风格.

(5) 说课整体要流畅,不要作报告式,几个环节过渡要自然.比如,教材分析后,要确定目标时,可以这样说:基于对教材的理解和分析,本人将该节课的教学目标定位为……下面我侧重谈谈对这节课重、难点的处理.

(6) 说课要有层次感,不要面面俱到,不要将说课说得很细.我们要说的都是一些教学预案,所以要多谈谈学生学习中可能碰到的困难和教师的教学策略.这里的层次,针对某一教学环节来说也是如此.比如,谈谈在重、难点处理上,你设计哪些问题,如果第一套方案不行,第二套方案有怎样的安排等;在练习中你安排了哪些练习,有没有体现出层次性等.可将你的整体框架进行板书,使听众思路清晰.

六、中学数学的评课

评课即课堂教学评价,是教育行政管理部门考察或评价学校的教学管理水平和教师的教学水平的重要渠道,是发现并推广优秀课堂教学经验的捷径.同时,评课也能督促教师响应教学改革精神,努力改进教学方法、积极进行教研活动,推动教育改革的顺利进行.下面仅就评课的含义、内容以及评课中需要注意的问题加以阐述.

(一) 评课的含义

评课就是对照课堂教学目标,对教师和学生在课堂教学中的活动及由这些活动所引起的变化进行价值判断.评课是教学、教研工作中一项经常开展的活动.从评价的目的来区分,主要有同事之间互相学习,共同研讨的评课;有学校领导诊断,检查的评课;有上级专家鉴定或评判的评课;等等.对于师范生而言,教育实习前的校内试讲、实习后的汇报讲课都要进行评课.前者对于教师是指导性评课,对于学生是互相学习性的经验性评课;后者对于教师是诊断性评课,对于参与的学生是学习性总结提高的过程.试讲时的评课教师应肯定优点、逐级分层指导性评价,评价的同时教给学生如何去改进,让学生知其不足,而又充满信心.衡量一堂课的教学质量,最终要看教学目标是否达到,是否收到预期的教学效果.这些都源于学生的学习效果,而学生的学习效果是否能达成,主要依赖于教学目标确定的合理性、教材处理的科学性、教学过程设计的系统性、教学方法手段的有效性等等.

(二) 评课的内容

1. 评教学目标

按照美国教育心理学家布鲁姆的观点,教学目标就是教师所期望出现的关于学生思想、行为和情感方面的变化,具体体现在认知、情感和动作技能三个领域.教学目标,是教学的出发点和归宿.它决定了教师应对教材作出如何的处理,对一堂课目标如何进行制定,也是用来衡量一节课是否达到标准的尺度.所以,评课首选评教学目标,评教学目标主要考察:(1)教学目标是否紧扣《课程标准》,体现教材要求和切合学生的实际.(2)教师对教学内容在知识与技能、过程与方法、情感态度与价值观达到的水平是否有正确、清晰、恰当的认识,传授知识是否全面、具体、适宜,技能培养是否贴近实际,便于学生掌握;是否明确知识与技能、过程与方法以及情感态度与价值观达到的水平.(3)能否根据教学内容特点,把相关行为变化准确、严谨地表述,并采取适合的教学方法与手段加以实现.

2. 评教材的处理

教材处理是指教学过程中教师对教学内容涉及的知识与技能、过程与方法、情感态度与价值观等由书面文字形式的数学表达加工、提炼、转化为适合于课堂教学的数学表述的一种复杂的创新性活动.评教材的处理,主要考察:(1)教师是否熟练掌握教材内容,能否把握整套,作到融会贯通,按照《课程标准》要求恰当处理教材;(2)对教材内容的掌握是否条理清楚、重点突出,能否抓住关键、突破难点;(3)教材的把握深广适宜,具有前瞻性;(4)能够根据《课程标准》的理念精神,权衡各版本教材的优点,创造性的取舍、补充细节内容.

3. 评教学过程

上课是整个教学活动的中心环节,是学生学习新知识的主要途径,是检验教师教学目标是否完成,能否实现的主要标准.评教学过程主要考察:(1)教学设计是否思路清晰.教学设计预测着教师的授课方向,决定着教师怎样引导学生,引到哪里去.教学模式的选择与教学目的、教学内容、学生实际的依存度,是否符合教育学、心理学、教育心理学的相关规律.(2)教学结构安排是否合理.教学结构的安排包括知识点间的过渡,重、难点位置安排等,这些关系到教学环节能否顺利进行.教学结构安排应充分考虑学生的年龄特征与知识基础,保证课堂教学顺利进行.注意师生互动的时间分配,特别是学生的个人活动时间,让他们有足够的时间进行独立思考,激发其学习的动机.(3)讲授内容的科学性和准确性、逻辑的严谨性,情感态度与价值观教育渗入的自然性,教学活动时间分配的合理性.(4)传授知识与培养能力是否有机结合,体现问题解决的策略与方法,突出数学思想方法的渗入,注重数学素养的提高.

4. 评教学方法与教学手段

在引入和呈现新知识时,要搭好台阶,循序渐进,体现层次性.根据教学内容、教师特点、学生实际、教学环境等因素选择恰当的教学方法.评教学方法主要考察:(1)教学方法的选择是否体现《课程标准》的要求,注重激发兴趣、注重教法与学法的统一,充分应用现代教学的新理念、新方法.(2) 教学方法是否多样化,体现教师的新型教师角色,注重师生的"双向性",注重群体智慧的激发,启发诱导,探索规律,升华内化.(3) 教学方法的选择是否面向全体学生,注重及时获取课堂信息的反馈,恰当矫正与有效评价相结合.(4) 现代化教学手段的运用是否合理.课件的展示使问题变得形象化、直观化,但也要注意避免走极端,一味地使用课件.

5. 评教师的教学技能

数学课堂教学技能是顺利完成教学任务的先决条件,教学技能的水平直接影响教学活动的效率与质量.课堂教学技能是教师个人能力的重要组成部分.教学技能是指课堂教学过程中,教师顺利完成各种教学任务促进学生有效学习的一系列活动方式,包括:导入、讲解、提问、板书、演示、变化、结束等.恰当而灵活地运用教学技能,能激发学生学习的兴趣和动机,为顺利完成教学任务,达到教学目标创造有利条件.一个教师如果没有广博深厚的专业知识,教学只能照本宣科、生搬硬套;如果没有熟练的教学技能,教学就谈不上艺术,也不会生动活泼、有声有色,从而无法有效促进学生学习.评教师的教学技能主要考察:(1) 教师是否能积极主动、热情亲切、灵活的驾驭课堂,主要体现在最大限度的增加教学时间,最大限度的增加学生投入的时间,及时全面掌握课堂信息,运用多种矫正问题行为方法同时处理多个问题.(2) 教态稳健、表情自然、动作端庄大方.(3) 声音洪亮,抑扬顿挫,富于变化;语言清晰、准确、精练、生动;板演配合讲解逻辑性强,环环相扣.(4) 各种直观教具演示,教学仪器设备运用自如,教学软件使用熟练.(5) 板书设计科学,条理分明、重点突出,版面整洁,书写工整,作图规范、美观,迅速准确.

6. 评教学效果

教学过程和教学方法的设计成败与否,最终要看是否达到预期的教学效果.教学效果的评价主要考虑:(1) 课堂气氛活跃,学生积极思考.(2) 全体学生都能参与教学活动,学生的受益面大,不同程度的学生都得到相应的收获,都获得不同的进步.(3) 教学目标达成度高,知识与技能掌握扎实,过程与方法落实到位,情感态度与价值观得到升华.

(三) 评课中需要注意的问题

(1) 充分准备,全面把握,科学评价.评课前要充分了解授课教师情况和学生实际,把握《课程标准》和教材内容,明确教学目标.认真研究评价指标,联系教育学、心理学、教育心理学等原理加以准确分析,科学评价.

(2) 挖掘特色,注重发展性,客观评价.无论是老教师,还是新教师,甚至师范院校高年级的准教师,其教学都会有值得肯定的优点,同时存在不同程度的不足.评课的过程要因人、因地制宜,以真诚的态度与授课教师进行探讨,切忌带有个人主观色彩.评课时注重发展性,用发展的眼光多元化看待缺点与优点,作到客观公正.

(3) 全面观察,详细记录,双向评价.评课教师要精神高度集中,全面观察课堂的师生活动,详细准确地记录课堂信息.课堂教学是教与学的双边活动,评课要坚持评教与评学相结合,重点放在评学上面.课堂教学的主体是学生,课堂教学的落实过程最终体现在学生的学习过程,评课要注意学生参与教学的情况,关注学生学习的主动性.

评课是教师应该具备的一项教学基本功.评课研究是教师教学研究的重要组成部分,是学校教学中改进教学、提高教学质量的重要研讨交流活动.评课时只有站得高才能看得远,只有看得远才能知不足,从而,切实提高自身教育教学水平.

参 考 文 献

[1] 教育部.普通高中数学课程标准(实验).北京:人民教育出版社,2003.

[2] 张奠宙,李士锜,李俊.数学教育学导论.北京:高等教育出版社,2003.

[3] 曾峥,李劲.中学数学教育学概论.郑州:郑州大学出版社,2007.

[4] 刘兼,黄翔,张丹.数学课程设计.北京:高等教育出版社,2003.

[5] 张奠宙,宋乃庆.数学教育概论.北京:高等教育出版社,2004.

[6] 钱佩玲,马波,郭玉峰.高中数学新课程教学法.北京:高等教育出版社,2007.

[7] 唐瑞芬.数学教学理论选讲.上海:华东师范大学出版社,2001.

[8] 十三院校协编组.中学数学教材教法:分论.北京:高等教育出版社,2003.

[9] 曹一鸣.中国数学课堂教学模式及其发展研究.北京:北京师范大学出版社,2007.

[10] 刘影,程晓亮.数学教学论.北京:北京大学出版社,2009.

[11] 王秋海.数学课堂教学技能训练.上海:华东师范大学出版社,2008.

[12] 江玉安.评课的三个基本问题:内容、标准与思路.课程、教材、教法,2007,3:25—28.

[13] 周勇,赵宪宇.说课、听课与评课.北京:教育科学出版社,2004.

[14] 田中,徐龙炳,张奠宙.数学基础知识、基本技能教学研究探索.上海:华东师范大学出版社,2003.

[15] 何小亚,姚静.中学数学教学设计.北京:科学出版社,2008.

第一章 高中数学必修1教材解读与教学实践案例

> 高中数学必修课程由五个模块组成,必修1的内容包括"集合与函数概念""基本初等函数Ⅰ""函数的应用"三章.集合语言是现代数学中简洁、准确表达数学内容的有力工具;函数的思想方法贯穿于高中数学课程的始终,如二分法求方程的近似解、解不等式、数列问题等内容中都涉及函数的思想;指数函数、对数函数、幂函数是三类基本初等函数,具有连续性、可微性、可积性等重要性质,在物理、经济、管理和生产实践中都有广泛的应用.通过必修1内容的学习,我们将领会到类比、推广、特殊化、化归、数形结合、数学建模等解决数学问题时常用的思想方法.通过阅读"对数的发明"、"中外历史上的方程求解"等材料提高我们的数学素养.

第一节 总体说明

一、基本内容

普通高中课程标准实验教材《数学·必修1(A版)》(人教社,2007第2版)内容主要包括:第一章:集合与函数概念;第二章:基本初等函数Ⅰ(指数函数、对数函数、幂函数);第三章:函数的应用.首先,从实例出发引入集合知识,因为集合是准确地表达数学内容的基本语言.接着在学生已有知识(函数是变量间的依赖关系)的基础上,从对具体实例的分析入手,运用归纳的思想方法,抽象概括出用集合与对应语言刻画的函数概念,通过讨论函数的多种表示和一个具体函数表示的多样性,从函数的表现形式和变化规律两个方面丰富对函数概念的认识.进而讨论函数的解析式,借助函数图像讨论函数的单调性与最大(小)值、函数的奇偶性.然后以三种基本初等函数(指数函数、对数函数、幂函数)的概念及其性质为载体,使一般函数概念及性质具体化.新教材与传统教材相比增加了函数的最大值和最小值的概念,恢复了幂函数的内容,淡化了反函数知识,并强调这三种基本初等函数是三类不同的函数增长模型.教材最后结合实际问题,感受运用函数概念建立模型的过程和方法,强调对函数图像特征的感受和理解,包括二分法求方程的近似解、不同函数模型的增长差异以及建立函数模型解决实际问题等,以期望学生能在"用"的过程中提高对函数概念的理解,教材还开辟了"观察与猜想"、"阅读与思考"、"探究与发现"、"信息技术与应用"等拓展性栏目,使课内探究延伸到课外,为学有余力的学生提供了探究空间,充分体现新课程的理念,同时加强函数与方程、不等式、算法等内容的横向联系.

二、教材分析

(一) 集合与函数概念

第一章介绍了集合的基本知识、函数的概念及其基本性质.集合在近代数学中是一个重要概念,使用集合语言,可以简洁、准确地表达数学的一些内容.19 世纪末 20 世纪初德国伟大的数学家康托尔(G. Cantor,1845—1918)把人们直观的或思维中某些确定的、可以区别的对象汇合在一起,当作一个整体来看待,称之为集合,组成集合的那些对象称为这个集合的元素.集合概念大大扩充了数学的研究领域,集合论被誉为 20 世纪最伟大的数学创造,集合论的创立给数学结构提供了一个基础.它的概念和方法已经渗透到代数、拓扑和分析等许多数学分支以及物理学等一些自然科学,为这些学科提供了奠基性的方法,还深深影响了现代哲学和逻辑学.

在高中数学课程中,集合作为一种语言来学习,是学习、掌握和使用数学语言的基础,因此把它安排在起始章.教材从学生熟悉的集合出发,结合学生身边的实例引出元素、集合的概念,介绍了表示集合的列举法和描述法及 Venn 图;类比实数间的相等、大小关系,通过对具体实例共性的分析,概括出了集合间的相等、包含关系;针对具体实例,通过类比实数间的加法运算引出了集合间"并"的运算,并在此基础上进一步扩展,介绍了"交"的运算和"补"的运算,目的是体现知识之间的联系,使学生学会用最基本的集合语言去表达有关的数学对象,发展运用数学语言进行交流的能力.

变化着的量之间的相互依赖关系反映到数学里,就产生了变量和函数概念.函数是描述客观世界变化规律的重要数学模型,是联结两类对象的桥梁——对应关系.函数概念有一个发展和演进的过程,在数学发展的不同阶段,函数概念有着不同的含义,1673 年德国数学家莱布尼茨(G. W. Leibniz,1646—1716)提出"函数"一词,并用它来表示与自变量同时变动的变数.1718 年,莱布尼茨的学生,瑞士数学家约翰·伯努利(J. Bernoulli,1667—1748)把函数定义为"由任一变量和常数的任一形式所构成的量",意思是凡变量 x 和常量构成的式子都叫做 x 的函数,他强调函数要用公式来表示.1748 年瑞士数学家欧拉(L. Euler,1707—1783)发展了这种函数"变量说",他在《无穷小分析引论》中将函数定义为:"变量的函数是

第一节 总体说明

一个由该变量与一些常数以任何一种方式组成的解析表达式."并创用函数符号 $y=f(x)$，其中 f 为由变数与常数组成的解析表达式.由于世界万物都在运动变化,并且相互依赖,显然这种定义生动形象地反应了自然界量的变化关系,1821 年法国数学家柯西(Cauchy, 1789—1857)先后两次将函数定义为变量之间的依赖关系:"在某些变量之间存在着一定的关系,当给定其中某一变量的值时,其他变量的值也随之确定,则称最初给定的变量为自变量,随之确定的量为函数."1837 年德国数学家狄利克雷(P. G. L. Dirichlet,1805—1859)提出函数"对应说",把函数 $y=f(x)$ 视为 x 取值与 y 取值之间的对应关系,而这种对应关系并非一定要有解析表达式,他认为怎样去建立 x 与 y 之间的对应关系是无关紧要的,所以他的定义是"如果对于 x 的每一个值,y 总有一个完全确定的值与之对应,则 y 是 x 的函数."这个定义抓住了概念的本质属性,变量 y 称为 x 的函数,只须有一个法则 f 存在,使得这个函数取值范围中的每一个 x 值,有一个确定的 y 值和它对应就行了,不管这个法则是公式或图像或表格或其他形式,它比前面的定义带有普遍性,为理论研究和实际应用提供了方便,曾被长期广泛地使用. 19 世纪末,德国数学家康托尔建立了集合论之后,人们对函数的认识又有了质的飞跃,逐步形成了我们现在教材中的函数定义:设 A,B 是非空的数集,如果按照某个确定的对应关系 f,使对于集合 A 中的任意一个数 x,在集合 B 中都有唯一的数 $f(x)$ 和它对应,那么就称 $f:A \to B$ 为从集合 A 到集合 B 的一个函数.上述所说的函数,还只考虑数集之间的对应,19 世纪末以后,函数的定义域和值域都突破了数集的限制,可以是任意集合,函数理解为集合 A,B 的一种特殊的关系——映射.这样定义函数更深刻地反映了函数的本质"对应关系",又使函数的应用范围扩大了,这种"关系说"就是现代数学的函数观,符号 $f:A \to B$ 全面、准确地反映了函数的"三要素",优越于其他函数记法.函数概念的产生,标志着数学思想方法的重大转折——由常量数学到变量数学,函数思想是解决数学问题的重要思想,它渗透在数学的各部分内容中,已经成为高中数学中的纽带,是进一步学好高等数学的必备知识,通过了解函数概念产生、发展过程,感受运用函数概念建立模型的过程与方法,可以对函数概念有更加准确、深刻的理解,了解函数概念产生的来龙去脉,可以分清函数的概念与解析式、图像的概念之间的区别,不会把函数错误理解为解析式,不会产生函数必须有解析表达式的错误,也不会认为每一个函数都可以画出它的图像,可以避免对函数概念理解的错误.

教材采用三个背景实例,在问题的引导下分析、概括出数集之间的一种特殊对应关系,把函数定义为一种特殊的对应,并用 $y=f(x)$ 来表示,同时通过实例体会函数是因变量随自变量变化的重要数学模型.教材中函数概念的处理方式与以往不同,从"先讲映射后讲函数"转变为"先讲函数后讲映射",这样处理的好处:其一,在初中函数学习基础上继续深入学习函数,衔接自然,有利于学生在原有认知基础上提升对函数概念的理解,本教材增加了"函数的表示法"这一内容,且分别说明了三种表示法各自的优点,这不仅为函数的应用做准备,又能帮助学生克服学习上的难点;其二,从丰富的具体事例中概括出函数的本质特征,得出函数概念,体现了从具体到抽象的认知规律,也体现了从特殊到一般的思维过程,有利于学生建立关于抽象函数概念的背景知识;其三,单刀直入进入函数概念的学习更有利于学生将注意力放在理解函数概念本质上,而不必花大量精力学习映射、认识映射与函数间的关系后才能理解函数概念.为了理解函数概念的本质,教材从函数的三要素、函数的符号、函数表示法三个角度对函数概念进行细化,最后将函数概念推广到映射,这样处理的目的是将重点放在对函数概念本质的理解上.另外,无论是利用 Venn 图表示集合的关系和运算,还是从对函数图像特征的描述入手,逐步获得严格的形式化的函数性质的定义,几乎在本章的每一处都充分体现了数形结合的思想方法,并且还为学生掌握这一思想方法提供了许多机会,使学生在阅读、思考与运用中逐渐掌握数形结合的方法,感受几何直观对理解抽象概念和解决问题中的作用.教材还展示了联想、类比、推广等研究数学问题中常用的逻辑思维的方法,使学生体会数学思考和探索活动的基本规律,并在不同的时机为学生提供了进行判断、练习、比较、讨论交流的机会,以便使学生通过主动思考与动手操作更好地理解函数概念,通过自己的实践和与他人的合作共同了解函数概念的发展历程,感受数学文化,形成有条理、符合逻辑地进行思考、推理、表达与交流的能力.

(二) 基本初等函数

第二章的主要内容包括指数与指数幂的运算,指数函数及其性质,对数与对数运算,对数函数及其性质,五种特殊的幂函数.指数函数、对数函数和幂函数是描述现实中某些变化规律的重要数学模型,是高中阶段学习的三类重要且常用的基本初等函数,也是进一步学习数学的基础.教材从与现实世界有密切联系且在现实问题中有重要作用的指数函数开始,不断深入地描述体验客观世界不同变化规律的基本函数模型.为了让学生感受到指数函数的实际背景,教材先给出了两个实际例子:GDP 的增长问题,碳 14 的衰减问题,这样既说明它来源于客观实际,也便于学生接受和培养学生应用数学的意识,前一个问题,既让学生回顾了初中已学的整数指数幂,也让学生感受其中的函数模型,并且还有思想教育价值;后一个问题,在让学生体会其中函数模型的同时,激发学生探究分数指数幂、无理指数幂的兴趣和欲望,为新知识的学习做了铺垫.然后在根式、分数指数幂和无理指数幂概念及运算法则基础上,通过两个实际例子,回顾初中已经学习过的整数指数幂,体会其中的函数模型,进一步感受指数函数的实际背景,继而将指数的取值范围扩充到实数.其次通过具体问题的实际背景建立指数函数,从指数运算与对数运算的互逆关系来建立对数概念,绘制函数的图像,利用图像总结函数的性质、讨论其初步应用,这样便于学生记忆其性质和研究变化规律.在学习了指数函数与对数函数后,以两个底数相同的指数函数与对数函数介绍了反函数的概念.最后是实际问题中常见的幂函数,通过五个数作为指数的幂函数 $y=x, y=x^2, y=x^3, y=x^{\frac{1}{2}}, y=x^{-1}$ 的图像归纳出这五个幂函数的基本性质.

与以往教材相比,本章在内容上有许多变化:

(1) 通过具体实例,了解实数指数幂的意义及其运算性质,加强了指数运算特别是字母运算的练习,例题中增加了根式化分数指数幂的题型,并体会"用有理数逼近无理数"的思想,让学生利用计算器或计算机进行实际操作,感受"逼近"过程.

(2) 新增换底公式及其推导,并要求学生知道用换底公式能将一般对数转化成自然对数或常用对数.

(3) 对反函数的处理,只要求以具体函数为例进行解释和直观理解,只通过比较同底的指数函数和对数函数,说明指数函数 $y=a^x$ 和对数函数 $y=\log_a x (a>0, a\neq 1)$ 互为反函数,不要求一般地讨论形式化的反函数定义,也不要求求已知函数的反函数,只要求知道指数函数与对数函数是互为反函数.

(4) 通过实例,了解幂函数的概念;结合函数 $y=x, y=x^2, y=x^3, y=x^{\frac{1}{2}}, y=x^{-1}$ 的图像,了解它们的变化情况,把函数的性质与图像结合起来,由图像直观研究性质,再由解析式使问题更精确.

(5) 实例的数量增加明显,设置了大量实例,让学生在解决简单实际问题的过程中,体验指数函数、对数函数、幂函数的性质及其应用,从而认识到数学的应用价值,增强学生的应用意识.

(6) 借助计算器或计算机画出具体对数函数的图像,探索并了解对数函数的单调性与特殊点,观察函数图像的变化趋势,总结出函数的各种性质.利用计算工具,比较指数函数、对数函数及幂函数增长差异,结合实例体会直线上升、指数爆炸、对数增长等不同函数类型增长的含义.

(7) 为了促进学生主动学习,提高他们分析问题和解决问题的能力,为学生提供动手操作与主动参与的机会.例如,在"无理数指数幂"的学习中,不仅让学生根据提供的数据表格,观察无理指数幂 $5^{\sqrt{2}}$ 是怎样用有理指数幂来逼近的,同时还安排了"思考",让学生自己动手制表、观察并说明无理指数幂 $2^{\sqrt{3}}$ 的含义.

(三) 函数的应用

本章主要内容有两部分,一是介绍函数与方程的一些关系,另一是函数模型的应用举例.为了提高学生对函数的广泛应用、以及函数与其他数学内容有机联系的认识,教材从学生熟悉的一元二次方程及其根的求法、一元二次函数图像及其性质出发,从具体的一元二次方程的根与对应的一元二次函数的图像和 x 轴交点的横坐标的关系,导出函数的零点概念,揭示方程的根与对应函数的零点之间的关系,利用函数图像讨论方程根的分布,在此基础上介绍求函数零点近似值的"二分法",使学生进一步体会函数的零点与方程根之间的联系,并将此结果归化为一般的结论,初步形成用函数观点处理问题的意识,同时在总结用二分法求方程近似解的过程中渗透算法思想,突出了近似和数值计算,特别是方程的求解不仅追求用方程系数表示的精确值,而且关注近似解的获得和近似程度的判定,体会函数观点在方程中的应用,为后续学习算法内容埋下伏笔.教材结合不同学生的实际,根据大多数学生熟悉的背景,选用两个实例,在丰富的实际背景中对不同的变量关系进行了研究,引出函数模型增长情况比较的问题,针对不同的函数模型,设计了素材广泛,内容新颖的问题,以利于开阔学生的视野,让学生感受建立函数模型的过程与方法,进一步认识到函数是描述客观世界变化规律的基本数学模型,从中体会函数模型应用的广泛性和重要性.由于指数函数、对数函数和幂函数的增长变化复杂,教材在处理上,以函数模型的应用这一内容为主线,以几个重要的函数模型为对象或工具,将各部分内容紧密结合起来,使之成为一个系统的整体.通过恰当而又层层递进的问题串,让学生在不断地观察、思考和探究的过程中,弄清几个函数间的增长差异,培养分析问题解决问题的能力.具体分三个步骤,第一步,教材先创设了一个选择投资方案的问题情景,在解决问题的过程中给出了解析式、数表和图像三种表示,然后提出了三个思考问题,让学生一方面从中体会直线上升和指数爆炸,另一方面也学会如何选择恰当的表示形式对问题进行分析.第二步,教材创设了一个选择公司奖励模型的问题情景,让学生在观察和探究的过程中,体会到对数增长模型的特点.第三步,教材提出三种函数存在怎样的增长差异的问题,先让学生从不同角度观察指数函数和幂函数的增长图像,从中体会二者的差异;再通过两个探究问题,让学生分析幂函数和对数函数的增长差异,接着运用信息技术从数值和图像两个角度比较了指数函数、对数函数、幂函数的增长情况的差异,让学生体验指数函数、对数函数和幂函数等函数模型在描述客观世界变化规律时各自的特点,说明不同函数类型增长的含义,这样的安排可以引导学生积极地开展观察、思考和探究活动,沟通函数与方程、不等式、算法等知识,逐步提高用函数观点处理问题的意识及解决实际问题的能力.

本章不仅重视数学与实际的联系,而且还重视思想方法的渗透,涉及的数学思想方法主要包括:实际问题抽象为函数模型过程中的符号化、模型化思想;利用函数图像讨论方程根分布过程中的数形结合思想;用二分法求方程近似解过程中的算法思想;研究函数与方程关系过程中的函数与方程思想等.另外,教材不仅希望学生在数学知识与运用信息技术的能力上有所收获,而且希望学生感受到数学文化方面的熏陶,所以在"阅读与思考"中,介绍古今中外数学家在方程求解中所取得的成就,特别是我国古代数学家对数学发展与人类文明的贡献,使学生在数学知识与能力提高的同时,还能感受到数学文化的熏陶.

高中阶段不仅把函数看成变量之间的依赖关系,同时还用集合与对应的语言来刻画函数,函数内容无处不在,函数的思想方法贯穿于高中数学课程的始终,它在培养学生的创新精神和应用数学知识解决实际问题的过程中,具有其他思想方法所不能触及的指导作用,同时还能培养学生思维能力、运算能力、分析问题和解决问题的能力.

三、教学重点和难点

(一)集合与函数概念

本章的教学重点是使学生了解集合的含义与表示方法,理解集合间包含与相等的含义,学会用集合与对应的语言刻画函数概念,认识到函数是描述客观世界中变量间依赖关系的重要数学模型,理解函数的单调性与奇偶性的形成过程,学会判断一些函数单调性与奇偶性的方法,能够利用单调性求函数的最大(小)值.

教学难点是选择恰当的方法来表示集合,理解函数概念的本质,形成增、减函数与奇、偶函数的形式化定义,以及利用增、减函数定义来判断函数的单调性.

(二)基本初等函数 I

本章的教学重点是使学生理解指数函数、对数函数和幂函数的概念、图像和性质,以及它们间的相互联系,体会它们是刻画变化规律的重要函数模型;通过对数式与指数式的互化,体会转化思想在对数计算中的作用.

教学难点是理解非整数指数幂的意义,实现根式与分数指数幂的互化,了解无理数指数幂的意义,根据函数的图像归纳总结出函数的性质.

(三)函数的应用

本章的教学重点是掌握用二分法求方程近似解的方法,建立函数的零点与方程根之间的联系,初步形成用函数观点处理问题的意识,认识指数函数、对数函数和幂函数等函数模型的增长差异,体会直线上升、指数爆炸与对数增长的差异,应用函数模型解决简单问题.

教学难点是利用二分法求方程近似解过程中的数值计算,比较指数函数、对数函数和幂函数的增长差异,选择恰当的函数模型解决实际问题.

四、教学设计建议

选取与内容密切相关的、典型的、丰富的和学生熟悉的素材,用生动活泼的语言,适当的教学方式,创设能够体现数学的概念和结论,数学的思想方法,以及数学应用的学习情境.通过适当的教学组织形式,使学生产生对数学的亲切感,引发学生想"看个究竟"的冲动,以达到培养其兴趣的目的.通过"观察"、"思考"、"探究"等栏目,引发学生的思考和探索活动,切实改进学生的学习方式,重视数学应用意识及应用能力的培养.

(一)集合与函数概念

1. 把集合作为一种语言来学习

根据课程标准的要求,高中数学课程只将集合作为一种语言来学习.因此,学习集合初步知识的目的主要在于能使用最基本的集合语言表示有关数学对象,发展运用数学语言进行交流的能力.在教学中,建议引导学生从大量实际例子中抽象概括出集合的含义,并通过类比数的大小关系和运算联想集合的基本关系和运算,让学生体会学习新知识的基本思维方法,同时将集合语言与自然语言及图形语言进行比较与转换,例如用集合表示方程的解或简单不等式的解,将方程组的解或简单不等式组的解与集合的运算相联系,并注意创设让学生使用集合语言进行表达和交流的丰富情境和机会,以便学生在实际使用中逐渐熟悉自然语言、集合语言、图形语言的各自特点,在不同语言的转换中感受集合语言的作用,逐渐发展学生使用集合语言进行交流的能力.在学习集合间的关系和运算时,要重视使用 Venn 图,帮助学生体会直观图示对理解抽象概念的作用,从中感受集合语言的意义.

2. 函数概念的教学

函数概念的引入一般有两种方法,一种方法是先学习映射,再学习函数;另一种方法是通过具体实例,体会数集之间的一种特殊的对应关系,教材对函数概念的处理方式是通过背景实例,先从对实际事物模型的知觉和表象中获得感性认识,再引导学生把关键、特征、本质抽象出来,在问题的引导下分析概括出运用集合与对应语言描述的函数定义.这样,既衔接了初中阶段将函数看成变量之间的依赖关系的认识,又进一步提升到用集合与对应语言来刻画函数,而且可以使学生逐步学会透过现象看本质,由浅入深,去伪存真,进行思维的深化,自觉完成感性认识到理性认识的飞跃.在教学中,要对初中的知识进行回顾,设计好与初中学习的函数内容的自然衔接,可从学生在义务教育阶段已掌握的具体函数和函数的描述性定义入手,为学生提供丰富的背景实例,通过典型的例子、适当的教学方式、适当的教学组织形式,让学生认识到再次学习函数的必要性.尝试列举各种各样的函数,构建函数的一般概念,也可以让学生自己举出一些函数实例,引导学生通过自己的观察、分析、归纳和概括,从函数定义、函数符号、函数三要素三个层次理解用集合与对应语言刻画的函数概念.当然,对函数概念本质的理解并非一次就可以实现的,需要通过与初中定义的比较、与其他知识的联系以及不断的应用,多次接触,反复体会,螺旋上升,逐步加深理解,才能真正掌握,灵活应用.除了在本章要适当地为学生提供反复理解函数概念的机会外,在后续的学习中,应当通过基本初等函数的学习,引导学生以具体函数为依托,进一步理解函数的本质.

函数这一节教学的重点应放在对函数概念实质的领悟上,让学生明确函数的三个要素,即定义域、值域和对应法则.集合与对应概念的引入只是为讲解函数概念做准备,应该将数学思想渗透给学生.在第二节函数的表示方法中主要介绍三种常用的表示方法,即解析法、列表法和图像法,由于初中阶段研究的函数主要是能够用解析式表示的函数,因此应加强根据实际问题中的条件列函数解析式的训练,这也是建立函数模型研究实际问题的关键步骤.对教材中难度较大的内容采取分步到位的策略,如求函数的值域既是一个重点同时也是一个难点,讲授时可从一些简单的二次函数的值域逐步深入,不过于要求学生思维的严谨性,降低逻辑门槛,同时注重数学的生活化、趣味化,充分体现数学的人文精神,让学生消除学习数学的畏惧心理,从而喜欢学数学.函数的各种表示法及不同表示法之间的相互转换是理解函数概念的重要途径.在函数概念的教学中,通常会从解析式入手进行函数概念的教学,这样虽便于学生接受,但与此同时学生往往会把函数看成解析式,为此在教学中要给出函数的不同表示法.通常,在人们头脑中,函数的表示主要使用解析式,但实际上,现实生活以及其他学科的学习和研究中,各种表示(语言的、图像的、表格的、符号的)的应用都非常广泛.因此通过社会实践及其他学科中的实际问题,使学生体会函数的不同表示法各自的特点,认识列表法与图像法也是表示函数的重要方法,并能根据具体问题的需要,对表示法做出选择,引导学生掌握各种表示法的区别和联系,从而加深学生对函数概念的理解.同时强调函数是描述数学和现实问题的有效工具,是刻画现实世界中一类重要变化规律的模型,一种通过某一事物的变化信息,可推知另一事物信息对应关系的数学模型.现实中的许多问题都是通过建立函数模型而得到解决的,教学中应避免抽象地讲解概念的一般应用,要把概念的意义与具体情境联系起来,形成背景性经验,使函数概念在具体的应用得到深刻理解.

3. 函数的基本性质教学

数学中研究函数主要是研究函数的变化特征,函数的变化特征反映了它所刻画的自然规律的特征,教材中主要研究函数的单调性、最大(小)值与奇偶性.单调性是在高中阶段讨论函数"变化"的一个最基本的性质,对于函数这个性质的研究分两个阶段.第一阶段,用运算的性质研究单调性;第二阶段,用导数的性质研究单调性.第一阶段的研究是在函数概念之后,对其所做的进一步概括性介绍,这对后面深入研究每一类具体函数有着指导意义.从新教材编排来看,这样做可使学生知识结构更加科学系统,更加符合学生的认知规律,更富启发性.教学中值得注意的是,定义域、对应法则和值域是构成函数的三个要素,其中定义域是理解函数问题的前提条件.函数的性质是由自变量的变化决定的,如奇偶性、单调性、最大(小)值都是针对自变量的变化而言的,而不是针对某一个函数值,即这些性质是整体的而不是局部的.在求解有关函数问题时,需仔细考虑函数的定义域,否则会导致解题不完整甚至错误.例如在求函数的解析式,求函数的值域,求函数的单调区间,判定函数的奇偶性时,均需要优先考虑函数的定义域.

在高中课程中,函数与方程、数列、不等式、线性规划、算法、导数及其应用,包括概率统计中的随机变量等,以及选修系列中的大部分专题内容,都与函数有着密切的联系,用函数的思想去理解这些内容,是非常重要的一个出发点.反过来,通过这些内容的学习,可以加深对于函数思想的认识.教学中要把函数性质与具体情境联系起来,应用到一些具体的实例中,可以通过用函数性质比较大小、求解方程、求解不等式、证明不等式等活动,使学生从多个角度理解函数性质.在介绍函数的基本性质时,教材运用数形结合的方法,从实际问题切入,从观察具体函数的图像特征入手,并结合相应的数值表提出问题,引导学生从日常描述性语言定义有关概念初步转化为用数学符号语言形式化的定义有关概念,突出强调了函数的单调性,增加了函数的最大(小)值,函数单调性概念在新教材中只要求"了解",比原教材要求降低了(原来是"理解"),但判断一些简单函数的单调性的方法,原教材是"能判断……"而新教材中是"掌握判断……"这样一改,说明对这个概念的应用要求加强了.利用函数图像可以帮助学生理解函数的单调性、最大(小)值与奇偶性等,函数图像也是解决函数问题的有力工具,许多函数问题借助图像分析都能收到很好的效果,当然有些形的问题也能转化为数的问题来解决.例如:开始函数单调性定义对于学生很难理解,太抽象,当利用函数图像的升降来对应表达函数增减性时,学生就比较容易接受,能整体感受单调性的本质,显而易见

y 随 x 的变化趋势,能进一步加深对函数单调性的理解,帮助学生突破难点.又例如利用函数的图像引入函数的奇、偶性质,探究就会显得比较自然,也是比较符合学生认知特点的,还可突破形式化定义这个难点.同时有信息技术条件的学校,在讲授函数基本性质时,应借助计算器或计算机创设教学情景,加强数学教学与信息技术的整合,积极开发使用信息技术的空间,让学生利用信息技术探索函数的图像与性质等,从而更好地理解函数性质.教材还对数学文化给予了很大关注,增加了"函数的应用举例"、"实习作业"、"阅读材料"和"小结与复习"等内容,安排了"阅读与思考函数概念的发展历程"与"信息技术应用",安排了让学生通过收集资料、阅读思考、合作交流等学习方式完成实习作业,给予学生自我实践和与他人合作学习的机会,以加深对函数这一核心概念的认识与理解.

(二) 基本初等函数 I

指数函数与对数函数是现实世界中的重要数学模型,教学中要把指数函数、对数函数等作为描述客观世界变化规律的重要数学模型来学习,要结合实际问题,感受运用函数概念建立模型的过程与方法,指数函数、对数函数、幂函数是三类不同的函数增长模型,要强调它们的实际背景和应用价值.

1. 自主地建构知识

问题是思维的动力,教学中充分关注高中学生的心理发展和分析能力、思维能力明显增强的特点,强调以问题激发学生的学习动机和兴趣,引起学生的"认知冲突",使他们带着问题学习,引导学生体会数学知识结构的严谨性.例如指数幂概念及其运算性质的拓展,内涵了数学研究中对数学知识发展的逻辑合理性、严谨性的要求,教学中要引导学生认真体会.指数幂的运算性质,是在根式与分数指数幂的基础上,先将整数指数幂的运算性质推广到有理指数幂的运算性质;然后在有理指数幂逼近无理指数幂的思想指导下,再将有理指数幂的运算性质推广到了实数范围,指数幂的运算性质的每一次推广,都需要考虑严谨性的要求.由于师生通过对前面指数函数和对数函数的共同研究,学生已经学会了研究函数的基本方法,学习幂函数,可以采取自主合作、问题解决的教学方法,这样,可给学生合作探究学习一个绝好的机会.

2. 适当应用信息技术辅助教学

为了更好地发挥信息技术的作用,为学生进行自主探究,理解数学本质提供有力的认知工具,教材加强了信息技术与课程内容的整合.如让学生利用计算器(机)进行实际操作,感受"有理指数幂逼近无理指数幂"的过程.特别是在利用指数函数与对数函数的图像发现指数函数与对数函数基本性质的内容中,教材安排了以下的内容:在给出两个指数函数 $y=2^x$ 与 $y=\left(\dfrac{1}{2}\right)^x$ 图像的基础上,引导学生绘出几个指数函数图像,以便为概括指数函数的性质做准备,可利用信息技术,在同一直角坐标系内,让学生动手做出指数函数的图像,在信息技术构建的动态环境下,通过改变底数 a 的值,观察函数图像的连续变化,比较多个指数函数的图像,发现指数函数与对数函数的一些基本性质.在教学的过程中应教会学生绘制某些函数的图像并在大脑中记住某些函数的图像,养成利用函数的图像来说明函数的性质和分析实际问题的习惯.数形结合的思想方法也是本章学习中的重要思想方法,它们对于理解本章的几个基本初等函数的性质是十分重要的.

3. 关注数学应用

要引导学生不断地体验函数是描述客观世界变化规律的基本数学模型,教学中要强化让学生通过具体实例了解指数函数模型、对数函数模型实际背景,引导学生不断地体验指数函数、对数函数等与现实世界的密切联系及其在解决实际问题中的作用;要利用恰当的事例,认识直线上升、指数爆炸、对数增长等不同函数类型的增长含义,以及了解这些函数模型的广泛应用,而不要过分地追求那些细枝末节;另外,还可以要求学生通过收集现实生活中普遍使用的函数模型实例,加强数学知识与实际问题的联系,了解这些函数模型的广泛应用,体会数学是自然的并且是有用的.为了使学生感受指数函数、对数函数的现实和数学背景,使学生感到引进和研究它们的必要性,在本章的每一个概念的产生过程中,都注意了通过具体实例,展示函数模型的实际背景,使学生理解不同的变化现象应当用不同的函数模型来描述.同时,在例题、练习、习题与复习参考题中,安排了较多的实际应用问题,如人口问题、碳14考古问题、增长率问题、细胞分裂问题、地震震级计算问题、溶液酸度的测量问题和臭氧层保护问题等,以加强本章研究的基本初等函数与现实的联系性.利用计算器(机)画出指数函数、对数函数等的图像,探索、比较它们的变化规律,研究函数的性质,求方程的近似解等,利用几何画板画出函数 $y=a^x$ 与 $y=\log_a x(a>0,$且 $a\neq 1)$ 的图像,通过对 a 的不同取值,注意充分发挥函数图像的作用,通过观察图像变化规律,让学生去发现函数图像的特征,探索函数的性质.

(三) 函数的应用

函数学习中,应以函数的概念和性质作为理论指导,在对比中掌握各类函数的定义、图像和性质的过程中,渗透建模思想改变高中函数教学形式化的趋向,渗透"算法思想",让学生逐步熟悉算法流程图的画法,注重提高学生综合运用函数知识和思想方法解题的能力.

1. 循序渐进地建立函数与方程的关系

对函数与方程的关系有一个逐步认识的过程,教学中要遵循由浅入深,循序渐进的原则,可分三步来展开这部分内容.第一步,从具体的一元二次方程与对应的二次函数入手,建立一元二次方程的根与相应的二次函数的零点的联系,然后将其推广到一般方程与相应函数的情形.第二步,给出函数零点后,介绍通过函数的零点求方程的根,在用二分法求方程近似解的过程中,通过函数图像和性质研究方程的解,体现函数与方程的关系(对精确度要进行说明,它与初中学习的"精确到"有所区分,可通过简单的例子和图形来说明,在分析讨论基础上给出精确度的含义:对于数值 x,如果要获得它满足精确度 0.01 的近似值,就是找到一个包含 x 的区间 $[a,b]$,只要满足 $|a-b|<0.01$ 即可.第三步,在函数模型的应用过程

中,通过建立函数模型以及模型的求解,全面体现函数与方程的关系,逐步建立起函数与方程的联系.

2. 体现数学建模的思想

现实生活中存在大量问题可以通过体现变量关系的函数模型得到解决,这就为函数的应用教学提供了大量的实际背景,教学中既要让学生认识常见函数模型的特点,又要注意选择贴近学生生活实际的各种问题,引导学生用已学过的函数模型分析和解决它们,使函数的学习与实际问题紧密联系,并在解决问题的过程中将数学模型的思想逐步细化,从更高的层面上认识函数与实际问题的关系,通过实际问题来说明函数的普遍应用,以此巩固相关的概念与性质.同时,应用题教学是培养学生高层次思维、用数学意识来分析和解决实际问题能力的重要内容.解应用题时要把学生带回到现实中去,让学生面对实际问题,在实际情境中学习观察、试验、抽象、概括等获取信息的方法,联想相关的概念、定理、性质、公式等,寻找其中的关系,设计方案,建立函数模型,并进行求解、检验等,提高学生对函数是解决现实问题的一种重要数学模型的认识.教学中应当注意以几个重要的函数模型为对象或工具,将各部分内容紧密结合起来,使之成为一个系统的整体,使学生经历函数模型应用的完整过程,帮助学生建立合理的知识结构,在函数性质呈现之后,教师可对单元知识结构作概括性总结,即用具体、形象的语言(如框图),用最基本的常识性概念来勾勒单元整体的轮廓,从而使学生发现单元整体的特点,对新知识获得总的印象,明确学习的目标和任务.

3. 恰当使用信息技术

本章的一些内容涉及大数字运算,大量的数据处理以及复杂的函数作图,如果没有信息技术的支持,教学是不容易展开的,因此,教学中应当加强信息技术的使用力度,鼓励学生运用信息技术学习、探索和解决问题.恰当地使用信息技术工具辅助教学,要求教师会使用某些数学工具软件,如几何画板、Excel、图形计算器等.另一方面,当我们鼓励学生运用现代信息技术学习数学时,必须让他们认识到现代信息技术的飞速发展为我们的教与学注入了新的活力,但是,信息技术只是作为达到目的的一种手段、一种强有力的工具,并不能替代刻苦的学习和大脑缜密的思考,因此要引导学生合理而非盲目地使用信息技术.

第二节　教学实践案例

案例是观察、分析研究课堂教学,促进理论到实践转移的重要形式,为了更加具体深入地了解和认识必修1的主要内容,我们编写了下面有代表性的教学案例,意在提供启示和参考.

案例1 "1.3 函数的基本性质"说课稿

一、教材分析

函数的基本性质是由自变量的变化决定的函数整体特征,教材在初中学习了正比例函数、反比例函数、一次函数、二次函数的基础上,主要研究函数的单调性、最大(小)值与奇偶性,大约需 3 课时.函数的单调性与函数的奇偶性都是研究自变量变化时,函数值的变化规律;学生要掌握这些概念,须经历直观感受、经历用符号语言刻画图形语言,用定量分析解释定性结果的过程.单调性是在高中阶段用代数方法讨论函数在定义域某些区间上的变化趋势,是函数的一个最基本性质,它既是函数概念的延续和拓展,又是后续研究基本初等函数单调性的基础,在研究各种具体函数的性质和应用、解决各种问题中都有着广泛的应用.奇偶性是学生在学了函数的概念和单调性的基础上,用代数的方法研究部分函数在其定义域区间上所具有的整体对称性质,函数的单调性、奇偶性定义及其判定是本节的教学重点,难点是函数单调性的证明和函数奇偶性的概念的理解,求函数的最大(小)值是某些实际问题的需要,通过本节的学习,运用函数性质对该函数做出具体分析,并能将实际问题转化为函数问题,从而解决实际问题.根据本节课的特点、课程标准对教学的要求以及学生的认知水平确定教学目标如下:

(1) 知识与技能:使学生从数与形两方面理解函数单调性与奇偶性的概念,通过让学生经历概念的形成过程,使学生学会判断一些函数的单调性、奇偶性,会用函数的单调性求一些函数的最大(小)值,掌握利用函数单调性与奇偶性的定义证明函数单调性与奇偶性的方法与步骤.

(2) 过程与方法:通过对函数单调性与奇偶性的探究,培养学生观察、归纳、抽象能力和从直观认识到数学符号表述能力,感悟数形结合的思想方法;通过对函数单调性与奇偶性的证明,提高学生的推理论证能力.通过求函数的最大(小)值,让学生经历从具体到抽象,从特殊到一般,从感性到理性的认知过程,逐步培养学生运用数学知识解决实际问题的意识和能力.

(3) 情感态度与价值观:通过构建和谐的课堂教学氛围,激发学生的学习兴趣,调动学习积极性;养成积极主动、勇于探索、不断创新的学习习惯和品质;提升学科学、爱科学、用科学的意识.

二、学情分析

学生在初中对函数的单调性与奇偶性从直观上接触过,有一定的感性认识,然而没有给出过定义,这对概念的理解有一定的好处,但另一方面学生也会觉得是已经学过的知识,感觉乏味.高一单调性与奇偶性的学习,既是初中学习的延续和深化,又为高三的学习奠定了基础.要求用准确的数学符号语言去刻画图像的上升与下降,把对单调性与奇偶性的直观感性认识上升到理性的高度,这种由形到数的翻译,从直观到抽象的转变对高一的学生来说比较困难.因此,在教学过程中要加强对概念的分析,希望能够使学生认识到,看似简单的定义中有不少值得去推敲、去琢磨的东西,其中甚至包含着辩证法的思想.

三、教法分析

本节课是本章的重点之一,根据教学内容、教学目标和学生的认知水平,主要采取教师启发讲授与师生讨论、探究学习的教学方法.教学过程中,通过学生熟悉的实际生活问题,创设适当的教学情境,激发学生求知欲,注意借助信息技术,让学生通过观察函数图像获得对函数基本性质的直观认识,展示相应知识的形成过程和数学思维过程,重视从实例的共同特征到一般性质的概括过程,使学生有机会经历数学概念抽象的各个阶段,鼓励与引导学生独立自主地开展探究,从而形成概念,获得方法,创造性地解决问题,培养能力.

四、教学过程

本节课教学过程分为八个环节,即:设置情境,提出问题→借助图像,直观感知→探究规律,理性认识→典型例题,自我尝试→设计问题,提高认识→引探辨析,深化知识→实践运用,掌握知识→反思巩固,形成知识体系.

(一) 设置情境,提出问题

先给出学生熟悉的函数 $f(x)=x, f(x)=x^2$,让学生作出它们的图像,也可借助信息技术给出函数图像,组织学生观察分析函数在 x 增加时,两个函数值的不同变化情况,可看到不同函数其图像的变化趋势不同,同一个函数在不同区间上的变化趋势也不同,函数图像的这种变化规律就是函数性质的反映,启发学生由函数图像获取函数性质的直观认识,但是在理论上不够严密,尤其是不易画出图像的函数,因此我们还必须学会根据解析式和定义从数量上分析辨认,这也是我们研究函数性质的基本途径.

设计意图 通过此环节既复习回顾了有关函数、函数的图像知识,又通过活动激发学生对探索研究、学习新知识的热情,为导入新课及顺利完成教学任务做好思想上的准备.

(二) 借助图像,直观感知

借助图像,让学生体会 $f(x)=x$ 的图像是上升的,$f(x)=x^2$ 的图像在 y 轴右侧由左至右是上升的,y 轴左侧由左至右是下降的,让学生明确,对于自变量变化时,函数值具有这两种变化规律的函数,怎样用数学符号语言来描述.指导学生试着用数学语言归纳出增函数的概念,教师进行补充完善,接着用信息技术显示增函数的定义,让学生自己类似地给出减函数的定义,教师给出函数单调性与单调区间的说明.

设计意图 学生置身于符合自身实际的学习活动中,从自己的经验和已有的知识基础出发,经历"数学化"的活动过程,指出借助函数的图像看单调性既形象又直观,是一个好办法,但是在理论上不够严密,我们还必须学会从数量上分析辨认,并尝试用数学符号语言精确刻画概念.

(三) 探究规律,理性认识

对两个函数图像的上升与下降做分析说明,引导学生再次阅读、讨论和理解定义,强调函数的单调区间是定义域的子区间,对于函数单调性,首先要考虑函数的定义域,其次对"任意两个"和"都有"做深刻解释,提示不能用特殊值来判断函数的单调性,可通过构造反例来进一步说明,使学生明确函数的单调性是函数在区间上的整体性质,是函数的局部性质,讨论函数在某点处的单调性没有意义.接着作以下阐述:反过来,如果我们已知 $f(x)$ 在某个区间上是增函数或减函数,那么,我们就可以通过自变量的大小去判断函数值的大小,也可以由函数值的大小去判断自变量的大小,即一般成立则特殊成立,反之不然,这恰是辩证法中一般和特殊的关系.

设计意图 这一环节是学生正确地、深入地理解概念的关键,教师应该启发引导学生如何深入理解一个概念,以培养学生分析问题、认识问题的能力.

(四) 典型例题,自我尝试

让学生举出一些实际例子(如气候变化、商品价格问题等),引导学生用函数观点看待这些数据,其实质就是随着自变量的变化,函数值是变大还是变小. 教师列举函数 $f(x)=-2x+2$, $f(x)=x^2+2x-3$, $f(x)=\dfrac{1}{x}$,借用信息技术画出函数图像,引导学生分析讨论它们的单调区间,使学生深化对函数单调性的理性认识.接着分析教材上例 2:物理学中的玻意耳定律 $p=k/V$ (k 为已知的正常数),对于一定量的气体,当其体积 V 减小时,压强 p 将增大.试用函数的单调性证明之.启发学生总结概括用定义证明函数增(减)性的步骤和方法:设元、作差、变形、定号、结论,这是本节课重点之一.

设计意图 有效的数学学习过程,不能单纯地模仿与记忆,利用学生自己提出的问题,亲身经历和实践体验新知识,师生互动学习,生生合作交流,共同探究.

(五) 设计问题,提高认识

通过教材例 4:已知函数 $f(x)=\dfrac{2}{x-1}$ ($2\leqslant x\leqslant 6$),求函数的最大值和最小值.阐述利用函数的单调性求函数最大(小)值的方法,同时也是让学生体会用函数的单调性定义证明函数单调性的方法.在这个环节中,要在掌握方法基础上,适当拓展知识,引导学生进行探索.

设计意图 问题是学生思维的开始,在解决问题中阐述方法,通过有意训练,学生必然会对求函数最大(小)值的方法、证明函数单调性的方法有更加深刻的理解,这既培养了学生思维的严密性,又为今后能灵活地运用知识解决问题,奠定了坚实的基础.

（六）引探辨析，深化知识

回忆初中学习的图形轴对称与中心对称知识，从对称的角度分析前面提到的函数图像特征，提出函数图像的这种对称性是否能用数量关系刻画？引导学生分组讨论交流，让学生动手填写函数 $y=x^2$ 上点的对应值表，也可用信息技术在图像上任取点和它关于 y 轴的对称点，探索图像上任意两个对称点的坐标之间的数量关系，并根据自己的理解，描述出函数图像对称性的代数规律，然后再通过生生、师生之间的相互交流，补充、完善和规范这种规律，进而得到偶函数的定义，对定义中的任意一个 x，都有 $f(-x)=f(x)$. 类比偶函数定义，观察函数 $f(x)=x,f(x)=\frac{1}{x}(x\neq 0)$ 的图像，让学生自己得到奇函数的定义，对定义中的任意一个 x，都有 $f(-x)=-f(x)$. 接着以奇偶函数的定义为切入点，引导学生开展探究活动，探究奇函数、偶函数的定义域特征（函数的定义域是关于原点对称的实数集）；探究奇函数、偶函数的图像特征（奇函数图像关于原点对称，偶函数图像关于 y 轴对称，这是判断函数奇偶性的直观方法）．

设计意图 在学生已有认知结构的基础上提出新问题，从直观图像的感性出发，通过探索、交流得出函数奇偶性的定义及特征，并加深对函数单调性概念的理解．

（七）实践运用，掌握知识

为了让学生加深理解、记忆上述知识，分析上面提到的几个函数中哪些是奇函数而不是偶函数，哪些是偶函数而不是奇函数，哪些既不是奇函数也不是偶函数，有没有既是奇函数也是偶函数呢？（存在既是奇函数又是偶函数的函数，如 $f(x)=0$），引导学生自己举例体会和理解定义的内涵，并通过判断函数 $f(x)=x^2+x$ 的单调性、奇偶性、函数在区间 $[-1,1]$ 上的最大（小）值，使所学新知识在探究中得以升华，借助信息技术给出用定义证明函数单调性、奇偶性、函数最大（小）值的规范步骤，以对学生起到示范作用，并通过变式训练使学生的认识灵活化．

设计意图 通过学生的主体参与，使学生深切体会到本节课的主要内容和思想方法，从而实现对函数性质认识的再次深化．

（八）反思巩固，形成知识体系

学生思考并动笔，教师不断点拨启发，师生共同总结本节知识点，强调本节课的重难点，用信息技术或用具体、形象的语言（如框图），用最基本的概念来勾勒整节课的轮廓，从而使学生发现本节课的特点，对新知识获得总体印象，明确学习的目标和任务．同时，让学生对新知识与旧知识结构相比较，通过同化与顺应促进知识结构的整合，帮助学生建立合理的新认知结构，将作业分为必做题和选做题两部分，通过作业反馈学生对所学知识掌握的效果，以利于课后解决学生尚有疑难的地方．

设计意图　通过学生的积极探索，学生对函数性质有了本质的认识，师生总结这节课的收获，构建新的认知结构，利用两层次的作业，使学生在完成基本学习任务的同时，拓展自主发展的空间，让每一个学生都得到符合自身实践的感悟，使不同层次的学生都可以获得成功的喜悦，看到自己的潜能，从而激发学生饱满的学习兴趣.

以上各个环节层层深入，充分体现师生的交流互动和学生的动脑思考、动手操作，在教师的整体调控下，学生亲身经历知识的形成和发展过程，对知识的理解逐步深入，从而达到知识的理解与掌握.

案例2　"2.1指数函数"教案

指数与指数幂的运算（第1课时）

一、教学目标

（1）知识与技能：了解根式的概念及其表示方法，正确理解根式和分数指数幂的意义，掌握根式与分数指数幂的运算以及相互转化规律，熟悉 n 次方根的求解，了解无理数指数幂的意义，并能熟练应用有理数指数幂的概念及运算法则进行相关计算.

（2）过程与方法：通过指数概念由整数向实数的推广，让学生体会从特殊到一般的解决问题的方法，渗透分类讨论思想、逼近思想；通过理解运算的本质，理清各种运算间的关系，认识到知识之间的联系和转化，培养学生用联系观点看问题的能力.

（3）情感态度与价值观：通过简洁的内容、活泼的形式、轻松愉快的气氛使学生感受数学的价值；在继承旧知识，得出新结果的探究过程中，通过观察分析、抽象概括，渗透转化的数学思想，培养学生辨证思维的习惯.

二、教学重点和难点

教学重点是 n 次方根的求解，指数幂的运算法则及其根式与分数指数幂的相互转化. 教学难点是根式与分数指数幂的互化，无理数指数幂的意义.

三、教学方法与教学手段

教学方法：采用发现教学法与启发式讲解. 教学手段：多媒体辅助教学.

四、教学过程

提出问题　指数这种运算在初中曾经学习过，把它进一步向前发展，想想你能举出一个具体指数运算的例子吗？分析学生举出的例子，接着借助信息技术展示问题：

问题1　某市人口平均年增长率为 1.25%，2008年人口数为 a 万，则 x 年后人口数为多少万？

问题 2 当生物死亡后,它体内原有的碳 14 会按确定的规律衰减,大约每经过 5730 年衰减为原来的一半,这个时间称为"半衰期",根据此规律,人们获得了生物体内碳 14 的含量 p 与死亡年数 t 之间的关系 $P=\left(\dfrac{1}{2}\right)^{\frac{t}{5730}}$,探究该式子意义,了解指数概念提出的背景,体会引入指数的必要性. 此部分展示的问题可根据教学实际情况选择.

(一) 导入新课,步步深化

回顾初中的根式:$(\pm 3)^2=9$,± 3 就叫 9 的平方根;$3^3=27$,3 就叫 27 的立方根. 信息技术展示根式的概念:如果一个数的平方等于 a,那么这个数叫做 a 的平方根;如果一个数的立方等于 a,那么这个数叫做 a 的立方根. 正实数的平方根有两个,它们互为相反数;一个数的立方根只有一个.

启发引导 我们已经学习了平方根、立方根,那么有没有四次方根、五次方根 、……、n 次方根呢?请思考问题:如 $?^4=9, ?^5=243$.

事实上,$\pm\sqrt{3}$ 和 3 分别称为 9 的四次方根和 243 的五次方根,让学生试着用语言描述上述式子的含义.

(二) 自我探究,归纳结论

探究:若 $(\pm 3)^4=81$,则 ± 3 就叫做 81 的多少次方根,若 $6^4=1296$,则 6 是 1296 的多少次方根. 在解释以上式子的基础上,提出式子 $x^n=a$,即一个数的 n 次方等于 a,求这个数,即开 n 次方,那么这个数叫做 a 的 n 次方根,简言之,若 $x^n=a$,则 x 叫做 a 的 n 次方根.

用信息技术给出 n 次方根的定义:如果 $x^n=a$,那么 x 叫做 a 的 n 次方根,其中 $n>1, n\in \mathbf{N}^*$.

举例 $\sqrt[4]{16}$ 表示 16 的 4 次方根,思考:16 的 4 次方根除此外还有什么?$-\sqrt[4]{16}$,因为 $(-\sqrt[4]{16})^4=16$,它们绝对值相等而符号相反.

下面讨论 a 的 n 次方根的取值规律:

提问 1 当 n 为奇数时,n 次方根情况如何?

当 n 是奇数时,正数的 n 次方根是一个正数,负数的 n 次方根是一个负数. 此时,a 的 n 次方根用符号 $\sqrt[n]{a}$ 表示.

如:$\sqrt[3]{27}$ 表示 27 的 3 次方根,即:$\sqrt[3]{27}=3$,$\sqrt[5]{-32}$ 表示 -32 的 5 次方根,即 $\sqrt[5]{-32}=-2$,$\sqrt[3]{a^6}$ 表示 a^6 的 3 次方根,即 $\sqrt[3]{a^6}=a^2$.

提问 2 当 n 为偶数时,正数的 n 次方根情况如何?

当 n 是偶数时,正数的 n 次方根有两个,这两个数是互为相反数. 此时,正数 a 的正的 n 次方根用符号 $\sqrt[n]{a}$ 表示,负的 n 次方根用符号 $-\sqrt[n]{a}$ 表示. 正的 n 次方根与负的 n 次方根可以合并成 $\pm\sqrt[n]{a}(a>0)$. 如:81 的四次方根可以表示为 $\pm\sqrt[4]{81}=\pm 3$.

强调　负数没有偶次方根，0 的任何次方根都是 0，记作 $\sqrt[n]{0}=0$.

由学生试着说一说这个规律，若学生说得不完善，可点拨学生，让他们先看 a 的正负，再分 n 的奇偶，教师可与学生一起总结，当 n 为奇数时，由于无论 a 为何值，n 次方根都只有一个值，可用统一的符号 $\sqrt[n]{a}$ 表示，此时 a 为正数，则 $\sqrt[n]{a}$ 为一个确定的正数，a 为负数，则 $\sqrt[n]{a}$ 为一个确定的负数；当 n 为偶数时，a 为正数时，有两个值，而 $\sqrt[n]{a}$ 只能表示其中一个且应表示是正的，另一个应与它互为相反数，故只需在前面放一个负号，写成 $-\sqrt[n]{a}$，其含义为 n 为偶数时，正数的 n 次方根有两个，分别为 $\sqrt[n]{a}$ 和 $-\sqrt[n]{a}$；零的任何次方根都是零.

式子 $\sqrt[n]{a}$ 叫做根式，这里 n 叫做根指数，a 叫做被开方数.

提问 3　$\sqrt[n]{a}$ 一定表示一个正数吗？$\sqrt[n]{a}$ 中的 a 一定是正数或非负数吗？让学生来回答，在回答中进一步认清符号的含义，对于符号 $\sqrt[n]{a}$，当 n 为偶数是，它有意义的条件是 $a \geqslant 0$；当 n 为奇数时，它有意义的条件是 $a \in \mathbf{R}$.

有了这个规律之后，就可以用准确的数学符号去描述 n 次方根了.

由于 $\sqrt[n]{a}$ 是个数值，数值可以进行运算，运算就要有根据，因此下面有必要进一步研究根式运算的依据.

$(\sqrt[n]{a})^n$ 应该得什么？有学生讲出理由吗？根据 n 次方根的定义，可得 $(\sqrt[n]{a})^n = a$.

提问 4　$\sqrt[n]{a^n}$ 应该得什么？也得 a 吗？

可用具体例子提示学生，如 $\sqrt{(-3)^2}=-3$ 吗？$\sqrt[3]{(-3)^3}=-3$ 吗？

让学生发现 $\sqrt[n]{a^n}$ 的结果与 n 有关系，从而得到 $\sqrt[n]{a^n}=\begin{cases} a & (n \text{ 为奇数}), \\ |a| & (n \text{ 为偶数}). \end{cases}$

练习　计算 $(\sqrt[2]{5})^2, \sqrt[3]{5^3}, \sqrt[n]{(-5)^n}, \sqrt[4]{(3-\pi)^4}, \sqrt{(a-b)^2}$.

总结 $(\sqrt[n]{a})^n, \sqrt[n]{a^n}$ 的意义及结果.

根据 n 次方根的定义，易得到以下常用公式：$(\sqrt[n]{a})^n = a$；

当 n 是奇数时，$\sqrt[n]{a^n}=a$；当 n 为偶数时，$\sqrt[n]{a^n}=|a|=\begin{cases} a & (a \geqslant 0), \\ -a & (a < 0). \end{cases}$

提问 5　如何用语言叙述上面的公式

(1) 当 n 为任意正整数时，实数 a 的 n 次方根的 n 次幂是它本身；

(2) 非负实数 a 的 n 次方根的 n 次幂是它本身；

(3) n 为奇数时，实数 a 的 n 次幂的 n 次方根是 a 本身；n 为偶数时，实数 a 的 n 次幂的 n 次方根是 a 的绝对值.

(三)知识推广,搞清关系

思考与讨论下列根式:

$$\sqrt[5]{a^{10}} = a^2 = a^{\frac{10}{5}} \quad (a > 0);$$

$$\sqrt[3]{a^{12}} = a^4 = a^{\frac{12}{3}} \quad (a > 0); \quad \sqrt[4]{a^5} = ? \quad (a > 0); \quad \sqrt{a} = ?$$

对于 $\sqrt[n]{a^m}$(m,n 是正整数),若 m 是 n 整数倍时,$\sqrt[n]{a^m}$ 可写成是正整数指数幂的形式,即 $\sqrt[n]{a^m} = a^{\frac{m}{n}}$;若 m 不是 n 的整数倍,那么上式中的幂指数 $\frac{m}{n}$ 就是一个分数了,显然不能用正整数指数幂来解释,所以必须对指数幂的定义进行推广,使 $\sqrt[n]{a^m} = a^{\frac{m}{n}}$ 在 m 不是 n 的整数倍时也适用,自然应把 $a^{\frac{m}{n}}$ 看成是根式的另一种记法 $\sqrt[n]{a^m}$. 即当根式的被开方数能被根指数整除时,根式可以写成整数指数幂的形式;当根式的被开方数不能被根指数整除时,根式也可以写成分数指数幂的形式. 如:

$$\sqrt[3]{8^6} = 8^2, \quad \sqrt[3]{8} = 8^{\frac{1}{3}}.$$

因此规定正数的正分数指数幂:

$$a^{\frac{m}{n}} = \sqrt[n]{a^m} \quad (a > 0, m, n \in \mathbf{N}^*, n > 1).$$

注意:分数指数幂 $a^{\frac{m}{n}}$ 不可理解为 $\frac{m}{n}$ 个 a 相乘,它是根式 $\sqrt[n]{a^m}$ 的另一种写法,在这样的规定下,根式与分数指数幂表示的是相同意义的量,只是形式上的不同而已,由于 $(a^{\frac{m}{n}})^n = a^m$ 成立,即 $a^{\frac{m}{n}}$ 可以看成是 a^m 的 n 次方根. 所以根式与分数指数幂可以进行互化.

回忆负整数指数幂 $a^{-p} = \frac{1}{a^p}$(p 为正整数);零的负整数次幂没有意义 $\left(a^{-p} = \frac{1}{a^p}\right.$ 分母不能是零,所以限定 $a \neq 0\Big)$.

类似负整数指数幂,规定正数的负分数指数幂:

$$a^{-\frac{m}{n}} = \frac{1}{a^{\frac{m}{n}}} = \frac{1}{\sqrt[n]{a^m}} \quad (a > 0, m, n \in \mathbf{N}^*, n > 1).$$

规定:零的正分数指数幂等于零,零的负分数指数幂没有意义.

练习 (1)将根式写成分数指数幂形式:$\sqrt[3]{2^4}, \sqrt[2]{3^5}$.

(2)求值:$8^{\frac{2}{3}}, 27^{-\frac{4}{3}}$.

规定了分数指数幂的意义后,指数的概念就从整数指数推广到了有理数指数,那么整数指数幂的运算性质也同样可以推广到有理数指数幂.

回忆整数指数幂的概念:

$$\underbrace{a \cdot a \cdot a \cdot \cdots \cdot a}_{n 个 a} = a^n \quad (n \in \mathbf{N}^*), \quad a^0 = 1 \quad (a \neq 0).$$

整数指数幂的运算性质:(让学生用符号表示并用语言叙述出来)
$a^m \cdot a^n = a^{m+n}$ $(m, n \in \mathbf{Z})$, $(a^m)^n = a^{mn}$ $(m, n \in \mathbf{Z})$, $(ab)^n = a^n b^n$ $(n \in \mathbf{Z})$.

整数指数幂的运算性质,对于分数指数幂也同样适用,类比得到有理数指数幂运算性质
$$a^r a^s = a^{r+s} \quad (a > 0, r, s \in \mathbf{Q}), \quad (a^r)^s = a^{rs} \quad (a > 0, r, s \in \mathbf{Q}),$$
$$(ab)^r = a^r b^r \quad (a > 0, b > 0, r \in \mathbf{Q}).$$

把整数指数幂与有理数指数幂的定义及其运算性质进行比较看到,当指数从整数推广到有理数指数后,底数增加了限制条件 $a > 0$ 或 $a > 0, b > 0$. 这是为什么呢?

讨论……

借用反例加深认识
$$-2 = \sqrt[3]{-8} = (-8)^{\frac{1}{3}} \neq (-8)^{\frac{2}{6}} = \sqrt[6]{(-8)^2} = \sqrt[6]{64} = 2, \quad \sqrt[4]{(-1)^{12}} = 1 \neq (-1)^3.$$

注意:幂指数不能随意约分,否则就会出错,但当底数是正数时可约分,即
$$\sqrt[np]{a^{mp}} = \sqrt[n]{a^m} \quad (a > 0).$$

求值练习:
$$25^{\frac{3}{2}}, \quad 27^{\frac{2}{3}}, \quad \left(\frac{36}{49}\right)^{\frac{3}{2}}, \quad \left(\frac{25}{4}\right)^{-\frac{3}{2}}, \quad \sqrt[4]{81 \times \sqrt{9^{\frac{3}{2}}}}, \quad 2\sqrt{3} \times \sqrt[3]{1.5} \times \sqrt[6]{12}.$$

归纳有关概念:

正整数指数幂 $\underbrace{a \cdot a \cdot a \cdot \cdots \cdot a}_{n 个 a} = a^n (n \in \mathbf{N}^*)$;零指数幂 $a^0 = 1 (a \neq 0)$;

负整数指数幂 $a^{-p} = \dfrac{1}{a^p}$ (p 为正整数);正分数指数幂 $a^{\frac{m}{n}} = \sqrt[n]{a^m} (a > 0, m, n \in \mathbf{N}^*, n > 1)$;

负分数指数幂 $a^{-\frac{m}{n}} = \dfrac{1}{a^{\frac{m}{n}}} = \dfrac{1}{\sqrt[n]{a^m}} (a > 0, m, n \in \mathbf{N}^*, n > 1)$.

总之,当正实数为底数时,指数可为任意实数.

引导学生解决教材开头的实例问题. 讨论、分析、练习教材上本小节的例 2、例 3,让学生总结根式与分数指数幂的互化规律.

(四) 观察操作,感受过程

思考 $5^{\sqrt{2}}$ 是怎样的一个数呢?

讨论:$5^{\sqrt{2}}$ 的结果?

利用计算器或计算机演示或学生动手操作,通过计算 $\sqrt{2}$ 的不足近似值和过剩近似值,可以发现随着 x 的取值越来越接近于 $\sqrt{2}$,5^x 的值也越来越接近于一个实数(见表 1),我们把这个实数记为 $5^{\sqrt{2}}$.

表1 $5^{\sqrt{2}}$的近似值

$\sqrt{2}$的过剩近似值	$5^{\sqrt{2}}$的近似值	$5^{\sqrt{2}}$的近似值	$\sqrt{2}$的不足近似值
1.5	11.18033989	9.5183269694	1.4
1.42	9.829635328	9.6726699729	1.41
1.415	9.750851808	9.73517139	1.414
1.4143	9.739872620	9.738305174	1.4142
1.41422	9.738618643	9.738461907	1.41421
1.414214	9.738524602	9.738508928	1.414213
1.4142136	9.738518332	9.738516765	1.4142135
1.41421357	9.738517862	9.738517705	1.41421356
1.414213563	9.738517752	9.738517736	1.414213562
……	……	……	……

无理数可以由有理序列来逼近,故有理数指数幂可以推广到无理数指数幂.

定义 无理数指数幂 a^{α} ($a>0$, α 是无理数)是一个确定的实数.有理数指数幂的运算性质同样适用于无理数指数幂.

于是有结论:一般地,当 $a>0$, α 为任意实数值时,实数指数幂 a^{α} 都是有意义的.对任意实数值 α, β,有理数指数幂的运算性质在无理数范围内仍然成立.因此,可得到实数指数幂的运算性质.

思考:试着说明无理数指数幂 $3^{\sqrt{2}}$ 的含义.

(五)典型例题分析

例1 计算下列各式(式中字母都是正数)

(1) $(2a^{\frac{2}{3}}b^{\frac{1}{2}})(-6a^{\frac{1}{2}}b^{\frac{1}{3}})\div(-3a^{\frac{1}{6}}b^{\frac{5}{6}})$; (2) $(m^{\frac{1}{4}}n^{-\frac{3}{8}})^8$.

分析 先由学生观察以上两个式子的特征,然后分析:(1)小题是单项式的乘除运算,可以用单项式的运算顺序进行;(2)小题是乘方形式的运算,可先按积的乘方计算,再按幂的乘方进行计算.注意四则运算的顺序是先算乘方,再算乘除,最后算加减,有括号的先算括号里的.整数幂的运算性质及运算规律扩充到分数指数幂后,其运算顺序仍符合我们以前的四则运算顺序.

解 (1) 原式 $=[2\times(-6)\div(-3)]a^{\frac{2}{3}+\frac{1}{2}-\frac{1}{6}}b^{\frac{1}{2}+\frac{1}{3}-\frac{5}{6}}=4ab^0=4a$.

(2) 原式 $=(m^{\frac{1}{4}})^8(n^{-\frac{3}{8}})^8=m^2n^{-3}$.

例2 计算下列各式

(1) $(\sqrt[3]{25}-\sqrt{125})\div\sqrt[4]{25}$; (2) $\dfrac{a^2}{\sqrt{a}\cdot\sqrt[3]{a^2}}$ ($a>0$).

分析 在第(1)小题中,只含有根式,且不是同类根式,先把根式化为分数指数幂再计算;第(2)小题也是先把根式转化为分数指数幂后再由运算法则计算.

解 (1) 原式 $=(25^{\frac{1}{3}}-125^{\frac{1}{2}})\div 25^{\frac{1}{4}}=(5^{\frac{2}{3}}-5^{\frac{3}{2}})\div 5^{\frac{1}{2}}=5^{\frac{2}{3}-\frac{1}{2}}-5^{\frac{3}{2}-\frac{1}{2}}$
$=5^{\frac{1}{6}}-5=\sqrt[6]{5}-5.$

(2) 原式 $=\dfrac{a^2}{a^{\frac{1}{2}}\cdot a^{\frac{2}{3}}}=a^{2-\frac{1}{2}-\frac{2}{3}}=a^{\frac{5}{6}}=\sqrt[6]{a^5}.$

运算的结果不强求统一用哪一种形式表示,但不能同时含有根号和分数指数,也不能既有分母,又含有负指数.

例 3 已知:$a^{\frac{1}{2}}-a^{-\frac{1}{2}}=2$,求下列各式的值:

(1) $a^{\frac{1}{2}}+a^{-\frac{1}{2}}$;   (2) $\dfrac{a^{\frac{3}{2}}+a^{-\frac{3}{2}}}{a^2+a^{-2}+6}.$

分析 利用分数指数幂的性质和有关乘法公式进行恒等变形,转化后再整体代入,达到求值目的.

解 (1) 设 $t=a^{\frac{1}{2}}+a^{-\frac{1}{2}}$,则
$$t^2=a+\dfrac{1}{a}+2\quad(t>0).$$

因为 $a^{\frac{1}{2}}-a^{-\frac{1}{2}}=2$,所以 $a+\dfrac{1}{a}-2=4$,由此得 $a+\dfrac{1}{a}=6.$ 所以
$$t^2=8,\quad 即\quad a^{\frac{1}{2}}+a^{-\frac{1}{2}}=2\sqrt{2}.$$

(2) 因为 $a^{\frac{3}{2}}+a^{-\frac{3}{2}}=(a^{\frac{1}{2}}+a^{-\frac{1}{2}})\left(a-1+\dfrac{1}{a}\right)=2\sqrt{2}\times 5=10\sqrt{2}$,又由 $a+\dfrac{1}{a}=6$,所以
$$a^2+a^{-2}+2=36,\quad a^2+a^{-2}=34,$$

所以
$$原式=\dfrac{10\sqrt{2}}{34+6}=\dfrac{\sqrt{2}}{4}.$$

总结利用分数指数幂来进行根式计算的顺序:先把根式化为分数指数幂,再根据幂的运算性质进行计算;对于计算结果,若没有特别要求,就用分数指数幂的形式表示,若有特殊要求,可根据要求给出结果,但结果不能同时含有根号和分数指数,也不能既有分母又含有负指数.

(六) 归纳小结,强化思想

本节主要学习了根式和分数指数幂的意义、根式与分数指数幂之间的相互转化、有理指数幂的含义及其运算性质.其知识结构为:整数指数幂→分数指数幂→有理数指数幂→无理数指数幂.要熟悉它们的运算性质,记住三个公式,同时注意:零指数与负整数的底数均不能为零;正分数指数幂,当指数的分子、分母互质时,分母为奇数,底数可以为任意实数,分母为偶数时,底数为非负实数;负分数指数幂,当指数的分子与分母互质时,分母为奇数、底数不能为零,分母为偶数,底数为正实数.总之,当正实数为底时,指数可为任意实数.在进行指数幂的运算时,一般地,化指数为正指数,化根式为分数指数幂进行运算.同时理清乘除、

乘方、开方运算间的关系,注意知识之间的联系和转化.

布置作业:必做题:教材本节习题 2.1A 组第 1—4 题;选做题:习题 2.1B 组第 2 题.

指数函数及其性质(第 2 课时)

一、教学目标

(1)知识与技能:使学生了解指数函数模型的实际背景,认识数学与现实生活及其他学科的联系;熟练掌握指数函数概念、图像、性质,培养学生数学应用意识.

(2)过程与方法:通过定义的引入、图像特征的观察、发现过程使学生体验理论与实践的辩证关系,了解系统研究一类函数的方法,适时渗透数形结合与分类讨论的数学思想,培养学生的探索发现能力和分析问题、解决问题的能力.

(3)情感态度与价值观:充分利用函数的应用价值激发学习兴趣,增强解决问题的自信心,共同分享成功的喜悦.通过探索与交流,学会与人合作,通过学生的参与过程,培养学生手脑并用、多思勤练的良好学习习惯和勇于探索、锲而不舍的学习精神.

二、教学重点和难点

教学重点:掌握指数函数的性质及应用.

教学难点:用数形结合的方法从具体到一般地探索、概括指数函数的性质,理解指数函数的简单应用模型.

三、教学方法与教学手段

教学方法:直观教学法、发现法、课堂讨论法.
教学手段:多媒体辅助教学.

四、教学过程

(一)利用问题情景引入新课

前面已将指数概念扩充到了有理数指数幂,并给出了有理数指数幂的运算性质.回忆零指数、负指数、分数指数幂的定义及有理数指数幂的运算法则,考虑下面的两个问题.

问题 1　细胞分裂时,第一次由 1 个分裂成 2 个,第 2 次由 2 个分裂成 4 个,第 3 次由 4 个分裂成 8 个,如此下去,写出 1 个这样的细胞分裂 x 次后,得到的细胞个数 y 与 x 的函数关系式是什么?

问题 2 （用多媒体展示或阅读教材）当生物死亡后，它机体内原有的碳 14 会按确定的规律衰减，大约每经过 5730 年衰减为原来的一半，这个时间称为"半衰期"．根据此规律，人们获得了生物体内碳 14 含量 P 与死亡年数 t 之间的关系：$P=\left(\dfrac{1}{2}\right)^{\frac{t}{5730}}$，则生物体死亡了 6000 年、$x$ 年后，它体内的碳 14 含量 P 分别为多少？

学生根据已有的知识和经验独立探究，教师巡视，进行个别指导，然后合作讨论、交流探究的结果．

由上述问题得到函数关系

$$y=2^x, \quad P=\left(\dfrac{1}{2}\right)^{\frac{6000}{5730}}, \quad P=\left(\dfrac{1}{2}\right)^{\frac{x}{5730}}.$$

上面的函数尽管定义域不同，但解析式有什么共同特征？底数是什么？指数是什么？

引导学生独立思考、小组讨论，写出两个问题中变量间的函数关系，概括解析式的特征（自变量 x 出现在指数的位置上，而底数是大于零且不等于 1 的常数），提醒不能忘写定义域．

在学生思考的基础上，归纳概括出指数函数的定义：一般地，函数 $y=a^x(a>0,$ 且 $a\neq 1)$ 叫做指数函数，其中 x 是自变量，函数的定义域为实数集 **R**．强调指数函数的定义是一个形式定义，由于指数已经扩充到有理数和无理数，所以在底数大于零的前提下，x 可以是任意实数，因此函数定义域是全体实数集 **R**．

为什么要规定底数 $a>0$ 且 $a\neq 1$ 呢？否则会出现什么情况呢？请同学们思考并讨论．

(1) 若 $a=0$，则当 $x>0$ 时，$a^x=0$；当 $x\leqslant 0$ 时，a^x 无意义．

(2) 若 $a<0$，则对于 x 的某些数值，可使 a^x 无意义．如 $(-2)^x$，这时对于 $x=\dfrac{1}{4},x=\dfrac{1}{2}$，…，等等，在实数范围内函数值是不存在的．

(3) 若 $a=1$，则对于任何 $x\in\mathbf{R},a^x=1$，是一个常量，这里不做研究．

（二）动手实践，探索规律

判断下列函数哪些是指数函数，并在同一直角坐标系中用描点方法画出指数函数图像．

(1) $y=2^x$；　　(2) $y=2^x+1$；　　(3) $y=2^{\frac{1}{x}}$；　　(4) $y=2^{-x}$；

(5) $y=(-3)^x$；　(6) $y=3^{x+1}$；　　(7) $y=3^{\sqrt{x+2}}$；　(8) $y=3^x$．

逐一进行讨论、探究与分析，理解指数函数的本质特征．指数函数的解析式 $y=a^x$ 中，a^x 的系数是 1；有些函数貌似指数函数，实际上却不是，如(2)；有些函数看起来不像指数函数，实际上却是，如(4)．

取三个具有代表性的指数函数 $\left(y=2^x, y=3^x, y=\left(\dfrac{1}{2}\right)^x\right)$，让学生独立画图，分组讨论、交流；教师课堂巡视，个别指导，展示画得较好的部分学生的图像，观察三个指数函数的图像的共同特征.

（根据学生反应可从以下几个方面点拨：图像范围；图像经过的特殊点；图像从左到右的变化趋势）

提问 观察这三个函数图像中有哪些不同的特点呢？由此可以说明指数函数具有什么性质呢？

分小组合作，归纳 $y=a^x(a>1)$，$y=a^x(0<a<1)$ 的相同点和不同点，根据图像总结图像特征和函数性质（可借助多媒体对学生操作进行评价并改变底数 a 实施函数变式，体验性质）. 各小组派代表向全体同学汇报探究成果，引导学生表述当 a 取不同值时的函数图像的单调性和相应规律，再启发学生猜测 $y=a^x$ 和函数 $y=\left(\dfrac{1}{a}\right)^x$ 的图像是否对称，用信息技术验证猜想，并根据对称性作出 $y=\left(\dfrac{1}{3}\right)^x$ 的图像，由此理解指数函数图像的位置与底数大小的关系.

分析上述函数图像，师生共同讨论交流、整理汇总指数函数的图像和基本性质，填写在表 2 中.

表 2 指数函数的图像和基本性质

指数函数图像的特征		指数函数的性质
指数函数图像都位于 x 轴上方		x 取任何实数时，都有 $a^x>0$
指数函数图像都经过 $(0,1)$ 点		无论 a 取何正数，当 $x=0$ 时，总有 $y=a^0=1$
$a>1$	$0<a<1$	当 $a>1$ 时，$\begin{cases}若 x>0, & 则 a^x>1, \\ 若 x<0, & 则 a^x<1;\end{cases}$ 当 $0<a<1$ 时，$\begin{cases}若 x>0, & 则 a^x<1, \\ 若 x<0, & 则 a^x>1\end{cases}$
自左向右看，当 $a>1$ 时，图像逐渐上升；当 $0<a<1$ 时，图像逐渐下降		当 $a>1$ 时，$y=a^x$ 是增函数；当 $0<a<1$ 时，$y=a^x$ 是减函数

（三）典型例题，总结方法

例1 比较下列各组中两个值的大小：$2^{0.6}$，$2^{0.5}$；0.9^{-2}，$0.9^{-1.5}$；$2.1^{0.5}$，$0.5^{2.1}$.

解 引导学生，利用指数函数单调性解决.

(1) $2^{0.6}$ 与 $2^{0.5}$ 的底数是 2，它们可以看成函数 $y=2^x$，当 $x=0.6$ 和 $x=0.5$ 时的函数值；

因为底数 $2>1$，所以函数 $y=2^x$ 在 **R** 是增函数，而 $0.5<0.6$，所以，$2^{0.6}>2^{0.5}$；

(2) 0.9^{-2} 与 $0.9^{-1.5}$ 的底数是 0.9，它们可以看成函数 $y=0.9^x$，当 $x=-2$ 和 -1.5 时的函数值；因为 $0<0.9<1$，所以函数 $y=0.9^x$ 在 **R** 是减函数，而 $-1.5>-2$，所以，$0.9^{-2}>0.9^{-1.5}$。

(3) 对于 $2.1^{0.5}, 0.5^{2.1}$ 不能直接看成一个指数函数的两个值，所以无法用(1),(2)的方法进行比较，可引导学生在下面各数之间的横线上填上适当的不等号或等号：$2.1^{0.5}$ ____ 1；$0.5^{2.1}$ ____ 1，然后由指数函数的性质，得出 $2.1^{0.5}>2.1^0=1, 0.5^{2.1}<0.5^0=1$，所以 $2.1^{0.5}>0.5^{2.1}$。

小结 对同底数幂大小的比较用的是指数函数的单调性，必须明确所给的两个值是哪个指数函数的两个函数值；对不同底数幂的大小的比较可以与中间值进行比较，再结合指数函数单调性解决问题。

练习 (1) 比较大小：$2.5^{\frac{2}{3}}, 2.5^{\frac{4}{5}}$；

(2) 已知下列不等式，试比较 m, n 的大小：$\left(\dfrac{2}{3}\right)^m > \left(\dfrac{2}{3}\right)^n, 1.1^m < 1.1^n$。

(四) 灵活应用，拓展深化

例 2 某种商品的价格从今年起每年降低 15%，设原来的价格为 1，x 年后的价格为 y，则 y 与 x 的函数关系式是什么？

解 经过 1 年，价格 $y=1\times 85\%=0.85$；经过 2 年，$y=0.85\times 0.85=0.85^2$。经过 x 年，商品的价格 $y=0.85^x$。

例 3 某种放射性物质不断变化为其他物质，每经过 1 年剩留的这种物质是原来的 84%，画出这种物质的剩留量随时间变化的图像，并从图像上求出经过多少年，剩留量是原来的一半（结果保留 1 个有效数字）。

分析 通过恰当假设，将剩留量 y 表示成经过年数 x 的函数，并可列表、描点、作图，进而求得所求。

解 设这种物质量初始的质量是 1，经过 x 年，剩留量是 y。

经过 1 年，剩留量 $y=1\times 84\%=0.84^1$；

经过 2 年，剩留量 $y=0.84^1\times 84\%=0.84^2$；

……………………………………………

一般地，经过 x 年，剩留量 $y=0.84^x$。

根据这个函数关系式可以列表如表 3 所示。

表3　放射物质的剩留量(y)与时间(x)的对应数据

x	0	1	2	3	4	5	6
y	1	0.84	0.71	0.59	0.50	0.42	0.35

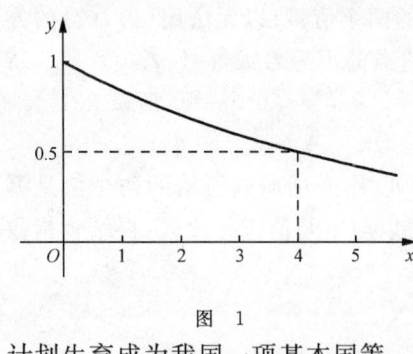

图1

用描点法画出指数函数 $y=0.84^x$ 的图像(见图1),从图1看出 $y=0.5$ 只需 $x\approx 4$,即约经过4年,剩留量是原来的一半.

例4　我国人口问题非常突出,在耕地面积只占世界7%的国土上,却养育着占世界22%的人口.因此,中国的人口问题是公认的社会问题.2000年第五次人口普查表明:截止到1999年底中国人口已达到13亿,年增长率约为1%.为了有效地控制人口过快增长,实行计划生育成为我国一项基本国策.

(1)按照上述材料中的1%的增长率,从2000年起,x 年后我国的人口将达到2000年的多少倍?

(2)从2000年起到2020年我国的人口将达到多少?

请学生动手填写表4:

表4　我国人口增长统计表

年　份	经过年数	人口数/亿
1999	0	13
2000	1	$13(1+1\%)$
2001	2	$13(1+1\%)^2$
⋮	⋮	⋮
$1999+x$	x	$13(1+1\%)^x$

师生共同分析研究讨论方法并共同解决,归纳得出经过 x 年后,我国的人口数为
$$y=13(1+1\%)^x.$$

学生思考解决(2).

阅读教材第58页的"探究"内容,体会指数增长的过程,感受"指数爆炸"的含义.

练习　2005年某镇工业总产值为100亿,计划今后每年平均增长率为8%,经过 x 年后的总产值为原来的多少倍?

变式　上述条件下,多少年后产值能达到120亿?

(五)归纳小结,分层作业

谈谈通过本节课的学习,你有什么收获?根据学生的回答进行评价、补充和概括,本节

课的主要内容是：指数函数的定义、图像和性质；本节学习的重点是：掌握指数函数的图像和性质；学习的关键是：弄清楚底数 a 的变化对于函数值变化的影响，函数图像是研究函数的直观工具，利用图像便于记忆函数的性质和变化规律. 因此，要作到心中有图，会画图，会看图，会用图. 这样才能提高对函数思想方法的认识，彻底弄清并掌握指数函数的图像和性质，初步掌握指数函数增长模型，灵活运用性质解决实际问题.

分层作业：必做题：教材本节习题 2.1A 组第 5,6 题；选做题：习题 2.1B 组第 1 题.

案例3 "2.2.2 对数函数及其性质"说课稿

对数函数及其性质是高中人教 A 版数学必修 1 第二章内容. 下面将从教材、教法与学法以及教学过程四个方面阐述对本节课的理解和处理.

一、教材分析

本章讲述的是基本初等函数，具体介绍指数函数、对数函数、幂函数三类函数模型. 通过三类函数模型的建立和应用，使学生进一步加深对前一章函数概念和性质的认识. 它们是函数抽象到具体的一个载体，同时使学生掌握研究一类新函数的方法和方向，为后续学习三角函数等其他初等函数打下思维基础，体现了新教材螺旋上升的特点. 本节内容是在学完指数函数后，通过具体实例学习一类新的初等函数——对数函数，通过图像的刻画研究对数函数及其基本性质. 高中数学课程标准对本节课的教学要求达到"掌握"的层次，即在对有关概念有理性的认识，能用自己的语言进行叙述和解释，了解它们与其他知识联系的基础上，通过训练形成技能，并能作简单的应用. 教材的编写主要是从学生获取知识遵循"从特殊到一般，由浅入深，由易到难，循序渐进"的原则出发，符合学生的认知水平和接受能力. 另外，由于指数函数与对数函数有着很多的对应性质，教材编写时充分注重了类比思想. 本节中教材编写了两个探究知识，使学生进一步理解对数函数. 根据数学学科的特点、学生身心发展的合理需要和社会的政治经济、科学技术的需求，下面从知识与技能、过程与方法和情感态度与价值观三个层面确定相应的教学目标以及重点、难点如下：

（1）知识与技能：使学生理解对数函数的定义并了解其图像的特点.

（2）过程与方法：通过具体实例，直观了解对数函数模型所刻画的数量关系，初步理解对数函数的概念，体会对数函数是一类重要的函数模型；能借助计算器或计算机画出对数函数的图像，探索并了解对数函数的单调性与特殊点.

（3）情感态度与价值观：通过学生运用类比思想探求研究数学问题，提高学生分析问题、解决问题的能力的同时，培养学生的自信心和辩证唯物主义观念.

教学重点：理解并掌握对数函数的概念、图像与性质.

教学难点：对数函数图像与性质的探究.

二、教法与学法分析

由于学生初中接触过指数运算，从认知角度比较容易接受指数函数.但对数以及对数函数的定义学生初次接触，从情感上比较陌生和恐惧，因此作为载体的相应习题设置上做了相应的考虑.同时，学生经过指数函数的学习，对研究一类新函数的过程与方法有一定的了解，因此在教学中适当考虑了类比的教学手段.本节课是本章的重点之一，也是整个高中数学比较重要的内容之一.对数函数作为高中数学的重要函数模型，课程标准中的定位是："通过具体实例，直观了解对数函数模型所刻画的数量关系，初步理解对数函数的概念，体会对数函数是一类重要的函数模型；能借助计算器或计算机画出具体对数函数的图像，探索并了解对数函数的单调性与特殊点."基于上述定位，本节课采用了如下教法：

（1）为了培养学生自主学习的能力以及使得不同层次的学生都能获得相应的满足.因此本节课采用探究性教学、提问式教学和分层教学.

（2）根据本节课的特点也为了给学生的数学探究与数学思维提供支持，同时也为了培养学生的动手操作能力，所以采用计算机辅助教学，以突出重点和突破难点.

三、教学过程

（1）导入新课：

由教材§2.2.1的例题6(即考古学家是如何估算出土文物或古遗址的年代)引入，让学生利用计算器计算并填写表1：

表1　碳14的含量与生物死亡年数统计表

碳14的含量 P	0.5	0.3	0.1	0.01	0.001
生物的死亡年数 t					

学生填写完毕后，引导他们观察上表，让他们体会到"对每一个碳14的含量 P 的取值，通过对应关系 $t = \log_{(\frac{1}{2})^{1/5730}} P$，生物死亡年数 t 都有唯一的值与之对应，并且对不同的 P 值，也都有不同的 t 值与之相对应，从而 t 是 P 的函数".

设计意图　① 通过具体实例让学生了解对数函数模型的实际背景，以表明对数函数来源于实践并且服务于实践；同时也充分体现了数学的应用价值.② 不但培养了学生动手计算的能力，也营造了师生合作，共同探讨问题的氛围.③ 作为引饵，引出新课、新概念.

（2）点明课题"对数函数"，并导出定义.

定义　函数 $y = \log_a x (a>0$ 且 $a \neq 1)$ 称为对数函数，其定义域是 $(0, +\infty)$.

设计意图　在给出对数函数的定义后，引导学生思考并让学生自己得出对数函数的定义域.这样不但调动了学生思考的积极性，也加强了学生对新旧知识的联系.

(3) 求函数 $y=\log_a(4-x)(a>0$ 且 $a\neq 1)$ 的定义域.

手段 首先让学生思考并判断该函数是否为对数函数,然后才给出正确的说法;最后再引导学生如何求这个对数型函数的定义域.

设计意图 达到使学生加深对对数函数定义的理解,并且让学生知道定义域与 a 的取值范围无关.

(4) 给出开放性问题.在了解学生的想法后立即将学生分成几个小组并分发第一张表格(印有直角坐标系);然后引导学生通过常规方法(即列表、描点、连线成图)画出四个具体的对数函数 $y=\log_2 x, y=\log_{1/2} x, y=\log_3 x$ 以及 $y=\log_{1/3} x$ 的图像.

设计意图 给出开放性问题,提高学生的想象能力,激发他们学习新知识的兴趣.将学生每四个人分成一个小组,并且让组内的每个学生画底数互不相同的对数函数的图像.这样使学生在比较讨论时有可比性,比较容易发现对数函数的图像与其底数之间的关系.

(5) 发放第二张表格,引导学生通过观察具体对数函数的图像特点和性质归纳出以 $a(a>0$ 且 $a\neq 1)$ 为底的对数函数的图像和性质(见表2).

表 2 对数函数的图像和性质

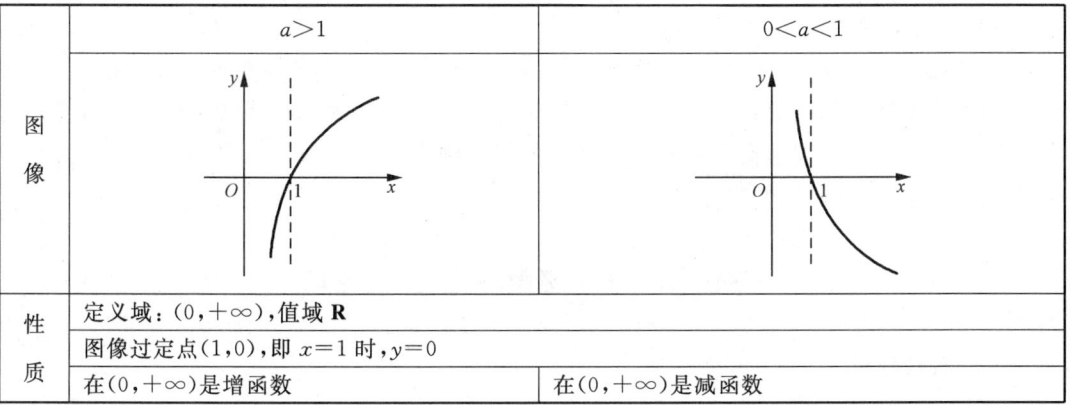

	$a>1$	$0<a<1$
图像		
性质	定义域:$(0,+\infty)$,值域 **R**	
	图像过定点$(1,0)$,即 $x=1$ 时,$y=0$	
	在$(0,+\infty)$是增函数	在$(0,+\infty)$是减函数

手段 先让学生以小组的形式自由讨论,然后由小组选派代表上台讲解小组成员经过充分讨论后所得到的对数函数的图像以及性质.

设计意图 ① 通过具体作图,可使学生加深对图像的直观印象,记忆比较牢固;同时也提高了数形结合的思维能力;② 符合认知规律,由特殊到一般,从具体到抽象;③ 充分发挥学生学习的能动性,以学生为主体,展开课堂教学.

(6) 通过 flash 软件对对数函数的图像及其性质再作分析、印证.

(7) 性质的应用.比较大小:① $\log_2 3.4, \log_2 8.5$;② $\log_{0.3} 1.8, \log_{0.3} 2.7$;③ $\log_a 5.1$,$\log_a 5.9 (a>0,$ 且 $a\neq 1)$.

设计意图 使学生能根据对数函数的单调性,比较同底的两个对数值的大小(其目的是培养学生用函数的观点解决问题的思想),并且加深学生对性质的理解,当底数出现字母时,应对字母进行分类,然后再比较大小.

(8) 巩固练习(教材上本小节课堂练习2(1)(2);课后练习2(3)(4)).

先给出一定的时间让全班学生思考并解答,然后请一名学生扮演老师角色点评其他学生的解答过程,最后再由教师补充.

设计意图 ① 使学生加深对对数函数概念的理解,能够独立并且熟练的求对数型函数的定义域;② 体现了以学生练为主体,提高学生计算的能力;③ 提高学生分析问题的能力.

比较大小(见教材本小节练习第3题)(课堂练习、提问解决).

(9) 归纳小结:本节课做到以概念为基础,以图像为根本,以性质为主体;同时又能注重培养学生的动手操作能力和计算能力.让学生对这一节课所学的内容提出质疑.因为学生的能力层次参差不齐,上完一节课之后未必每个学生都能接受全部的知识内容,因而必须给出适当的时间让他(她)们去理清知识脉络.

(10) 布置作业:① 必做题:教材本章复习参考题A组5,6题;② 选做题:求函数$y=\log_3\sqrt{x-1}$的定义域.

设计意图 作业(必做题)按循序渐进的原则布置,既巩固本节课所学知识,又培养学生自觉学习的习惯,同时也锻炼了学生的解题能力;而选做题是提高型题(补充题目),它是为了使高层次的学生在理解概念的基础上能力能够得到提高,进而拓宽学生的视野,增强学生思考问题的逻辑性、严密性.

案例4 "3.1 函数与方程"说课稿

一、教材分析

函数与方程是中学数学的重要内容,本节内容分三个层次逐渐展开.首先是在学习函数的性质基础上,了解方程的根与函数零点的关系.为用二分法求方程的近似解的学习做好准备,而且从不同的角度揭示数与形、方程与函数之间的本质联系.这种联系正是函数与方程思想的理论基础.然后运用数形结合思想及转化与化归思想讨论函数零点的存在性,其目的就是通过找函数的零点来研究方程的根,进一步突出函数思想的应用价值,也为用二分法求方程的近似解做好知识上和思想上的准备.最后是用二分法求方程的近似解,使学生体会函数的零点与方程之间的联系,初步形成用函数的概念、性质和观点去分析问题、转化问题和解决问题的意识.对函数与方程关系的认识过程,教材遵循了由浅入深、循序渐进的原则.通过二分法求方程的近似解,体会函数的零点与方程根之间的关系是本节的教学重点,难点是用二分法求给定精确度的方程近似解的过程,本节内容具有承前启后的作用,根据本节课

的特点、课程标准对教学的要求以及学生的认知水平,确定以下教学目标:

(1) 知识与技能:了解方程的根与函数零点之间的关系,学会利用函数单调性判断函数零点存在的方法,理解和掌握用二分法求方程的近似解的过程.

(2) 过程与方法:从函数与方程的联系中体验数形结合思想和转化思想的意义和价值,发展学生对变量数学的认识,体会函数知识的核心作用.学习用函数的观点看待方程的方法,初步感受从有限到无限的逼近思想,体现由具体到一般的认知过程,感悟由具体到抽象的研究方法.

(3) 情感态度与价值观:将教材知识和实际生活联系起来,使学生感受数学的实用性,有效激发学习兴趣.用函数的观点研究方程,本质上就是将局部的问题放在整体中研究,将静态的结果放在动态的过程中研究,培养学生分析问题、合作交流、探究实践的能力和严谨的科学态度.

二、学情分析

学生在初中初步认识到二次方程与二次函数的联系,对二次函数图像与轴是否相交也有一些直观的认识与体会.升入高中后又学习了函数的性质,具备初步的数形结合知识,已经了解了一些基本初等函数的模型,能熟练地运用计算器演算,掌握了借助信息技术画出基本初等函数图像的一般方法,具备一定的看图、识图能力.这为本节课利用函数图像,判断方程根的存在性提供了一定的知识基础.但学生缺乏函数的观点和函数应用的意识,缺乏函数与方程之间联系的了解,因此要通过问题的设置,引导学生思考,再通过实例的确认与体验,培养学生从直观到抽象、从特殊到一般的良好思维方式.

三、教法分析

作为函数应用的第一节课,首先点明函数的核心地位,即说明函数与其他知识的联系及其在生活中的应用,初步树立起函数应用的意识.其次教学过程中以培养学生探究精神为出发点,着眼于知识的形成和发展,着眼于学生的学习体验,精心设置一个个问题链,由浅入深、循序渐进,给不同层次的学生提供思考、创造、表现和成功的机会.第三由于数值计算较为复杂,需借助信息技术,充分发挥教师的主导作用和学生的主体作用,让学生真正成为教学活动的主体,并通过逐步深入的课堂练习、师生互动、讲练结合等方法,突出教学重点、突破教学难点.同时重视数形结合的研究方法,体现数学建模思想.

四、教学过程

本节课是函数知识中的重点内容之一,大约需要2课时,采用由特殊到一般、从具体到抽象的教学策略将教学过程分六个教学环节.

(一) 回顾旧知, 感性认识

以学生熟悉的二次函数图像和二次方程为平台, 利用表 1 观察方程和函数形式上的联系, 从而得到方程实数根与函数图像之间的感性认识, 给出函数零点的概念, 使学生明确零点是一个实数, 不是一个点, 为讨论一般函数零点存在性做准备, 由函数图像与轴的位置关系得到的一个形象零点概念, 学生不会觉得困难.

表 1 函数与方程的联系

二次函数	$f(x)=x^2-5x+6$	$f(x)=2x^2-x-3$	$f(x)=x^2-4x+4$
一元二次方程	$x^2-5x+6=0$	$2x^2-x-3=0$	$x^2-4x+4=0$
一元二次方程根的个数	2	2	2
图像与 x 轴交点个数	2	2	1
图像与 x 轴交点坐标	(2,0),(3,0)	(−1,0),(3/2,0)	(2,0)

试着把不解方程求方程 $x^2-2x-1=0$ 近似解(精确到 0.01)的问题, 转化为求函数 $f(x)=x^2-2x-1$ 的零点, 利用试值法、图像法求得该方程的近似解.

设计意图 从二次函数图像和二次方程引入(可借助信息技术), 直观、自然地给出函数零点的概念, 并为后面研究函数与方程的关系埋下了伏笔.

(二) 引导分析, 探究规律

根据函数图像能找到函数可能存在的零点, 但是并不是所有函数的图像都能具体的描绘出, 所以对函数零点要做进一步研究. 让学生观察一些函数图像与轴交点的情况, 探究对应的二次函数在区间端点上的函数值之积的特点, 引导学生猜想发现连续函数在某区间上存在零点的判定方法, 教师恰当辅导概括出函数零点存在定理(不需证明): 如果函数 $y=f(x)$ 在区间 $[a,b]$ 上的图像是连续不断的一条曲线, 并且 $f(a) \cdot f(b)<0$, 那么, 函数 $y=f(x)$ 在区间 (a,b) 内有零点, 即存在 $c \in (a,b)$, 使得 $f(c)=0$, 这个 c 也就是方程 $f(x)=0$ 的根. 然后, 引导学生理解、分析其中各条件的作用, 并结合函数的图像和性质进一步帮助学生理解. 将抽象的问题转化为直观形象的图形, 让学生通过感知体验并加以确认, 结合具体的实例, 加强对定理全面的认识. 比如定理应用的局限性, 即定理的前提是函数的图像必须是连续的, 定理结论中零点存在但不一定唯一, 定理的逆命题不成立等. 侧重从函数的角度看方程, 进一步突出函数思想的应用. 在这个环节中要恰当地应用信息技术, 帮助学生进行探索与发现, 从而认识零点的本质.

设计意图 观察、猜想、发现、概括出零点存在定理, 并对定理进行全方位认识, 这样设计既符合学生的认知特点, 也让学生经历从特殊到一般过程, 同时也为学习二分法求方程的近似解作好知识上和思想上的准备.

(三) 知识应用, 尝试练习

请学生利用信息技术作出教材本小节练习第二题中的第 1, 2 小题 $f(x)=-x^3-3x+$

5，$f(x)=2x \cdot \ln(x-2)-3$ 的图像，让学生初步应用零点的存在性定理来判断函数零点的存在性．对于零点附近两侧的函数值异号问题，学生可能有困惑，可借助信息技术作函数的图像，观察函数零点附近点的函数值的特征．引导学生思考利用函数单调性的性质，确定零点个数并用函数图像验证零点个数．让学生对函数的零点存在性定理形成理性认识，同时反馈教学效果，便于教师进行查漏补缺．通过应用一方面不断深化完善对新知识的理解，巩固判定零点存在的方法，另一方面初步了解利用函数单调性判断零点个数，为继续学习做铺垫．

设计意图 此环节选用教材中的练习题，让学生自己探索完成，必要时教师给予点拨，并在学生完成题解后加以分析总结．

（四）讨论研究，探究规律

针对教材例1：求函数 $f(x)=\ln x+2x-6$ 的零点个数，设计如下问题：(1) 用什么方法来判断函数的零点？(2) 函数在区间 $[2,3]$ 是否有零点？怎样确定它？(3) 零点是唯一的吗？为什么？学生自主探究，借助信息技术动手操作、体验教材上表 3-2 内容，体会寻求近似解的过程中利用中点缩小区间（缩小区间的方法很多，最简单的一种就是将区间一分为二）；让区间端点逐渐逼近零点，渗透转化、逼近、算法思想，使学生进一步领悟零点的唯一性需要借助函数的单调性．总结二分法的定义：对于在区间 $[a,b]$ 上连续不断，且满足 $f(a) \cdot f(b)<0$ 的函数 $y=f(x)$，通过不断地把函数 $f(x)$ 的零点所在的区间一分为二，使区间的两个端点逐步逼近零点，进而得到零点近似值的方法叫做二分法．在获得定义的基础上，提出问题"区间 $[2,3]$ 一分为二得到区间 $[2,2.5]$ 和 $[2.5,3]$，零点在哪一区间中？"，让学生运用已经获得的函数性质进行判断，一步一步得到函数零点的近似值．

设计意图 以教材中的例题为依托设计问题，让学生自主探究，体验包含零点的范围由区间 $[2,3]$ 逐步缩小到更小的区间，从而引出通过"取中点"缩小零点所在范围的方法，同时在讨论过程中让学生思考与体会二分法的实质和逼近思想．

（五）设计问题，提高认识

在总结用二分法求函数的零点步骤基础上，由讨论函数 $f(x)=\ln x+2x-6$ 在区间 $[2,3]$ 的零点过渡到讨论方程 $\ln x+2x-6=0$ 的求解．把求方程 $2^x+3x-7=0$ 的近似解（精确到 0.001）设置成四个问题：(1) 转化成求函数 $f(x)=2^x+3x-7$ 的零点的近似值．(2) 求函数 $f(x)=2^x+3x-7$ 的零点的个数．(3) 确定函数 $f(x)=2^x+3x-7$ 的零点所在的大致区间．(4) 求函数 $f(x)=2^x+3x-7$ 的零点的近似值，其目的是分散难点，突出重点．师生共同讨论并借助计算器解决，说明求方程根的近似值可以转化为求函数零点的近似值，从而体会用二分法求方程近似解的完整过程，理解二分法的算法思想与计算原理．通过一个例题演示完整的步骤与规范的书写格式，归纳总结出用自然语言描述的二分法求方程近似解的步骤：(1) 求给定函数区间的中点；(2) 计算中点的函数值；(3) 确定零点所在的新区间；

(4) 判断函数零点的近似值是否达到精确度,如果达到就完成,如果没有达到,再从第二步开始. 在此基础上,让学生思考"二分法的步骤有什么特点,如何用符号表示",引导学生获得二分法求方程的近似解的方法与步骤.

设计意图　本环节由函数零点过渡到方程的根是教学难点,通过设置问题分散难点,理解算法思想并板书解题过程,起到示范作用. 在这个过程中充分挖掘和利用函数的应用价值,激发学习的兴趣,增强解决问题的自信心,通过探索与交流,学会与人合作,共同分享成功的喜悦.

(六) 实践运用,培养能力

先讨论教材中的练习,利用函数图像判断方程 $-x^2+3x+5=0$；$2x(x-2)=-3$；$x^2=4x-4$；$5x^2+2x=3x^2+5$ 有没有根,有几个根. 以强化解方程实际上就是求函数零点的意识,这样对于指数方程、对数方程等超越方程及高次代数方程不能用代数运算求解时,可考察转化为求函数的零点. 接着用多媒体播放 CCTV-2 "幸运52"的猜价格片段:一种商品让参赛者猜价格,主持人给出提示语"高了"或"低了",例如,若商品的价格为 90 元,参赛者猜该商品价格为 100 元,主持人说"高了",参赛者又猜 50 元,主持人说"低了",这样一直猜下去,直到猜中为止,时间规定为 1 分钟,猜中商品价格最多者获胜. 提出问题,如果你去参加比赛,如何能快速猜出商品价格？通过几个学生的回答与讨论,得出最好的途径:用二分法,这样将学生的思维向外延伸,激发学生的发散思维,把课堂教学传授的知识较快转化为学生的素质,也更进一步培养学生的归纳概括能力. 接着设计题组,对学生分层设置用二分法求方程近似解的问题,尝试自己解决,以拓展学生的自主发展的空间,引导学生如何把问题进行有效转化,让学生体验解题遇阻时的困惑以及解决问题的快乐,感受数学学习的乐趣. 最后对本节的内容进行概括和总结,巩固学生所学的新知识.

设计意图　利用教材练习强化函数与方程的关系,理解二分法的实质,正确掌握二分法的应用. 借助 CCTV-2 "幸运52"的猜价格片段可增加问题的趣味性,有利于激发学生的学习热情. 此环节要在教师引导下不断探索,进而加深对知识的理解与掌握.

本节课教学过程的六个环节环环紧扣,使学生逐步体会函数的零点与方程根之间的联系. 初步形成用函数观点处理问题的意识,并注意引导学生从联系的观点理解有关内容,体会知识之间的联系. 在教学中由于数值计算较为复杂,必要时可恰当地使用信息技术工具辅助教学.

本章参考文献

[1] 教育部. 普通高中数学课程标准(实验). 北京:人民教育出版社,2003.

[2] 人民教育出版社,课程教材研究所,中学数学课程教材研究开发中心. 普通高中课程标准实验教科书·数学必修1(A 版). 北京:人民教育出版社,2003.

[3] 人民教育出版社,课程教材研究所,中学数学课程教材研究开发中心. 普通高中课程标准实验教科书·数学必修1(A版).2版.北京：人民教育出版社,2007.

[4] 人民教育出版社,课程教材研究所,中学数学课程教材研究开发中心. 教师教学用书·数学1(A版).2版.北京：人民教育出版社,2007.

[5] 王嵘. 二分法教学中几个问题的处理. 北京：数学通报,2007.11：12—13.

[6] 徐惠. 新教材解读之(2)基本初等函数Ⅰ. 武汉：数学通讯,2008.9：4—6.

[7] 章建跃. 对高中数学新课标教学的若干建议. 陕西：中学数学教学参考,2007.3：1—2.

[8] 李文林. 数学史概论. 北京：高等教育出版社,2005.

[9] 钱佩玲. 数学思想方法与中学数学. 北京：北京师范大学出版社,2008.

第二章 高中数学必修2教材解读与教学实践案例

本章涉及的内容是高中数学必修2,包括立体几何初步、解析几何初步,分为空间几何体,点、直线、平面之间的位置关系,直线与方程,圆与方程四章.在立体几何初步中,将从对空间几何体的整体观察入手,认识空间图形及其直观图的画法;再以长方体为载体,直观认识和理解空间中点、直线、平面之间的位置关系,并利用数学语言表述有关平行、垂直的性质与判定,对某些结论进行论证;了解一些简单几何体的表面积与体积的计算方法.在解析几何初步中,将在平面直角坐标系中建立直线和圆的代数方程,运用代数方法研究它们的几何性质及其相互位置关系,了解空间直角坐标系.进一步体会数形结合的思想,初步形成用代数方法解决几何问题的能力.

第一节 总体说明

一、基本内容

高中数学课程必修2的内容涉及立体几何初步、平面解析几何初步.普通高中课程标准实验教材《数学·必修2(A版)》(人教社,2007第3版)教材内容如表1所示.

表1 高中数学课程必修2教材目录

章标题	节标题
第一章 空间几何体	1.1 空间几何体的结构
	1.2 空间几何体的三视图和直观图
	1.3 空间几何体的表面积和体积

(续表)

章 标 题	节 标 题
第二章 点、直线、平面之间的位置关系	2.1 空间点、直线、平面之间的位置关系
	2.2 直线、平面平行的判定及其性质
	2.3 直线、平面垂直的判定及其性质
第三章 直线与方程	3.1 直线的倾斜角与斜率
	3.2 直线的方程
	3.3 直线的交点与距离公式
第四章 圆的方程	4.1 圆的方程
	4.2 直线、圆的位置关系
	4.3 空间直角坐标系

在立体几何初步中,教材在介绍基本内容的基础上,沿着人们通常采用直观感知、操作确认、思辨论证、度量计算等方法认识和探究几何图形及其性质的主线,以培养和发展学生的空间想象能力、推理论证能力、运用几何图形语言进行交流的能力.以几何直观能力为核心,重点在帮助学生逐步形成空间想象能力.

在平面解析几何初步中,教材内容的本质是用代数方法研究图形的几何性质.教师在帮助学生经历"几何问题代数化"的过程中,让学生体会"数形结合"的思想,初步掌握用代数方法解决几何问题的思想本质.

二、教材分析

(一)内容安排上体现数学学科自身的要求

数学从本质上说是反应形式化了的现实或思想材料,遵循思维的形成和发展规律.教材的每一部分内容基本按如下的线索展开:

以数学概念为主的内容:

由现实问题 (观察、抽象)→ 形成概念雏形 (抽象、确认)→ 数学概念
(实物模型)　　　　　　(描述定义)　　　　　　　(精确定义)
　　　　　　(进一步探究)→ 概念性质 (加强应用)→ 掌握概念
　　　　　　　　　　　　(归纳整理)

以数学原理为主的内容:

由现实问题 (观察、猜想)→ 初步构建数学原理 (验证、确认)→ 形成数学原理
(或数学命题)　　　　　　(描述为主)　　　　　　　　(性质、判定)
　　　　　　(逻辑证明)→ 完善原理 (加强应用)→ 掌握原理
　　　　　　　　　　　　(原理体系)

教材内容处理上注重数学语言形式的展现,关注数学知识的形态转化,强调数学思想方法和知识的系统性.具体表现在以下几个方面:

(1)数学在某种程度上看是一门特殊的语言学科.教材注重数学语言的三种形式(自然

语言、图形语言、符号语言)的叙述及相互转化.教材中任何数学信息的呈现都借助于数学语言这一载体,且贯穿于教材的每一部分.

(2)教材内容的安排很注重"入"和"出"关系的处理.其中的"入"表现为注重新知识与原先知识的联系和新知识从实际问题引入两方面,如:从观察空间几何体入手,来研究空间几何体的结构特征、几何元素之间的相互关系,同时注重与义务教育阶段的数学内容相衔接;而"出"表现为注重新知识应用和新知识的延展两方面,如:加强用知识本身解决实际问题和为以后该部分相关内容的学习做恰当的延展.

(3)数学的每一个重大的进展都是以先进的数学思想方法为先导,数学知识传承的效果也取决于传承者对数学思想方法的领悟.教材处处体现对数学思想方法的渗透、归纳和对学生的达成教育.如:"立体几何问题平面化"的转化思想,"几何问题代数化"的数形结合思想,数学结论发现的"观察、猜想、归纳、推理、论证"的数学思想方法,等等.

(4)数学成就是逐步累积的,因而教材内容的安排在循序渐进的基础上注重知识内部的完整性.由义务教育阶段的对特殊图形的认识、三视图的概念拓展到对空间几何体的认识及画法;由初中阶段的以"数学说理"为主到高中阶段说理以逻辑证明为主,这为"空间中的向量与几何体"、"几何证明选讲"等后继内容的学习铺垫基础.又如,由初中的数轴、平面直角坐标系的概念拓展到研究平面图形的性质的数形结合思想方法的训练,为进一步学习"圆锥曲线与方程知识"打下基础.

(二)内容处理上遵循学生的认知规律

(1)高中阶段的数学学习是以义务教育阶段学生的数学活动经验为基础,以直观形象思维为载体向抽象思维过渡、逐渐形成的过程.教材内容处理一方面注重与以前知识的衔接,另一方面不断借助直观形象来进行拓展.教材中的直观形象沿三条线路展开:一是数学对象的图形直观,如三视图、画图、数形结合;二是数学内容的直观,即数学内容的引入、展开处处联系实际,使学生感到"言之有物";三是数学研究方法的直观,如,观察、归纳、多媒体演示、数学交流等,在"淡化形式注重实质"的同时,更易于学生模仿、操作和探究.

(2)内容的层次性呈现符合"小步子学习"和类比学习原则.如,由熟悉的长方体图形,引出"三视图的画法、空间图形直观图的画法、表面积的推导、空间点—线—面位置关系的认识",体现了小步子学习思想.又如,由"直线与平面平行的判定及其性质"学习可类比开展"直线与平面垂直的判定及其性质"的学习,由直线的方程可类比圆的方程的学习.

(3)教材提供了激发学生学习兴趣、拓宽学生视野的大量素材,增加了数学的文化价值,有利于学生的非智力因素的培养.如,教材中简单介绍"蒙日、祖暅、卡瓦列里、欧几里得、笛卡儿"等数学家的思想;提供了"画法几何、解析几何、公理化思想"的阅读材料;给出"用几何画板探究点的轨迹:圆"的信息技术应用方法;给出用数学模型思想研究"魔术师的地毯"的案例;等等.

(三) 内容的知识结构

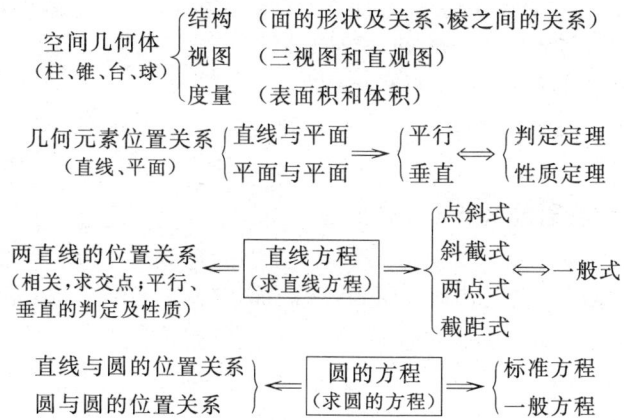

(四) 核心概念、原理及数学思想方法

1. 核心概念

(1) 柱、锥、台、球→三视图、直观图→表面积、体积→异面直线及所成的角→直线与平面平行、垂直→平面与平面平行、垂直(二面角)→距离(点到平面、直线与平面、平面与平面)等.

(2) 倾斜角、斜率→五种形式直线方程的定义→距离→两种圆的方程定义→空间直角坐标系等.

2. 数学原理(公式、公理、定理等)

(1) 视图原理(三视图、直观图作法)→求积公式(柱、锥、台、球的表面积、体积公式、祖暅原理)→平面公理→空间等角定理→判定及性质定理(直线与平面平行、垂直及平面与平面的平行、垂直)等.

(2) 斜率公式→两直线平行、垂直条件定理→五种直线方程的形式→距离公式(两点之间距离、点到直线的距离、两条平行线间的距离)→两种圆方程的形式→直线与圆、圆与圆的位置关系判定等.

3. 重要数学思想方法

教材内容中蕴涵的主要数学思想方法有：观察、抽象、猜想、验证等系列方法；立体问题平面化的"降维"思想；类比教学方法；反证法、同一法；几何问题代数化；数形结合思想；特殊化、一般化及相互转化的数学方法；化归思想；标准化思想；分类讨论思想；等等.

三、教学重点和难点

(一) 立体几何初步

教学重点：通过直观感知、操作确认、思辨论证、度量计算等方式,帮助学生逐步形成空

间想象能力.具体内容为:

(1) 能认识柱、锥、台、球及其简单组合体的结构特征;

(2) 能画出简单几何体(长方体、球、圆柱、圆锥、棱柱等)的三视图;

(3) 理解空间中线面平行、垂直的有关性质.

教学难点:空间几何体的画法(三视图、直观图);空间直线、平面位置关系的判定和性质的应用.

教学重点、难点教材通过以下途径来展现:

(1) 通过识图来形成数学表象.通过观察大量的实物模型,形成关于空间几何体的结构特征;通过观察长方体形成空间几何元素(点、线、面)之间的位置关系(平行、垂直).

(2) 通过画图来形成数学对象的图式结构.通过空间几何体的三视图、直观图的画法训练,帮助学生实现三维空间与两维空间的转化;通过各种几何元素位置关系的作图,实现数学对象的图形语言、符号语言、自然语言的相互转化,进而完成几何内容的图示化,形成较完整的空间几何体的图示结构.

(3) 通过对数学原理(公理、性质、判定、推论、方法等)的定向研究,巩固和深化图示结构;又通过多方面的应用,帮助学生形成较完整的空间几何初步的知识结构.用较多的精力来研究空间中点、直线、平面之间的位置关系,由易到难的理顺直线与直线、直线与平面、平面与平面的位置关系,以此来巩固和深化数学对象的知识结构.

(二) 平面解析几何初步

教学重点:体会数形结合思想,初步形成用代数方法来解决几何问题的能力.具体内容为:

(1) 掌握两点斜率的计算公式;

(2) 掌握直线方程的各种形式及其应用;

(3) 掌握两点的距离公式、点到直线的距离公式;

(4) 掌握圆的标准方程和一般方程.

教学难点:让学生经历几何问题代数化的过程,能用代数方法解决简单的几何问题的数形结合思想方法.

教学重点、难点教材通过以下途径来展现:

(1) 坐标系的建立为研究解析几何提供一个基本平台.通过建立平面直角坐标系(包括空间直角坐标系),将所研究的对象放在坐标系中,并设法将它们代数化.

(2) 坐标法是解析几何初步研究的基本手段.几何对象代数化后,用代数的方法通过运算来研究图形(点、线、圆)的几何性质,便于学生学习和提高抽象能力.

(3) 几何对象的数形属性始终贯穿于本部分内容之中.本部分侧重于将几何对象代数化,用代数方法来研究和最终解决几何问题.另一部分是注重代数对象的几何意义,分散于代数知识的各章中.

四、教学设计建议

总体上,教师要关注以下问题:熟悉数学课程标准,理解教材编写意图,领会课程精神;学生的基础是我们教学的起点,学生的进步、发展是教学的终极目标;教学方法要符合学生的认知规律和数学本身发展规律;评价方式要兼顾过程、个性与目标的结合,以提高学生的数学素养为核心;教学过程要做到教学效果、教学效率和教学效益三者有机结合.

(一) 立体几何初步

(1) 教学设计原则:对于几何对象特征侧重于从整体到局部、从具体到抽象的原则,对于数学原理侧重于平行关系原则.

(2) 教学程序:

实物(实例) $\xrightarrow{\text{观察}\atop\text{知觉}}$ 感觉 $\xrightarrow{\text{抽象}}$ 表象 $\xrightarrow{\text{符号化}}$ 数学对象(概念、原理) $\xrightarrow{\text{进一步认知}\atop\text{同化、顺应}}$ 数学图式

$\xrightarrow{\text{操作}\atop\text{实践活动}}$ 稳定的数学结构 $\xrightarrow{\text{练习}\atop\text{问题解决}}$ 空间想象能力

(3) 教学设计中注意的几个问题:教师要提供丰富的实物模型或利用计算机软件呈现空间几何体,帮助学生认识其结构特征;联系现实生活和已有的知识,让学生掌握在平面上表示空间图形的方法和技能;引导学生对模型的认识,学会用准确的数学语言表述对象并领会三种数学语言的相互转化;通过对图形的观察、实验和说理,使学生进一步了解平行、垂直关系的基本性质及判定方法;要求学生能证明有关线面平行、垂直关系的性质定理,对相应的判定定理只要求直观感知、操作确认;尽可能运用多媒体技术展示空间图形,帮助学生来理解和掌握图形的几何性质,提高学生的几何直观能力.

(二) 平面解析几何初步

(1) 教学设计原则:注重几何直观与代数表示的互相转化;注重由特殊到一般的归纳(如直线方程由点斜式、两点式到一般式,距离由两点间距离到点到直线距离再到两条平行线间的距离,由圆的标准方程到圆的一般方程,由平面直角坐标系到空间直角坐标系等);注重数学思想方法的类比、推广及特殊化.

(2) 教学程序(按内容呈现顺序):

几何元素(代数表示) $\longrightarrow$ 点(坐标) $\longrightarrow$ 倾斜角(斜率) $\longrightarrow$ 直线(二元一次方程) $\longrightarrow$ 两直线的位置关系

$\longrightarrow$ $\begin{cases}\text{平行(无交点及其他判定法)}\\\text{相交(一个交点及垂直的判定)}\end{cases}$ $\longrightarrow$ 圆心、半径(圆的方程) $\longrightarrow$ 圆与直线、圆与圆位置关系(点到直线、两点距离判定)

$\xrightarrow{\text{操作实践}\atop\text{问题解决}}$ 掌握解析几何基本方法

(3) 教学设计中注意的几个问题:牢固树立坐标思想,用坐标法来表示直线、圆的方程;强化结合几何图形来建立各种代数方程;注重代数方程的几何意义,建立图形与方程的对

应关系;利用代数方法来研究和确定几何元素之间的相互关系及性质;加强几何语言与代数语言的相互转化,始终贯彻数形结合思想;恰当利用现代信息技术通过展示问题的"动态性"来加深和掌握相关内容.

第二节 教学实践案例

案例1 "1.3 空间几何体的表面积与体积"教案

一、教学目标

(一) 知识与技能

(1) 通过本节课的学习,引导学生根据柱、锥、台的结构特征,并结合它们的展开图,推导它们的表面积公式(不要求记忆公式),并能应用公式解决一些实际问题.

(2) 由正方体、长方体、圆柱的体积公式,分析、归纳出柱体、锥体、台体的体积公式(不要求记忆公式),并能应用公式解决一些实际问题.

(3) 了解球的体积和表面积公式(不要求记忆公式),并能应用公式解决一些实际问题.

(二) 过程与方法

(1) 由"思考"从学生熟悉的正方体、长方体的展开图入手,分析展开图与其表面积的关系,讨论柱、锥、台表面积求法,引导学生学会"立体问题平面化"的处理方法.

(2) 由正方体、长方体、圆柱的体积公式,分析、归纳出柱体、锥体、台体的体积公式,培养学生用类比方法处理问题的手段和了解数学化归的方法.

(3) 通过回忆的方式给出球的表面积公式,直接给出球的体积公式,引导学生注意这两个公式与上述公式的不同来源.

(三) 情感态度与价值观

通过本节课的学习,引导学生从度量的角度来认识几何体的数量特征,通过立体问题平面化、类比方法和数学化归的思想,认识数学对象之间存在可以相互转化的关系.培养学生辩证思维的观念和审美意识.

二、教学重点和难点

教学重点:了解柱体、锥体、台体及球体的表面积与体积计算公式,并能运用公式解决几何体的度量问题.教学难点:理解计算公式的由来与应用.

三、教学方法与教学手段

在教学过程中,要重视发挥思考和探究的作用,培养学生的类比思维能力,引导学生发现这些公式之间的关系,建立它们的联系,在公式推导过程中让学生自己去思考和解决问题,可以借助信息技术来展示几何体的展开图,同时也可以通过实物模型,经过操作确认来增强空间想象能力.本大节用2课时讲授.

四、教学过程(以"柱体、锥体的表面积、体积"为例说明)

(一)导入新课

问题提出:

(1)我们已学习了空间几何体的结构特征及画法,那么如何度量几何体的大小?本节要学习空间几何体的表面积和体积.

(2)柱、锥、台是最简单的空间几何体,研究空间几何体的表面积和体积,应以柱、锥、台的表面积和体积为基础.那么如何求柱、锥、台的表面积和体积呢?我们从正方体、长方体的表面积和体积开始研究.

思考1 请同学们分别沿正方体、长方体的一条棱剪开,观察它们的平面展开图(见图1),那么它们的展开图与其表面积有怎样的关系?

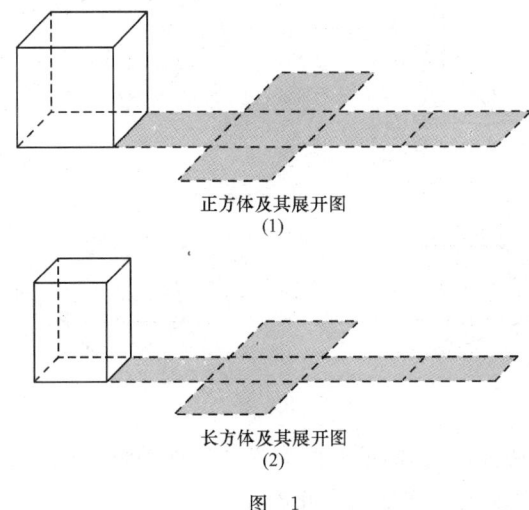

正方体及其展开图
(1)

长方体及其展开图
(2)

图 1

若沿不同棱来展开它们,所得的侧面展开图是否一样?它们的面积呢?

(让学生动手操作,教师巡视,教师可以用多媒体演示展开过程)

结论:(1)正方体、长方体的表面积就是各个面的面积之和.

(2)沿不同棱来展开它们所得的侧面展开图不一样,但它们的面积相等.

(3)我们可以将多面体展开成平面图形,利用平面图形求面积的方法来求多面体的表面积.

探索1 棱柱、棱锥、棱台都是由多个平面图形围成的几何体,它们的展开图是什么？如何计算它们的表面积？

(二) 讲解新课

1. 棱柱、棱锥、棱台的侧面展开图

下面图2,图3,图4分别给出了棱柱、棱锥、棱台的侧面展开图.

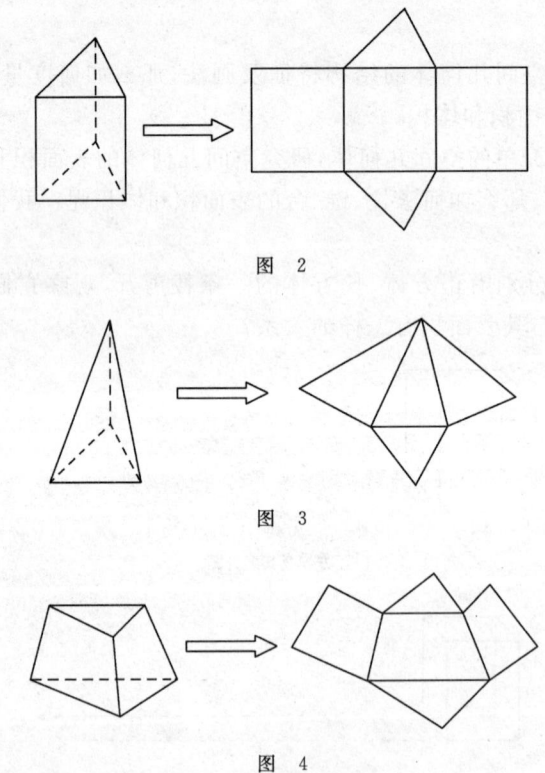

图 2

图 3

图 4

思考2 (1)棱柱、棱锥、棱台的展开图有哪些平面图形构成？

(2)棱柱、棱锥、棱台的表面积如何求得？

结论：(1)棱柱的侧面展开图是由平行四边形组成的平面图形,棱锥的侧面展开图是由三角形组成的平面图形,棱台的侧面展开图是由梯形组成的平面图形.

(2)求它们的表面积的问题就可转化为求平行四边形、三角形、梯形的面积问题.

(接下来开始讲解教材中例1)

2. 圆柱、圆锥、圆台的表面积公式

思考3 如何根据圆柱、圆台的几何特征,求它们的表面积？（让学生自己画出圆柱、圆台的侧面展开图.）

结论：(1) 如果圆柱的底面半径为 r，母线为 l，那么圆柱的底面积为 πr^2，侧面积为 $2\pi rl$（图 5）. 因此圆柱的表面积为

$$S = 2\pi r^2 + 2\pi rl = 2\pi r(r+l).$$

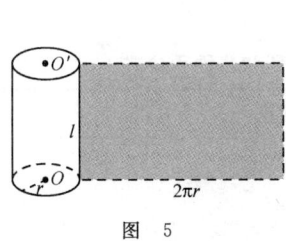

图 5

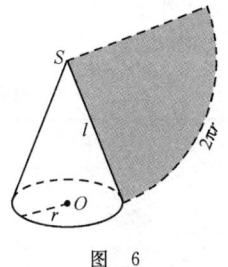

图 6

(2) 圆锥的展开图是一个扇形：如果圆柱的底面半径为 r，母线为 l（图 6），那么它的表面积为

$$S = \pi r^2 + \pi rl = \pi r(r+l).$$

探索 2 教师用多媒体呈现圆台的侧面展开图（图 7），然后，学生观察、推导圆台的表面积公式.

结论：圆台的展开图是一个扇环，它的表面积等于上、下两个底面和加上侧面的面积，即

$$S = \pi(r'^2 + r^2 + r'l + rl).$$

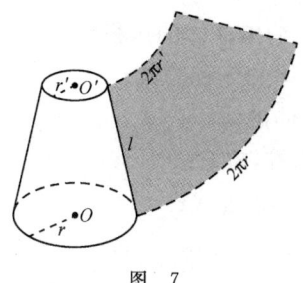

图 7

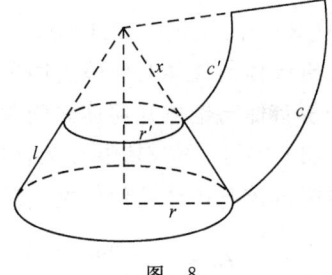

图 8

证明 如图 8 所示，

$$S_{圆台侧} = \frac{1}{2}c(l+x) - \frac{1}{2}c'x = \frac{1}{2}[cl + (c-c')x], \tag{1}$$

因为 $\dfrac{c'}{c} = \dfrac{x}{x+l}$，所以 $x = \dfrac{c'l}{c-c'}$，代入(1)得

$$S_{圆台侧} = \frac{1}{2}[cl + (c-c')x]$$

$$= \frac{1}{2}\left[cl + (c-c')\frac{c'l}{c-c'}\right]$$

$$= \frac{1}{2}l(c+c') = \pi(r+r')l.$$

(接下来讲解教材中例2)

探索 3 圆柱、圆锥、圆台的表面积之间存在怎样的内在联系?

由表 1 可见:$S_{圆柱上底面} \to 0$ 时,圆柱变为圆锥;$S_{圆柱上底面} \neq 0$ 时,圆柱变为圆台.

表 1 圆柱、圆锥、圆台侧面积和表面积公式

名称	圆柱	圆锥	圆台
侧面展开图			
侧面积	$S_{侧}=2\pi rl$	$S_{侧}=\pi rl$	$S_{侧}=\pi l(r+r')$
表面积	$S=2\pi r^2+2\pi rl=2\pi r(r+l)$	$S=\pi r^2+\pi rl=\pi r(r+l)$	$S=\pi(r'^2+r^2+r'l+rl)$

3. 柱体、锥体、台体的体积公式

思考 4 (1) 由长方体、圆柱体的体积公式,如何归纳出柱体的体积公式?

(2) 分析锥体与柱体几何体之间关系,如何得出锥体的体积公式?

(3) 分析台体与锥体几何体之间关系,如何得出锥体的体积公式?

结论:(1) $V_{柱体}=Sh$,其中 S 为柱体的底面积,h 为柱体的高.

(2) 分析锥体与柱体几何体之间关系,得出锥体的体积公式:

$$V_{锥体} = \frac{1}{3}Sh, \quad 其中 S 为锥体底面积,h 为锥体的高.$$

(指导学生课后阅读教材内容,展示锥体的体积公式的推导过程)

(3) 分析台体与锥体几何体之间关系,得出台体的体积公式:

$$V_{台体} = \frac{1}{3}(S' + \sqrt{S'S} + S)h, \quad 其中 S',S 分别为台体上、下底面积,h 为台体的高.$$

证明 设台体(棱台或圆台)的两底面积分别为 S,S',高为 h. 设截得台体时去掉的锥体的高为 x,则截得这个锥体的高为 $h+x$,则

$$V_{台体}=V_{大锥体}-V_{小锥体}=\frac{1}{3}S(h+x)-\frac{1}{3}S'x=\frac{1}{3}[Sh+(S-S')x]. \qquad (2)$$

因为$\frac{S'}{S}=\frac{x^2}{(h+x)^2}$，所以$\frac{\sqrt{S'}}{\sqrt{S}}=\frac{x}{h+x}$，$x=\frac{\sqrt{S'}h}{\sqrt{S}-\sqrt{S'}}$，代入(2)式得

$$\begin{aligned}V_{台体}&=\frac{1}{3}h\left[S+(S-S')\frac{\sqrt{S'}}{\sqrt{S}-\sqrt{S'}}\right]\\&=\frac{1}{3}h[S+\sqrt{SS'}+S'].\end{aligned}$$

思考5 比较柱体、锥体、台体的体积公式，它们之间有何联系？

(三)讲解例题

例1 已知棱长为a，各面均为等边三角形的四面体$S\text{-}ABC$(如图9)，求它的表面积.

分析 由于四面体$S\text{-}ABC$的四个面是全等的等边三角形，所以四面体的表面积等于其中任何一个表面积的4倍.

图 9

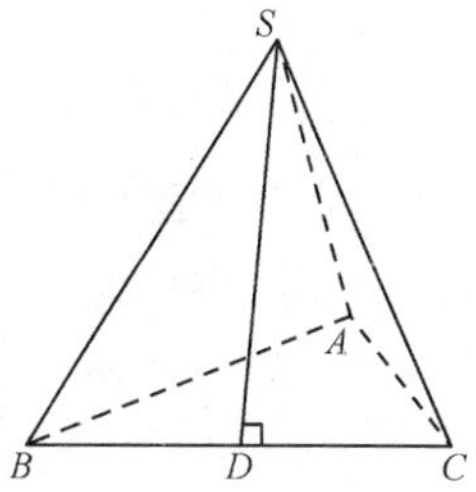

解 先求$\triangle SBC$的面积.过点S作$SD\perp BC$，交BC于点D.因为$BC=a$，

$$SD=\sqrt{SB^2-BD^2}=\sqrt{a^2-(a/2)^2}=(\sqrt{3}/2)a,$$

所以 $$S_{\triangle SBC}=\frac{1}{2}BC\cdot SD=\frac{1}{2}a\times\frac{\sqrt{3}}{2}a=\frac{\sqrt{3}}{4}a^2.$$

因此，四面体$S\text{-}ABC$的表面积

$$S=4\times\frac{\sqrt{3}}{4}a^2=\sqrt{3}a^2.$$

例2 如图10，一个圆台形花盆盆口直径为20 cm，盆底直径为15 cm，底部渗水圆孔直径为1.5 cm，盆壁长15 cm.为了美化花盆外观，需要涂油漆.已知每平方米用100毫升油漆，涂100个这样的花盆需要多少油漆(π取3.14，结果精确到毫升，可用计算器)？

图 10

分析 这是一个组合体问题，即为一个圆台，在下底面挖去一个小圆，且无上底面.因而，花盆的外壁表面积等于花盆的侧面积加上底面积，再减去底面圆孔的面积；进而，可求出总用漆量.

解 如图10，由圆台的表面积公式得一个花盆外壁的表面积

$$\begin{aligned}S&=\pi\times\left[\left(\frac{15}{2}\right)^2+\frac{15}{2}\times15+\frac{20}{2}\times15\right]-\pi\times\left(\frac{1.5}{2}\right)^2\\&\approx1000(\text{cm}^2)=0.1(\text{m}^2).\end{aligned}$$

涂100个花盆需油漆：

$$0.1\times100\times100=1000(毫升).$$

答 涂100个这样的花盆需油漆为1000毫升.

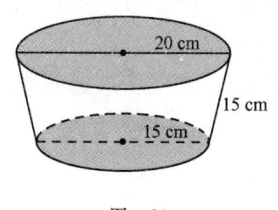

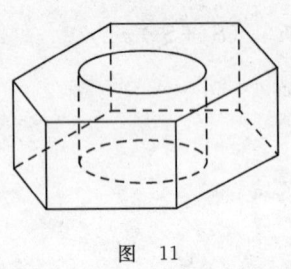

图 11

例3 有一堆规格相同的铁制(7.8 g/cm^3)六角螺母共重 5.8 kg,已知底面是正六边形,边长为 12 mm,内孔直径为 10 mm,高为 10 mm(图11),问这堆螺母大约有多少个(π 取 3.14,可用计算器)?

分析 六角螺母表示的几何体是一个组合体,即在一个六棱柱中间挖去一个圆柱,因而,它的体积等于六棱柱的体积减去圆柱的体积.

解 所求的几何体的体积为:

$$V = \frac{\sqrt{3}}{4} \times 12^2 \times 6 \times 10 - 3.14 \times \left(\frac{10}{2}\right)^2 \times 10 \approx 2956(\text{mm}^3) = 2.956(\text{cm}^3).$$

所以螺母的个数为

$$5.8 \times 1000 \div (7.8 \times 2.956) \approx 252(个).$$

答 这堆螺母大约有 252 个.

(四)巩固练习

1. 把边长为 a,b 的长方形卷成一个圆柱,那么圆柱的侧面积是_____.
2. 若一个圆柱的侧面展开图是一个正方形,则这个圆柱的全面积与侧面积的比为_____.
3. 已知圆锥的全面积是其底面积的 3 倍,那么这个圆锥的侧面展开图(扇形)的圆心角为_____.
4. 一个正四棱台两底面边长分别为 m,n,侧面积等于两底面面积之和,则这个棱台的高为_____.
5. 若正四棱柱的底面积为 S,过相对两侧棱的截面面积为 P,求该四棱柱的体积.

(五)归纳小结

(1) 本节课主要介绍了求空间几何体的表面积和体积公式的方法:将空间图形问题转化为平面图形问题,利用平面图形求面积的方法求立体图形的表面积.

(2) 本节课主要介绍了空间几何体的表面积和体积公式(不要求记忆公式),通过公式注重柱、锥、台几何体的之间存在相互转化的关系.

(3) 能运用公式较熟练解决简单的空间几何体的求积运算.

案例2 "2.2 直线、平面平行的判定及性质"教案

一、教学目标

(1) 知识与技能:掌握直线与平面平行的判定定理和性质定理.

(2)过程与方法:通过具体实例使学生形成对直线、平面平行的判定及性质的初步直观感知,进而通过讨论分析、操作确认得出定理内容,最终归纳总结出初步应用方法.

(3)情感态度与价值观:通过培养学生的空间感,拓展学生的审美视野.

二、教学重点与难点

教学重点:直线与平面平行的判定定理和性质定理

教学难点:理解直线与平面平行的判定定理和性质定理

三、教学方法与教学手段

借助多媒体采用提问式、互动式和讨论式等教学方式.

四、教学过程

(一)导入新课

问题 1 请同学们拿出一只笔,问:你怎样判定它是否与桌面平行?

(提出学生身边熟悉的生活实例,可以很好的锻炼学生的问题意识、应用意识.)

(二)讲解新课

对问题1学生进行讨论,学生在教师指导下对问题进行多方面实验,从不同角度观察笔是否与桌面平行.直线与平面都是可以无限延展的,怎样判定笔所在直线是否与桌面所在平面永远不相交?

1. 教学线面平行的判定定理

探究 有平面 α 和平面外一条直线 a,什么条件可以得到 $a \parallel \alpha$?

分析 要满足平面内有一条直线和平面外的直线平行(图1).

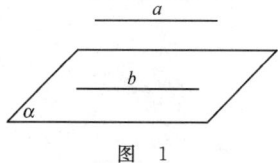

图 1

判定定理 平面外一条直线与此平面内一条直线平行,则该直线与此平面平行.

符号语言: $\left. \begin{array}{l} a \not\subset \alpha \\ b \subset \alpha \\ a \parallel b \end{array} \right\} \Rightarrow a \parallel \alpha.$

思想 线线平行 $\Rightarrow$ 线面平行.

(掌握三种数学语言,即文字语言、图形语言和符号语言)

讨论:(1)直线与一个平面平行,那么这条直线和平面内的直线有何位置关系?

(2)直线 a 与一个平面平行,在平面内如何作一条直线与直线 a 平行?

2. 教学线面平行的性质定理

(1)讨论:如果一条直线和一个平面平行,经过这条直线的平面和这个平面相交,那么这条直线和交线的位置关系如何?

(2)给出线面平行的性质定理的符号语言:$l/\!/\alpha, l\subset\beta, \alpha\cap\beta=m \Longrightarrow l/\!/m$.

(3)线面平行的性质定理的证明:

因为 $l/\!/\alpha$,所以 l 和 α 没有公共点(图2). 又因为 $m\subset\alpha$,所以 l 和 m 没有公共点,即 l 和 m 都在 β 内,且没有公共点,所以 $l/\!/m$.

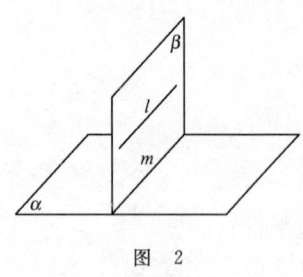

图 2

(4)讨论:如果过平面内一点的直线平行于与此平面平行的一条直线,那么这条直线是否在此平面内?如果两条平行直线中的一条平行于一个平面,那么另一条与平面有何位置关系?

(三)讲解例题

(1)**例 1** 求证:空间四边形相邻两边中点的连线平行于经过另外两边所在的平面.

→改写:已知:空间四边形 $ABCD$ 中,E,F 分别是 AB,AD 的中点,求证:$EF/\!/$平面 BCD(图3).

→分析思路→学生试板演.

(2)**例 2** 在正方体 $ABCD$-$A_1B_1C_1D_1$ 中,E 为 DD_1 中点,试判断 BD_1 与面 AEC 的位置关系(图4),并说明理由.

→分析思路→师生共同完成→小结方法→变式训练:还可证哪些线面平行.

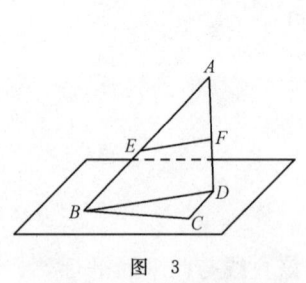

图 3

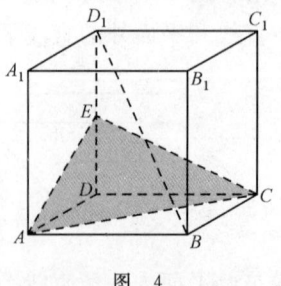

图 4

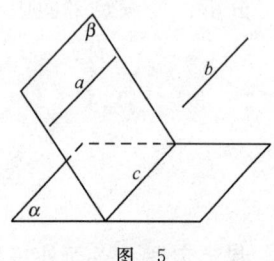

图 5

(3)**例 3** 已知直线 $a/\!/$直线 b,直线 $a/\!/$平面 α,$b\not\subset\alpha$,求证:$b/\!/$平面 α(图5).

分析:如何作辅助平面?→怎样进行平行的转化?

→师生共练→小结:作辅助平面;

转化思想"线面平行→线线平行,线线平行→线面平行".

(四)巩固练习

1. 探索:如图,已知 P 为 $\triangle ABC$ 外一点,点 M,N 分别为 $\triangle PAB,\triangle PBC$ 的重心(图6).求证:$MN /\!/$ 平面 ABC.

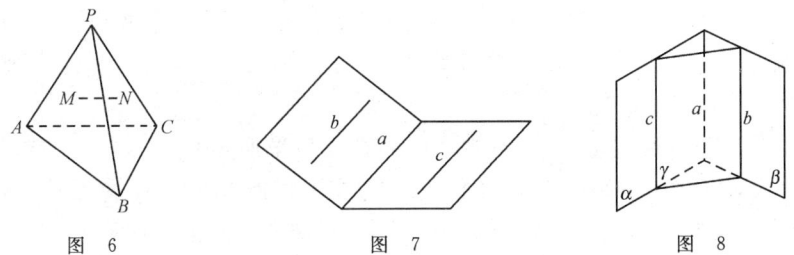

图 6   图 7   图 8

2. 如图 7,已知 $b /\!/ c$,求证:$a /\!/ b /\!/ c$.
(试用文字语言表示→分析思路→学生板演)

3. 已知平面 $\alpha, \beta, \gamma, \alpha \cap \beta = a, \beta \cap \gamma = b, \gamma \cap \alpha = c$,且 $a /\!/ b$(图8).求证:$a /\!/ b /\!/ c$.

五、归纳小结

线面平行判定定理、线面平行的性质定理;转化思想.

案例 3 "2.3 直线、平面垂直的判定及其性质"说课稿

一、教材分析

课程标准中明确提出:"立体几何初步的教学重点是帮助学生逐步形成空间想象能力."围绕这一教学重点,教材在指导学生学习"2.1 空间点、直线、平面之间的位置关系"、"2.2 直线、平面平行的判定及其性质"之后安排本节内容,既是知识体系的延伸、完善,更是想通过"垂直"这种重要的位置关系的学习来促成学生空间想象能力的形成.课程标准中指出"采用直观感知、操作确认、思辨论证、度量计算等方法认识和探索几何图形及其性质",而本节的内容正是通过直观感知、操作确认方法,归纳出直线与平面、平面与平面垂直的判定定理;在此基础上通过思辨论证来证明直线与平面、平面与平面垂直的性质定理.所以,本节课方法是对前面相关方法的归纳、总结和巩固.

本节课主要学习直线与平面及平面与平面垂直的定义、判定定理、性质定理及其初步运用.它们的相互关系为:

直线与直线垂直	相互转化	直线与平面垂直	相互转化	平面与平面垂直
(同面或异面直线)	相互转化	(定义、判定及性质定理)	相互转化	(定义、判定及性质定理)

其中，线面垂直、面面垂直的定义是探究线面垂直、面面垂直判定定理的基础；线面垂直、面面垂直的判定定理充分体现了线线垂直、线面垂直、面面垂直之间的转化．同时在它们的性质定理中也充分体现这种转化思想和方法．本节课的教学目标及教学重点、难点如下：

（1）知识与技能：掌握直线与平面垂直、平面与平面垂直的定义；归纳直线与平面垂直、平面与平面垂直的判定定理；能证明直线与平面垂直、平面与平面垂直的性质定理；能运用相关定理证明一些空间位置关系的简单命题；进一步巩固直观感知、操作确认的技能方法，初步培养学生思辨论证能力．

（2）过程与方法：通过直观感知（生活中的直线与平面垂直、二面角）和操作确认（折叠三角形纸片）的方法来掌握直线与平面垂直、平面与平面垂直的定义；通过折纸、观察教室相邻墙面等动手实践的方式，归纳直线与平面垂直、平面与平面垂直的判定定理；通过思辨论证的方式证明直线与平面垂直、平面与平面垂直的性质定理；在整个教学过程中，使学生获得认识几何科学的基本方法，恰当处理好直观感知与思辨论证这两种基本方法的关系．

（3）情感态度与价值观：通过课程学习，能使不同程度的学生了解学习几何内容的基本方法，较顺利由直观感知过渡到思辨论证，在淡化形式注重实质的同时，增强学生学习的信心和可操作性、自觉性，培养对几何学科的良好情感．

教学重点：直观感知、操作确认，概括出判定定理和性质定理．

教学难点：性质定理的证明．

教学重点、难点确定依据分析：本节课中，学生将按照"直观感知——操作确认——归纳总结"的认知过程展开学习，对大量图片、实例的观察感知，概括出线面垂直的定义；对实例、模型的分析猜想、折纸实验，发现线面垂直的判定定理和性质．学生将在问题的带动下，进行更主动的思维活动，经历从现实生活中抽象出几何图形和几何问题的过程，体会转化、归纳、类比、猜想等数学思想方法在解决问题中的作用，发展学生的合情推理能力和空间想象力，培养学生的质疑思辨、创新的精神．

根据课程标准，线面垂直判定定理的严格证明安排在选修系列 2 中进行，这样降低了难度，符合学生的认知规律．因而，本节课的教学重点确立为：直线与平面垂直的判定定理内容及其性质．但是，学生的抽象概括能力、空间想象力还有待提高．线面垂直的定义比较抽象，平面内看不到所有直线，要让学生去体会"与平面内所有直线垂直"就有一定困难；同时，线面垂直判定定理的发现具有一定的隐蔽性，学生不易想到．因而，将本节课的教学难点确立为：直线与平面垂直的判定定理内容及论证过程及其性质．

二、学情分析

（一）学生的思维特点

高一学生年龄一般在 15 岁左右，形象思维能力较强，抽象思维能力较弱；擅长定量计算，喜欢动手验证，易入直观归纳，疏远于说理证明．同时学生在该年龄段思维水平及风格也正呈差异化方向发展.

（二）学生的起点能力分析

在初中学生已经掌握了平面内证明线线垂直的方法，熟悉平面几何中几何元素位置关系的判定方法和叙述方式，但对三维空间不直观的位置关系认识较难；通过"2.2 直线、平面平行的判定及其性质"内容学习，学生又通过直观感知、操作确认的方法，学习了直线、平面平行的判定定理及其性质，对空间概念有了一定的理解，因而，可以采用类比的方法来学习本课；尽管学生知道空间几何元素的垂直位置关系，但缺乏精确描述和严谨推导.

（三）学法指导

学生易于从熟悉的事例、模型中开始构建概念；喜欢通过动手实践（如折纸）归纳、概括出判定定理；乐于观察多媒体课件中展示的直线与平面垂直、平面与平面垂直的图片资料，来激发活跃的思维、浓厚的兴趣、强烈的参与意识和自主探究行为. 但由于每个学生观察、注意、归纳、抽象等能力的差异及认知爱好的倾向性不同，使得学生在几何直观、归纳概括、思辨论证等能力方面有所不同. 教学时要注意缩小这种差异的过早出现. 同时注意以下两个问题：

（1）若学生前一节的学习方法领会较好，此时可主要用"类比法"来让学生建构知识；用"操作法"来培养几何直观；用"练习法"来训练思辨论证；用"讨论法"来进行数学交流.

（2）若学生的基础较差，可通过实物观察、经验领悟、动手操作、探索思考等方式来让学生进入角色充当课堂教学的主体，使学生既学到了知识又掌握了学习方法，既培养了能力又发展了智力. 尤其在引导分析时，留出学生的思考空间，让学生去联想、探索，同时鼓励学生大胆质疑，围绕中心各抒己见，把思路方法和需要解决的问题弄清.

三、教法分析

（1）对于本节中的概念：直线与平面垂直、平面与平面垂直、直线与平面所成的角、二面角等定义，主要采用"概念形成"的方式给出. 即由实例、模型来观察、归纳出概念的本质属性，通过变式、比较、反例等方式加深对概念的理解，通过图形、符号、自然语言的转换确定概念的定义语言，再通过举例来运用概念.

（2）对于本节中的判定定理：直线与平面垂直、平面与平面垂直的判定定理，主要采用"揭示原理"方式给出. 即由观察实例、探究实验（折叠三角形纸片）等方式归纳出来的，教学时可引导学生类比归纳直线与直线平行、平面与平面平行的过程进行.

（3）对于本节中的性质定理：直线与平面垂直、平面与平面垂直的性质定理，主要采用先思考后论证的方式给出. 首先让学生在观察长方体模型的基础上，进行操作确认，获得对性质定理正确性的认识，然后再用"反证法"证明直线与平面垂直的性质定理. 同理，对于平面与平面垂直的性质定理的教学，首先通过"思考"获得对定理合理性的认识，进而提出猜想,最后进行逻辑证明.

(4) 教学过程中,要注重数学思想方法的分析、引导和训练.如"转化"思想的双向使用:直线与直线垂直、直线与平面垂直、平面与平面垂直.如"降维"思想的多次使用:平面与平面垂直通过二面角的平面角来实现"平面化",直线与平面垂直通过直线与直线垂直来实现"平面化",从而达到降维的目的.如"类比"思想,垂直关系可通过平行关系来类比展开.

(5) 教学过程中,要注重数学三种语言(自然语言、图形语言、符号语言)的准确表达及相互转化.

四、教学过程(以"直线与平面垂直的判定"为例说明)

(一) 复习引入

1. 直线和平面的位置关系是什么

观察空间直线和平面可知它们的位置关系有:

(1) 直线在平面内(无数个公共点)(图 1(a));

(2) 直线和平面相交(有且只有一个公共点)(图 1(b));

(3) 直线和平面平行(没有公共点)(图 1(c)).

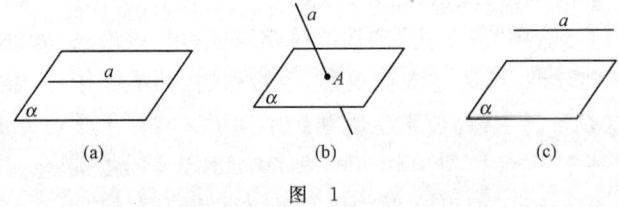

图 1

它们的图形用符号可分别表示为 $a \subset \alpha, a \cap \alpha = A, a // \alpha$.

2. 线面平行的判定定理

定理 如果不在一个平面内的一条直线和平面内的一条直线平行,那么这条直线和这个平面平行.

推理模式:
$$l \not\subset \alpha, m \subset \alpha, l // m \Longrightarrow l // \alpha.$$

3. 线面平行的性质定理

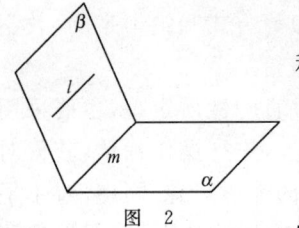

图 2

定理 如果一条直线和一个平面平行,经过这条直线的平面和这个平面相交,那么这条直线和交线平行.

推理模式:
$$l // \alpha, l \subset \beta, \alpha \cap \beta = m \Longrightarrow l // m \quad (见图 2).$$

引入新课:在直线和平面相交的位置关系中,有一种相交是很特殊的,我们把它叫做垂直相交,这节课我们重点来探究这种形式的相交——引出课题.

（二）讲解新课

1. 观察实例，引出新知

现实生活中线面垂直的实例：旗杆与地面的关系，大桥的桥柱与水面的位置关系，房屋的屋柱与地面的关系，都给人以直线与平面垂直的形象.

2. 研探实例，抽象定义

探究 什么叫做直线和平面垂直呢？当直线与平面垂直时，此直线与平面内的所有直线的关系又怎样呢？

观察 观察现实生活中线面垂直的实例——在阳光下观察直立于地面的旗杆及它在地面的影子，随着时间的变化，尽管影子的位置在移动，但是旗杆所在的直线始终与影子所在的直线垂直，就是说，旗杆 AB 所在直线与地面上任意一条过点 B 的直线垂直（图3），事实上，旗杆 AB 所在直线与地面内任意一条不过点 B 的直线也是垂直的.

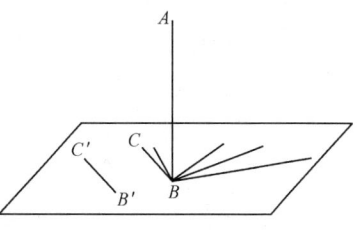

图 3

定义 如果直线 l 与平面 α 的任意一条直线都垂直，我们就说直线 l 与平面 α 互相垂直，记作 $l \perp \alpha$，直线 l 叫做平面 α 的垂线，平面 α 叫做直线 l 的垂面. 直线与平面垂直时，它们唯一的公共点 P 叫垂足.

说明 （1）"任何"表示所有.（提问：若直线与平面内的无数条直线垂直，则直线垂直于平面吗？如不是，直线与平面的位置关系如何？）

（2）直线与平面垂直是直线与平面相交的一种特殊情况，在垂直时，直线与平面的交点叫做垂足.

（3）$a \perp \alpha$ 等价于对任意的直线 $m \subset \alpha$，都有 $a \perp m$.

利用定义，我们得到了判定线面垂直的最基本方法，同时也得到了线面垂直的最基本的性质.

3. 直线和平面垂直的画法

画直线与平面垂直时，通过把直线画成与表示平面的平行四边形的一边垂直，如图4所示.

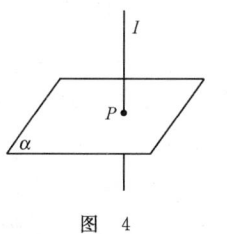

图 4

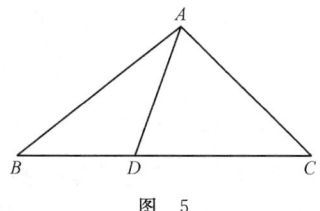

图 5

4. 通过操作,探究直线和平面垂直的判定方法

提出问题:虽然可以根据定义判定直线与平面垂直,但这种方法实际上难以实施.有没有比较方便可行的方法来判断直线和平面垂直呢?

探究:请同学们准备一块三角形的纸片,我们一起来做如图5所示的试验:过△ABC的顶点 A 翻折纸片,得到折痕 AD,将翻折后的纸片竖起放置在桌面上(BD,DC 与桌面接触),问如何翻折才能保证折痕 AD 与桌面所在平面垂直?

发现:当且仅当折痕 AD 是 BC 边上的高时,AD 所在的直线在平面 α 垂直.

定理 一条直线与一个平面内的两条相交直线都垂直,则该直线与此平面垂直.

特别强调:(1)定理中的"两条相交直线"这一条件不可忽视;

(2)定理体现了"直线与平面垂直"与"直线与直线垂直"互相转化的数学思想.

(三)应用举例

例1 一旗杆高 8 m,在它的顶点处系两条长 10 m 的绳子,拉紧绳子并把它们的下端固定在地面上的两点(与旗杆脚不在同一条直线上).如果这两点与旗杆脚距 6 m,那么旗杆就与地面垂直,为什么?

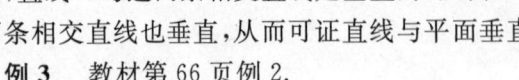

图 6

解 如图 6,旗杆 $PO=8$,两绳子长 $PA=PB=10, OA=OB=6, A, O, B$ 三点不共线,因此 A, O, B 三点确定平面 α.

因为 $PO^2+AO^2=PA^2, PO^2+BO^2=PB^2$,所以 $PO \perp OA, PO \perp OB$.

又 $OA \cap OB = O$,所以 $OP \perp \alpha$,因此旗杆与地面垂直.

例2 如图7,已知 $a // b, a \perp \alpha$,求证:$b \perp \alpha$.

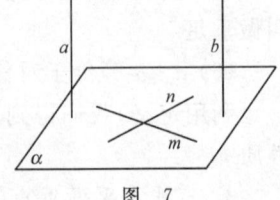

图 7

分析 在平面内作两条相交直线,由直线与平面垂直的定义可知,直线 a 与这两条相交直线是垂直的,又由 b 平行 a,可证 b 与这两条相交直线也垂直,从而可证直线与平面垂直.

例3 教材第 66 页例 2.

(四)反馈练习

(1)课后练习题.

(2)平行四边形 $ABCD$ 所在平面 α 外有一点 P,且 $PA=PB=PC=PD$,求证:点 P 与平行四边形对角线交点 O 的连线 PO 垂直于 AB, AD.

练习处理:先让学生思考自行解决,再请学生上来板书,对存在的问题集中讲解,注意解题思路的分析及解题格式的训练.

(五)归纳小结(由学生总结这节课的收获)

我们在本节课中学习了直线和平面垂直的定义,这个定义最初用在判定定理的证明上,

但用得较多的则是,如果直线 l 垂直于平面 α,那么 l 就垂直于 α 内的任何一条直线;对于判定定理,判定线面垂直,实质是转化成线线垂直,从中不难发现立体几何问题解决的一般思路。

案例4 "3.2 直线的方程"教案

一、教学目标

(一)知识与技能

(1) 掌握由已知直线上一点和斜率导出直线方程的方法;

(2) 掌握直线方程的点斜式、两点式、斜截式、截距式、一般式,并掌握它们各自的适用范围,能熟练地进行各种方程形式之间的互化;

(3) 能根据已知条件熟练地求出各种形式的直线方程.

(二)过程与方法

(1) 通过建立各种形式的直线方程,进一步熟悉和巩固直线代数化的具体方法;

(2) 由"直线的点斜式方程"推导程序来类比学习其他形式直线方程建立方法,掌握类比的学习方法;

(3) 由五种方程形式之间的互化过程来掌握不同对象之间的相互转化的数学方法;

(4) 由直线方程的点斜式、两点式、斜截式、截距式方程归纳出直线方程一般式的过程,学习和巩固由特殊到一般的数学思想方法;

(5) 在整个教学过程中,进一步培养学生数形结合的思想;

(6) 在整个教学过程中,掌握待定系数法求直线方程的方法.

(三)情感态度与价值观

通过本节内容的学习,进一步认识到同一个对象可用不同方法来研究的认识观;同时知道直线方程的五种形式是一个统一体的相互转化思想;在拓展了认识思路的基础上,帮助学生树立学好数学的信心,体会数学的应用价值和文化价值.

二、教学重点和难点

教学重点:直线的点斜式方程、直线的一般方程.

教学难点:直线方程的应用.

三、教学方法与教学手段

教学方法:以问题引导的研究性学习.

教学手段:恰当使用多媒体展示学习内容.

四、教学过程

（一）导入新课

1. 复习回顾

(1) 确定一条直线所需的几何要素是什么？如何将这些要素代数化？

已知两点 $P_1(x_1,y_1)$，$P_2(x_2,y_2)$ 可确定一条直线；

已知点 $P_0(x_0,y_0)$ 和倾斜角（斜率 k）可确定一条直线．

(2) 一条直线与其斜率的对应关系怎样？

对于任意一条直线 l，它的倾斜角 α 唯一；

当 $\alpha=\dfrac{\pi}{2}$ 时，斜率 k 不存在，当 $\alpha\neq\dfrac{\pi}{2}$ 时，斜率 k 唯一存在．

2. 导入新课

我们能否用给定的条件（点 P_0 的坐标和斜率 k，或 P_1，P_2 的坐标），将直线上的所有点的坐标 (x,y) 满足的关系表示出来呢？这节课，我们一起学习直线的点斜式方程．

（二）讲解新课

问题 给定直线 l 经过 $P_0(x_0,y_0)$，且斜率为 k（如图1），如何求直线 l 的方程？

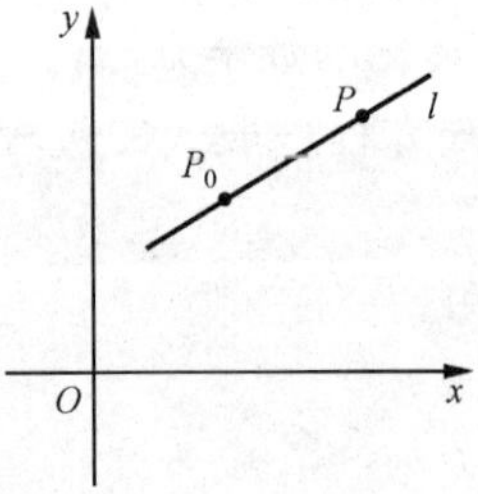

（给学生以适当的引导）设点 $P(x,y)$ 是直线 l 上不同于点 P_0 的任意一点，因为直线 l 的斜率为 k，由斜率公式得：

$$k=\frac{y-y_0}{x-x_0}, \quad 可化为 \ y-y_0=k(x-x_0). \tag{1}$$

思考并讨论 （不必严格地证明，只要求验证）

(1) 过点 $P_0(x_0,y_0)$，斜率为 k 的直线 l 上的点，其坐标都满足方程(1)吗？

图 1

(2) 坐标满足方程(1)的点都在过点 $P_0(x_0,y_0)$，斜率为 k 的直线 l 上吗？

经过探究和验证，上述的两条都成立．所以方程(1)就是过点 $P_0(x_0,y_0)$，斜率为 k 的直线 l 的方程．因此得到直线的点斜式方程：

$$\boxed{y-y_0=k(x-x_0)}$$

其中 $P_0(x_0,y_0)$ 为直线上一点坐标，k 为直线的斜率．

方程(1)是由直线上一定点及其斜率确定，叫做直线的点斜式方程，简称**点斜式**．

思考并讨论 (1) 直线的点斜式方程能否表示坐标平面上的所有直线呢？

不能，因为直线的点斜式方程要用到直线的斜率，不是所有的直线都有斜率．有斜率的直线才能写成点斜式方程，如果直线没有斜率，其方程就不能用点斜式表示．因此点斜式方程存在的前提条件：直线的斜率 k 必须存在．

(2) x 轴所在直线的方程是什么？y 轴所在直线的方程又是什么？

因为 x 轴所在直线的斜率为 $k=0$，且过点 $(0,0)$，所以 x 轴所在直线的方程是 $y=0$.（即：x 轴所在直线上的每一点的纵坐标都等于 0.）而 y 轴所在直线的斜率不存在，它的方程不能用点斜式表示. 但 y 轴所在直线上的每一点的横坐标都等于 0. 所以 y 轴所在直线的方程为 $x=0$.

(3) 那些与 x 轴或 y 轴平行的直线方程又如何表示呢？

当直线 l 的倾斜角为 $0°$ 时，$\tan 0°=0$，即 $k=0$，直线 l 与 x 轴平行或重合，直线 l 方程为：
$$y-y_0=0, \quad 或 \quad y=y_0.$$

当直线倾斜角为 $90°$ 时，直线没有斜率，直线 l 与 y 轴平行或重合，它的方程不能用点斜式表示. 这时直线方程为：
$$x-x_0=0, \quad 或 \quad x=x_0.$$

进一步探究 若已知直线 l 的斜率为 k，与 y 轴的交点是 $P(0,b)$（图 2），直线 l 的方程又是怎样？

分析 因为直线 l 的斜率为 k，与 y 轴的交点是 $P(0,b)$，代入直线方程的点斜式，得直线 l 的方程为：
$$y-b=k(x-0), \quad 即 \quad y=kx+b.$$
由此得直线斜截式方程：

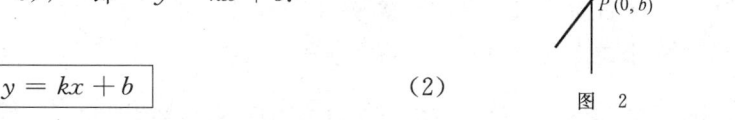

$$\boxed{y=kx+b} \qquad (2)$$

图 2

我们把直线 l 与 y 轴交点 $(0,b)$ 的纵坐标 b 叫做直线 l 在 y 轴上的**截距**（即纵截距）. 方程(2)是由直线 l 的斜率 k 和它在 y 轴上的截距 b 确定的，所以叫做直线斜截式方程，简称为**斜截式**.

思考并讨论 (1) 截距 b 是距离吗？

b 是坐标，是一个实数；而距离是线段的长度，是非负实数.

(2) 观察方程 $y=kx+b$，它的形式具有什么特点？

左端 y 的系数恒为 1，右端的系数 k 和常数 b 均有几何意义：k 是直线的斜率，b 是直线在 y 轴上的截距.

(3) 当直线倾斜角为 $90°$ 时，它的方程能不能用斜截式来表示？

不能. 因为直线没有斜率，不满足斜截式方程存在的前提条件.

进一步探究 方程 $y=kx+b$ 与我们学过的一次函数的表达式之间有什么关系呢？

当 $k\neq 0$ 时，直线斜截式方程 $y=kx+b$ 就是一次函数的表示形式.

（三）讲解例题：

例 1 直线 l 经过点 $P_0(-2,3)$，且倾斜角 $\alpha=45°$，求直线 l 的点斜式方程，并画图.

分析 求直线的点斜式方程需两个条件：已知直线上一点和斜率即可. 本题中的 $k=$

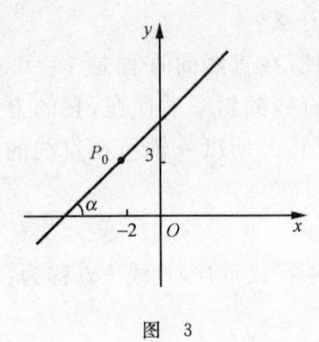

图 3

$\tan 45°=1$,代入(1)式得方程:$y-3=x+2$.图形如图3所示.

例2 已知直线 $l_1: y=k_1x+b_1$,$l_2: y=k_2x+b_2$,试讨论:

(1) $l_1 // l_2$ 的条件是什么?(2) $l_1 \perp l_2$ 的条件是什么?

让学生回忆前面用斜率判断两条直线平行、垂直的结论.

总结 $l_1 // l_2 \Longleftrightarrow k_1=k_2$,且 $b_1 \neq b_2$;$l_1 \perp l_2 \Longleftrightarrow k_1k_2=-1$.

(四) 巩固练习

1. 写出下列直线的点斜式方程:

(1) 经过点 $A(2,5)$,斜率是 4 的方程_____.

(2) 经过点 $B(-1,-1)$,与 x 轴平行的方程_____.

(3) 经过点 $C(1,1)$,与 x 轴垂直的方程_____.

2. 写出下列直线的斜截式方程:

(1) 斜率是 3,在 y 轴上的截距是 -3 的方程_____.

(2) 倾斜角是 $60°$,在 y 轴上的截距是 5 的方程_____.

(3) 倾斜角是 $30°$,在 y 轴上的截距是 0 的方程_____.

3. 利用平行或垂直关系求下列直线的方程:

(1) 求过点 $(1,1)$,且与直线 $y=2x+7$ 平行的直线方程_____.

(2) 求过点 $(-1,1)$,且与直线 $y=-2x+7$ 平行的直线方程_____.

4. 已知直线 l 的斜率为 $\frac{1}{6}$,且与两坐标轴围成的面积为 3 的三角形,求直线 l 的方程.

(五) 归纳小结

通过本节内容的学习,要求大家掌握直线方程的点斜式,了解直线方程的斜截式,并了解求解直线方程的一般思路.求直线方程需要两个独立的条件(斜率及一点),根据不同的几何条件选用不同形式的方程.要注意他们使用时的条件和限制.

补充作业:一条光线从 $A(3,2)$ 发出,经轴反射,通过点 $B(-1,6)$,求入射光线和反射光线所在的直线方程.(入射光线所在的方程:$2x-y-4=0$;反射光线所在的方程:$2x+y-4=0$.)

案例5 "4.1 圆的方程"说课稿

一、教材分析

圆的方程是数学必修 2 第四章第一节内容.在前一章中,我们学习直线可以用方程表示;通过方程,用代数的方法可以研究直线间位置关系、直线与直线的交点坐标、点到直线的距离等问题.在本章中,主要学习另一种几何图形——圆的代数表示,即圆的方程;并在此基础上研究直线与圆、圆与圆的位置关系. 圆作为常见的简单几何图形,在实际生活和生产实践中有着广泛的应用. 圆的方程属于解析几何学的基础知识,是研究二次曲线的开始,对后续直线与圆的位置关系、圆锥曲线等内容的学习,无论在知识上还是方法上都有着积极的意义,所以本节内容在整个解析几何中起着承前启后的作用.

在课程标准中,对该部分的要求是回顾确定圆的几何要素,在平面直角坐标系中,探索并掌握圆的标准方程与一般方程. 本节教学目标及教学重点、难点如下:

（1）知识与技能：掌握圆的标准方程及其推导方法；会用待定系数法求圆的标准方程；掌握圆的一般方程,并理解两种圆的方程在形式上的不同；熟练掌握圆的标准方程与一般方程之间的互化；掌握二元二次方程表示圆的条件,并能用待定系数法求圆的一般方程；利用圆的方程解决简单的实际问题.

（2）过程与方法：在求圆的方程过程中,让学生逐步掌握规范使用待定系数法；在知识构建和例题讲解的过程中,让学生进一步树立数形结合这一重要方法；在由圆的标准方程展开为圆的一般方程过程中,让学生形成由特殊到一般的认知方法；在理解两种圆的方程在形式上不同的过程中,渗透比较研究的数学方法；在整个教学过程中,让学生进一步体验几何问题代数化的数学方法.

（3）情感态度与价值观：培养学生勤于思考、主动探究知识的意识；在经历数学知识产生和应用的过程中体验数学的价值,激发学生的学习兴趣；渗透数形结合、化归、转化等数学思想方法,提高学生的整体数学素养.

解析几何的重要方法是坐标法,将直线、圆等几何对象代数化是其第一步任务,也是学习后继课程的最重要的基础,故将掌握圆的标准方程与一般方程,即会根据不同的已知条件求圆的方程确定为教学重点. 任何数学知识的学习最根本的目标是为了应用,纯数学层面和与实际结合这两方面的应用是相辅相成的；数学应用意识和能力的培养既是课程标准追求的重要目标之一,更是培养和提高学生整体数学素养的基本途径. 但学生往往由于知识理解不透、方法掌握不活、缺乏实际问题的背景经验及其他非智力因素等原因缺乏应用意识,应用能力较弱,故将圆的方程的应用,即选择恰当的坐标系解决与圆有关的实际问题列为教学难点.

二、学法分析

学生熟悉圆的图形性质,加上本册的空间几何初步内容的学习,具有较好的图形意识；又通过"直线与方程"一章的学习,初步掌握了求直线方程的一般方法及几何问题代数化的基本方法. 不论是认知阶段还是解决问题过程中,学生习惯于静止、孤立地看待一个数学对象,而解析几何始终兼顾数学对象的"数"、"形"两方面；同时,学生擅长计算,不论是纯代数还是对于几何形体问题,这使得本册教材注重的以几何图形为基础的代数化过程更需结合较好的形象思维（几何图形）,新内容的要求与学生原有的认知特点相异性较大. 注重类比学习方法,将前一章中的相关学习方法迁移至本章的学习中;进一步培养普遍联系的观点,引导学生始终将数学对象的"数"、"形"两属性统一起来考虑问题,相互借鉴相互转化.以问题为中心,以"思考—探究—比较、归纳"为主线,来调动、激发学生的学习积极性,促成知识转化和能力生成.

三、教法分析

(一) 圆的标准方程

对于"圆的标准方程",整个过程采取"复问式"问题教学法:用环环相扣的问题将探究活动层层深入,使教师总是站在学生思维的最近发展区来充分调动学生学习的积极性.具体采用下列途径:

思考(确定圆的条件) ⟹ 推导(圆的标准方程) ⟹ 探究(点与圆的位置关系) ⟹ 例题讲解(求圆的标准方程) ⟹ 巩固(系列练习) ⟹ 反思(课堂小结)

(二) 圆的一般方程

对于"圆的一般方程",整个过程采取"比较探究"问题教学法,具体采用下列途径:

思考(判定方程所表示的图形) ⟹ 展开(一般方程) ⟹ 确认(一般方程的条件) ⟹ 比较(各种方程异同) ⟹ 例题讲解(求轨迹方程) ⟹ 巩固(系列练习) ⟹ 反思(课堂小结)

在整个过程中,注重数学思想方法的引导和训练,规范待定系数法的使用,巩固几何问题代数化的程序,理解由特殊到一般的认知方法,进一步树立数形结合的数学思想方法.通过层层深入的例题配置,使学生在对"圆的方程"由了解、理解到掌握的的过程中,完成必须掌握的知识、方法由雏形到成熟的转化.

四、教学过程(以"圆的标准方程"为例说明)

整个教学过程是由六个问题组成的问题链驱动,共分为六个环节.

(一) 思考开始,提出问题

问题 1 (1) 在平面直角坐标系中,如何确定一个圆?

(2) 具有什么性质的点的轨迹称为圆?(请学生回忆,回答)

确定圆的几何条件:圆心 O、半径 r;平面内到定点 C 的距离等于定长 r 的动点 $M(x,y)$ 的轨迹为圆.

操作:让学生画一个圆,并标上相应的字母.

问题 2 图 1 中的动点、定点各是什么？满足怎样的几何条件？如何将几何条件代数化？

动点 $M(x,y)$，定点 $C(a,b)$；几何条件：$P=\{M||MC|=r\}$，将几何条件代数化：
$$\sqrt{(x-a)^2+(y-b)^2}=r.$$

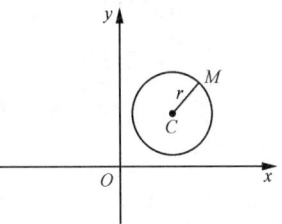

图 1

（二）新课讲解——推导圆的标准方程

问题 3 求轨迹方程有怎样的步骤？我们能否用类似于求直线方程的方法，求出圆的方程？（请学生回答）

通过提问使学生认识到仍然没有结束，让学生继续探讨，同时也回顾了求曲线的方程的步骤，对以后的椭圆、双曲线等问题的学习有着重要的意义．根据求曲线的步骤不难得出圆的标准方程，让学生体验到成功的喜悦．

圆的标准方程：
$$(x-a)^2+(y-b)^2=r^2.$$

（三）例题讲解——求圆的标准方程

例 1 利用定义填空：

(1) 以点 $(2,-2)$ 为圆心，$\sqrt{3}$ 为半径的圆的标准方程为_____．

(2) 已知圆的标准方程为 $(x+2)^2+y^2=5$，则圆心为_____，半径为_____．

问题 4 (1) 如何判定点与圆的位置关系？

(2) 点 $M_0(x_0,y_0)$ 在圆 $x^2+y^2=r^2$ 内、外的条件是什么？

例 2 写出圆心为 $A(2,-3)$，半径为 5 的圆的标准方程，并判断点 $M_1(5,-7)$，$M_2(-\sqrt{5},-1)$ 是否在圆上？（让学生思考探究写出相关结论）

问题 5 如何求在不同条件下的圆的标准方程？

例 3 三角形 ABC 的三个顶点的坐标分别是 $A(5,1),B(7,-3),C(2,-8)$，求它的外接圆的方程．

分析 一方面复习确定圆的条件，更主要的是复习、巩固待定系数法．

例 4 已知圆心为 C 的圆经过点 $A(1,1),B(2,-2)$，且圆心 C 在直线 $l:x-y+1=0$ 上，求圆心为 C 的圆的标准方程．

分析 本题注意培养学生分析问题、解决问题的能力，培养学生用算法思想解题的良好习惯．

具体解答见教材数学必修 2 第 120 页例 3．

问题 6 比较例 3、例 4，你能归纳出求 $\triangle ABC$ 外接圆的方程的两种方法吗？

学生讨论、归纳：

(1) 根据题设条件，列出方程组，用待定系数法求出圆的标准方程；

（2）根据确定圆的要素,以及题设条件,分别求出圆心、半径,然后写出圆的标准方程.

（四）巩固练习

1. 写出下列圆的标准方程：（1）圆心在 $C(-3,4)$,半径长为 $\sqrt{5}$；（2）圆心在 $C(8,-3)$,且经过点 $M(5,1)$.

目的：进一步巩固圆的标准方程的形式、几何意义.

2. 教材第 130 页例 4.

目的：进一步巩固求圆的标准方程的方法.

3. 已知一个圆的直径端点是 $A(x_1,y_1),B(x_2,y_2)$,试求此圆的方程.

目的：训练学生运用知识综合解决问题的能力.

（五）小结反思、归纳整理

圆的标准方程提炼数形结合的思想和待定系数的方法.

（1）圆心为 $C(a,b)$,半径为 r 的圆的标准方程为：
$$(x-a)^2+(y-a)^2=r^2;$$

当圆心在原点时,圆的标准方程为：
$$x^2+y^2=r^2.$$

（2）求圆的方程的方法：① 找出圆心和半径；② 待定系数法.

（3）点与圆的位置关系. 设点到圆心的距离为 d,圆半径为 r：

点在圆上 $\Leftrightarrow d=r$；点在圆外 $\Leftrightarrow d>r$；点在圆内 $\Leftrightarrow d<r$.

本章参考文献

[1] 教育部. 普通高中数学课程标准(实验). 北京：人民教育出版社,2003.

[2] 人民教育出版社,课程教材研究所,中学数学课程教材研究开发中心. 普通高中课程标准实验教科书·数学必修 2(A 版).3 版.北京：人民教育出版社,2007.

[3] 人民教育出版社,课程教材研究所,中学数学课程教材研究开发中心. 普通高中课程标准实验教科书·数学必修 2(A 版).2 版.教师教学用书.北京：人民教育出版社,2007.

[4] 何小亚. 与新课程同行——数学学与教的心理学. 广州：华南理工大学出版社,2004.

[5] 曹才翰,章建跃. 数学教育心理学.2 版.北京：北京师范大学出版社,2006.

[6] 薛金星. 高中数学(必修 2)教材全解(配套人民教 A 版). 西安：陕西人民教育出版社,2009.

[7] 钱佩玲. 数学思想方法与中学数学. 北京：北京师范大学出版社,2008.

第三章 高中数学必修 3 教材解读与教学实践案例

> 本模块中,学生将学习算法初步、统计、概率.算法是数学及其应用的重要组成部分,是计算科学的重要基础.随着现代信息技术飞速发展,算法在科学技术、社会发展中发挥着越来越大的作用,并日益融入社会生活的许多方面,算法思想已经成为现代人应具备的一种数学素养.需要特别指出的是,中国古代数学中蕴涵了丰富的算法思想.在本模块中,学生将在义务教育阶段初步感受算法思想的基础上,结合对具体数学实例的分析,体验程序框图在解决问题中的作用;通过模仿、操作、探索,学习设计程序框图表达解决问题的过程;体会算法的基本思想以及算法的重要性和有效性,发展有条理的思考与表达的能力,提高逻辑思维能力.

第一节 总体说明

普通高中课程标准实验教材《数学·必修 3(A 版)》(人教社,2007 第 3 版)主要内容是算法、统计与概率的基础知识和基本思想,算法思想与统计思想也是贯穿高中数学课程的重要的数学思想.全书分为三章,具体内容是:第一章:算法初步;第二章:统计;第三章:概率.

一、基本内容

(一) 算法初步

本章主要内容:算法与程序框图、基本算法语句、算法案例和小结.

在算法的含义、程序框图中,通过对解决具体问题过程与步骤的分析(如二元一次方程组求解等问题),体会算法的思想,了解算法的含义.通过模仿、操作、探索,经历设计程序框图表达解决问题的过程.在具体问题的解决过程中(如三元一次方程组求解等问题),理解程序框图的三种基本逻辑结构：顺序、条件分支、循环. 在基本算法语句中，经历将具体问题的程序框图转化为程序语句的过程，理解几种基本算法语句——输入语句、输出语句、赋值语句、条件语句、循环语句，进一步体会算法的基本思想. 通过阅读中国古代数学中的算法案例，体会中国古代数学对世界数学发展的贡献.

（二）统计

本章主要介绍最基本的获取样本数据的方法，以及几种从样本数据中提取信息的统计方法，其中包括用样本估计总体分布、数字特征和线性回归等内容.

在随机抽样中，体会能从现实生活或其他学科中提出具有一定价值的统计问题. 结合具体的实际问题情境，理解随机抽样的必要性和重要性. 在参与解决统计问题的过程中，学会用简单随机抽样方法从总体中抽取样本；通过对实例的分析，了解分层抽样和系统抽样方法. 能通过试验、查阅资料、设计调查问卷等方法收集数据.

在用样本估计总体中，通过实例体会分布的意义和作用，在表示样本数据的过程中，学会列频率分布表、画频率分布直方图、频率折线图和茎叶图，体会它们各自的特点. 通过实例理解样本数据标准差的意义和作用，学会计算数据标准差. 能根据实际问题的需求合理地选取样本，从样本数据中提取基本的数字特征（如平均数、标准差），并作出合理的解释. 在解决统计问题的过程中，进一步体会用样本估计总体的思想，会用样本的频率分布估计总体分布，会用样本的基本数字特征估计总体的基本数字特征；初步体会样本频率分布和数字特征的随机性. 会用随机抽样的基本方法和样本估计总体的思想，解决一些简单的实际问题；能通过对数据的分析为合理的决策提供一些依据，认识统计的作用，体会统计思维与确定性思维的差异. 形成对数据处理过程进行初步评价的意识.

对变量的相关性的学习，将通过收集现实问题中两个有关联变量的数据作出散点图，并利用散点图直观认识变量间的相关关系. 经历用不同估算方法描述两个变量线性相关的过程. 知道最小二乘法的思想，能根据给出的线性回归方程系数公式建立线性回归方程.

（三）概率

本章包括随机事件的概率的统计定义，概率的意义及其基本性质；古典概型的特征及概率的计算公式；几何概型的特征及概率的计算公式；利用随机模拟的方法估计随机事件的概率.

在具体情境中，了解随机事件发生的不确定性和频率的稳定性，进一步了解概率的意义以及频率与概率的区别. 通过实例，了解两个互斥事件的概率加法公式. 通过实例，理解古典概型及其概率计算公式，会用列举法计算一些随机事件所含的基本事件数及事件发生的概率. 了解随机数的意义，能运用模拟方法（包括计算器产生随机数来进行模拟）估计概率，初步体会几何概型的意义. 通过阅读材料，了解人类认识随机现象的过程.

二、教材分析

（一）算法初步

算法是数学及其应用的重要组成部分，是计算科学的重要基础．算法的应用是学习数学的一个重要方面．学生学习算法的应用，目的就是利用已有的的数学知识分析问题和解决问题．通过算法的学习，对完善数学的思想，激发应用数学的意识，培养分析问题、解决问题的能力，增强进行实践的能力等，都有很大的帮助．

教材从学生最熟悉的算法入手，通过研究程序框图与算法案例，使算法得到充分的应用，同时也展现了古老算法和现代计算机技术的密切关系．算法案例不仅展示了数学方法的严谨性、科学性，也为计算机的应用提供了广阔的空间．让学生进一步受到数学思想方法的熏陶，激发学生的学习热情．在算法初步这一章中让学生近距离接近社会生活，从生活中学习数学，使数学在社会生活中得到应用和提高，让学生体会到数学是有用的，从而培养学生的学习兴趣．本章还是数学思想方法的载体，学生在学习中会经常用"算法思想"从而提高自己数学能力．因此，应从知识间的联系、数学思想方法和认知规律三个方面把握本章．下面我们对教材内容做如下几个方面的分析：

（1）算法至今也没有一个严格的统一定义．因此，教材通过概括解二元一次方程组的步骤，以"在数学中，算法通常是指按照一定规则解决某一类问题的明确和有限的步骤"来介绍算法的含义．在此基础上，又通过质数的判定、用二分法求方程的近似解这些学生熟悉的问题，分析其算法步骤，以帮助学生进一步理解算法的基本含义并渗透算法思想．这种通过解决具体问题的算法步骤来表达算法的概念通俗易懂，但是不够准确，算法的基本结构也不清晰．因此，教材又以框图形式表示"质数的判定"的算法，介绍了算法的基本逻辑结构（顺序结构、条件结构和循环结构），并分别用简单的例子对这三种基本逻辑结构作更进一步的阐述，使学生认识到程序框图可以表示算法，而且用程序框图表示的算法更直观，也更准确．

（2）任何复杂的算法都可以用顺序结构、条件结构和循环结构这三种基本逻辑结构来实现．因此，这三种基本逻辑结构是程序框图的构成要素．教材把三种基本逻辑结构与程序框图结合起来，这不仅降低了这三种基本逻辑结构的学习难度，也为学习程序框图的画法提供了前提条件．

（3）当今世界，越来越多的事情交付计算机完成，而计算机完成任何一项任务都需要算法，因此算法是计算机科学的基础．但是，用自然语言或程序框图描述的算法计算机是无法"理解"的，因此我们还需要将算法用计算机能够理解的语言表达出来，这就是通常所说的程序与程序设计，所用的语言称为程序设计语言（PL，programming language）．程序设计语言是由一些有特定涵义的程序语句构成的，与程序框图中介绍的算法三种基本逻辑结构相对应．教材介绍了输入语句、输出语句、赋值语句、条件语句和循环语句，尽管不同的程序设计语言有不同的语句形式和语法规则，但基本结构是相同的．基于这样的原因，教材所介绍的语句形式及程序稍加修改就可以变为某些具体的程序设计语言形式的程序,并可以在计算机上执行.

(4) 与其他数学内容的学习相比较,算法学习的一个最大的特点就是操作实践性强.因此,了解经典的算法案例有助于学生深入理解算法的特征和进一步体会算法的思想.教材在1.3节安排了"辗转相除法与更相减损术""秦九韶算法"与"进位制"3个中国古代及西方数学中的经典算法案例,通过栏目设置给学生提供模仿、操作、探索的机会,帮助他们体会其中所蕴涵的算法思想.除此之外,教材在安排教学内容时,特别重视将算法知识的学习与具体例子结合起来.例如,用"二元一次方程组的解法"介绍算法的含义;用"质数的判定"的程序框图介绍程序框、流程线与基本逻辑结构;以"用二分法求方程的近似解"介绍程序框图的画法;用"计算 $1+2+\cdots+100$ 的值"介绍直到型与当型两种不同的循环结构与循环语句;等等.

(5) "割圆术"是中国古代一个典型的算法,阅读与思考栏目对这个算法进行了详细的阐述:从刘徽对"割圆术"的描述出发,用递推公式表示算法的关键步骤,然后将算法写成计算机程序,其中体现了从古到今、从笔算到机算的过程,既展现了算法中所包含的以直代曲、无限趋近、内外夹逼的思想,又说明了借助算法利用计算机解决问题的优势.

(二) 统计

现代社会是信息化的社会,数字信息随处可见,因此专门研究如何收集、整理、分析数据的科学(统计学)就备受重视.统计学是研究如何收集、整理、分析数据的科学,它可以为人们制定决策提供依据.在客观世界中,需要认识的现象无穷无尽.要认识某现象的第一步就是通过观察或试验取得观测资料,然后通过分析这些资料来认识此现象.如何取得有代表性的观测资料并能够正确地加以分析,是正确地认识未知现象的基础,也是统计所研究的基本问题.

从义务教育阶段来看,统计知识的教学从小学到初中分为三个阶段,在每个阶段都要学习收集、整理、描述和分析数据等处理数据的基本方法,教学目标随着学段的升高逐渐提高.在义务教育阶段的统计与概率知识的基础上,《课程标准》要求通过实际问题及情境,进一步介绍随机抽样、样本估计总体、线性回归的基本方法,了解用样本估计总体及其特征的思想,体会统计思维与确定性思维的差异;通过实习作业,较为系统地经历数据收集与处理的全过程,进一步体会统计思维与确定性思维的差异.本章内容安排的总体思路是:通过实际问题情境,引导学生学习随机抽样、用样本估计总体、线性回归的基本方法,使他们了解用样本估计总体及其特征的思想,体会统计思维与确定性思维的差异;通过实习作业,让学生较为系统地经历数据收集与处理的全过程,进一步体会统计思维与确定性思维的差异.内容安排的主线是从数据收集到数据分析整理.教材首先通过实例引出抽样的必要性,抽样时所应考虑的问题,样本的质量(代表性)和所推断的结论之间的关系;然后介绍几种常用的随机抽样方法:简单随机抽样、系统抽样和分层抽样.抽样的目的是为了获得总体分布信息,教材接下来介绍了几种获得总体分布信息的方法,其中包括:用样本频率分布估计总体分布、用样本数字特征估计总体数字特征的思想及其在解决实际问题中的应用,变量的相关关系和线性回归分析.

(三) 概率

在自然界与人类的社会活动中会出现各种各样的现象,既有确定性现象,又有随机现象.随机现象在日常生活中随处可见,概率是研究随机现象规律的学科,它为人们认识客观世界提供了重要的思维模式和解决问题的方法.概率统计的应用性强,有利于培养学生的应用意识和动手能力.我们知道,概率是统计学的理论基础,但本书的内容安排是先统计后概率.这样的安排,一方面是考虑到统计与概率学科发展的历史是先有统计,为了研究统计结论的可靠性问题,概率得到了发展;另一方面是考虑到学生的学习心理,统计在前,使得学生在学习过程中可以接触到大量统计案例,学习过程中的实践性可以大大增强.本章内容的安排,重点考虑了如下几个方面:

(1) 利用随机事件的频率给出概率的定义与性质.

(2) 通过试验模拟等方法澄清日常生活中对概率的错误认识.给出应用概率解决实际问题的几个例子,包括用概率检验游戏的公平性,概率在决策中的应用,概率在天气预报中的应用,等等.

(3) 给出两个概率模型(古典概型和几何概型)下概率的计算公式.

(4) 给出两种产生随机数的方法,一种是由试验产生的随机数,另一种是利用计算器或计算机产生的(伪)随机数,通过模拟的方法估计随机事件发生的概率.

(5) 通过阅读与思考等栏目加深对随机现象的理解,了解人类认识随机现象的过程是逐步深入的,了解概率这门学科在实际中有广泛的应用.

三、教学重点和难点

(一) 算法初步

1. 算法与程序框图

本节课着重解决两个问题:(1) 算法是怎样的;(2) 怎样表达算法.教学重点是在通过实例中理解算法含义的基础上,理解算法的三种基本逻辑结构,学习用算法步骤、程序框图表示算法,并由此初步体会算法的思想.教学难点是用算法步骤表示算法时怎样划分步骤;对含有循环结构的算法,怎样通过算法步骤或程序框图表达出来;程序框图的画法.算法的概念一节的教学重点:算法的含义及其应用;教学难点:写出解决一类问题的算法.程序框图与算法的基本逻辑结构一节的教学重点:程序框图的画法以及对顺序结构、条件结构、循环结构的理解;教学难点:利用顺序结构、条件结构、循环结构画程序框图.

2. 基本算法语句

本节课的教学重点是通过实例使学生理解五种基本算法语句的结构和用法,并在此基础上编写由算法语句组成的程序,从而更细致地刻画算法,进一步体会算法的基本思想.教学难点是将程序框图转换为算法语句组成的程序.

输入语句、输出语句和赋值语句一节的教学重点:输入语句、输出语句和赋值语句的基本用法;教学难点:算法语句的写法.条件语句一节的教学重点:条件语句的基本用法;教学难点:算法语句的写法.循环语句一节的教学重点:循环语句的基本用法;教学难点:循环语句的写法.

3. 算法案例

本节课的教学重点是以 3 个典型的算法案例为载体,使学生通过模仿、操作、探索经历算法设计的全过程,帮助学生进一步体会算法的基本思想,感受算法在解决实际问题中的重要作用.教学可能遇到的困难是,提炼出算法中的循环结构,并用程序框图和算法语句表示出来.算法案例的教学重点:引导学生得出自己设计的算法步骤、程序框图和算法程序以及对辗转相除法与更相减损术、秦九韶算法和进位制的理解;教学难点:对辗转相除法与更相减损术、秦九韶算法和进位制的理解.体会算法的基本思想,提高逻辑思维能力,发展有条理地思考与数学表达能力.

本章复习的重点难点是应用算法与程序框图、基本算法语句、算法案例等方法解决问题.

(二) 统计

1. 随机抽样

本节课重点是能从现实生活或其他学科提出具有一定价值的统计问题.理解随机抽样的必要性和重要性.学会简单随机抽样方法,了解分层和系统抽样方法.对随机性样本的随机性有正确理解.

难点是对样本随机性的理解.简单随机抽样一节的教学重点:理解随机抽样的必要性和重要性,用抽签法和随机数表法抽取样本;教学难点:抽签法和随机数表法的实施步骤.系统抽样一节的教学重点:实施系统抽样的步骤;教学难点:当 $\frac{N}{n}$ 不是整数,如何实施系统抽样.分层抽样一节的教学重点:分层抽样的概念及其步骤;教学难点:确定各层的入样个体数目,以及根据实际情况选择正确的抽样方法.

2. 用样本估计总体

本节课重点是体会分布的意义和作用,学会列频率分布表、画频率分布直方图、频率折线图、茎叶图,体会它们各自的特点.理解样本数据标准差的意义和作用,学会计算数据标准差.对样本数据中提取基本的数字特征(如平均数、标准差)作出合理的解释.体会用样本估计总体的思想,会用样本的频率分布估计总体分布,会用样本的基本数字特征估计总体的基本数字特征.初步体会样本频率分布和数字特征的随机性.会用随机抽样的基本方法和样本估计总体的思想,解决一些简单的实际问题;能通过对数据的分析为合理的决策提供一些依据,认识统计的作用,体会统计思想与确定性思维的差异,形成对数据处理过程进行初步评价的意识.难点是对总体分布概念的理解,统计思想的建立.

用样本的频率分布估计总体分布一节的教学重点:会列频率分布表,画频率分布直方图、频率折线图和茎叶图;教学难点:能通过样本的频率分布估计总体的分布.用样本的数字特征估计总体的数字特征一节的教学重点:根据实际问题对样本数据中提取基本的数据特征并作出合理解释,估计总体的基本数字特征;体会样本数字特征具有随机性.教学难点:用样本平均数和标准差估计总体的平均数与标准差;能应用相关知识解决简单的实际问题.

3. 变量的相关关系

本节课的教学重点是利用散点图直观认识两个变量之间的线性关系,了解最小二乘法的思想,根据给出的线性回归方程的系数公式建立线性回归方程,加深对变量之间相关关系的理解.教学难点是回归思想的建立以及对回归直线与观测数据的关系的理解.

本章复习的教学重点:会用随机抽样的基本方法和样本估计总体的思想,解决一些简单的实际问题;教学难点:能通过对数据的分析为合理的决策提供一些依据,认识统计的作用,体会统计思维与确定性思维的差异.

(三) 概率

1. 随机事件的概率

本节课重点是了解随机事件发生的不确定性和频率的稳定性,正确理解概率的意义.难点是理解频率与概率的关系,对概率含义的正确理解.随机事件的概率一节的教学重点:理解随机事件发生的不确定性和频率的稳定性,正确理解概率的意义;教学难点:对概率含义的正确理解,理解频率与概率的关系.概率的意义一节的教学重点:理解概率的意义;教学难点:用概率的知识解释现实生活中的具体问题.概率的基本性质一节的教学重点:概率的加法公式及其应用;教学难点:事件的关系与运算.

2. 古典概型

本节课的重点是理解古典概型及其概率计算公式;难点是设计和运用模拟方法近似计算概率.古典概型一节的教学重点:理解古典概型的概念及利用古典概型求解随机事件的概率;教学难点:如何判断一个试验是否是古典概型,分清在一个古典概型中某随机事件包含的基本事件的个数和试验中基本事件的总数.(整数值)随机数(random numbers)的产生一节的教学重点:学会利用随机数实验来求简单事件的概率;教学难点:学会利用计算器、计算机求随机数的方法.

3. 几何概型

本节课的教学重点是体会随机模拟中的统计思想,用样本估计总体;难点是把求未知量的问题转化为几何概型求概率的问题.几何概型一节的教学重点:理解几何概型的定义、特点,会用公式计算几何概率;教学难点:等可能的判断与几何概型和古典概型的区别.均匀随机数的产生一节的教学重点:掌握$[0,1]$上均匀随机数的产生及$[a,b]$上均匀随机数的产生,学会采用适当的随机模拟法去估算几何概率;教学难点:利用计算机或计数器产生均匀随机数并运用到概率的实际应用中.

本章复习的教学重点、难点:概率的意义及求法,频率与概率的关系,概率的主要性质,古典概率的特征及概率公式的应用,几何概率意义的理解及会求出简单的几何概率.

四、教学设计建议

本模块的内容有着很强的实践性,教学中应充分重视这一特点,注意选择恰当的实例,创设问题情境,鼓励学生积极参与,在自己的亲身实践中体会和理解所学内容的基本思想和意义.

(一) 算法初步的教学设计建议

算法的教学应充分使用教材提供的典型实例,让学生在解决具体问题的过程中学习一些基本逻辑结构和算法语句.给学生安排上机实践的机会,这样不但可以让学生看见自己设计的算法的可行性,而且能够激发学生学习算法的积极性.算法教学的主要目的在于让学生体会基本的算法思想,提高逻辑思维能力,它与信息技术课程中的程序语言的学习和程序设计是不同的.教学中应当通过教学案例,引导学生体会算法的核心是一般意义上的解决问题策略的具体化.面临一个问题,在分析、思考后获得了解决它的基本思想(解题策略),将这种思路具体化、条理化,用适当的方式表达出来(画出程序框图,转化为程序语句),这个过程就是算法设计过程,这是一个思维的条理化、逻辑化的过程.算法的教学中要注意以下几个问题:

(1) 算法是高中数学课程中新内容,其思想是非常重要的,但并不神秘.例如,运用消元法解二元一次方程组、求最大公因数等的过程就是算法.本模块中的算法内容是将数学中的算法与计算机技术建立联系,形式化地表示算法,使其能在计算机上实现.为了有条理地、清晰地表达算法,往往需要将解决问题的过程整理成程序框图;为了能在计算机上实现,还需要将自然语言或程序框图翻译成计算机语言.本模块的主要目的是使学生体会算法的思想,提高逻辑思维能力.不要将此部分内容简单处理成程序语言的学习和程序设计.

(2) 算法教学必须通过实例进行,使学生在解决具体问题的过程中学习一些基本逻辑结构和语句.应鼓励学生尽可能上机尝试.

(3) 算法除作为本模块的内容之外,其思想方法应渗透在高中数学课程其他有关内容中,鼓励学生尽可能地运用算法解决相关问题.

下面我们结合具体教学内容按节详细阐述教学设计中需要注意的问题.

1. 算法与程序框图

本节的目标是初步建立算法的概念,让学生通过丰富的实例了解算法的含义,学习用算法步骤和程序框图表达算法的方法,初步感受算法的思想.广义地讲,每一个问题(特别是数学问题)的解决都对应着一个算法,研究问题的解决方法就是研究算法.事实上,算法在实际

第一节 总体说明

问题中被广泛地应用着,只是很多时候人们忽略了从算法的角度去观察、去思考,所运用的算法表达得不规范,显得不清晰.因此,要先从学生熟知的实例出发,引出算法的概念;再通过算法实例,研究表达算法的方法与规则.

在学生从具体实例中获得对算法的初步体会的基础上,给出算法的概念.教学中可以让学生归纳一下算法的特征,然后再适时加以引导和完善.对于算法的概念,需要明确的是:

(1) 算法是中学数学课程中一个新的概念,但没有一个精确的定义.教材中对它作了如下的描述:"在数学中,算法通常是指按照一定规则解决某一类问题的明确和有限的步骤."所以教学中.只要使学生明确算法实际就是解决某一个或某一类问题的一种程序化方法,它通常以一系列明确有限的步骤的形式出现即可.算法又可以看成是一种解决问题的特殊的有效的方法,中学课程中的算法更强调具体算法所蕴涵的算法思想,重点在于培养学生的算法意识,这是在算法教学中始终应该注意的.

(2) 表示算法的最便捷方式就是用自然语言对解决问题的步骤进行描述,以算法步骤的形式表达算法.本节的例题都是按照这样的方式进行表述的,这样的表述方法也体现了算法的按部就班的程序化特点.算法实际上就是程序化的解题过程,与一般的解题过程比较,这种解题过程以步骤的形式表现,且具有程序性、明确性、有限性的特征.

(3) 算法虽然没有一个明确的定义,但其特点还是很鲜明的,不仅要注意理解算法的程序性、明确性、有限性特点,还应该充分理解算法的问题指向性,即算法往往指向解决某一类问题,泛泛地谈算法是没有意义的.例如,按照某一精确度要求计算圆周率 π 的近似值(实际上,人们对寻求快速、有效的计算圆周率 π 的近似值的算法一直兴趣不减).算法概念的教学应主要通过算法案例让学生体会算法的特点,逐步建立算法的概念,并通过对具体问题的探究体会算法思想.

(4) 将平时解决问题的算法以算法步骤的形式表示出来,除使算法更清晰外,一个更重要的原因是使算法更精确,以便在计算机上实现算法.

在算法概念之后,教材紧接着安排了关于质数判定的例 1 与用二分法求方程近似解的例 2.质数的判定是学生在小学时就接触过的,用二分法求方程近似解也在必修 1 中出现过,因此这两个问题是学生熟悉的.选择这样的问题,一方面是期望打破学生对算法的陌生感,另一方面也是希望将重点放在算法概念的理解上,而不是算法所涉及的问题本身.教学时可以先让学生回顾这两个问题的解题过程,再让他们自己整理出步骤;并有条理地用自然语言表达出来.通过这样的教学,使学生体会设计算法的基本思路.教材例 1 中涉及的两个整数 7 与 35,前者是质数,后者不是质数.选择这两个具体的整数,主要目的是使学生体会如何用自然语言写算法步骤,并由此发现,尽管两个整数的算法步骤不一致.但隐含的算法本质是一致的:"整数 n 是否为质数等价于 $2 \sim (n-1)$ 中是否有整数能整除 n".这是进行例 1 之后的"探究"应具备的前提条件,也是写出针对某一类问题的算法步骤通常应该经历的过程.教学时,还可以让学生通过写"判断 53,1997 是否为质数"的算法步骤,体会例 1 中的算法步骤表现的算法的局限性,并激发学生探究具有普适性的算法步骤;并且通过反例让学生明确,在下列判断 53 是否为质数的算法中,由于"……"的不确定性,与算法所要求的"明确性"相悖,因而不能表示一个算法:

第 1 步:2 不能整除 53,所以进行下一步;

第 2 步:3 不能整除 53,所以进行下一步;

第 3 步:4 不能整除 53,所以进行下一步;

……

第 51 步:52 不能整除 53,所以 53 是质数.

用二分法求方程近似解尽管在数学必修 1 中出现过,但那时没有站在算法的角度去考虑. 安排例 2,除了体现整套教材的内在联系性、说明算法应用的广泛性外,一个重要的原因是它与质数的判定一样,包含了将要学习的算法的三种基本逻辑结构,是学习程序框图与程序表示算法的典型案例. 因此,教学时不仅要使学生明确如何写算法步骤,还要通过写算法步骤的过程体会算法的基本逻辑结构,领会算法思想的内涵.

算法步骤表达的算法与计算机能执行的算法形式有着较大的距离,要更精确地表示算法需要学习更多的算法知识. 例 1 与例 2 所蕴涵的算法在本章后续的内容中将多次出现,本节学习中不要求学生完全掌握,重要的是使学生通过这两个算法案例体会如何用自然语言写出算法的算法步骤,并且结合教材本小节的"思考",明确算法的基本特征:步骤的有序性、明确性和有限性. 由于学生是初次接触算法的概念,所以进行例 1 与例 2 的教学时,只要求学生能认识算法步骤. 会写简单具体问题的算法步骤,不要在算法的"优化"上做文章. 例如,对于例 1,只要求设计从 2 到 $(n-1)$ 逐个检验的算法并写出算法步骤即可,而从 2 到 $[\sqrt{n}]$(不超过 $\sqrt{n}$ 的最大整数)逐个检验的算法不必介绍.

用自然语言表示的算法步骤有明确的顺序性,但是对于在一定条件下才会被执行的步骤,以及在一定条件下会被重复执行的步骤,自然语言的表示就显得困难,而且不直观、不准确. 程序框图用图形的方式表达算法,使算法的结构更清楚、步骤更直观也更精确. 对于程序框图的教学,建议注意以下四点.

(1) 程序框图是算法的一种表现形式,也就是说,一个算法可以用算法步骤表示,也可以用程序框图表示. 常是先写出算法的算法步骤,然后再转化为对应的程序框图. 在这种转化过程中往往需要考虑很多细节,这是一个将算法"细化"、"精确化"的过程.

(2) 起止框、输入输出框、处理框、判断框及流程线是组成程序框图的基本图形,它们有着各自的意义与作用. 教学时应使学生规范地使用这些图形,不要改变这些图形的意义或者随意增加一些其他的图形. 一个完整的程序框图一定是以起止框表示开始,同时又以起止框表示结束.

(3) 流程线是有方向箭头的线,用以连接程序框,直观地表示算法的流程. 在程序框图中,任意两个程序框之间都存在流程线;除起止框外,任意一个程序框都只有一条流程线"流进";输入输出框、处理框都只有一条流程线"流出",但判断框一定是两条流程线"流出".

(4) 教材第 7 页图 1.1-2 中的程序框图表示算法"判断整数 $n(n>2)$ 是否为质数",用意是让学生对程序框图有一个整体认识,同时为算法的基本逻辑结构的学习构建一个平台,教学时不要期望学生一开始就能理解每一个细节.

用程序框图表达算法,可以很清楚地看出算法的三种基本逻辑结构,即顺序结构、条件结构和循环结构.这三种结构是一个算法的基本构成要素,任何一个算法都可以由这三种基本逻辑结构构成.程序框图由表示这三种基本逻辑结构的图形构成.教学时,在明确算法概念的基础上,要通过实例使学生基本掌握这三种基本逻辑结构,并注意以下几点:

(1) 顺序结构是出现最多的基本结构,它可以单独出现,也可以出现在条件结构或循环结构中.

(2) 分类是算法中经常发生的事情,条件结构的主要作用就是表示分类.教材介绍的条件结构主要有两种:一种是在两个"分支"中均包含算法的步骤,符合条件就执行"步骤 A",否则执行"步骤 B";另一种是在一个"分支"上包含算法的步骤 A,而在另一个"分支"上不包含算法的任何步骤,符合条件就执行"步骤 A",否则执行这个条件结构后的步骤.

在分类不止两类的情况下,通常用在条件结构中"嵌入"条件结构的方法实现.例如本章"复习参考题"A 组第 1 题(1)中计算分段函数

$$y = \begin{cases} 0 & (x<0), \\ 1 & (0 \leqslant x<1), \\ x & (x \geqslant 1) \end{cases}$$

的函数值的算法,可以用程序框图(图 1)表示.

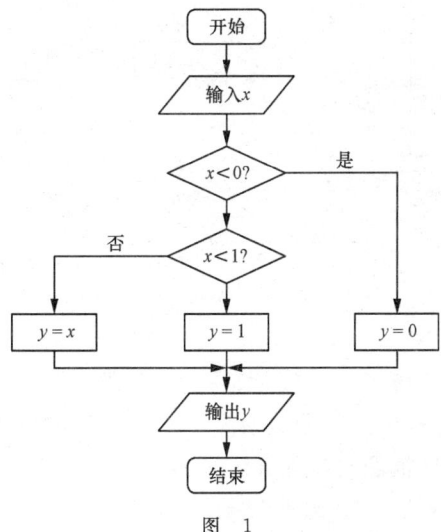

图 1

(3) 循环结构有"直到型循环结构"与"当型循环结构"两种,这两种循环结构的差异主要体现在控制循环的条件不同,执行"循环体"时检验条件是否成立的先后次序也不同.这两种循环结构通常可以互相转化,但有的算法用"直到型循环结构"方便,有的算法却用"当型循环结构"方便,这可以利用教材上的案例(如"质数的判定""用二分法求方程的近似解"等)进行比较.因此,设计有循环结构的算法时要根据算法的特点选择循环结构的类型.

(4) 循环结构是本节教学中的一个难点,教学时要特别注意结合实例进行讲解,并让学生尝试两种循环结构的相互转化.

本节安排教材第10页例4,主要目的是让学生体会含条件结构的程序框图的画法,考虑到学生刚接触具有条件结构的程序框图,给出的程序框图还比较"粗",由其编制程序让计算机执行时比较困难.随着教学的深入,在学生较好地理解了条件结构后,可向他们介绍如下的程序框图(图2).在教材第11页例5的教学中,可以引导学生写出不同的程序框图(图3).

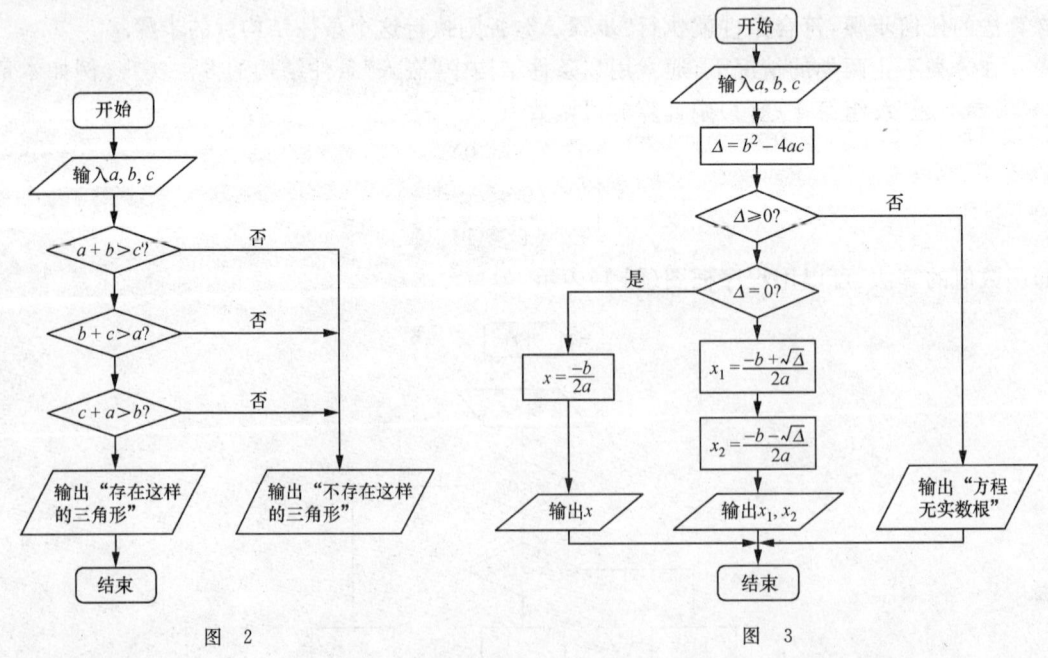

图 2　　　　　　　　图 3

教材在第13页例6后安排了一个"思考"栏目,目的是使学生加深对循环结构的理解,进一步体会算法步骤与程序框图之间的关系.

教材图1.1-15中的程序框图对应的算法步骤是:

第一步:令 $i=1, S=0$;

第二步:计算 $S=S+i$;

第三步：计算 $i=i+1$；

第四步：判断 $i>100$ 是否成立. 若是，则输出 S；否则返回第二步.

改进后的直到型循环的程序框图如图 4 所示.

2. 基本算法语句

通过教材中前一节的学习，学生了解了算法的含义，学习了用算法步骤和程序框图表示算法的方法. 本节在此基础上，介绍用程序设计语言表示算法的方法. 教学时应该注意以下几个方面的问题：

(1) 程序是算法的精确形式，是计算机可以理解的算法. 通常情况下，解决某个具体问题的算法包含大量烦琐的计算、复杂的作图等操作，而计算机强大的数据处理功能是帮助我们轻松完成这些具有重复性、机械性操作步骤的有力工具. 但是用算法步骤或程序框图表示的算法是计算机不能理解的算法形式. 计算机能够执行的算法必须是用计算机能够理解的语言进行描述的，而程序设计语言基本上就是计算机能够理解的语言. 因此，学习用程序表示算法的一个重要原因是为了借助计算机执行算法.

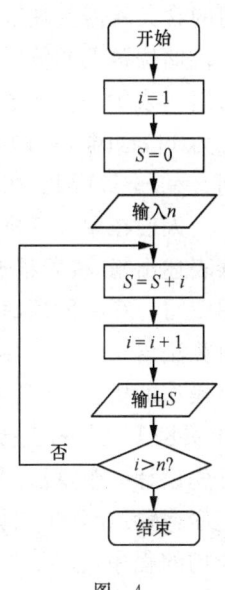

图 4

(2) 用于编写程序的程序设计语言大多是高级语言. 程序设计语言经历了从机器语言、汇编语言到高级语言的发展历程. 三种语言都是用于描述算法的，从这个角度来讲，它们之间并没有本质的区别. 高级语言比较接近人类的自然语言，它的语句多由一些简单的英文单词或缩写组成，可直接识别各种复杂的科学表达式.

高级语言的种类很多，目前较为通用的有 BASIC，C，COBOL，Delphi 等. 由于 BASIC 语言具有简单、易学等特点，我们使用了类似 BASIC 的语句形式和语法规则来介绍算法语句. 教师可以参考有关介绍 BASIC 或 QBASIC(BASIC 语言的一种)的书籍. 同时，教学中应该使学生认识到，程序设计语言只是编写程序表示算法的工具，学习算法的真正目的不是学习程序设计语言. 本节的教学目标是通过学习算法语句，帮助学生进一步体会算法及其思想.

(3) 程序是由若干算法语句组成的有序集合. 程序框图是由表示算法基本逻辑结构的图形组成的，类似地，程序是由表示算法基本逻辑结构的算法语句组成的. 任何高级程序设计语言都包含输入语句、输出语句、赋值语句、条件语句和循环语句五种基本语句. 这五种基本算法语句与算法的三种基本结构基本上是相互对应的.

(4) 算法语句有着严格的语法规则，由算法语句组成的程序是否正确，这需要利用计算机执行程序加以验证. 因此，上机验证程序的正确性通常是编写程序的一个必不可少的环节. 同时，用程序表示算法的一个重要目的，就是利用计算机实现算法. 但是必须注意的是，我们的教学目的是通过学习基本的算法语句，并用它们表示算法，从而更准确地理解算法及其思想，而不是把算法的学习变成上机操作和调试程序.

在赋值语句的教学中,值得特别注意的是,对于类似 $x=x+1$ 的赋值语句,学生往往很难理解,因为如果将这个式子看成代数式,显然是不成立的,所以,要让学生真正理解赋值语句的含义就需要理解变量的含义,这里的 x 仅仅是表示一个数的存储位置,$x=x+1$ 使得这个存储位置上的值增加了 1. 教学时可以用下列的比喻帮助学生理解赋值语句 $x=x+1$:如果用 x 表示一个房子中的人数,当房子中有 10 人时,$x=10$;若再走进 1 人,房子中的人数就变为 11,这时 $x=10+1$. 如果这个房子中走进 1 人前与走进一人后的人数都用 x 表示,就得到 $x=x+1$. 因此,在赋值语句 $x=x+1$ 中,"="两边的 x 所表示的值是不同的.

人们在用计算机解决问题时,通常先在头脑中构思一个算法,然后用自然语言将算法步骤表述出来,接着根据算法步骤画出程序框图形象直观地表示算法,最后再根据这个程序框图编写计算机能理解并执行的程序. 教材中本节的例题就是按照这样的顺序设计的. 由于学习算法语句的实践性很强,所以在例题教学时不要只由教师讲解完成,而尽量给学生提供动手操作的机会,让学生在实际操作中体会并熟悉各种算法语句的含义、功能与用法. 教材第 21 页例 1 是教材安排的第一个让学生完整经历算法设计过程的例子. 教学时,可以让学生自己先设计一个算法,写出具体的算法步骤并画出程序框图,再向学生展示用算法语句编写的程序,然后让学生在算法步骤、程序框图和程序语句之间建立起对应. 教材给出了一个顺序结构的程序,包括 INPUT 语句、赋值语句、PRINT 语句和 END 语句. 这样设计的目的,一是向学生展示一个完整的程序,二是为下面具体地介绍这些算法语句做准备. 计算机执行 INPUT 语句的说明:例如,计算机在运行例 1 第 1 行的 INPUT 语句时,屏幕上出现一个"?",它是执行 INPUT 语句时由计算机系统给出的,询问用户"变量的值是什么",这时要输入变量 x 的一个值,如"-5",并按 Enter 键,计算机就把"-5"赋给 x,接着计算相应的函数值. 如果想计算当 $x=-4$ 时的函数值,不需要修改程序,只需在计算机再次执行 INPUT 语句时,输入"-4"就可以了.

类似地,计算机在执行输入语句

INPUT"Maths,Chinese,English";a,b,c

后,屏幕上出现提示信息"Maths,Chinese,English?"这时需要输入 3 个值,依次代表某个学生数学、语文和英文这 3 门课的成绩,如"90,78,81",然后按 Enter 键,计算机将依次把 90,78,81 赋给 3 个变量 a,b,c.

教材中第 23 页例 2 表明,PRINT 语句有计算的功能,可以输出计算的结果. 本例中,计算机先计算表达式 $\dfrac{a+b+c}{3}$ 的值,然后输出到屏幕上. 教学中,可以用比较的方法帮助学生理解 INPUT 语句和赋值语句的差别. 例如可采用下面的方法:已知一个学生数学、语文、英语三科的成绩分别为 100,85,90,则可用赋值语句编写程序如下:

第一节　总体说明

```
a=100
b=85
c=90
PRINT "The average=";(a+b+c)/3
END
```

教材第 24 页例 3 中的程序给变量 A 赋了两次值，A 的初值为 10；第二次赋值后，初值被"覆盖"，A 的值变为 25，因此输出值为 25．教材第 24 页例 4 中程序的功能是交换两个变量的值，其中 x 是一个中间变量，暂时存放 A 的值，并把其传递给 B．可以让学生回答能否用下列赋值语句交换 A,B 的值．

```
A=B
B=A
```

条件语句内容中，教材安排第 25 页例 5 的目的，不仅是为了应用条件语句，而且再次为学生提供了完整经历算法设计全过程的机会．例 5 后安排的"思考"栏目，不仅使学生进一步地体会赋值语句、条件语句，而且还能锻炼学生阅读程序的能力，提高学生在算法的各种表现形式之间的转化能力．"思考"栏目的答案仍是输出 x 的绝对值．

教材第 27 页例 6 的算法步骤和程序框图在 1.1.2 节的例 5 中已经给出，这里实际上是根据已有的程序框图，把求解一般的一元二次方程 $ax^2+bx+c=0$ 的算法程序化．本例的算法中不仅有"输入"和"输出"，需要使用输入语句和输出语句，而且一元二次方程 $ax^2+bx+c=0$ 的解按照判别式 $\Delta>0,\Delta=0,\Delta<0$ 可分为三种情况，因此算法中可以包含条件结构，进而用条件语句来编写程序．本例所设计的算法本质是"公式法"．

另外，在算法设计中还使用了一个小技巧：先计算出 $p=-\dfrac{b}{2a}, q=\dfrac{\sqrt{|\Delta|}}{2a}$ 的值，然后在计算 x_1 和 x_2 的值时，就可以把 p,q 的值直接代入，这样可以避免重复计算．教师在这里可以告诉学生，一个"好"的算法往往包括此类的"小技巧"，要想熟练、有效地运用它们，则需要在大量的算法设计中积累经验．教师也可以让学生先根据自己的思路设计算法，再提示他们改进算法，以避免重复计算等问题．

教材第 27 页例 7 是一道典型的可用条件结构的算法问题，设计的思路和第 25 页例 5 一样，完整地经历了先用自然语言写出算法步骤，接着画出程序框图，最后把程序框图转化为程序的全过程．本例的程序中使用的"小技巧"是借助一个中间变量"t"来交换两个变量的值，这在第 24 页例 4 中已经介绍过．

教学时，可以先让学生自己设计算法，然后画出程序框图，再根据程序框图编写程序．学生可能出现的问题是引用过多的变量来存储 a,b,c 的值，这不仅会使算法变得复杂，而且不利于计算机执行．在学生实践的基础上，教师再引导学生思考为何要尽可能少地使用变量，以及如何才能尽可能少地使用变量．

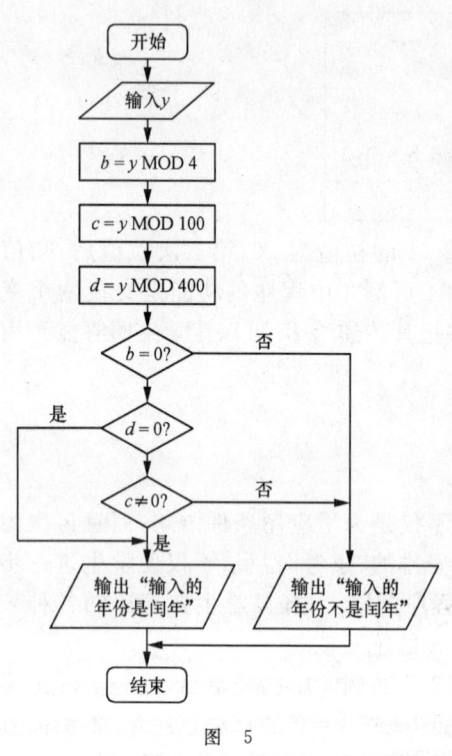

图 5

对教材第 29 页练习第 2 题中的 IF-THEN 语句中的"AND"是一个逻辑运算符,QBASIC 中还有两个逻辑运算符"OR"和"NOT",可以举例向学生说明它们的用法.例如,"IF $9<x$ AND $x<100$ THEN"表示 AND 前后的两个条件必须同时成立才符合条件,可以执行 THEN 后的语句;"IF $9<x$ OR $x<100$ THEN"表示 OR 前后的两个条件只需有一个成立就符合条件,可以执行 THEN 后的语句;"IF NOT $x<100$ THEN"表示当 $x\geqslant 100$ 时符合条件,可以执行 THEN 后的语句.学生在解答练习第 4 题时可能要用到关系运算符,可以告诉学生 QBASIC 中的关系运算符包括<(小于),>(大于),=(等于),>=(大于或等于),<=(小于或等于),<>(不等于).本题可以设计多种算法,例如练习答案中的程序和左图的程序框图(图 5)给出的就是不同的算法.

3. 算法案例

在学生学习了算法的初步知识,理解了表示算法的算法步骤、程序框图和程序三种不同方式以后,再结合典型算法案例,让学生经历设计算法解决问题的全过程,体验算法在解决问题中的重要作用,体会算法的基本思想,提高逻辑思维能力,发展有条理地思考与数学表达能力.进行算法案例教学时,应该关注以下几个方面:

(1) 尽管自然语言描述的算法步骤、程序框图和程序都可以表示算法,但是它们在中学算法课程中的地位是不一样的.教学时,切忌将算法课变成程序设计课,应该抓住用程序框图表示算法这个核心教学重点,突破程序框图的画法这个难点,理解算法的三种基本逻辑结构和基本算法语句的对应关系,通过具体算法案例所蕴涵的算法思想,重点培养学生利用算法解决问题的意识.

(2) 通过写算法步骤、画程序框图及编制程序,体现算法"逐渐精确"的过程,而这也是用算法(并借用计算机)解决问题所应该经历的步骤.因此,在处理具体算法案例时,提倡先通过算法分析写算法步骤,再根据算法步骤画程序框图,然后根据程序框图编制程序,最后可创造条件在计算机上验证算法.

(3) 辗转相除法是西方古代数学中的一个典型算法,更相减损术和秦九韶算法都是我国古代数学中的著名算法.与进位制有关的算法则是计算机科学中普遍使用的算法.与前面介绍的算法相比,这 3 个算法较为复杂,其中蕴涵的算法思想更为深刻,也更能体现算法的重要性.

教学中,要注意抓住这 3 个算法的关键步骤,引导学生理解其中的核心思想.教师可以通

第一节 总体说明

过讲解、画程序框图、举简单例子、学生自己归纳等多种手段,帮助学生克服理解上的困难.

"辗转相除法"是欧几里得《原本》中记录的一个算法:"设有不相等的二数,若依次从大数中不断地减去小数,若余数总是量不尽它前面一个数,直到最后的余数为一个单位,则该二数互素."

这个算法的关键步骤是做带余除法:
$$m_1 = n_1 q_1 + r_1 \quad (0 \leqslant r_1 < n_1).$$

由上式可以看出,m_1,n_1 和 n_1,r_1 有相同的公约数,因此也有相同的最大公约数,可表示为 $\gcd(m_1,n_1) = \gcd(n_1,r_1)$($\gcd$ 是 greatest common divisor 的简写).

当 $r_1 = 0$ 时,$\gcd(m_1,n_1) = n_1$.

当 $r_1 > 0$,令 $m_2 = n_1, n_2 = r_1$,继续做带余除法:
$$m_2 = n_2 q_2 + r_2 \quad (0 \leqslant r_2 < n_2),$$
$$m_3 = n_3 q_3 + r_3 \quad (0 \leqslant r_3 < n_3),$$
……

由于 $r_1 > r_2 > r_3 > \cdots > r$,因此,$r$ 在有限次地减小之后,总可以达到 0. 设 $r_k = 0$,则有
$$\gcd(m_1,n_1) = \gcd(m_2,n_2) = \gcd(m_3,n_3) = \cdots = \gcd(m_k,n_k) = n_k.$$

以上是辗转相除法的核心思想. 教师可以通过求两个具体数(如 8251 与 6105)的最大公约数帮助学生理解上述思想. 教材在这部分安排了一个"思考"栏目:"你能把辗转相除法编成一个计算机程序吗?"教学时可以先引导学生思考:"辗转相除法中的关键步骤是哪种逻辑结构?"然后,帮助学生认识到,在这一算法中带余除法是一个反复执行、直到余数等于 0 停止的步骤,这实际上是一个循环结构. 教材利用"直到型循环结构"给出了辗转相除法的算法步骤、程序框图与程序,在随后的"思考"栏目中要求学生用"当型循环结构"写辗转相除法的算法步骤、程序框图与程序. 这样安排的目的,除让学生通过比较加深对循环结构的认识外,更重要的是为学生设计算法、体会算法思想提供机会. 教学时应留有时间让学生实践,引导学生得出自己设计的算法步骤、程序框图和程序. 教材在这部分还介绍了中国古代算法中的"更相减损术",与辗转相除法形成对比. 尽管这两种算法分别来源于东西方古代数学名著,但二者的算理却是相似的,有异曲同工之妙. 主要区别在于辗转相除法进行的是除法运算,即辗转相除;而更相减损术进行的是减法运算,即辗转相减,但实质都是一个不断的递归过程. 教材如此设计的意图是想让学生在比较两种算法的过程中,使学生对递归思想能有一个初步的认识.

教材第 36 页例 1 的教学中,教师可以先让学生自己按照更相减损术的步骤,逐步求出 98 与 63 的最大公约数. 然后,再引导学生思考在第一步 $98 - 63 = 35$ 中,98 与 63 和 63 与 35 有相同的约数,因此有相同的最大公约数,可表示为 $\gcd(98,63) = \gcd(63,35)$. 由于 $63 \neq 35$,继续做减法. 由于每一步中得到的减数及差都是正数,且它们的值在逐渐减小,所以经过有限步后,总会出现减数与差相等的情况. 在本例中,我们可以得到
$$\gcd(98,63) = \gcd(63,35) = \gcd(35,28) = \gcd(28,7)$$

$= \gcd(21,7) = \gcd(14,7) = \gcd(7,7)$,

所以 98 和 63 的最大公约数等于 7.

"更相减损术"的算法步骤为:

第一步,给定两个正整数 m,n,不妨设 $m>n$.

第二步,若 m,n 都是偶数,则不断用 2 约简,使它们不同时是偶数,约简后的两个数仍记为 m,n.

第三步,$d=m-n$.

第四步,判断"$d\neq n$"是否成立. 若是,则将 n,d 中的较大者记为 m,较小者记为 n,返回第三步;否则,$2^k d$(k 是约简整数 2 的个数)为所求的最大公约数.

程序框图如图 6 所示,程序见图 7 框内语句.

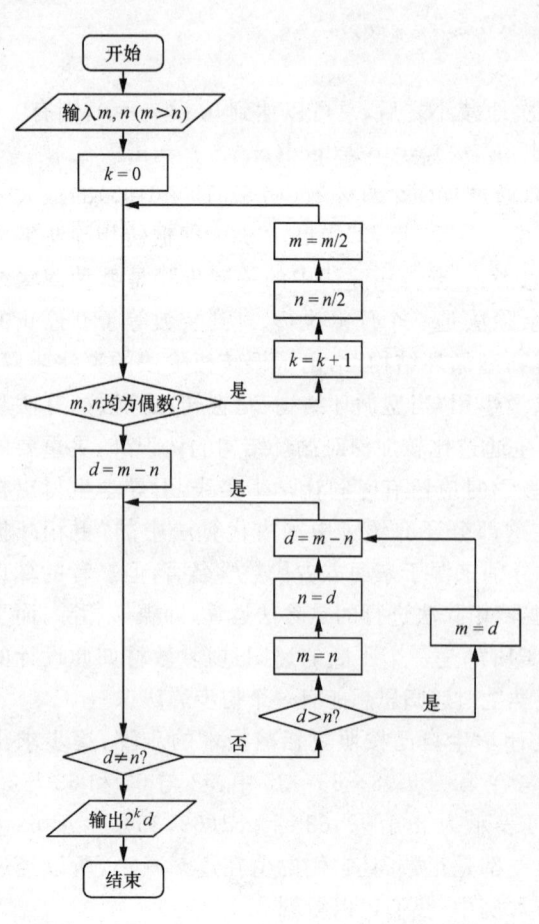

```
INPUT "m,n=";m,n
IF m<n THEN
    a=m
    m=n
    n=a
END IF
k=0
WHILE m MOD 2=0 AND n MOD 2=0
    m=m/2
    n=n/2
    k=k+1
WEND
d=m-n
WHILE d≠n
    IF d>n THEN
        m=d
    ELSE
        m=n
        n=d
    END IF
    d=m-n
WEND
d=2^k*d
PRINT d
END
```

图 6   图 7

第一节 总体说明

秦九韶算法是求一元多项式的值的一种方法. 在初中, 学生已经学习了多项式的有关知识, 把多项式看作代数表达式. 因此在本段内容的教学之前, 应当先向学生说明, 这里是用函数的观点考察多项式, 因此, 求自变量取某个实数时的函数值问题, 即求多项式的值就是一个常规问题. 实际上, 在解决数学问题和实际问题中, 常需要求多项式的值. 教材在正式介绍秦九韶算法之前, 让学生自己求一元多项式 $f(x) = x^5 + x^4 + x^3 + x^2 + x + 1$, 当 $x = 5$ 时的值, 学生可能会想到很多算法. 教材对两种算法的运算效率进行了比较与分析, 这样做的目的是为了使学生了解, 解决同一个问题的算法可能有很多种, 但算法有"好""坏"之分, 其判断标准之一是运算的效率. 这里通过统计乘法和加法的运算次数来衡量算法的好坏, 并为下面说明秦九韶算法的有效性做铺垫. 但是关于计算的复杂性问题, 在教学中不宜过多涉及. 教材也只是从"讲故事"的角度说明了某些算法计算机是无法执行的, 以提高学生学习的兴趣. 秦九韶算法的特点在于把求一个 n 次多项式的值转化为求 n 个一次多项式的值, 即把求 $f(x) = a_n x^n + a_{n-1} x^{n-1} + \cdots + a_1 x + a_0$ 的值转化为求递推公式

$$\begin{cases} v_0 = a_n, \\ v_k = v_{k-1} x + a_{n-k} \quad (k = 1, 2, \cdots, n) \end{cases}$$

中 v_k 的值. 通过这种转化, 把运算的次数由至多 $\dfrac{(1+n)n}{2}$ 次乘法运算和 n 次加法运算, 减少为至多 n 次乘法运算和 n 次加法运算, 大大提高了运算效率.

教师可以使用几个具体的例子, 即对具体多项式的分解、转化求值来讲解秦九韶算法, 然后再归纳出教材上用一般形式给出的算法. 这时还可以提醒学生, 用递推公式表示的步骤都可以用循环结构来实现. 教材给出的程序框图和程序都具有一般性, 可以让学生自行上机验证程序的正确性, 帮助学生进一步认识秦九韶算法的思想本质. 教学时, 还应启发学生从这个算法案例中学习如何利用赋值语句构造递归的方法, 以及学习如何在不引进数组的情况下向程序输入大量数据的方法. 教学中, 可以结合《九章算术》、秦九韶的生平和他的著作《数书九章》, 向学生介绍中国古代数学的特点、成就和对世界数学发展的贡献. 例如, 尽管秦九韶算法是距今 700 多年前提出的, 但现在仍然是多项式求值的比较先进的算法; 秦九韶是享誉世界的数学家, 美国当代数学史家萨顿 (G. Sarton) 说, 秦九韶是"他那个民族、他那个时代, 并且确实也是所有时代最伟大的数学家之一".

由于在不同的进位制转换中存在有趣的算法, 而且进位制本身及其转换属于计算机的基础知识, 有助于了解计算机的工作原理, 因此教材选择了"进位制"作为第 3 个算法案例, 同时还介绍了进位制数的表示方法等相关知识. 在内容编排上, 教材首先介绍了进位制的定义和进位制数的形式表示. 一个 k 进制数可以表示成一般形式:

$$a_n a_{n-1} \cdots a_1 a_{0(k)} \quad (0 < a_n < k, 0 \leqslant a_{n-1}, \cdots, a_1, a_0 < k). \tag{1}$$

对于这种表示的理解学生可能有一定的困难, 教学中应当让学生明确两个要点, 一是第 1 个数字 a_n 不能等于 0, 二是每一个数字 $a_n, a_{n-1}, \cdots, a_0$ 都必须小于 k. 除了十进制数和二进

制数. 常见的还有 16 进制数, 由于其中需要表示超过 10 的数字, 规定字母 A~E 对应 10~16, 例如 $C7A16_{(16)} = 12 \times 16^4 + 7 \times 16^3 + 10 \times 16^2 + 1 \times 16^1 + 6 \times 16^0 = 817686$.

教材设计了一个"探究"栏目, 要求学生把一般形式(1)写成各位上数字与 k 的幂的乘积之和的形式. 教师可以让学生先把十进制数、二进制数等表示成各位上数字与 10, 2 的幂的乘积之和的形式, 再对一般的形式进行操作就不难了, 即有

$$a_n a_{n-1} \cdots a_1 a_{0(k)} = a_n \times k^n + a_{n-1} \times k^{n-1} + \cdots + a_1 \times k + a_0 \times 10^0. \tag{2}$$

关于进位制之间的转换. 教材以十进制和二进制之间的转换为例进行讲解, 并推广到十进制和其他进制之间的转换. 这样做的原因是, 计算机是以二进制形式来存储和计算数据的, 而一般我们输入计算机的数据是十进制数, 因此计算机必须将十进制数转换为二进制数, 而把运算结果由二进制数转换为十进制数输出.

非十进制数转换为十进制数比较简单, 只要计算(2)式中等号右边的值, 就得到了相应的十进制数. 描述为算法步骤是:

第一步, 从左到右依次取 k 进制数 $a_n a_{n-1} \cdots a_1 a_{0(k)}$ 各位上的数字, 乘以相应 k 的幂, k 的幂从 n 开始取值, 每次递减 1, 递减到 0, 即 $a_n \times k^n, a_{n-1} \times k^{n-1}, \cdots, a_1 \times k^1, a_0 \times k^0$;

第二步, 把所得到的乘积加起来, 所得的结果就是相应的十进制数.

在教材提供的一个把 k 进制数 a(共有 n 位)转化成十进制数 b 的程序中, 就使用了这个算法. 其中的语句"$a = a \backslash 10$" "$t = a \text{ MOD } 10$" 用于取出 k 进制数各位上的数字. 把十进制数转换为二进制数可用教材上提供的"除 2 取余法", 教师可以展示算法过程, 让学生来总结算法步骤. "除 k 取余法"是把十进制数转换为 k 进制数的算法, 是通过对"除 2 取余法"的推广得到的. 教师还可以引导学生思考, 怎样在非十进制之间实现转换, 一个自然的想法是利用十进制作桥梁.

(二)统计的教学设计建议

统计是为了从数据中提取信息, 教学时应引导学生根据实际问题的需求选择不同的方法合理地选取样本, 并从样本数据中提取需要的数字特征. 不应把统计处理成数字运算和画图表. 对统计中的概念(如"总体""样本"等)应结合具体问题进行描述性说明, 不应追求严格的形式化定义. 统计教学必须通过案例来进行. 教学中应通过对一些典型案例的处理, 使学生经历较为系统的数据处理全过程, 并在此过程中学习一些数据处理的方法, 并运用所学知识、方法去解决实际问题. 例如, 在学习线性相关的内容时, 教师可以鼓励学生探索用多种方法确定线性回归直线. 在此基础上, 教师可以引导学生体会最小二乘法的思想, 根据给出的公式求线性回归方程. 对感兴趣的学生, 教师可以鼓励他们尝试推导线性回归方程. 教师应引导学生体会统计的作用和基本思想, 统计的特征之一是通过部分的数据来推测全体数据的性质. 学生应体会统计思维与确定性思维的差异, 注意到统计结果的随机性, 统计推断是有可能犯错误的.

第一节 总体说明

1. 随机抽样

在本节的引言中,首先提出一些问题,其解答需要收集相关的数据.教材的用意是想让学生体会在现实生活中,存在着大量的问题需要通过获取数据来解答.为解答这样的问题,我们必须清楚问题所涉及的总体和变量是什么,从而可以从统计学的观点看待问题,把实际问题转化为统计问题.在教学中,应该使学生知道在统计问题中,应该包括以下两个方面的信息:问题所涉及的总体;问题所涉及的变量.例如,"2004 年全区中考学生数学平均成绩和语文平均成绩各是多少?"就是一个统计问题.在这个问题中,总体是 2004 年全区参加中考的学生全体,所涉及的变量是数学成绩和语文成绩.在教学过程中,教师可以引导学生把本节引言中的问题转化为统计问题,还可以根据实际情况列举一些学生熟悉的类似问题,再引导学生把它们转化为统计问题.那么,为什么要进行抽样呢?教材通过实例,引导学生思考通过样本研究总体的必要性和重要性,以及样本的代表性与得到正确结论之间的关系.这里用了一个形象的比喻:"通过一勺汤的味道来判断一锅汤的味道",表明样本代表性的重要.教师稍加引导,就可使学生体会到这里"搅拌均匀"的本质是使总体中的每个个体入选样本的可能性相等,这样就自然地引出随机抽样的出发点:使每个个体都有相同的机会被抽中.

在本节引言的教学过程中,重点是让学生体会样本的代表性与统计推断结论的可靠性之间的关系:可靠的统计推断结论需要有代表性好的样本数据作为基础.因此,在抽取样本的过程中,考虑的最主要原则为:保证样本能够很好地代表总体.这里可以提出问题"为什么说一个好的抽样调查胜过一次蹩脚的普查",其用意是想要学生体会抽样的必要性.以一批袋装牛奶质量检查为例,如果采用普查的方法,就需要打开每一袋牛奶进行检验,结果会出现以下问题:(1)我们关心牛奶的质量,想要判断这批牛奶是否可以销售.而普查使得这批袋装牛奶都被开封,不能再销售了.(2)普查要检验每一袋牛奶,耗费时间、人力和财力.(3)由于普查的工作量大,操作过程中发生失误的可能性就大大增加,因此也不一定能保证结论的准确性.

如果能够通过样本中的袋装牛奶质量判断整批牛奶的质量,这样就能省时、省力,圆满完成质量检测任务.在各种随机抽样中,简单随机抽样是最基本的抽样方法.在其他的各种随机抽样方法中,一般会以某种形式引用它.对于简单随机抽样,我们详细介绍了抽签法和随机数表法,这两种方法都不需要太多的设备就可以实现.也可以利用计算机或计算器来实现抽取简单样本的随机数法,其特点是效率高,可以节省时间、人力和物力.在实际中,常借助于计算机产生随机数.需要注意,抽签法可以产生真正的简单随机样本;而查表法和计算机产生随机数法(详见教材第三章"概率"3.2.2 和 3.3.2),产生的只是近似程度很高的简单随机样本.在教学过程中,可以鼓励学生从自己的生活中提出类似的统计问题,如每天完成家庭作业所需要的时间,每天的体育锻炼时间,一批绳索的抗拉强度是否达到要求,一批电灯泡的寿命是否符合要求,等等.在学生提出这些问题后,要引导学生考虑问题中的总体是什么,要观察的变量是什么,如何获取样本.通过这样一个教学过程,培养学生从现实生活或其他学科中提出具有一定价值的统计问题的能力.在这个过程中提升学生对统计抽样概念的理解,初步培养学生运用统计思想表述、思考和解决现实世界中的问题的能力.

简单随机抽样的概念一小节通过检查食品卫生是否达标的探究,引出简单随机样本与简单随机抽样的概念.在该问题的探究过程中,应该注意引导学生体会以下几点:

(1) 引导学生体会采用普查(即对店中所有的小包装饼干进行检验)的方法来回答食品卫生是否达标是不合适的.因为这里检查的目的是决定能否让这批小包装饼干出售,而普查的结果却使得这批饼干完全不能出售,与检查的目的相违背.一般地,如果检验对于个体具有破坏性,则需要通过抽样来推断总体的特性.有很多检验具有破坏性,如对产品的寿命、合格率等问题的检查.通过上面的这些讨论,使学生从一个方面体会到通过样本估计总体的必要性.

(2) 抽样时不能只图方便.如果只从一些容易取到的个体(小包装饼干)中抽取样本,那么所得到的样本就只是一个"方便样本".在出厂时,这种小包装饼干分装于大包装箱内,每个大包装箱内可放很多层小包装饼干.由于种种因素(如厂方有意将高质量产品放在顶层,或产品在运输存储过程中遭遇雨淋等),使得装在顶层的小包装饼干的质量通常与其他饼干的质量不同,造成顶层小包装饼干的代表性差.因此打开大包装箱后,随手从顶层取出一些小包装饼干所产生的方便样本的代表性差,基于这种方便样本得出的结论就会与事实相左.教学中,要注意启发学生发现日常生活中的类似问题.例如,判断一车或一箱水果的质量.判断一袋米中的含沙量等,如果使用了"方便样本",那么得出与事实不符的结论的可能性就会大大增加.通过上面的这些讨论,使学生体会到为什么要讨论样本的抽取方法.

(3) 在简单随机抽样的定义中,"总体内的各个个体被抽到的机会都相等"是"总体中的所有个体搅拌均匀"的统计描述.

(4) 随机抽样所得样本具有随机性(详见教材第三章"概率");在同一个总体中不同的随机抽样所得样本可以是不同的.可以通过提问"再一次搅拌所有小包装饼干,然后不放回地取出所得到的样本是否和前一次得到的样本相同?"引导学生体会样本的这种随机性.

(5) 统计结果的错误来源:① 样本的代表性差:由抽样方法引起,或者由样本的随机性引起.② 错误数据:抽取样本数据过程中,由于测量、数据抄录等错误得到错误的数据.在个体很大的情况(如个体为汽车、导弹等)下,直接把总体中的所有个体搅拌均匀并不是一件容易的事.为克服这个困难,我们通过编号的方式把各个不同的个体用不同的自然数表示,使得抽样问题转化为从自然数的子集中抽取一些数的抽样问题.

教师在引导学生讨论思考栏目"你认为抽签法有什么优点和缺点?当总体中的个体数目很多时,用抽签法方便吗?"时,应当归纳出如下几点:优点:抽签法能够保证每个个体入选样本的机会都相等(得到的样本是简单随机样本).缺点:(1) 当总体中的个体数较多时,制作号签的成本将会增加,使得抽签法成本高(费时、费力).(2) 号签很多时,把它们"搅拌均匀"就比较困难,结果很难保证每个个体入选样本的可能性相等,从而使产生坏样本(即代表性差的样本)的可能性增加. 或许学生会问,"为什么能够保证每个个体入选样本的机会都相等?"我们可以让学生通过抽签试验来验证,即通过特定数的入选频率来体会这个结论.

在介绍利用随机数表法产生随机数时,可让学生思考如下问题:如何实现"在随机数表中任选一个数". 实现的方法多种多样,如:

(1) 利用两次抽签得到两个分别表示行号和列号的签,由这个行号和列号可以确定随机数表中的一个位置,该位置上的数作为选取的数.

(2) 还可以翻到随机数表的某一页,闭上眼睛把笔尖放到随机数表上,以笔尖点到的数作为选用的随机数表的相对页数(如果数字大于随机数表的总页数,可以用该数字除以总页数的余数作为相对页数). 将随机数表翻到选定的页数,再次闭上眼睛用笔尖点出一数作为选取的数.

教材以抽查袋装牛奶为例介绍随机数表抽样方法. 这里以边空的形式提出问题"生产实践中,往往是从一大批袋装牛奶中抽样. 也就是说总体中的个体数是很大的. 你能从这个例子出发说明一下抽样的必要性吗?"这个问题的用意是让学生从节省人力、物力、财力和时间的角度来考虑抽样的必要性. 教材在介绍使用随机数表方法时,以边空的形式提出一个问题"当 $N=100$ 时,分别以 0,3,6 为起始点对总体编号. 再利用随机数表抽取 10 个号码. 你能说出从 0 开始编号的好处吗?"该问题能够使学生认识到给总体中的所有个体编号可以从任何整数开始,但为了操作简单,可以选择从 0 开始编号. 在这个问题中,个体总数为 100,从 0 开始编号,那么用两位数字即可,因此可以节省从随机数表中查取随机数的时间. 为了使学生获得简单随机抽样的经验,教学中要注意增加学生实践的机会.

阅读与思考栏目"一个著名的案例":1936 年美国总统选举前的一个失败的民意调查的例子,让学生感受样本代表性的重要. 为了引导学生独立思考,在介绍了案例的详细背景之后,给出了思考题"你认为预测结果出错的原因是什么?"预测结果出错的原因是:用于统计推断的样本来自少数富人,只能代表富人的观点,不能代表全体选民的观点. 在教学过程中,可以引导学生讨论下列问题:(1) 这里抽取样本的方法是不是简单随机抽样?(2) 这里的样本是不是方便样本?(3) 这样的样本代表哪些个体? 通过这样一些问题的讨论,使学生找出预测结果出错的原因,进一步体会随机抽样的重要性.

系统抽样一小节,教材通过探究"学生对教师教学的意见"过程,介绍了一种最简单的系统抽样(等距抽样),并给出实施等距抽样的一般步骤. 边空中提出了这样一个问题:"请将这种抽样方法与简单随机抽样做一个比较,你认为这种抽样方法能提高样本的代表性吗?为什么?"其用意是引导学生比较简单随机抽样和等距抽样之间的下列差别. (1) 比简单抽样更容易实施,可节约抽样成本. (2) 系统抽样所得样本的代表性和具体的编号有关;而简单随机抽样所得样本的代表性与个体的编号无关. 如果编号的个体特征随编号的变化呈现一定的周期性,可能会使系统抽样的代表性很差. 例如,如果学号按照男生单号女生双号的方法编排,那么,用系统抽样的方法抽取的样本就可能会是全部为男生或全部为女生.

(3) 系统抽样比简单随机抽样的应用范围更广.

在教学过程中,可以使用如下的抽样方法说明上述几点差别:

方法1 将全班学生按男女生交替排成一路纵队,用掷骰子的方法在前六名学生中任选一名,用1表示该名学生在队列中的序号.将队列中序号为$(1+6k)(k=1,2,3,\cdots)$的学生抽出作为样本,这是一种系统抽样方法.但是由于排队的特点,使得抽出的样本或者都是男生,或者都是女生,因此代表性比较差.这里,将学生排成一路纵队相当于把所有个体编号,而这里编号的特点是奇数位的个体和偶数位的个体的体重指标分布有着明显不同(即男生体重和女生体重分布有明显不同).此时从性别来看个体的编号,相当于有一个周期为2的排列,因此用最简单的系统抽样(等距抽样)所产生的样本只能代表某一性别的个体,不能很好地代表总体,是一个"坏"样本.

方法2 将全班学生按体重大小次序排成一路纵队,用掷骰子的方法在前六名学生中任选一名,用1表示该名学生在队列中的序号.将队列中序号为$(1+6k)(k=1,2,3,\cdots)$的学生抽出作为样本,这是一种系统抽样方法.此时所得样本有很好的代表性.

方法3 对工业生产线上的产品施行质量控制,需要实时(随时)监控生产线的工作状态是否正常.在这种情况的抽样过程中,并不知道总体所包含的个体总数,因此不能用简单抽样方法.虽然等生产完一批产品之后,就可利用简单随机抽样方法获取样本,但这对于实时监控生产线的工作状态没有任何帮助.如果按产品生产的先后次序作为产品的编号,并事先规定好分段时间间隔组,则可以利用系统抽样方法进行抽样.

投掷一次骰子,就可以按照等距的原则取出所有的样本;而用抽签法,则需要制作与学生数目相同的号签,放在容器中搅拌均匀后,还要不放回地摸出所需样本对应的号签.操作过程更为复杂.方法1和方法2还说明,系统抽样的效果将会受个体的编号影响,而简单随机抽样的效果不受个体编号的影响.虽然一个好的个体编号方案能够使得系统抽样方法所获取的样本的代表性更好,但在实际应用中这种好编号方案却很难确定,需要有关总体的一些信息(如在方法2中需要知道全班学生的体重次序).方法3说明了系统抽样的应用范围比简单随机抽样的应用范围广.为检验个体的编号是否具有周期性,可以采用如下的方法:在调查允许的条件下从不同的编号开始等距抽样,得到几次不同的样本.对比几次样本的特点,如果有明显差别,说明总体的编号存在某种周期性规律,且周期和抽样距离重合.

2. 用样本估计总体

教材中本节的引言说明了,用统计方法解决实际问题的一般框架,明确了估计总体分布和总体数字特征的重要性.在实际应用中,总体分布可以为合理决策提供依据(总体分布描述了总体在各个范围内个体的百分比).因此很多实际问题的解答就转化为求总体分布的问题,其求解途径是通过样本来估计总体分布.在很多情况下,总体分布是由几个总体数字特征所唯一确定的,或者需要解决的统计问题是关于总体数字特征的问题.这时就需要估计总体的数字特征,其求解途径也是通过样本来估计.教材通过探究栏目提出"居民生活用水定额管理问题",引出总体分布的估计问题,以及估计总体分布的途径,而且这个问题贯穿本节始终. 通过对该问题的探究,使学生学会列频率分布表、画频率分布直方图和频率折线图. 教师可以利用初中有关随机事件的知识,引导学生进一步体会由样本确定的频率分布直方图的随机性;通过初中有关频率与概率之间的关系,了解频率分布直方图的规律性,即频率分布与总体分布之间的关系,进一步体会用样本估计总体的思想来源.

由于样本频率分布直方图可以估计总体分布直方图,因此可以用样本频率分布特征来估计相应的总体分布特征,教材中还通过该问题展示了利用频率分布直方图估计总体分布的众数、中位数和平均数的方法. 当然,总体的中位数和平均数都可以通过相应的样本中位数和样本平均数来估计,并且这样的估计通常具有更高的精度,教师可以通过计算机模拟让学生体会这一点. 用样本频率分布特征来估计相应的总体分布特征的意义在于,当原始样本数据丢失时还可以估计总体特征.

为了便于理解茎叶图和标准差(方差)的实际含义和应用,这两个概念都是通过离散型随机变量引入的. 进一步地,对于正态分布的总体,利用总体平均数和总体标准差,可以完全确定总体分布,从而在这种情况下,可以用样本平均数和样本标准差来估计总体平均数和总体标准差,进而估计总体分布.

在教学中,应该让学生利用上一节对特定实际问题所收集的样本,模仿居民生活用水定额管理问题的解决思路,给出相应实际问题的解答. 通过此过程,初步培养学生运用统计思想表述、思考和解决现实世界中的问题的能力.

对于用样本的频率分布估计总体分布这一小节,教学中应使学生注意以下几个方面:

(1) 在实际应用中,很多问题的解答需要总体分布的信息,而总体分布则需要用样本来估计. 在"居民生活用水定额管理问题"中,要解决的是制定什么样的居民生活用水定额管理方案能够使大部分的居民的日常生活不受影响? 如果我们知道全体居民的用水量分布,就可以回答此问题. 因此问题转化为总体分布的估计(当然也可以用总体的数字特征来解决此问题,这时问题转化为总体特征的估计).

(2) 总体分布情况可以通过样本来估计,频率分布是总体分布的一种近似. 频率分布表和频率分布直方图有下述特性:① 若样本的容量为 n,确定分组组数应该在 $(1+3.31\lg n)$ 附近选. 在教材中只是给出了样本容量不超过 100 时,分组数 k 在 5~12 组之间的情形. 当样本容量 n 较大时,可以用上面的公式确定分组数 k(见茆诗松主编的《统计手册》,科学出版社). ② 频率分布表中的数字和频率分布直方图的形状都与分组数(组距)有关;频率分布直方图的外观还和坐标系的单位长度有关. 教材中通过探究栏目提出此特性,意图是让学生自己动手画频率分布直方图,体会这一点. 教师也可以利用教材提供的用水量数据作不同的频率分布表与频率分布直方图(可以利用 Excel 软件),向学生展示它们随分组数增加的变化规律. 分组数的变化可以引起频率分布表和频率分布直方图的结构变化;坐标系的单位长度的变化只能引起频率分布直方图的形状沿坐标轴方向的拉伸变化. ③ 随机性:频率分布表和频率分布直方图由样本决定,因此它们会随着样本的改变而改变.在教学过程中可以利用计算机模拟演示,使学生体会频率分布表和频率分布直方图的这种随机性(对于固定的分组数).④ 规律性:根据频率趋近于概率的原理,若固定分组数,随着样本容量的增加,频率分布表中的各个频率会稳定于总体在相应分组的概率,从而频率分布直方图中的各个矩形的高度也会稳定于特定的值(即相应的概率除以组间距).在教学过程中可以利用计算机模拟演示,使学生体会频率分布表和频率分布直方图的这种随样本容量增加的规律性(对于固定的分组数).⑤ 特别地,若按①中的方法确定分组数,则频率分布直方图稳定于总体密度函数.在教学过程中可以利用计算机模拟正态分布样本,向学生展示随着样本容量的增加,频率分布直方图的变化规律,使学生体会频率折线稳定于密度曲线的规律性.

对于用样本的数字特征估计总体的数字特征这一小节,这里有一个思考栏目"2.03这个中位数的估计值,与样本的中位数值2.0不一样,你能解释一下原因吗?"用意是让学生知道样本中位数与通过频率直方图估计的中位数的不同.引起不同的原因是频率直方图已经损失了一些样本的信息.进一步地,总体的各种数字特征都可以由两种途径来估计,即直接利用样本数据或由频率分布直方图来估计.两种方法各有利弊,列举如下:通过频率分布直方图的估计精度低;通过频率分布直方图的估计结果与数据分组有关;在不能得到样本数据,只能得到频率分布直方图的情况下,也可以估计总体特征.这里设置了另一个思考栏目"中位数不受少数几个极端值的影响,这在某种情况下是一个优点.但它对极端值的不敏感有时也会成为缺点,你能举例说明吗?"目的是想引导学生思考对极端值不敏感的利与弊.对极端值不敏感有利的例子:考察教材中表 2-1 中的数据,如果把最后一个数据错写成 22,并不会对样本中位数产生影响.也就是说对极端数据不敏感的方法能够有效地预防错误数据的影响.而在实际应用中,人为操作的失误经常造成错误数据.本小节的第二个探究栏目,目的是谨防利用人们对统计术语的模糊认识进行误导(蒙骗),使学生能够正确理解在日常生活中像"我们单位的收入水平比别的单位高"这类话的模糊性,这里的"收入水平"是指员工收入数据的某种中心点,即可以是中位数、平均数或众数,不同的解释有不同的含义.

在这里应该引导学生注意以下几点:

(1) 样本众数通常用来表示分类变量的中心值,容易计算.但是它只能表达样本数据中的很少一部分,通常用于描述分类变量的中心位置.

(2) 中位数不受少数几个极端数据(即排序靠前或排序靠后的数据)的影响,容易计算.它仅利用了数据中排在中间数据的信息.当样本数据质量比较差,即存在一些错误数据(如数据的录入错误、测量错误等)时,应该用抗极端数据强的中位数表示数据的中心值.可以利用计算机模拟样本,向学生展示错误数据对样本中位数的影响程度.

(3) 平均数受样本中的每一个数据的影响,"越离群"的数据,对平均数的影响也越大.与众数和中位数相比,平均数代表了数据更多的信息.当样本数据质量比较差时,使用平均数描述数据的中心位置可能与实际情况产生较大的误差.可以利用计算机模拟样本,向学生

第一节　总体说明

展示错误数据对样本平均数的影响程度. 在体育、文艺等各种比赛的评分中, 使用的是平均数. 计分过程中采用"去掉一个最高分, 去掉一个最低分"的方法, 就是为了防止因个别裁判的人为因素给出过高或过低的分数对选手的得分造成的较大影响, 从而降低误差, 尽量保证公平性.

(4) 如果样本平均数大于样本中位数, 说明数据中存在许多较大的极端值; 反之, 说明数据中存在许多较小的极端值. 在实际应用中, 如果同时知道样本中位数和样本平均数, 可以使我们了解样本数据中极端数据的信息, 帮助我们作出决策.

(5) 使用者常根据自己的利益去选取使用中位数或平均数来描述数据的中心位置. 从而产生一些误导作用.

可以有多种方法描述样本数据的离散程度. 最常用的就是样本标准差(方差), 它反映了各个样本数据聚集于样本平均数周围的程度. 标准差越小, 表明各个样本数据在样本平均数的周围越集中; 反之. 标准差越大, 表明各个样本数据在样本平均数的两边越分散.

在介绍标准差内容时, 教材通过边空的形式提出问题"标准差的取值范围是什么? 标准差为 0 的样本数据有什么特点?"目的是引导学生发现标准差的两个有用性质, 即非负性, 和标准差为 0 意味着所有的样本数据都相等的特性. 教学过程中, 可以构造一个容量为 2 的样本: x_1 和 $x_2(x_1<x_2)$, 让学生体会两个样本数据分散程度与样本标准差 $a=\dfrac{x_2-x_1}{2}$ 之间的关系, 总结出标准差等于 0 意味着所有的样本数据都等于样本平均数的结论.

在实际应用中, 标准差常被理解为稳定性. 例如在比较两个人的成绩时, 标准差小意味着成绩稳定; 在描述产品的质量时, 标准差越小, 说明产品的质量越稳定. 结合样本平均数和样本标准差解决实际问题, 这在教材对两位运动员射击成绩的讨论和例 2 中已有充分的展示. 教学中, 还可以利用数字特征平均数和标准差对教材上甲乙两名射击运动员得分情况进行分析, 使学生养成从多个角度看问题的习惯, 锻炼创造性思维.

下面是针对教材中本小节例题的编写说明和教学建议.

教材中例 1 主要让学生通过频率分布直方图对标准差有一个直观的印象.

结合教材例 2, 让学生体会利用平均数和标准差来比较质量、成绩、能力等实际问题的方法. 但是, 由于样本数据具有随机性, 所以所得结论有可能出错. 进一步地, 应该提醒学生注意以下两点:

(1) 样本数字特征的随机性: 这种随机性由样本的随机性引起.

(2) 样本数字特征的规律性: 在很广泛的条件下, (简单随机)样本的数字特征(众数、中位数、平均数和标准差)随样本容量的增加而稳定于总体相应的数字特征(总体的数字特征是一定的, 不存在随机性).

上面的两个性质可以通过计算机模拟来演示. 为了使学生充分理解以上两点, 教学时应当提醒学生认真体会教材第 69 页最后一段话的含义. 另外, 为了使学生形成更加直接的经验,可以按照边空中的提示,让学生列出从含 6 个个体的总体中抽出 3 个组成样本的所有可能的样本数.并回答一下以全班同学的身高为总体时,从中抽出 20 个身高组成样本,可能的样本有多少个(例如,50 人组成的班级,可能的样本数为 C_{50}^{20},这是一个很大的数),从而进一步地引导学生体会,样本具有随机性,因此样本数字特征也有随机性.

在阅读与思考栏目"生产过程中的质量控制图"中,结合前面总体密度曲线、平均数和标准差的概念引出正态分布密度曲线所必备的一些特点.无论是在理论上还是在应用上,正态分布都是极其重要的一个分布.正态分布的这些特点应用到质量控制中,可使学生进一步加强对标准差的认识.标准差不但可以用来刻画随机变量相对于平均数的离散程度,在实际中还有广泛的应用,例如可以在产品质量控制中用来建立控制界限.

3. 变量间的相关关系

教学中,应该让学生了解本节知识和其他数学知识之间的相互关系,从总体上把握研究变量之间关系的基本方法,体会利用线性回归方程解决实际问题的全过程以及对所得结论的正确理解.

在本节教学中,应该使学生了解:(1)变量之间除了函数关系之外,还有相关关系,即从总的变化趋势来看变量之间存在着某种关系,但这种关系又不能用函数关系精确表达出来.(2)两个变量之间产生相关关系的原因是许多不确定的随机因素的影响.(3)需要通过样本来判断变量之间是否存在相关关系.教学中要特别向学生强调:在研究两个变量之间是否存在某种关系时,必须从散点图入手.对于散点图,可以作出如下判断:(1)如果所有的样本点都落在某一函数曲线上,就用该函数来描述变量之间的关系,即变量之间具有函数关系.(2)如果所有的样本点都落在某一函数曲线附近,变量之间就有相关关系.(3)如果所有的样本点都落在某一直线附近,变量之间就有线性相关关系.

在探索求解回归直线的过程中,引导学生体会用数学方法刻画"从整体上看,各点与此直线的距离最小"的重要性(靠测量费时、费力,且精度差).在探究用数学方法刻画"从整体上看,各点与此直线的距离最小"的过程中,使学生体会根据实际问题的背景选择正确、恰当的数学表达式,可以使问题更容易解决.整个探究过程中,需要学生的创造性思维活动,使学生在尝试各种解决问题的方法的过程中,不断积累经验,加深对问题的认识.希望此项探究使学生进一步体会通过探索解决实际问题的方法.教学中,还应让学生体会线性回归方程和由它所作出的预报具有随机性的特点.

(三)概率的教学设计建议

概率研究随机事件发生的可能性大小问题,这里既有随机性,又有随机性中表现出的规律性,这是学生理解的难点.突破难点的最好办法是给学生亲自动手操作的机会,使学生在实践过程中形成对随机事件的随机性以及随机性中表现出的规律性的直接感知.为此,教材特别强调利用学生熟悉的典型实例(掷硬币的试验),通过学生亲自动手试验,来引导学生体会随机事件发生的随机性和随机性中的规律性.通过试验,观察随机事件发生的频率,可以

第一节　总体说明

发现随着试验次数的增加,频率稳定在某个常数附近,然后再给出概率的定义.在这个过程中,体现了试验、观察、归纳和总结的思想方法.通过试验模拟等方法,可以澄清日常生活中对概率的错误认识,这也是加深学生理解概率的意义的机会.另外,加强概率的实际应用,可以使学生体会概率的重要性.因此,教学中一定要特别重视让学生进行操作这个环节.教学过程中,可以利用教材中提供的或学生身边的问题,通过实际试验取得真实数据,或通过查阅资料、上网等方式获得数据,使学生经历较为完整的数据处理过程,从中体会抽样的关键是要保证样本的随机性(代表性),体会样本估计总体的思想,体会样本频率分布、数字特征的随机性.

随机事件可以看成集合,所以可以类比集合之间的关系与运算,得到事件之间的关系与运算.教学中,可以引导学生在回顾集合的关系及其运算的有关知识的基础上,学习用图形表示事件之间的关系及其运算的思想和方法.概率的性质可以类比频率的性质,并利用频率与概率的关系得到.教学中,要尽量使用统计图和统计表展示频率的稳定性,这样既直观易懂,又可以与第二章统计的内容相呼应.概率教学的核心问题是让学生了解随机现象与概率的意义.教师应通过日常生活中的大量实例,鼓励学生动手试验,正确理解随机事件发生的不确定性及其频率的稳定性,并尝试澄清日常生活遇到的一些错误认识(如:中奖率为 1/1000 的彩票,买 1000 张一定中奖).古典概型的教学应让学生通过实例理解古典概型的特征:实验结果的有限性和每一个实验结果出现的等可能性.让学生初步学会把一些实际问题化为古典概型.教学中不要把重点放在如何计数上.应鼓励学生尽可能运用计算器、计算机来处理数据,进行模拟活动,更好地体会统计思想和概率的意义.例如,可以利用计算器产生随机数来模拟掷硬币的试验等.

1. 随机事件的概率

1.1　随机事件的概率

随机事件的概率这部分的主要任务是:通过试验,体会随机事件发生的不确定性及其频率的稳定性,由此给出概率的统计定义.教学中要强调:在试验前随机事件是否发生是不能确定的,但在大量的试验中随机事件出现的频率又是有规律的.由于学生在初中已经学习过随机事件、不可能事件、必然事件的概念,所以在这节课开始前可以先复习这几个概念,请学生举出现实生活中的随机事件、不可能事件、必然事件的实例,并让学生列出相应的条件 S.下面对投掷硬币试验作几点说明:

① 要求学生实际动手操作而且必须认真做试验.这个试验尽管学生过去可能做过,但由于它对理解随机事件的随机性和频率的稳定性有重要的意义,因此要让学生在明确掷硬币试验的重要性的前提下,认真做好试验(保证随机性),否则试验结果的误差就不仅仅是随机误差.

② 关于试验次数的说明.理论上讲试验次数越多,频率越稳定在 0.5 附近.但由于课堂上的时间有限,所以教材设计了每个学生做 10 次掷硬币的试验,教师可以根据班级的人数或课时安排选择适当的试验次数.

③ 关于分组的说明.最好每组人数一样多,这样便于进行组与组之间的比较.

④ 每一步都要强调试验结果(正面朝上的比例)之间的比较,其中既要进行相同试验次数之间的比较,又要进行不同试验次数之间的比较.

⑤ 强调试验结果的随机性,以及随着试验次数的增加,结果的稳定性.

⑥ 要注意使用统计图和统计表展示频率的稳定性.

对这部分的教学要注意以下几个方面:

(1) 掷硬币试验的教学步骤

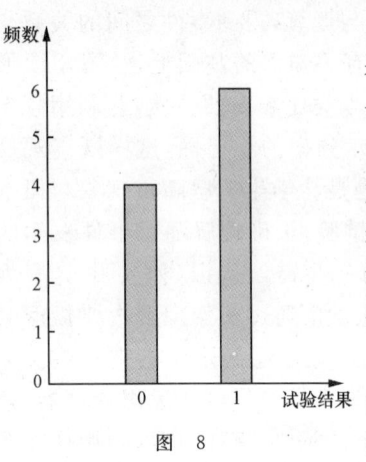

图 8

第一步:要求每个学生做 10 次掷硬币的试验,并对结果进行分析.要求每个学生除了把试验结果填入表格外,画一张试验结果的条形图,横轴为试验结果,仅取两个值:1(正面)和 0(反面),纵轴为试验结果出现的频数或比例(例如,图 8 就表示某一个掷 10 次硬币的试验结果).引导学生通过比较数据和条形图,发现所得的结果不完全相同,从而说明结果的随机性.这与物理试验的结果不同,一般相同条件的物理试验应该得到相同的结果.

第二步:引导学生统计每组的试验结果(正面朝上的比例),并进行分析.同样每组可以画一张与第一步类似的条形图,进行组间的比较,可以发现组与组之间的结果不完全相同,但组与组之间的差别会比学生与学生之间的差别小(分别计算两种情况的极差).每个学生把自己的结果与小组的结果比较,小组的结果一般会比多数学生的结果更接近 0.5.

这里采用比较正面朝上的比例,而不比较正面朝上的次数,原因是:① 如果每组的人数不同,比较正面朝上的次数无意义;② 为了把个人的结果与小组的结果比较,只能比较正面朝上的比例.

第三步:引导学生在每组试验结果的基础上统计全班的试验结果(正面朝上的比例).一般情况下,班级的结果应比多数小组的结果更接近 0.5,从而让学生体会随着试验次数的增加,频率会稳定在 0.5 附近.

第四步:为了比较学生的试验结果,把全班学生的数据收集起来,整理成如下的表格(表1):

表1 掷硬币正面出现次数的频数表

正面朝上的次数	0	1	2	3	4	5	6	7	8	9	10
频数											
频率											

填写第一行的方法如下：

假设全班有 50 名学生，如果没有学生掷 10 次硬币出现 0 次正面朝上，则正面朝上的次数是 0 的频数为 0；如果仅有 1 个学生掷 10 次硬币出现 0 次正面朝上，则正面朝上的次数是 0 的频数为 1；依次类推. 第一行全部数据的和是全班学生的总人数 50.

第二行的数据由第一行的相应数据除以全班总人数得到，它表示正面朝上次数的频率分布.

有了这张频数表，可以画出相应的正面朝上次数的条形图（例如，图 9 是某班 50 名学生每人各掷 10 次硬币后，按照上述方法得到的条形图）. 该条形图的横坐标是正面朝上的次数，纵坐标是频数或频率. 让学生仔细观察这张条形图，找出该图的特点，并与学生一起总结：

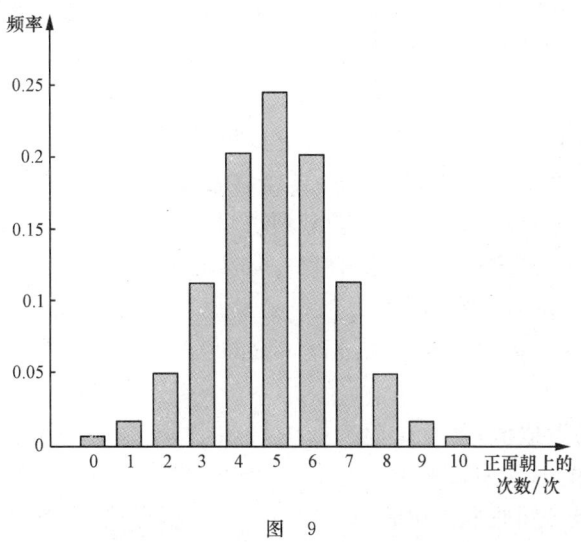

图 9

该图中间高，两边低，是比较对称的图形. 尽管在掷 10 次硬币前，不能确定试验的结果会有几次正面朝上，但我们可以推断正面朝上的次数为 4，5，6 的学生最多，说明出现这种情况的机会较大，而正面朝上的次数为 0，10 的学生很少，说明出现这种情况的机会较小，由此让学生体会试验结果的随机性与规律性之间的关系. 注意：这一步的目的，是希望学生应用第二章统计的知识，把试验的结果看成一个样本，同时用统计结果解释试验结果的随机性与规律性之间的关系. 这 11 个试验结果，每一个都是一个随机事件，在一次试验（每个学生的试验）中可能发生也可能不发生；另一方面，每个事件出现的频率又是有规律的.

第五步：启发和引导学生寻找出现正面朝上的规律，并让学生叙述出现正面朝上的规律性：随着试验次数的增加，正面朝上的频率稳定在 0.5 附近.

上述每个步骤的教学，除了学生动手实践外，还要注意引导学生用语言表达自己对试验过程与结果的看法. 重复上面的试验，全班的汇总结果可能会与上面的结果不同，原因仍是实验结果仅是一个随机事件件,在一次试验中可能发生也可能不发生.

（2）概率定义教学的 3 个层次

由于概率定义不好理解,因此教学中要特别注意做好铺垫.一般来说,可以分为下面几个层次.

① 特殊的试验：通过大量的掷硬币试验结果,包括学生的试验结果、计算机模拟掷硬币的试验结果、历史上一些掷硬币的试验结果等,同时通过统计表和统计图等手段,使学生感受到随着试验次数的增加,正面朝上的频率在 0.5 附近摆动.

注意：不可以省略学生亲手做试验这一步,因为这个试验才是真正的重复试验,计算机模拟只能是掷硬币试验的一种近似,它是用数学方法来近似模拟这个试验的.

② 由特殊事件转到一般事件.一般来说,随机事件 A 在每次试验中是否发生是不能预知的,但是在大量重复试验中,随着试验次数的增加,事件 A 发生的频率会逐渐稳定在区间 $[0,1]$ 中的某个常数上.

③ 解释这个常数代表的意义：这个常数越接近 1,表明事件 A 发生的频率越大,频数就越多,也就是它发生的可能性越大;反过来,这个常数越接近 0,表明事件 A 发生的频率越小,频数就越少,也就是它发生的可能性越小.所以可以用这个常数度量事件 A 发生的可能性的大小.在学生经历上述过程后,再给出事件 A 的概率的定义.

（3）概率与频率关系的总结

在引导学生对概率与频率之间关系进行讨论的基础上,可以帮助他们从以下几个方面进行总结：

① 频率是概率的近似值,随着试验次数的增加,频率会越来越接近概率.在实际问题中,通常事件的概率未知,常用频率作为它的估计值.比如一辆汽车在一年内出交通事故的概率就是未知的,保险公司收取汽车的保险费应与此概率有关,一般以当地交通部门的统计数据为依据,得到该事件发生的频率作为一年内出交通事故的概率的估计值.

② 频率本身是随机的,在试验前不能确定.做同样次数的重复试验得到事件的频率会不同,比如全班每个人都做了 10 次掷硬币的试验,但得到正面朝上的频率可以是不同的.

③ 概率是一个确定的数,是客观存在的,与每次试验无关.比如,如果一个硬币是质地均匀的,则掷硬币出现正面朝上的概率就是 0.5,与做多少次试验无关.

知道事件的概率可以为人们做决策提供依据.概率是用来度量事件发生可能性大小的量.小概率事件很少发生,而大概率事件经常发生.例如,如果天气预报报道"今天降水的概率是 10%",可能绝大多数人出门都不会带雨具;而如果天气预报报道"今天降水的概率是 90%",那么大多数人出门都会带雨具.

1.2 概率的意义

日常生活中,人们对概率常常有一些错误理解.我们知道,在概念的理解过程中,反例对于概念的辨析是特别有作用的,也就是通过剖析反例,可以促进学生对概念的正确理解.这一段就是通过澄清日常生活遇到的一些错误认识,达到正确理解概率的意义的目的.教材在这里举了两个例子.

思考 1 有人说,既然抛掷一枚硬币出现正面的概率为 0.5,那么连续两次抛掷一枚质地均匀的硬币,一定是一次正面朝上,一次反面朝上,你认为这种想法正确吗?

教学中,可以先让学生自己发表意见,然后教师再引导学生归纳总结.可以从两个方面澄清这个错误认识:

(1) 让学生通过做试验澄清这个错误认识;

(2) 解释连续两次抛掷一枚质地均匀的硬币仅仅是做两次重复抛掷硬币的试验,试验的结果仍然是随机的,当然可以两次均出现正面朝上或两次均出现反面朝上.

思考 2 如果某种彩票的中奖概率为 $\frac{1}{1000}$,那么买 1000 张这种彩票一定能中奖吗?(假设该彩票有足够多的张数.)

与上面的处理类似,教学中同样可以在学生发表看法后再进行归纳总结.可以从两方面回答这个问题:

(1) 假设该彩票有足够多的张数,可以近似看成有放回抽样,通过边空的模拟试验得到答案.请同学类比摸球问题:把同样大小的 9 个白色乒乓球和一个黄色乒乓球放在一个袋中,每次摸出一球后再放回袋中,这样摸 10 次,观察是否一定至少有一次摸到黄球.每次摸出一球后再放回袋中,那么每次摸到黄球的概率都是 0.1,但摸 10 次球,不一定能摸到黄球.

(2) 解释每张彩票是否中奖是随机的,1000 张彩票有几张中奖当然也是随机的,但这种随机性中具有规律性.由于教材还没有讲如何计算随机事件的概率,所以具体事件概率的计算不要求学生掌握.

注意:这个错误认识产生的原因是,有人把中奖概率 $\frac{1}{1000}$ 理解为共有 1000 张彩票,其中有 1 张是中奖号码,然后看成不放回抽样,所以购买 1000 张彩票,当然一定能中奖.而实际上彩票的总张数远远大于 1000.

对于游戏的公平性这一内容(在各类游戏中,如果每人获胜的概率相等,那么游戏就是公平的.这就是说,是否公平只要看获胜的概率是否相等.体育比赛中决定发球权的方法应该保证比赛双方先发球的概率相等,这样才是公平的;每个购买彩票的人中奖的概率应是相等的,这样对每个人才是公平的;假设全班共有 5 张电影票,如果分电影票的方法能够使得每人得到电影票的概率相等.那么分法才是公平的.)仅仅是介绍概率的意义与应用,而不是要求学生去计算随机事件的概率.因为有些随机事件的概率比较难计算,而且教材还没有讲如何计算随机事件的概率.所以这一段最后的"探究",可以留给学生讨论,在学完教材 3.2 节后,再给出答案.

对于决策中的概率思想这一内容的目的是利用概率解释统计中的极大似然方法的思

想.建议以讨论的方式学习这部分内容.这里,首先要明确到底有多少种可能情况,然后在试验的结果出现后,再判断更可能是哪种情况.例如,可以先举简单的例子:连续掷硬币100次,结果100次全部是正面朝上.问学生:出现这样的结果,你会怎样想?如果有51次正面朝上,你又会怎样想?最后把两种可能情况告诉学生,一种是硬币质地均匀,一种是质地不均匀(反面比较重),请学生作出判断.每种结果更可能是在哪种情况下得到的.又如,如果一个袋中或者有99个红球,1个白球,或者有99个白球,1个红球,事先不知道到底是哪种情况.一个人从袋中随机摸出1球,结果发现是红球,你认为这个袋中是有99个红球,1个白球,还是有99个白球,1个红球呢?多数人的判断应是有99个红球,1个白球,因为在这种情况下,摸到红球的概率是0.99,否则摸到红球的概率是0.01,0.99远远大于0.01.教师在总结例子的基础上,可以概括极大似然法的思想:如果我们面临的是从多个可选答案中挑选正确答案的决策任务,"使得样本出现的可能性最大"可以作为决策的准则.这种判断问题的方法称为极大似然法.极大似然法是统计中最重要的统计思想方法之一.

关于天气预报的概率解释:

(1) 天气预报是气象专家依据观测到的气象资料和专家们的实际经验,经过分析推断得到的.它不是本书上定义的概率,而是主观概率的一种.

(2) 比如说降水概率,不可能做大量相同的重复试验,通过频率稳定性得到概率的值.但是可以向学生解释这个值是专家依据以前的气象资料和近期的观测资料,再结合个人经验得到的值.具有相同信息,并有类似经验的决策人都会做出大致相仿的判断,给出大体上差不多的概率值.

(3) 降水概率的大小只能说明降水可能性的大小,概率值越大只能表示在一次试验中发生的可能性越大.在一次试验中"降水"这个事件是否发生仍然是随机的.例如,如果天气预报说"明天降水的概率为90%",但是,尽管明天下雨的可能性很大,但由于"明天下雨"是随机事件,因此仍然有可能不下雨.

教材中试验与发现这部分的教学要把试验背景讲清楚,用图表的形式把每年的豌豆试验的可能结果表示出来,用统计表把第二年的数据展示出来,让学生比较试验结果的异同.引导学生思考"3∶1"意味着什么?最后教师介绍根据多次的试验和研究,孟德尔发现了遗传定律.让学生了解在科学发现中,试验、观察、猜想、找规律等方法是十分重要的,希望学生能养成良好的思考习惯,学习科学的研究方法,善于发现问题和解决问题.与这个例子相仿的还有生物上有关色盲的问题.

遗传机理中的统计规律,教材在这一段给出了孟德尔的遗传定律的具体解释.教学中要注意提醒学生,每个豌豆均由两个特征因子组成,下一代是从父母辈中各随机地选取一个特征组成自己的两个特征,同时要注意显性因子与隐性因子的区别.每个结果可以看成一个随机事件,实际上这是一个古典概型问题,完全类似于连续两次投同一枚硬币,或同时掷两枚硬币的试验,可以把正面当成显性因子,反面当成隐性因子.教学中可以引导学生进行比较,把遗传机理中的统计规律问题化归为同时掷两枚硬币的试验问题,这样可以使学生体会投硬币试验是一个具有一般意义的"模型",可以帮助学生更好地理解其他问题.概率理论是统计学的基础,这里用概率的理论解释了试验结果的统计规律.可以让学生思考,按照遗传规律,第三年收获豌豆的比例将会是多少.

1.3 概率的基本性质

在事件的关系与运算的教学中,教师可以通过掷骰子试验,让学生说出这个试验中的事件,并讨论它们之间的关系,从而给出事件的包含关系、相等关系.然后把事件与集合对比,必然事件对应全集、随机事件对应子集,因为集合有交、并运算,由此引出并事件、交事件的概念.进一步讨论当两个事件的交或并满足特殊条件时,定义两个事件互斥、互为对立事件的概念.为什么要把事件与集合对比呢?试验可能出现的结果的全体可以看成集合,即看成全集,每个事件都可以看成全集的一个子集,把事件与集合对应起来,这样一来,新的概念能借用已有集合的知识,又可以利用 Venn 图直观形象地表示,既建立起了知识之间的联系,又有利于学生对新知识的理解和掌握,同时也使学生又一次体会类比的方法.

教材中通过阅读与思考栏目"天气变化的认识过程"(材料介绍了人类认识天气变化的过程,大致经历了三个阶段:神化阶段、经验预报阶段和利用现代科学技术进行预报阶段.由于影响天气变化的因素很多,对一些因素的认识还不完全清楚,因此目前的天气预报还不能达到非常理想的状态.但随着人们认识的不断深入,天气预报会越来越准确.),可以让学生认识到自然不是神秘的,是可以认识的,可以加深学生对随机现象的理解,使学生了解人类认识随机现象的过程以及统计与概率在其中所起的重要作用.教学中可以先让学生阅读,然后组织讨论,让学生谈自己的理解,最后教师总结:人类认识随机现象的过程是逐步深入的,统计与概率起到了很重要的作用.

2. 古典概型

教材通过"掷一枚质地均匀的硬币的试验"和"掷一枚质地均匀的骰子的试验"给出基本事件的概念,通过分析这两个试验总结出古典概型的两个特点及概率的计算公式.教材中选用的例题具有一定的实际背景,而且学生也比较熟悉,容易激发学生的学习欲望.每道例题的计算量都不大,用列举法都可以数出基本事件的总个数.每道题在计算出随机事件的概率后,都配了相应的"探究"或"思考",提出问题,引导学生进一步学习,以开拓学生的思路.教学中不要把重点放在"如何计算"上,要让学生通过实例理解古典概型的两个特征:试验结果的有限性和每一个试验结果出现的等可能性.同时要让学生初步学会把一些实际问题转化为古典概型.在计算出随机事件的概率后,最好解释一下它在实际中的意义及其应用.在随机数的产生与随机模拟的教学中,要充分使用信息技术,让学生亲自动手产生随机数,进行模拟活动,也可以让学生用一种统计软件统计模拟的结果,画出随试验次数增加的频率的折线图等统计图.

2.1 古典概型

(1) 学习古典概型的意义

古典概型是一种特殊的数学模型.由于它在概率论发展初期曾是主要的研究对象,许多概率的最初结果也是由它得到的,所以称它为古典概型.古典概型在概率论中占有相当重要的地位,是学习概率的必不可少的内容,其意义在于:

① 有利于理解概率的概念.当研究这种概型时,频率的稳定性容易得到验证,频率的稳定值与理论上算出的概率值的一致性容易得到验证,从而概率值的存在性易于被学生理解.

② 有利于计算事件的概率.在古典概型范围内研究问题,避免了进行大量重复试验,通过分析基本事件的个数就可以计算随机事件的概率,而且得到的概率是精确值.

③ 能解释生活中的一些问题,可以激发学生的学习兴趣.比如中奖概率的问题,游戏的公平性问题,储蓄卡密码的设计问题,质检中检测出次品的概率问题,掷骰子的问题,等等.

(2) 教材中本节例题的教学建议

① 例 1 的说明.

本例的目的是训练学生用列举法表示一个随机试验的全部基本事件.列举基本事件时要做到既不重复,也不遗漏.为此,应当按照一定的规律列出全部的基本事件.另外,在列举的过程中,可以与二元子集作比较.

② 例 2 的说明.

(i) 讨论这个问题什么情况下可以看成古典概型,这是本题的关键.如果考生掌握了考察的内容,选择了唯一正确的答案,那么这种情况不属于古典概型,不满足古典概型的第 2 个条件(等可能性);如果考生掌握了部分考察的内容,用排除法选择了一个答案,这也不满足古典概型的第 2 个条件;只有在假定考生不会做,随机地选择了一个答案的情况下,才可以化为古典概型.

(ii) 边空中的问题:"假设有 20 道单选题,如果有一个考生答对了 17 道题,他是随机选择的可能性大,还是他掌握了一定的知识的可能性大",可以运用极大似然法的思想解决.假设他每道题都是随机选择答案的,可以用模拟的方法估计他答对 17 道题以上的概率,可以发现这个概率是很小的;如果掌握了一定的知识,绝大多数题他是会做的,那么他答对 17 道题以上的概率会比较大,所以他应该掌握了一定的知识.

(iii) 讨论单选题与多选题的区别.在多选题中,基本事件为 15 个:(A),(B),(C),(D),(A,B),(A,C),(A,D),(B,C),(B,D),(C,D),(A,B,C),(A,B,D),(A,C,D),(B,C,D),(A,B,C,D).假定考生不会做,在他随机地选择任何答案是等可能的情况下,他答对的概率为 $\frac{1}{15} \approx 0.0667$,比单选题答对的概率 0.25 小得多.所以多选题更难猜对.

教学中可以首先让学生思考,分析出全部的基本事件,然后讨论是否可以用古典概型求概率的公式.

③ 例3的说明.

(i) 通过此题的教学要使学生体会到,不要一看到试验包含的基本事件是有限个就用古典概型的公式求概率,特别要验证"每个基本事件出现是等可能的"这个条件,否则计算出的概率将是错误的.

(ii) 教学方式可以采用先提出问题让学生做,学生给出的答案可能会有两种,然后再引导学生分析原因,发现解答中存在的问题.为了加深理解,教师可以引导学生验证该试验是否满足古典概型的两个条件,发现问题出在每个基本事件不是等可能的.同时可以让学生再回顾一下古典概型的概率公式的推导过程.

(iii) 可以通过模拟和分析两种方式验证每个基本事件的等可能性,但模拟的方式可能要花比较多的时间,所以应事先编好程序.

④ 例4的说明.

选此题的目的是让学生理解什么情况下可以把问题看成古典概型,什么情况下不可以,了解概率在实际中的应用.本例所涉及的具体计算是非常简单的.

(i) 利用概率解释实际问题:让学生体会密码的位数不能太少.位数越少,选择就越少,也就越不安全.

(ii) 让学生理解为什么自动取款机不能无限制地让用户试密码,一般取款机仅允许试三次.无限制地试下去.一定能取到钱,这样就太不安全了,由此体会生活中处处有科学.

(iii) 记住自己的密码,又不能让别人猜出自己的密码是很重要的.我们经常看到人们在银行忘记密码的情形.如果自己的密码没有一定的规律,忘记密码后去试密码,试对的概率是比较小的.

2.2 (整数值)随机数的产生

产生随机数的方法有两种:

(1) 由试验产生的随机数.

例如我们要产生 1~25 之间的随机整数,我们把 25 个大小形状等均相同的小球分别标上 $1, 2, 3, \cdots, 24, 25$,放入一个袋中,把它们充分搅拌,然后从中摸出一个球,这个球上的数就是随机数.一般当需要的随机数个数不是太多时,可以用这种方法产生随机数.如果需要随机数的量很大,这种方法就不是很方便,因为速度太慢.

(2) 用计算器或计算机产生随机数.

由于计算机或计算器产生的随机数是根据确定的算法产生的,具有周期性(周期很长),具有类似随机数的性质,但并不是真正的随机数,称为伪随机数.在随机模拟中,往往需要大量的随机数,这时会选择用计算机产生随机数.

用计算器产生取整数值的随机数的说明:

这部分内容是新增内容,是随机模拟中最简单、易操作的部分,所以要求每个学生会操作,具体教学时,教师可以在课堂上带着学生用计算器操作一遍,然后让学生模拟投硬币的试验或投骰子的试验,并统计结果.

根据试验结果,教师可以设计一些与上一章统计部分相联系的问题,通过知识的相互联系,可以帮助学生更好地理解概率的意义和一些统计思想.

3. 几何概型

这部分是新增加的内容.介绍几何概型主要是为了更广泛地满足随机模拟的需要,但是对几何概型的要求仅限于初步体会几何概型的意义,所以教材中选的例题都是比较简单的.随机模拟部分是本节的重点内容.几何概型是另一类等可能概型,它与古典概型的区别在于试验的结果不是有限个.利用几何概型可以很容易举出概率为 0 的事件不是不可能事件的例子,概率为 1 的事件不是必然事件的例子.利用古典概型产生的随机数是取整数值的随机数,是离散型随机变量的一个样本;利用几何概型产生的随机数是取值在一个区间的随机数,是连续型随机变量的一个样本.比如 $[0,1]$ 区间上的均匀随机数,是服从 $[0,1]$ 区间上均匀分布的随机变量的一个样本.随机模拟中的统计思想是用频率估计概率.本节的教学需要一些实物模拟为教具,如教材中的转盘模型、例 3 的随机撒豆子的模型等.教学中应当注意让学生实际动手操作,以使学生相信模拟结果的真实性,然后再通过计算机或计算器产生均匀随机数进行模拟试验,得到模拟的结果.在这个过程中,要让学生体会结果的随机性与规律性,体会随着试验次数的增加,结果的精度会越来越高.随机数的产生与随机模拟的教学中要充分使用信息技术,让学生亲自动手产生随机数,进行模拟活动,有条件的学校可以让学生用一种统计软件统计模拟的结果.

(1) 几何概型

几何概型也是一种概率模型,它与古典概型的区别是试验的可能结果不是有限个.它的特点是试验结果在一个区域内均匀分布,所以随机事件的概率大小与随机事件所在区域的形状、位置无关,只与该区域的大小有关.如果随机事件所在区域是一个单点,由于单点的长度、面积、体积均为 0,则它出现的概率为 0,但它不是不可能事件;如果一个随机事件所在区域是全部区域扣除一个单点,则它出现的概率为 1,但它不是必然事件.关于教材中两个转盘游戏的说明:教学中可以事先做好模型,在课堂上让学生做游戏,观察甲在哪种情况下获胜的概率大;可以用提问的方式,让学生猜两个游戏中甲获胜的概率各是多少?通过分析这两个游戏,得到几何概型计算随机事件概率的公式.

教材第 136 页例 1 的教学可以分解为如下步骤:

① 把问题抽象成几何概型.如假设在 0～60 分钟之间任何一点,打开收音机是等可能的,而在哪个时间段打开收音机的概率只与该时间段的长度有关,与该时间段的位置无关,这符合几何概型的条件,可以看成几何概型.

② 找到等待的时间不多于 10 分钟这个事件 A 所在的区域.如打开收音机的时刻恰好位于 $[50,60]$ 时间段内,则等待的时间不多于 10 分钟.

第一节 总体说明

③ 根据几何概型计算概率的公式计算该事件的概率.

④ 用模拟的方法得到概率的估计值.做一个带指针的转盘,把它6等分,最好与钟表的格子对应,可以用固定转盘不动,旋转指针的方法,或固定指针不动,旋转转盘的方法,得到打开收音机的时间,做20次试验可以得到该事件概率的估计值.

(2) 均匀随机数的产生

关于用计算器产生均匀随机数操作方法的说明:产生均匀随机数的操作方法基本上与产生整数值随机数的方法相同.只是这里产生的是取值在[0,1]区间上的均匀随机数(实数).有了前面的基础,学生很容易掌握操作步骤.教学中只要在课堂上带着学生操作一遍即可.同样地,不同的计算器产生均匀随机数的操作步骤可能不同,教材中仅是以一种计算器为例给出产生随机数的步骤,可以让学生自己查看计算器的说明书,按说明书操作.值得注意的是,由计算器不能直接产生$[a,b]$区间上的均匀随机数,只能通过线性变换得到:如果X是$[0,1]$区间上的均匀随机数,则$(a+(b-a)X)$就是$[a,b]$区间上的均匀随机数.

关于用 Excel 软件产生均匀随机数的教学.有条件的学校,应当给学生提供上机的机会,使学生能学会用计算机产生均匀随机数,并进行模拟活动.掌握用计算机处理数据,整理数据,画统计图的方法,使学生更好地体会统计思想.Excel 软件产生$[0,1]$区间上均匀随机数的函数为"rand()".

关于用模拟的方法近似计算某事件的概率:试验模拟的方法:在例2中可以做两个转盘模型,进行模拟试验,并统计试验结果;计算机模拟的方法:用 Excel 软件产生$[0,1]$区间上均匀随机数进行模拟.可参考下面的操作步骤.

① 选定 A1,键入函数"=rand()".

② 选定 A1,按"Ctrl+C",选定 A2~A50,B1~B50,按"Ctrl+V".此时,A1~A50,B1~B50 均为$[0,1]$区间上的均匀随机数.用 A 列的数加 7 表示父亲离开家的时间,B 列的数加 6.5 表示送报人送到报纸的时间.如果 A+7>B+6.5,即 A-B>-0.5,则表示父亲在离开家前能得到报纸.

③ 选定 D1,键入"=A1-B1";再选定 D1,按"Ctrl+C",选定 D2~D50,按"Ctrl+V".

④ 选定 E1,键入函数"=FREQUENCY(D1:D50,-0.5)",E1 表示统计 D 列中小于或等于-0.5 的数的个数,即父亲在离开家前不能得到报纸的频数.

⑤ 选定 F1,键入"=(50-E1)/50".F1 表示统计 50 次试验中,父亲在离开家前能得到报纸的频率.

多次重复试验得到的频率可能与上面的结果不同,引导学生从中体会频率的随机性与相对稳定性.

关于用模拟的方法估计圆周率的值:抽象成几何概型.在教材第 139 页例 3 中,随机撒一把豆子,假设每个豆子落到正方形内任何一点是等可能,则落到某个区域的豆子数只与区域的大小有关,而与区域的位置和形状无关,这符合几何概型的条件,可以看成几何概型.利用几何概型求概率的公式,得到豆子落到圆内的概率=$\frac{圆的面积}{正方形的面积}$.通过模拟的方法,得到豆子落到圆内的频率.分别用两种方法——试验模拟(真的撒一把豆子)和计算机模拟.计算机模拟的方法可参考下面的操作步骤.

① 选定 A1,键入"=(rand()-0.5)*2".

② 选定 A1,按"Ctrl+C"选定 A2～A1000,B1～B1000,按"Ctrl+V".此时,A1～A1000,B1～B1000 均为[-1,1]区间上的均匀随机数.

③ 选定 D1,键入"=power(A1,2)+power(B1,2)";再选定 D1,按"Ctrl+C";选定 D2～D1000,按"Ctrl+V",则 D 列表示 A^2+B^2.

④ 选定 F1,键入"=IF(D1>1,1,0)";再选定 F1,按"Ctrl+C";选定 F2～F1000,按"Ctrl+V",则如果 D 列中 $A^2+B^2>1$,F 列中的值为 1,否则 F 列中的值为 0.

⑤ 选定 H1,键入"=FREQUENCY(F1：F10,0.5)",表示 F1～F10 中小于或等于 0.5 的个数,即前 10 次试验中落到圆内的豆子数;类似地,选定 H2,键入"=FREQUENCY(F1：F20,0.5)",表示前 20 次试验中落到圆内的豆子数;选定 H3,键入"=FREQUENCY(F1：F50,0.5)",表示前 50 次试验中落到圆内的豆子数;选定 H4,键入"=FREQUENCY(F1：F100,0.5)",表示前 100 次试验中落到圆内的豆子数;选定 H5,键入"=FREQUENCY(F1：F500,0.5)",表示前 500 次试验中落到圆内的豆子数;选定 H6,键入"=FREQUENCY(F1：F1 000,0.5)",表示前 1 000 次试验中落到圆内的豆子数.

⑥ 选定 I1,键入"=H1*4/10",表示根据前 10 次试验得到圆周率 π 的估计值;选定 I2,键入"=H2*4/20",则 I2 为根据前 20 次试验得到圆周率 π 的估计值;类似操作,可得 I3 为根据前 50 次试验得到圆周率 π 的估计值,I4 为根据前 100 次试验得到圆周率 π 的估计值,I5 为根据前 500 次试验得到圆周率 π 的估计值,I6 为根据前 1000 次试验得到圆周率 π 的估计值.可以看到 1000 次试验得到 π 的估计值的精度并不高.

对于阅读与思考栏目"概率与密码"的教学,通过阅读与思考的形式使学生了解概率在实际中的应用.在破译密码与反破译密码中都应用了概率的知识,通过讲解可以激发学生学习概率知识的兴趣.教材中的字母出现频数表是统计《鲁宾逊漂流记》(英文版)一文得到的.

第二节 教学实践案例

案例 1 "1.1 算法与程序框图"教案

算法的概念

一、教学目标

(1) 知识与技能:正确理解算法的概念,体会算法的基本思想.

(2) 过程与方法：通过教师引导，学生间相互讨论协作，使学生的思维更加系统化．

(3) 情感态度与价值观：激发学生探讨算法的乐趣，从而培养学生热爱数学的情感．

二、教学重点和难点

教学重点：根据求解数学问题的一般方法与步骤，体会算法的基本思想．

教学难点：写出解决一类问题的算法．

三、教学方法与教学手段

探究式教学方法，多媒体教学手段．教具：计算器（学生也需要准备）．

四、教学过程

（一）导入新课

情景导入：（大家都看过赵本山与宋丹丹演的小品吧，宋丹丹说了一个笑话，把大象放进冰箱总共分几步？

总共分三步．第一步：把冰箱门打开；第二步：把大象装进去；第三步：把冰箱门关上．）上述步骤便构成了把大象装进冰箱的算法．

（二）讲解新课

首先回顾解二元一次方程组的步骤．（用不同的方法解二元一次方程组，并写出具体求解步骤．可以用分组形式，由小组代表到黑板上演示．）

求解过程学生可能出现的解法：代入法，消元法．以代入法为例（教材是系数相减消元法）．师生互动讨论、评价学习的求解方法与步骤．总结求解一般二元一次方程组的求解方法与步骤．（以上可由幻灯片放映）凡是一般的二元一次方程组的求解问题都可以用这个算法来实施，进而可归纳出：一个算法解决一类问题，而解决同一问题也可以有不同的算法．且不同的算法在实施过程中有着明显的差异．

提出问题：什么是算法？算法的特征是什么？

算法的概念：算法一词出现在 12 世纪，指的是用阿拉伯数字进行算术运算的过程．在数学中，算法通常是指按照一定的规则解决某一类问题的明确和有限的步骤．现在，算法通常可以编成计算机程序，让计算机执行并解决问题．（算法在中学数学课程中是一个新的概念，但没有一个精确化的定义．）

广义来说，做任何事情都有算法．（课前的"把大象装进冰箱里"，由该例可以进一步的启发学生思考身边涉及算法的事例．这一环节充分地调动了学生的积极性．）

算法的一般表示形式有三种：用自然语言表示、用程序框图表示、用程序表示（本节主要介绍如何用自然语言表示）．师生共同交流、讨论、总结算法的基本思想与特征：

(1) 必须可以解决一类问题；（一般性）

(2) 必须在有限步完成;(有穷性)

(3) 每一步的明确性和有效性.(确定与可行性)

若指定为数学中的算法,可以再加一个特征:计算机可以解决.

(三)讲解例题

例1 任意给定一个大于1的整数 n,试设计一个程序或步骤对 n 是否为质数做出判定.

第一步:判断 n 是否等于2.若 $n=2$,则 n 是质数;若 $n>2$,则执行第二步.

第二步:依次从 $2\sim(n-1)$ 检验是不是 n 的因数,即整除 n 的数.若有这样的数,则 n 不是质数;若没有这样的数,则 n 是质数.

这是判断一个大于1的整数 n 是否为质数的最基本算法.

通过具体的例子,理解算法的基本思想.

对于任意一个大于1的整数 n,如何判断 n 是否为质数.

算法分析 首先判断 n 是否为2,若是2,则为质数;若 n 不是2,再判断 n 是否可以被2到 $(n-1)$ 之间的整数整除,若不可以,则 n 是质数,若可以,则 n 不是质数.(课件展示例1.)

例2 用二分法设计一个求方程 $f(x)=0$ 的近似解的算法.

(1) 二分法:先粗略估计方程 $f(x)=0$ 的根所在的一个大致区间(一般取整数端点),不妨设 $f(a)<0$, $f(b)>0$ $(a<b)$,则得 $f(x)$ 取零点区间 $[a,b]$,然后对该区间两等分,令 $m=\frac{a+b}{2}$,判断区间 $[a,m]$ 与 $[m,b]$ 中的哪一个是零点区间,若 $[a,m]$ 为零点区间,则对 $[a,m]$ 两等分,进一步缩小零点区间;若 $[m,b]$ 为零点区间,则对 $[m,b]$ 两等分,进一步缩小零点的区间.这样继续下去,直到满足题目的要求.

(2) 算法分析:二分法求解方程的算法实际就是二分法步骤的实现过程,写步骤的时候注意体现算法的特征.

(3) 展示算法,得到结果.

(四)课堂练习

利用练习使学生进一步体会算法的基本思想与特征.最后解决教材中的思考问题,进一步体会算法基本思想和特征.

(五)课堂小结

(1) 正确理解算法概念.

(2) 结合例题掌握算法的特点,能够写出常见问题的算法.

算法是本章的重点,也是本章的基础,是一个比较难理解的概念.尽管教材中选用的是学生已经学过的知识,尤其是必修1中的二分法.学生理解起来仍然有一定的难度,例1、例2所蕴含的算法思想在本章后续的内容中将多次出现,本节学习中不要求学生完全掌握,重要的是使学生通过这两个算法案例体会如何用自然语言写出算法的步骤.

程序框图与算法的基本逻辑结构(共 3 课时)

一、教学目标

(1) 知识与技能：熟悉各种程序框图及流程线的功能和作用；理解程序框图的含义，能读懂程序框图；掌握程序框图的三种基本的逻辑结构及其之间的联系；初步会画一些简单的程序框图.

(2) 过程与方法：通过模仿、操作、探索，经历通过设计程序框图表达解决问题的过程.

(3) 情感态度与价值观：通过学生提出问题，分析问题和解决问题，培养学生积极主动的思维习惯，增强应用意识和创新精神.

二、教学重点和难点

教学重点：程序框图的三种基本逻辑结构，画程序框图.
教学难点：算法程序框图的三种结构的认识，画程序框图.

三、教学方法与教学手段

教学方法：探究式教学方法，通过教师指导学生自主学习. 教学手段：采用多媒体辅助教学.

四、教学过程

程序框图及顺序、条件结构(第 1 课时)

(一) 导入新课(直接导入)

用自然语言表示的算法步骤有明确的顺序性，但是对于在一定条件下被执行的步骤，自然语言的表示就显得困难了，而且不直观，不准确. 因此，本节课有必要探究使算法表达得更加直观、准确的方法——程序框图.

(二) 讲解新课

提出问题：什么是"程序框图"？程序框图的基本结构有哪些？阅读教材第 6 页的相关内容，明确程序框图的相关概念及其基本程序框图的符号(见图 1).

(检查验收自学情况，大屏幕呈现程序框图定义与基本组成(这个环节在课件中可以设置动画效果)先隐藏定义及基本组成内容，以提问的方式加以巩固这部分知识点，由学生回答，老师演示课件并做分析讲解常见的程序框图符号.)

这里要注意强调不同程序框各自的表示形式与功能，每一个框图都有特定的功能，不能

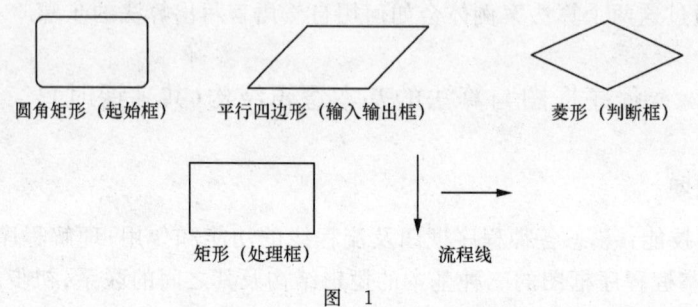

图 1

混淆使用.例如：起始框(终端框)是任何程序框图必不可少的,表示算法的开始与结束;流程线表示流程进行的方向;输入(输出)框用在需要输入(输出)的位置;处理框用来写处理数据或计算的算式、公式等.另外,对变量赋值时,也用到处理框;当算法要求对两个不同的结果进行判断时,要用到判断框等.

通过举例来具体说明.师生共同分析教材第7页"判断整数$n(n>2)$是否为质数"算法程序框图的基本构成.

（三）讲解程序框图的基本逻辑结构之一：顺序结构,条件结构

任何算法的程序框图都可以用三种基本结构的组合来实现.这三种基本结构是：顺序结构、条件结构和循环结构.

1. 顺序结构

（1）定义：若干个依次执行的处理步骤组成的结构,这是任何一个算法都离不开的基本结构.

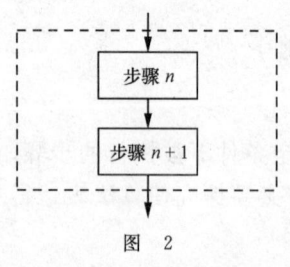

图 2

（2）顺序结构可以用程序框图表示,如图 2 所示.（注：板书程序框图）

（3）讲解例 3.

例 3　已知三角形三条边分别为 a,b,c. 设计一个计算三角形面积的算法,并画出程序框图表示.

阅读例 3,设计算法.学生可能出现的算法(只给出算法的基本思想).

算法一：利用面积 $S=\dfrac{1}{2}$(底×高),需要求一边上的高；

算法二：利用正弦定理 $S=\dfrac{1}{2}ab\sin C$,需要求两边夹角的正弦值；

算法三：利用海伦-秦九韶公式 $S=\sqrt{p(p-a)(p-b)(p-c)}$,其中 $p=\dfrac{a+b+c}{2}$.（这个计算三角形面积的公式有一些同学可能不清楚.）

(前面两个算法虽然公式简单,并且是经常用到的两个公式,但由条件计算三角形一边的高或者一角的正弦值比较麻烦,然而海伦-秦九韶公式,其运算则相对要少.)

算法分析:这是一个简单问题,只要先算出 p 的值,再将它代入公式,最后输出结果,因此只用顺序结构就能表达出算法.

算法步骤如下:

第一步:输入三角形三条边的长 a,b,c.

第二步:计算 $p=\dfrac{a+b+c}{2}$.

第三步:计算 $\sqrt{p(p-a)(p-b)(p-c)}$.

第四步:输出 S.

程序框图(大屏幕显示)

(4) 课堂练习:写出求以三个正数为边长的长方体的体积的算法,并画出其程序框图.

2. 条件结构

(1) 定义:在一个算法中,经常会遇到一些条件的判断,算法的流程根据条件是否成立有不同的流向.条件结构就是处理这种过程的结构.

(2) 用程序框图表示为以下两种形式(见图 3,图 4):

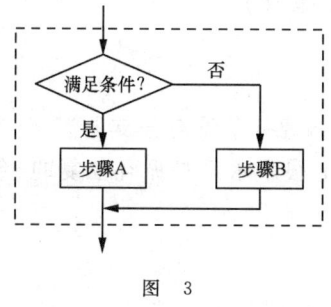

图 3

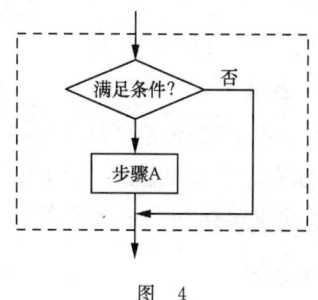

图 4

(注:板书这两种形式)

(3) 讲解例 4.

例 4 任意给定 3 个正实数,设计一个算法,判断以这 3 个正实数为三条边边长的三角形是否存在,并画出这个算法程序框图.

算法分析 判断以 3 个任意给定的正实数为三条边边长的三角形是否存在,只需要验证这 3 个数中的任意两个数的和是否大于第 3 个数.这个验证需要用到条件结构.

算法步骤如下:

第一步:输入 3 个正实数 a,b,c.

第二步:判断 $a+b>c$, $b+c>a$, $c+a>b$ 是否同时成立.

若是,则存在这样的三角形;否则,不存在这样的三角形.
程序框图(大屏幕演示)

(4) 讲解例5.

例5 设计一个求解一元二次方程 $ax^2+bx+c=0$ 的算法,并画出程序框图表示.
(这道题由学生们独立解决,以自主学习为主,师生共同探讨程序框图的可行性.)

(四) 课堂小结

(1) 算法的程序框图组成及其各自的表示形式.
(2) 程序框图的三种逻辑结构:顺序、条件、循环结构.
(3) 通过三道例题让学生掌握顺序、条件结构,体会含条件结构的程序框图的画法.

(五) 作业布置

作业:复习算法的程序框图表示,预习循环结构的例题.

本节课主要是让学生对程序框图有一个整体认识,教学时不要期望学生一开始就能理解每个细节.对于例题的处理上,要本着主要让学生体会含条件结构的程序框图画法的目的.对于条件结构,例5其他程序框图可不必在当堂课中介绍,以免加重学生的学习负担.本节课内容较多,一定不要将程序框图复杂化.

循环结构(第2课时)

(一) 导入新课

前面我们学习了顺序结构和条件结构,顺序结构像一条没有分支的河流,奔流到海不复回;条件结构像有分支的河流最后归入大海;事实上很多水系是循环往复的,今天我们开始学习循环往复的逻辑结构——循环结构.

(二) 讲解新课

带着以下几个问题,阅读教材第12页到第13页(限时5分钟)
(1) 什么是循环结构、循环体?
(2) 有几种循环结构?如何用程序框图表示循环结构?
(3) 指出两种循环结构的不同点和相同点.
(以提问方式检查学生自学的情况)

解答 (1) 在一些算法中经常会出现从某处开始,按照一定的条件反复执行某些步骤的情况,这就是循环结构.反复执行的步骤成为循环体.

(2) 循环结构有两种形式:当型循环结构和直到型循环结构.

① 当型循环结构,如图5所示,它的功能是当给定的条件 P 成立时,执行 A 框,A 框执行完毕后,返回来再判断条件 P 是否成立,若条件 P 仍然成立,返回来再执行 A 框,如此反

复执行 A 框,直到某一次返回来判断条件 P 不成立是为止,此时不再执行 A 框,离开循环结构.继续执行下面的框图.

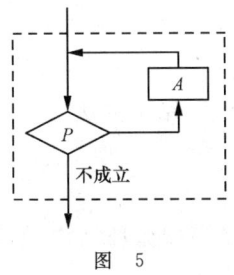
图 5

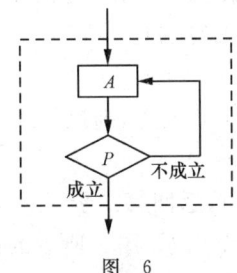
图 6

② 直到型循环结构,如图 6 所示,它的功能是执行重复执行的 A 框,然后判断给定的条件 P 是否成立,如果 P 仍然不成立,则返回来继续执行 A 框,再判断条件 P 是否成立.继续重复操作,直到某一次给定的判断条件 P 时成立为止,此时不再返回来执行 A 框,离开循环结构.继续执行下面的框图.

③ 两种循环结构的不同点:

直到型循环结构是程序先进入循环体,然后对条件进行判断,如果条件不满足,就继续执行循环体,直到条件满足时终止循环.

当型循环结构是在每次执行循环体前,先对条件进行判断,当条件满足时,执行循环体,否则终止循环.

④ 两种循环结构的相同点:从两种不同形式的循环结构可以看出,循环结构中一定包含条件结构,用于确定何时终止执行循环体.

(三) 讲解例题

例 6 设计一个计算 $1+2+3+\cdots+100$ 的值的算法,写出算法分析,并画出程序框图.

算法分析 通常,我们按照下面框内所述的过程计算 $1+2+3+\cdots+100$ 的值:

第 1 步,$0+1=1$
第 2 步,$1+2=3$
第 3 步,$3+3=6$
第 4 步,$6+4=10$
……………
第 100 步,$4950+100=5050$

显然,这个过程中包含重复操作的步骤,可以用循环结构表示.分析上述计算过程,可以发现每一步都可以表示为第 $(i-1)$ 步的结果 $+i=$ 第 i 步的结果.

为了方便、有效地表示上述过程,我们用一个累加变量 S 来表示第一步的计算结果,即把 $S+i$ 的结果仍记为 S,从而把第 i 步表示为 $S=S+i$,其中 S 的初始值为 0,i 依次取 $1,2,3,\cdots,100$. 由于 i 同时记录循环的次数,所以也称为计数变量.

解决这一问题的算法是:

第一步,令 $i=1, S=0$.

第二步,若 $i\leqslant 100$ 成立,则执行第三步;否则,输出 S,结束算法.

第三步,$S=S+i$.

第四步,$i=i+1$,返回第二步.

程序框图如图 7 所示. 图 7 所示的程序框图用的是当型循环结构. 如果用直到型循环结构表示,则程序框图如图 8 所示.

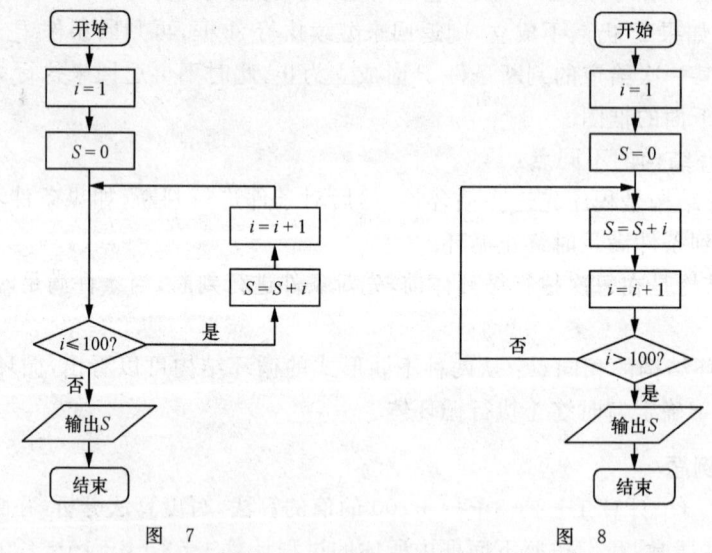

图 7   图 8

点评 这是一个典型的用循环结构解决求和的问题,有典型的代表意义,可把它作为一个范例,仔细体会三种逻辑结构在程序框图中的作用,学会程序框图.

例 7 某厂 2005 年的年生产总值为 200 万元,技术革新后预计以后每年的年生产总值都比上一年增长 5%,设计一个程序框图,输出预计年生产总值超过 300 万元的最早年份.

算法分析 先写出解决本例的算法步骤:

第一步:输入 2005 年的年生产总值.

第二步:计算下一年的年生产总值.

第三步:判断所得的结果是否大于 300,若是,则输出该年的年份,算法结束;否则,返回第二步.

由于"第二步"是重复操作的步骤,所以本例可以用循环结构来实现.我们按照"确定循环体""初始化变量""设定循环控制条件"的顺序来构造循环结构.

(1) 确定循环体:设 a 为某年的年生产总值,t 为年生产总值的年增长量,n 为年份,则循环体为
$$t = 0.05a, \quad a = a + t, \quad n = n + 1.$$

(2) 初始化变量:若将 2005 年的年生产总值看成计算的起始点,则 n 的初始值为 2005,a 的初始值为 200.

(3) 设定循环控制条件:

当"年生产总值超过 300 万元"时终止循环,所以可通过判断"$a > 300$"是否成立来控制循环.

程序框图如图 9 所示.

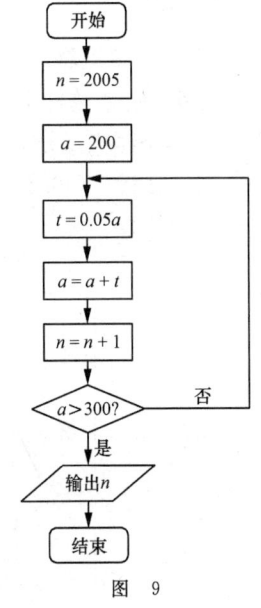

图　9

(四)巩固练习

如何设计框图实现 $1 + 2 + 3 + \cdots + (n-1) + n (n \in \mathbf{N}^*)$ 的过程.

(五)归纳小结

(1) 熟练掌握两种循环结构的特点及功能.

(2) 能用两种循环结构画出求和等实际问题的程序框图.

本节课内容是算法基本逻辑结构中较难学习的循环结构,在授课过程中要注意重点讲解两种不同的循环结构的特点,对于例题最好通过电脑演示使学生体会更为深刻,学习效果更为突出.

程序框图的画法(第 3 课时)

(一)导入新课

一条河流有时像顺序结构,奔流到海不复回;有时像条件结构分分合合向前进;有时像循环结构,虽有反复但最后流入大海.一个程序框图就像一条河流包含三种逻辑结构,今天我们系统学习程序框图的画法.

(二)讲解新课

提出问题,师生共同讨论结果:

(1) 回忆顺序结构、条件结构、循环结构及其程序框图的表示.

(2) 总结画程序框图的基本步骤.

(以提问形式,并结合大屏幕呈现上节课的相关知识点.)

给出设计一个算法的程序框图通常要经过以下步骤:

第一步:用自然语言表达算法步骤.

第二步：确定每一个算法步骤所包含的逻辑结构,并用相应的程序框表示,得到该步骤的程序框图.

第三步：将所有步骤的程序框图用流程线连接起来,并加上终端框,得到表示整个算法的程序框图.

(三) 讲解例题

例 8 结合教材 1.1 例 2 中算法分析中学过的算法步骤,利用三种基本逻辑结构画出程序框图,写出用"二分法"求方程 $x^2-2=0(x>0)$ 的近似解的算法.

算法分析 (1) 算法步骤中的"第一步""第二步"和"第三步"可以用顺序结构来表示,如图 10 所示.

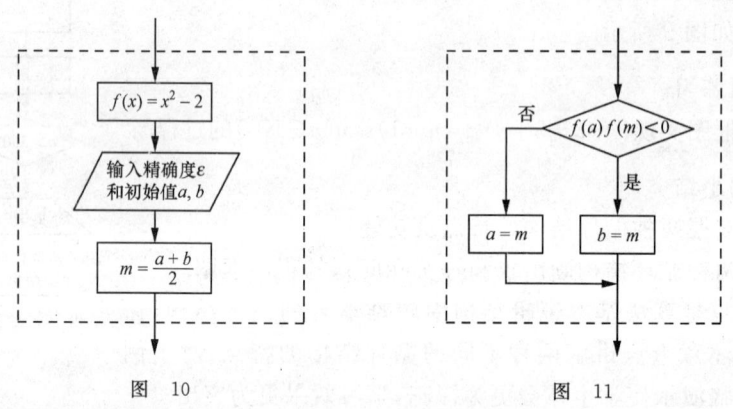

图 10　　　　　　　　图 11

(2) 算法步骤中的"第四步"可以用条件结构来表示(如图 11),"否"分支用"$a=m$"表示含零点的区间为 $[m,b]$,并把这个区间仍记成 $[a,b]$;"是"分支用"$b=m$"表示含零点的区间 $[a,m]$,同样把这个区间仍记成 $[a,b]$.

(3) 算法步骤中的"第五步"包含一个条件结构,这个条件结构与"第三步""第四步"构成一个循环结构,循环体由"第三步"和"第四步"组成,终止循环的条件是"$|a-b|<\varepsilon$ 或 $f(m)=0$". 在"第五步"中,还包含循环结构与"输出 m"组成的顺序结构(如图 12).

(4) 将五个步骤的程序框图连接起来,并画出"开始"与"结束"两个终端框,就得到了表示整个算法的程序框图(如图 13).

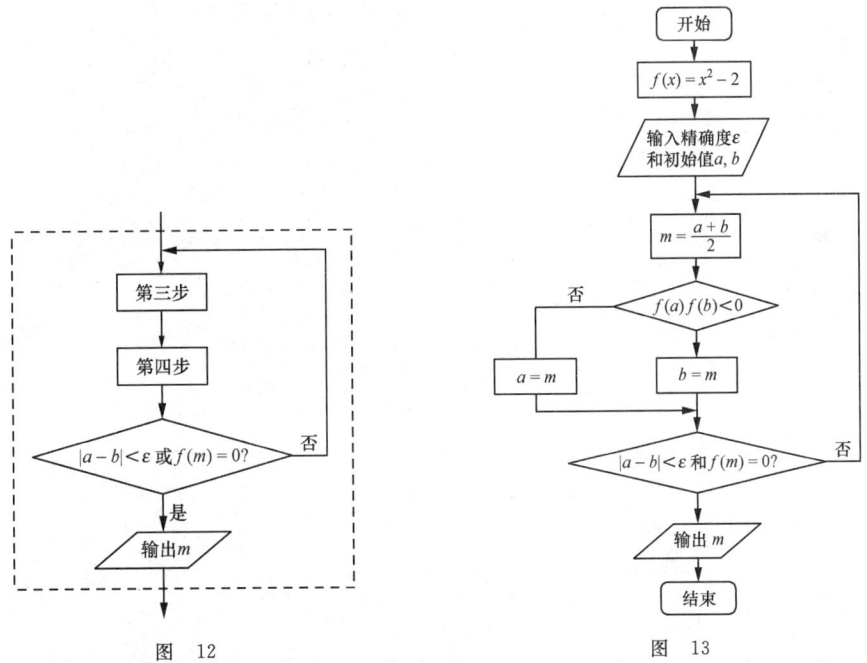

图 12　　　　　　　　　　　图 13

(四) 巩固练习

例 9　乘坐火车时,可以托运货物,从甲地到乙地,规定每张火车客票托运计算方法是:行李的质量不超过 50 kg 时按 0.25 元/kg;超过 50 kg 而不超过 100 kg 时,其超过部分按 0.35 元/kg;超过 100 kg 时,其超过部分按 0.45 元/kg.

编写程序,输入行李质量,计算出托运的费用.

分析　本题主要考查条件语句及其应用.先解决数学问题,列出托运的费用关于行李质量的函数关系式.设行李的质量为 x kg,应付运费为 y 元,则运费公式为:

$$y=\begin{cases}0.25x & (0<x\leqslant 50),\\ 0.25\times 50+0.35(x-50) & (50<x\leqslant 100),\\ 0.25\times 50+0.35\times 50+0.45\times(x-100) & (x>100),\end{cases}$$

整理得

$$y=\begin{cases}0.25x & (0<x\leqslant 50),\\ 0.35x-5 & (50<x\leqslant 100),\\ 0.45x-15 & (x>100).\end{cases}$$

要计算托运的费用必须对行李质量分类讨论,因此要用条件语句来实现.

算法分析　第一步:输入行李质量 x.

第二步:当 $x\leqslant 50$ 时,计算 $y=0.25x$;否则,执行下一步.

第三步：当 $x \leqslant 100$，计算 $y = 0.35x - 5$；否则，计算 $y = 0.45x - 15$.
第四步：输出 y.
程序框图如图 14 所示.

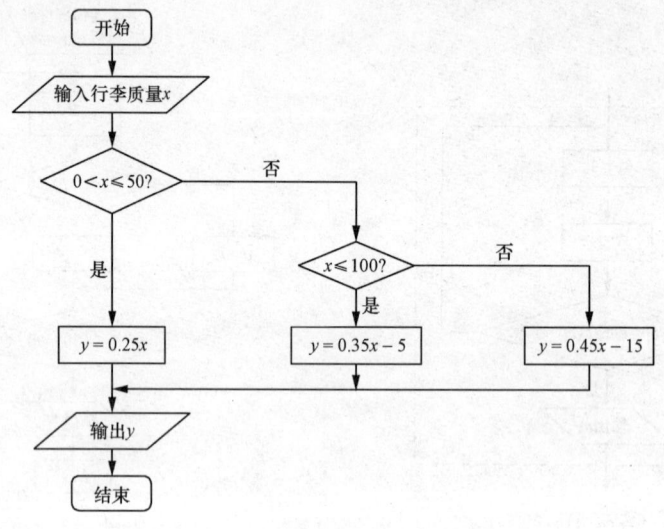

图 14

注 这道练习可由学生板演.

(五) 归纳小结

(1) 进一步熟悉三种逻辑结构的应用，理解算法与程序框图的关系.
(2) 根据算法步骤画出程序框图.

本节是前面内容的概括和总结，在回忆前面内容的基础上，选择经典的例题，来进行详尽的剖析，但学生理解起来还是有很大的难度. 所以对于暂时不能理解的可以通过一阶段的学习后来理解二分法解题思想、算法步骤及程序框图.

案例 2 "2.3 变量间的相关关系"说课稿

变量间的相关关系是高中数学人教必修 3(A 版)第二章第 3 节的内容. 下面将围绕本节课"教什么？"、"怎么教？"以及"为什么这样教？"三个问题，从教材分析、教法学法、教学过程等几个方面逐一加以分析和说明.

一、教材分析

本节课是高中数学重要的内容之一. 地位体现在它的基本性，作用主要体现在它的工具性. 它不仅有着广泛的实际作用，而且起着承前启后的作用. 两个变量间的相关关系对前面学习过的内容进行了延续和深化,体现了如何分析数据的具体方法和思路,因此两个变量简单相关关系在统计及概率的教学有很强的基础性,为后续课的学习提供了依据.

根据课程标准的要求和学生的实际水平,确定本节课的教学目标和教学重点、难点如下:

(1) 知识与技能:通过收集现实问题中的两个有关联变量的数据认识变量间的相关关系.明确事物间是相互联系的,认识现实生活中变量间存在的非确定性的相关关系,体会此类问题在现实生活中的重要性.会作散点图,并由此对变量间的正相关或负相关关系做出直观的判断.培养学生收集数据、分析数据和处理数据的能力.培养学生的知识、方法迁移能力,提高分析和解决问题的能力,使学生的计算能力得到进一步的提高.

(2) 过程与方法:通过探究不同估算方法描述两个变量线性相关关系的过程.学会用数量来描述现实关系.知道最小二乘法的思想,了解其公式的推导过程,会利用信息技术(如 Excel、科学计算器)求回归方程.

(3) 情感态度与价值观:通过对两个变量间的相关关系的认识,向学生渗透辩证唯物主义思想.在教师的引导和启发下,学生经历知识的自主探究,交流讨论的过程,培养学生的合作意识和创新精神.

根据课程标准要求和本节课的内容设置,本节课的教学重点确定为:利用散点图直观认识两个变量之间的相关关系.了解最小二乘法的思想,以及根据给出的线性回归方程的系数公式建立回归方程.教学难点确定为建立回归思想,理解回归直线与观测数据的关系.

二、学情分析

对于高一学生,知识经验已较为丰富,他们的智力发展已经达到了形式运演阶段,具备了较强的抽象思维能力和演绎推理能力,所以在授课时注重引导、启发、研究和探讨以符合学生的心理发展特点,从而促进思维能力的进一步发展.

三、教法分析

针对高中生的思维特点和心理特征,本节课采用信息收集法、问题发现法、师生互动法、演示法和整合法等教学方法.根据布鲁纳的发现式学习理论,通过信息收集激发学生分析处理问题的欲望,使学生主动参与教学实践活动.以独立思考和相互交流的形式,在教师的指导下观察分析和解决问题.为了更好地体现课堂教学中"教师、学生双主体"的教学关系和"以人为本,以学定教"的教学理念,本节课的教学过程中,将围绕教师组织(启发引导),学生探究(交流发现),组织开展教学活动.在教学中注意关注整个过程和全体学生,充分调动学生的积极性.在引导分析时留出思考空间,让学生去联想、探索,同时鼓励学生大胆质疑,围绕中心各抒己见,把思路方法和需要解决的问题弄清.

四、教学过程

(一) 新课引入

我们常说"兴趣是最好的老师",长期以来,学生对学习数学缺乏兴趣,甚至失去信心,一个重要的原因是教师在教学中不重视学生对学习的情感体验.教学应该充分考虑学生的情感和需要,想方设法让学生在学习中树立信心,感受学习的乐趣.根据教材内容的安排,我以数学成绩和物理成绩好坏之间的关系这一实际背景切入,引导学生关注现实生活中变量之间存在的不确定关系,并通过讨论,体会研究变量之间的相关关系的重要性,同时利用多媒体展示:商品销售收入与广告支出经费之间的关系;粮食产量与施肥量之间的关系;人体内脂肪含量与年龄之间的关系等实际例子,使学生实实在在感受到现实生活中存在许多相关关系的问题,激发学生求知的热情和欲望.使学生进一步认识生活中两个变量之间的不确定的相关性.

(二) 知识探究

(1) 从特殊到一般是我们发现问题、寻求规律、揭示问题本质最常用的方法之一,因此以"人体内脂肪含量与年龄之间的关系为例",在大屏幕上显示教科书第 85 页表 2-3,提出问题"你认为人体的脂肪含量与年龄之间有怎样的关系?"以此来引出两个变量间的线性相关关系.教师可以先引导学生明确散点图的做法,让学生先用笔在事先准备好的方格纸上试画散点图,以此来培养学生的动手作图的能力.教师用计算机演示 Excel 软件做散点图的过程,引导学生观察散点图,体会现实生活中两个变量之间关系存在不确定性,即散点并不分布在一条直线上,而散布在其周围.接下来,多媒体显示"小卖部卖出的热饮杯数与当天气温的对比表"(第 91 页表 2-4),让学生在另外一张方格纸上画出该问题的散点图,进一步掌握散点图的做法,深化对变量间相关关系的理解.

(2) 让学生观察分别画在两张方格纸上的散点图中点的散布位置,引导学生进行讨论交流,教师适时点评,进行抽象概括,总结两张方格纸上散点分布特点,形成正相关和负相关的概念.并请学生举出一些生活中变量成正相关和负相关的例子,从而进一步理解概念.

(3) 老师再次展示"人体内脂肪含量与年龄的散点图".让学生进一步观察"人的年龄增加时,体内脂肪含量以什么样的方式增加".培养学生根据图表进行观察分析的能力.引导学生观察、猜想出"所有的点都大致分布在一条直线的附近"这一分布特点,并给出回归直线的概念.

(三) 结论形成

(1) 为了引导学生能够独立刻画回归直线方程,首先,将学生分为三组,并要求每组学生至少设计一种求回归直线方程的方案,以及具体的操作步骤.然后每组同学可以选派 2—3 名同学在计算机上实现自己的方案,并进行全班交流,来验证方案的可行性.

(2) 学生求回归方程的关键是如何用数学的方法来刻画:从整体上看,"各点于此直线的距离最小"这一事实.教师引导学生推导最小二乘法的公式,讲清楚由求 $\sum_{i=1}^{n}(y_i - Y_i)$ 的最

小值→求 $\sum_{i=1}^{n}|y_i-Y_i|$ 的最小值→求 $\sum_{i=1}^{n}(y_i-Y_i)^2$ 最小值的理由. 通过实践使学生体会到"最小二乘法"思想的巧妙之处. 培养学生的辩证唯物主义思想和实事求是的科学态度.

(四) 思维延展

学生通过自主阅读教科书的相关内容, 分组合作进行上机操作. 求出"人体脂肪含量与年龄之间的关系"的回归方程. 验证用最小二乘法求回归方程的可行性. 既能培养学生用信息技术解决问题的思考方式, 又促进了学生间合作意识的培养.

课堂教学既要面向全体学生, 又应关注学生的个体差异, 体现分类推进、分层教学的原则. 为此, 又设计"小卖部卖出的热饮杯数与当天气温之间关系"作为第三个问题, 作为备选题目, 以供程度较好, 学有余力的学生能够更好地展示自己的解题能力, 取得更进一步的提高.

(五) 意外预案

新课程理念下的教学, 更多地关注学生的自主探究, 关注学生的个性发展, 鼓励学生勇于提出问题, 培养学生思维的批判性. 在课堂上学生往往会提出让教师感到"意外"的问题或教师提出的问题学生回答不上来, 使自己陷入被动尴尬的境地. 因此本节课可做一个意外预案: 分组讨论设计求回归方程时, 可能有的小组提不出设计方案或者哪组同学都没有设计出来, 为了避免由此导致本节课无法继续进行. 可将教材第 87—88 页的三种设计方案做成幻灯片, 预备不时之需.

(六) 归纳小结

由学生进行小结, 谈谈学习体会, 帮助他们回顾反思、归纳概括知识点. 引导学生关注最小二乘法的思想总结.

(七) 布置作业

(1) 教材第 92 页, 阅读与思考"相关关系的强与弱"(拓展学生的思维, 增强学生对变量间的相关关系的兴趣和理解).

(2) 教材第 94 页, 习题 2.3A 组第 2,3 题 (巩固所学知识).

案例 3 "3.2.1 古典概型"教案

一、教学目标

(1) 知识与技能: 理解古典概型及其概率计算公式; 会用列举法计算一些随机事件所含的基本事件数及事件发生的概率.

(2) 过程与方法: 根据本节课的内容和学生的实际水平, 通过模拟试验让学生理解古典概型的特征：试验结果的有限性和每一个试验结果出现的等可能性，观察类比各个试验，归纳总结出古典概型的概率计算公式，体现了化归的重要思想，掌握列举法，学会运用数形结合、分类讨论的思想解决概率的计算问题．

(3) 情感态度与价值观：概率教学的核心问题是让学生了解随机现象与概率的意义，加强与实际生活的联系，以科学的态度评价身边的一些随机现象．适当地增加学生合作学习交流的机会，尽量地让学生自己举出生活和学习中与古典概型有关的实例．使得学生在体会概率意义的同时，感受与他人合作的重要性以及初步形成实事求是的科学态度和锲而不舍的求学精神．

二、教学重点和难点

教学重点：理解古典概型的概念及利用古典概型求解随机事件的概率．

教学难点：如何判断一个试验是否是古典概型，分清在一个古典概型中某随机事件包含的基本事件的个数和试验中基本事件的总数．

三、教学基本流程

教学基本流程如图 1 所示．

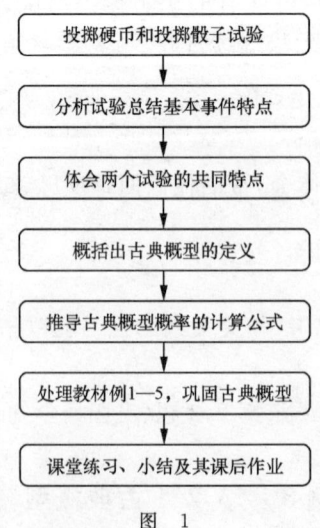

图 1

四、教学过程

下面以列表的形式展示教学过程，见表 1．

第二节 教学实践案例

表 1　教学过程一览表

问题	问题设计意图	双边活动
(1) 做掷硬币和掷骰子试验,列出投掷结果的所有可能情况	导入新课	亲自动手做试验,指导学生分组试验并记录结果
(2) 什么是基本事件?基本事件有什么特点	引导学生自主阅读教材,激发学生学习兴趣	提出问题,引导学生自主阅读,通过阅读掌握基本事件概念及特点
(3) 上述两个模拟试验的每个结果之间有什么特点	分析学生的解释,引出古典概型的定义	提出问题,引导学生讨论,讲出自己的想法.思考、讨论,叙述自己的答案
(4) 什么是古典概型?它具有什么特点	使学生强化对古典概型含义的正确理解	提出问题,思考、讨论,结合上述试验及教材得出结论
(5) 举例:① 向圆面内随机地投射一个点,如果该点落在圆内任意一点是等可能的;② 某同学随机地向靶心进行射击,试验结果只有有限个:命中10环、9环,……不中环	让学生判断哪例符合古典概型,从而更好地理解古典概型特点	提出问题,学生回答并解释不是古典概型的原因
(6) 如何计算① 掷硬币试验中"正面朝上"或"反面朝上"的概率?② 掷骰子试验中"出现偶数点的"概率	通过对两个试验中基本事件出现的概率分析,推导出古典概型中概率计算公式	提出问题,根据古典概型特点进行分析.通过讨论解决试验中基本事件的概率.利用加法公式计算试验中任何一个事件的概率,并总结出概率公式
(7) 例1　从字母 a,b,c,d 中任意取出两个不同字母的试验中,有哪些基本事件	巩固基本事件的概念	引导学生画树状图的方法用列举法列出所有基本事件,交流、板演
(8) 例2　教材第127页"探究"中所述模型哪些条件下该模型可以看做古典概型?① 学生掌握了考查内容,他可以选择唯一正确的答案;② 学生部分掌握了考查内容,他用排除法选择了一个答案;③ 学生不会做,随机地选择了一个答案	使学生加深理解满足古典概型的两个条件缺一不可.利用此题让学生进一步理解古典概型的概率公式	给出题目,引导学生思考、讨论、交流说出自己的看法.对学生的回答进行归纳总结,个别辅导

（续表）

问题	问题设计意图	双边活动
(9) 例3 同时掷两个骰子，计算： ① 一共有多少种不同结果？ ② 其中向上的点数之和是5的结果有多少种？ ③ 向上的点数之和是5的概率是多少	进一步训练学生解决古典概型概率的能力．通过两种解题方式的不同，教师强调解前首先要验证是否满足古典概型	给出问题，让学生思考求解．答案可能有两种：骰子标号解题和不标号解题．提示学生把两种方法下的基本事件全部列出来然后验证是否为古典概型．发现基本事件的总数不等，分析两种方式中每个基本事件的等可能性．引导学生发现第二种情况下，每个基本事件不是等可能的，不是古典概型
(10) 例4 假设储蓄卡的密码由4个数字组成，每个数字可以是0,1,2,…,9十个数字中的任意一个．假设一个人完全忘记了密码，问他到自动取款机上随机试一次密码就能取到钱的概率是多少	选用具有现实意义的例题，激发学生的学习兴趣，培养其运用数学知识解决实际问题的能力	给出问题，让学生求解，对学生的结果进行评价和完善．同时让学生理解为什么自动取款机不能无限制地让用户试密码．这也说明用出生年月日作密码是不安全的
(11) 例5 某种饮料每箱装6听，如果其中有2听不合格，问质检人员从中随机抽出2听，检测不合格产品的概率多大	激发学生的学习兴趣，进一步培养学生的解题能力．让学生了解概率与实际生活的联系	学生独立练习
(12) 小结：古典概型的特点，古典概型计算任何事件的概率计算公式；（树状图）列举法求基本事件个数	归纳整理本节知识，提高对古典概型概率的认识	教师提出思考任务引导学生总结
(13) 课后练习：本节练习1,2,3		
(14) 课后作业：习题3.2A组		

五、教学设计说明

（1）首先通过考察两个试验，分析事件的构成，总结基本事件的特点，并归纳出两例试验的共同特点，即古典概型的特点，这种由特殊到一般的方法符合学生的认知规律．

（2）再次考察两例试验，结合古典概型的特点推导出古典概型的概率计算公式，使学生经历这种探究过程，对培养学生揭示数学关系能力非常有益．

（3）选用几个具有实际意义的例题，解释生活中的一些问题，激发学生的学习兴趣，真正达到"学习有用的数学"的目的．

案例4 "3.2.2(整数值)随机数的产生"教案

一、教学目标

(1) 知识与技能：让学生了解产生(整数值)随机数的两种方法，并理解用计算器或计算机产生的(整数值)随机数的区别以及用计算器或计算机产生的(整数值)随机数的优点. 使学生学会设计和运用模拟方法近似计算概率，使学生体会现代科学技术对传统数学的影响.

(2) 过程与方法：通过教师演示及学生亲自实践让学生掌握如何利用计算器或计算机 Excel 软件产生取整数值的随机数.

(3) 情感态度与价值观：通过模拟试验，让学生自觉养成动手、动脑的良好习惯. 通过探究活动，体会理论来源于实践，并应用于实践的辩证唯物主义观点.

二、教学重点和难点

教学重点：掌握利用计算器或计算机 Excel 软件产生取整数值的随机数.
教学难点：设计和运用模拟方法近似的计算概率.

三、教学方法与教学手段

探究式教学方法，多媒体辅助教学，能产生随机数的计算器、计算机(装有 Excel 软件).

四、教学过程

(一) 导入新课

复习上一节课的内容，提出问题——回顾古典概型的特点及古典概型概率计算公式.
引入本节课学习(整数值)随机数的产生，板书课题.

(二) 讲解新课

提出问题　在投掷一枚均匀的硬币的试验中，如果没有硬币，你会怎么办？在投掷一枚均匀的骰子的试验中，如果没有骰子，你会怎么办？随机数的产生有几种方法？传统的方法有什么缺点？(学生思考或讨论，并与同学交流活动感受，讨论可能出现的情况，最后师生共同汇总方法和结果.)

讨论　可以用 0 表示反面朝上，1 表示正面朝上，用计算器做模拟投掷硬币试验；可以分别用数字 1,2,3,4,5,6 表示出现"1 点""2 点""3 点""4 点""5 点"和"6 点"，用计算器做模拟投掷骰子试验.

总结　产生随机数的方法有两种：(1) 由试验产生随机数：例如产生 1~10 之间的随机整数，可以把 10 个完全相同的小球分别标上 1,2,…,10，放入袋中，充分搅拌后从中摸出一个球,这个球上的数就是随机数.优点:产生的数是真正的随机数,一般当需要的随机数不是很多时,可以用此方法来产生;缺点:当需要的随机数的量很大时,速度太慢,从而说明利用计算器(机)产生随机数的必要.(2) 用计算器或计算机产生随机数:由计算器或计算机根据确定的算法产生随机数.优点:速度比较快,适用于产生大量的随机数;缺点:产生的随机数具有周期性(周期很长),具有类似随机数的性质,但并不是真正的随机数,称为伪随机数(此处要向学生说明产生的随机数是伪随机数).

提出问题 如何利用计算器产生随机数?如何利用计算机产生随机数?(设计意图:提出问题,引发学生求知需要,讲授产生随机数的方法)引导学生思考查阅教材,尝试操作.演示操作步骤(反复多次),保证每个学生掌握用计算器和计算机产生随机整数的方法.在老师的指导下训练(有条件的学校要保证每个学生都能上机训练).

上面我们用计算机或计算器模拟了投掷硬币的试验,我们称用计算器或计算机模拟试验的方法称为随机模拟方法或蒙特卡罗方法.

(三) 讲解例题

天气预报说,在今后的三天中,每一天下雨的概率均为 40%,这三天中恰有两天下雨的概率大概是多少?使用随机模拟方法给予估计.(设计意图:应用刚学会的随机模拟方法估计随机事件的概率值)给出问题,首先引导学生思考能否用古典概型概率公式计算,并说出相应的理由.思考、讨论、交流,得出"这里的结果是有限个,但是每个结果的出现不是等可能的所以不能用古典概型概率公式.引导学生通过设计模拟试验的方法来解决问题.利用计算器或计算机可以产生 0~9 取整数值的随机数,我们用 1,2,3,4 表示下雨,用 5,6,7,8,9,0 表示不下雨,这样可以体现下雨的概率是 40%.因为是三天,所以每三个随机数作为一组.例如,产生 20 组随机数

907 966 191 925 271 932 812 458 569 683
431 257 393 027 556 488 730 113 537 989

就相当于作了 20 次试验.在这组数中,如果恰有两个数在 1,2,3,4 中,则表示恰有两天下雨,它们分别是 191,271,932,812,393,即共有五个数.我们得到三天中恰有两天下雨的概率近似为 $\frac{5}{20}=25\%$.

注意:此处因为是随机模拟,因此每个人产生的随机数很可能不一样,但最后模拟得到的概率的近似值一般会比较接近.向学生演示利用计算器或计算机模拟的过程.

(四) 课堂小结

随机数具有广泛的应用,可以帮助我们安排和模拟一些试验,这样可以代替我们自己做大量重复的试验,比如,现在很多城市的中考都采用产生随机数的方法把考生分配到各个考场中.

本节课首先复习古典概型及其概率计算,接着设计了试验不能实现的问题,指出可以用随机数来代替试验.举出了两种随机数的产生方法,以便学生能够确实领会.并用事例说明了模拟试验的作用,真实感受到随机数模拟试验带来的好处,在日常和实际生活中,充分利用随机数模拟试验,达到最快、最准的效果.

本章参考文献

[1] 教育部. 普通高中数学课程标准(实验). 北京:人民教育出版社,2003.

[2] 人民教育出版社,课程教材研究所,中学数学课程教材研究开发中心. 普通高中课程标准实验教科书·数学必修3(A版). 3版. 北京:人民教育出版社,2007.

[3] 人民教育出版社,课程教材研究所,中学数学课程教材研究开发中心. 普通高中课程标准实验教科书·数学必修3(A版)教师教学用书. 3版. 北京:人民教育出版社,2007.

[4] 何小亚. 与新课程同行——数学学与教的心理学. 广州:华南理工大学出版社,2004.

[5] 郭志勇. 新课程导学数学必修3. 北京:人民教育出版社,2004.

第四章 高中数学必修4教材解读与教学实践案例

> 高中数学必修4(A版)的内容包括"三角函数""平面上的向量(简称平面向量)""三角恒等变换"等三章.三角函数是基本初等函数,它是描述周期现象的重要数学模型,在数学和其他领域中具有重要的作用.在本模块中,学生将通过实例,学习三角函数及其基本性质,体会三角函数在解决具有周期变化规律问题中的作用.向量是近代数学中重要和基本的数学概念之一,它是沟通代数、几何与三角函数的一种工具,有着极其丰富的实际背景.在本模块中,学生将了解向量丰富的实际背景,理解平面向量及其运算的意义,能用向量语言和方法表述和解决数学和物理中的一些问题,发展运算能力和解决实际问题的能力.三角恒等变换在数学中有一定的应用,同时有利于发展学生的推理能力和运算能力.在本模块中,学生将运用向量的方法推导基本的三角恒等变换公式,由此出发导出其他的三角恒等变换公式,并能运用这些公式进行简单的恒等变换.

第一节 总体说明

一、基本内容

普通高中课程标准实验教材《数学·必修4(A版)》(人教社,2007第2版)以基本概念为主干内容贯穿全书,达到削枝强干的目的,建立合理化的教材体系.强调知识间的内在联系,加强类比,注重数学的思想性,加强对学生逻辑思维能力的培养.突出几何直观,强调数形结合思想.强调改进知识的呈现方式,用问题引导学生,体现数学建模的思想.其内容主要包括:第一章:三角函数;第二章:平面上的向量(简称平面向量);第三章:三角恒等变换.三角函数和三角恒等变换是高中数学课程的传统内容,平面向量是 1996 年进入高中数学课程的内容.首先,教材提供丰富的实际背景,通过对实际背景(现实原型)的分析、概括与抽象,建立三角函数与向量模型(引出三角函数与向量的概念),再运用数学方法研究三角函数与向量模型的性质,最后运用三角函数与向量模型及其性质去解决包括现实原型在内的更加广泛的一类实际问题.这样处理体现了数学知识的产生、发展过程,反映了数学的"来龙去脉",有助于学生理解数学的本质,形成对数学的完整认识.其中在三角函数内容中强调了单位圆的作用.通过单位圆帮助学生直观地认识任意角、任意角的三角函数,理解三角函数的周期性、诱导公式、同角三角函数关系式,以及三角函数的图像和基本性质.借助单位圆的直观,可以引导学生自主地探索三角函数的有关性质,培养他们分析问题和解决问题的能力.教材将向量与三角函数设计在一个模块中,主要是为了通过向量沟通代数、几何与三角函数的联系,体现向量在处理三角函数问题中的工具作用.在学生理解三角函数与向量概念的基础上利用向量的数量积推导出两角差的余弦公式,并由此公式推导出两角和与差的正弦、余弦、正切公式,二倍角的正弦、余弦、正切公式.通过学生独立探索和讨论交流,引导学生推导积化和差、和差化积、半角公式,以此作为三角恒等变换的基本训练.这个过程有助于学生体会向量与三角函数的联系、数与形的联系以及三角恒等变换公式之间的内在联系.

二、教材分析

(一) 三角函数

第一章主要内容包括:任意角、弧度的概念;任意角的三角函数;三角函数的诱导公式;三角函数的图像与性质;函数 $y=A\sin(\omega x+\varphi)$;三角函数模型的简单应用.主要知识点包括单位圆;任意角三角函数的定义;三角函数在各个象限的符号;终边相同角的三角函数;三角函数线;同角三角函数的基本关系等.本章的教学要求是:了解任意角的概念和弧度制,能进行弧度与角度的互化;借助单位圆理解任意角三角函数(正弦、余弦、正切)的定义;借助单位圆中的三角函数线推导出诱导公式$\left(\dfrac{\pi}{2}\pm\alpha,\pi\pm\alpha\text{ 的正弦、余弦、正切}\right)$,能画出 $y=\sin x$,$y=\cos x$,$y=\tan x$ 的图像,了解三角函数的周期性;借助图像理解正弦函数、余弦函数在 $[0,2\pi]$,正切函数在 $\left(-\dfrac{\pi}{2},\dfrac{\pi}{2}\right)$ 上的性质(如单调性、最大和最小值、图像与 x 轴交点等);理解同角三角函数的基本关系式:$\sin^2 x+\cos^2 x=1$,$\tan\alpha=\dfrac{\sin\alpha}{\cos\alpha}$;结合具体实例,了解 $y=A\sin(\omega x+\varphi)$ 的实际意义,能借助计算器或计算机画出 $y=A\sin(\omega x+\varphi)$ 的图像,观察 A,ω,φ 对函数图像变化的影响;会用三角函数解决一些简单实际问题,体会三角函数是描述周期变化现象的重要函数模型.

三角函数是自指数函数、对数函数之后学习的又一类型的基本初等函数,它是描述周期现象的重要数学模型,在数学和其他领域中具有重要的作用.由于角的概念由静态到动态的推广,它的研究由几何中的相似形和圆的静态的关系拓展到代数变形和图像分析的动态变换,三角函数的研究已经初步把几何与代数联系起来,物理学、天文学、测量学以及其他各种应用技术学科都常常要用到三角函数及其性质,因此这些内容既是解决生产实际问题的工具,又是学习高等数学的基础.在高中数学新课程中,三角函数成为了重要内容,在这些内容中强调了三角函数作为函数的作用,强调了三角函数是刻画周期现象的基本模型,这是数学课程发展中的一个变化.

  首先教材通过具体例子,用运动的观点讲清角的概念推广的实际意义,说明角的概念推广的必要性,引进任意角的概念,接着介绍弧度制,通过弧度制对角的度量,使得角和实数容易地建立起一一对应关系.事实上角的概念推广后,无论用角度制还是用弧度制都能在角的集合与实数集 R 之间建立一种一一对应的关系.每一个角都有唯一的一个实数(例如这个角的弧度数或度数)与它对应;反过来,每一个实数也都有唯一的一个角(例如弧度数或度数等于这个实数的角)与它对应.因此当把初中学过的三角函数定义推广到任意角后,就可以把三角函数看成是以实数为自变量的函数,使三角函数具有更广泛的意义和应用.在本章中教材突出了三角函数作为描述周期变化的数学模型这一本质.即通过现实世界的周期现象,在学生感受引入三角函数必要性的基础上,引出三角函数概念,研究三角函数的基本性质,并用三角函数的基础知识解决一些实际问题.与传统教材不同,这里把三角恒等变换从三角函数中独立出来,淡化了那些繁琐的、技巧性高的三角恒等变换,突出了"函数作为描述客观世界变化规律的数学模型"这条主线.教材以已有的集合与函数、指数函数与对数函数的知识为基础,研究三角函数的图像和性质,使三角函数的学习有一个好的"先行组织者",找到一个有力的"知识停靠点",体现了联系、类比的思想方法,这样的处理加强了学生思维能力的培养.

  其次教材采用几何直观,强调数形结合思想.几何直观对学生正确理解三角函数概念、图像、性质有着十分重要的作用.为引导学生用数形结合的思想方法研究数学问题提供了很好的条件.教材在揭示任意角的三角函数概念时采用"单位圆定义法"和"终边定义法"."单位圆定义法"简单、清楚地突出了三角函数最重要的性质——周期性.对于任意角 α,它的终边与单位圆交点 $P(x,y)$ 唯一确定,这样,正弦、余弦函数中自变量与函数值之间的对应关系,即角 α(弧度)对应于点 P 的纵坐标 y——正弦,角 α(弧度)对应于点 P 的横坐标 x——余弦,可以得到非常清楚、明确的表示,而且这种表示也是简单的.另"$x=\cos\alpha, y=\sin\alpha$ 是单位圆的自然的动态(解析)描述,由此可以想到,正弦、余弦函数的基本性质就是圆的几何性质(主要是对称性)的解析表述",其中,单位圆上点的坐标随着角 α 每隔 2π(圆周长)而重复出现(点绕圆周一圈而回到原来的位置),非常直观地显示了这两个函数的周期性.单位圆的引入还有利于构建任意角的三角函数的知识结构."单位圆定义法"以单位圆为载体,自变量 α 与函数值 x,y 的意义非常直观而具体,单位圆中的三角函数线与定义有了直接联系,从而能方便地采用数形结合的思想讨论三角函数的定义域、值域、函数值符号的变化规律、同角三

第一节　总体说明

角函数的基本关系式、诱导公式、周期性、单调性、最大值、最小值等. 另外,学生在学习弧度制时,对于引进弧度制的必要性较难理解."单位圆定义法"可以启发学生反思:采用弧度制度量角,就是用单位圆的半径来度量角,这时角度和半径长度的单位一致,这样,三角函数就是以实数(弧度数)为自变量,以单位圆上点的坐标(也是实数)为函数值的函数,这就与函数的一般定义一致了. 另外,我们还可以这样来理解三角函数中自变量与函数值之间的对应关系:把实数轴想象为一条柔软的细线,圆心固定在单位点 $A(0,1)$,数轴的正半轴逆时针缠绕在单位圆上,负半轴顺时针缠绕在单位圆上,那么数轴上的任意一个实数(点)α 被缠绕到单位圆上的点 $P(\cos\alpha, \sin\alpha)$. 任意角的三角函数是因研究圆周运动的需要而产生的,数学史上三角函数曾经被称为"圆函数". 所以,采用"单位圆定义法"能更真实地反映三角函数的发展进程. 由此可见,"单位圆定义法"使三角函数反映的数形关系更直接,为后面讨论三角函数的性质和图像奠定了很好的直观基础. 不仅如此,这一定义还能为"两角和与差的三角函数"的学习带来方便,因为和(差)角公式实际上是"圆的旋转对称性"的解析表述,和(差)化积公式也是圆的反射对称性的解析表述. 用单位圆上点的坐标定义正弦函数、余弦函数使学生在三角函数学习之初就能感受到单位圆的重要性,为后续借助单位圆的直观讨论三角函数的图像与性质奠定坚实的基础,这样的定义也能够更好地反映三角函数的本质.

教材将三角函数当作模型来处理,与传统的处理方法不同,这里把三角恒等变换从三角函数中独立出来,其目的也是为了在三角函数一章中突出"函数作为描述客观世界变化规律的数学模型"这条主线. 对于数学模型,徐利治先生在《数学方法论选讲》一书中解释为:"所谓数学模型,是指针对或参照某种事务系统的特征数量相依关系,采用形式化的数学语言,概括地或近似地表达出来的一种数学结构". 徐利治先生对数学模型还作了广义的解释:凡一切数学概念、数学理论体系、各种数学公式、各种方程以及由公式系列构成的算法系统等等都可称之为数学模型. 三角函数、三角函数的公式等都是数学模型. 学习数学模型的最好方法是经历数学建模过程,即首先从大量的实际背景中概括抽象出三角函数的概念,然后利用数学的方法研究三角函数的性质,再运用三角函数去解决实际问题. 因此教材在三角函数内容的呈现方式上以问题为中心,体现了数学模型观,渗透了数学建模的思想. 通过改进呈现方式,提供直观感知、观察发现、归纳类比、空间想象、抽象概括、符号表示、运算求解、数据处理、演绎证明、反思与建构等思维活动的载体,达到体现数学教育新理念,促使学生采取积极主动、勇于探索的学习方式进行学习,引导教师改进教学方式,提高教学质量,使学生打好数学基础,提高数学思维能力. 在保证内容体系的合理性、科学性的前提下,加强教材的问题性和思想性,在知识的发生发展过程中,利用"观察""思考""探究"等栏目,提出恰当的问题,把数学概念的概括过程和数学思想方法的形成过程设计成为一系列的问题,启发学生的积极主动思维. 这样,可以使学生感到概念的发展和数学思想方法的形成是自然的,不是强加于人的.

（二）平面向量

第二章主要内容包括平面向量的实际背景及基本概念；平面向量的线性运算；平面向量的基本定理及坐标表示；平面向量的数量积；平面向量应用举例等．主要知识点包括：向量的概念及几何表示；向量加减、数乘运算及其几何意义；平面向量的基本定理及坐标概念；平面向量的数量积、几何意义及几何表示；利用向量解决简单的实际问题．本章的教学要求是：了解向量的实际背景，理解平面向量和向量相等的含义，理解向量的几何表示；掌握向量加、减法的运算，并理解其几何意义；掌握向量数乘的运算，并理解其几何意义，以及两个向量共线的含义；理解向量的线性运算性质及其几何意义；了解平面向量的基本定理及其意义；掌握平面向量的正交分解及其坐标表示；会用坐标表示平面向量的加、减与数乘运算．理解用坐标表示的平面向量共线的条件；理解平面向量数量积的含义及其物理意义．体会平面向量的数量积与向量投影的关系；掌握数量积的坐标表达式，会进行平面向量数量积的运算；能运用数量积表示两个向量的夹角，会用数量积判断两个平面向量的垂直关系；经历用向量方法解决某些简单的平面几何问题、力学问题与其他一些实际问题的过程，体会向量是一种处理几何问题、物理问题等的工具，发展运算能力和解决实际问题的能力。

平面向量是高中数学中极其重要的内容，它作为数形结合的桥梁，沟通了代数、三角函数、几何等知识，是进一步学习数学学科和其他自然学科的基础，有着极其丰富的实际背景。向量这一概念是由物理学和工程技术中抽象出来的，反过来，向量的理论和方法，又成为解决物理学和工程技术的重要工具。向量之所以有用，关键是它具有一套良好的运算性质，通过向量可把空间图形的性质转化为向量的运算，这样通过向量就能较容易地研究空间的直线和平面的各种有关问题。向量不同于数量，它是一种新的量，关于数量的代数运算在向量范围内不都适用．因此，本章将向量作为一种具有丰富的几何背景与物理背景的近代数学模型来研究．重点突出了向量是具有深刻的几何背景和物理背景的数学模型，也是近代数学中重要的、基本的概念，是一种基本的重要的数学工具．向量既是代数的对象，又是几何的对象，是集数形于一身的数学概念，是数学中数形结合思想的典型体现．教材在介绍向量概念时，重点说明了向量与数量的区别，然后又重新给出了向量代数的部分运算法则，包括加法、减法、实数与向量的积、向量的数量积的运算法则等等，之后又将向量与坐标联系起来，把关于向量的代数运算与数量（向量的坐标）的代数运算联系起来，这就为研究和解决有关几何问题又提供了两种方法——向量法和坐标法。

与以往教材相比，其主要特点是：

（1）本章将向量作为刻画现实世界的数学模型．和函数、三角函数类似，本章也是对一种数学模型的研究．按照数学模型研究的一般程序展开教材："问题情境—建立模型—数学结果—解释、应用与拓展"。

（2）根据学生的生活经验，提供丰富的实际背景，通过对实际背景的分析、概括与抽象，建立向量模型，再运用数学方法研究模型的性质，进而解决实际问题．这样处理体现了数学知识的产生、发展过程,有助于学生理解数学的本质.

（3）以问题为中心,用问题链为线索揭示知识的发生过程.

（4）突出向量的物理背景和几何背景.在研究向量的线性运算时,充分发挥有向线段几何背景的作用.

（5）突出运算的核心地位.教材在处理向量运算的内容时,注意和数的运算进行类比,这样既可以有效地利用学生有关数的运算的经验,而且可以帮助学生发展对运算的认识.

（6）向量既是代数对象,又是几何对象,因而向量具有多种表示方法.在教材中,先用几何语言即有向线段来表示向量的线性运算.然后再用代数语言来研究向量的坐标表示.这样就使向量成为联系代数和几何的桥梁,成为解决现实问题和数学问题的工具.

（三）三角恒等变换

第三章主要内容包括：两角和与差的正弦、余弦和正切公式；简单的三角恒等变换.主要知识点是两角差的余弦及和差的正弦、正切的推导；二倍角的正弦、余弦和正切；和差倍角公式的运用.本章的教学要求是：经历用向量的数量积推导出两角差的余弦公式的过程,进一步体会向量方法的作用；能从两角差的余弦公式导出两角和与差的正弦、余弦、正切公式,二倍角的正弦、余弦、正切公式,了解它们的内在联系；能运用上述公式进行简单的恒等变换（包括引导导出积化和差、和差化积、半角公式,但不要求记忆）并进行三角函数式的化简、求值和证明,体会转化的思想、方程的思想及换元法、特殊化法等数学思想方法在相关问题求解中的重要作用.

教材将三角恒等变换安排在平面向量之后,使学生能够切实感受到平面向量的威力（用向量为工具推导三角变换公式非常简捷,而用其他方法都比较繁琐）.另外,由于三角恒等变换与"函数"讨论的主题关系较远,作为平面向量的一个应用而独立成章,对三角函数的系统性没有破坏.

三角恒等变换的学习以代数变换与同角三角函数式的变换的学习为基础,和其他数学变换一样,它包括变换的对象,变换的目标,以及变换的依据和方法等要素.本章变换的对象主要由只含一个角的三角函数式拓展为包含两个角的三角函数式,因此建立起一套包含两个角的三角函数式变换的公式就是本章的首要任务.由于和、差、倍之间存在的关系,和角、差角、倍角的三角函数之间必然存在紧密的内在联系,因此可以不必孤立地去一一推导这些公式,而只要推导出一个公式作为基础,再利用这种联系性,用逻辑推理的方法就可以得到其他公式.选择哪个公式作为基础呢？过去的教材曾经进行过许多探索,其基本出发点都是努力使公式的证明过程尽量简明易懂,易于被学生所接受,这里由于向量工具已被引入,因此选择了两角差的余弦公式作为基础.应当说,这样处理使得公式的得出成为一个纯粹的代数运算过程,大大降低了思考难度,有助于学生从总体上理解三角变换.教材先利用向量的数量积探索出了两角差的余弦公式的过程,并由此公式作为出发点,推导出两角和与差的正弦、余弦、正切公式,二倍角的正弦、余弦、正切公式等其他公式,这种处理方式突出了向量和三角函数的联系. 另外教材注重从运算的角度看待三角变换,把三角变换看成是三角函数的运算. 这样就使得三角变换和运算(包括向量的运算)发生了联系. 在教科书中,三角变换的公式都是通过运算的方法推导和证明的. 在本章最后更从运算的角度提出和差化积、积化和差的研究课题.

在传统的教学中,往往把三角变换单纯地视为基本的技能训练,强调反复的练习和操作,强调三角变换的具体方法和技巧,造成了公式头绪多,练习习题难,技巧方法习的现象. 和过去相比,新教材更重视公式的发现和推导过程,重视学生在三角变换中的思维过程,重视这些过程中的思维活动和指导这些活动的思想方法. 因此本章内容安排的一条明线是建立公式,学习变换,还有一条暗线就是发展推理能力和运算能力,并且发展能力的要求不仅体现在学习变换的过程之中,也体现在建立公式的过程之中. 在本章全部内容的安排中,特别注意恰当地提出问题,引导学生用对比、联系、化归的观点去分析、处理问题,使他们能依据三角函数式的特点,逐渐明确三角恒等变换不仅包括式子的结构形式变换,还包括式子中的角的变换,以及不同三角函数之间的变换,引导学生逐渐拓广有关公式在变换过程中的作用,强化运用数学思想方法指导设计变换思路的意识,并且也注意了这种引导的渐进性和层次性. 根据《高中数学课程标准》的要求,教材降低了对三角变换的要求. 特别是不再要求用积化和差、和差化积、半角公式等作复杂的恒等变形,而把推导积化和差、和差化积、半角公式作为三角恒等变换的基本训练,避免任意加大三角变换的难度,防止在三角变换中出现深挖洞的现象.

本章内容安排贯彻"删减繁琐的计算、人为技巧化的难题和过分强调细枝末节的内容"的理念,严格控制了三角恒等变换及其应用的繁、难程度,尤其注意了不以半角公式、积化和差公式以及和差化积公式作为变换的依据,而只把这些公式的推导作为变换的基本练习.

三、教学重点和难点

(一) 三角函数

本章的教学重点是:将 0°至 360°范围的角推广到任意角,了解弧度制,并能进行弧度与角度的换算;任意角的正弦、余弦、正切的定义,同角三角函数的基本关系;诱导公式的探究,运用诱导公式进行简单三角函数式的求值、化简与恒等式的证明;正弦、余弦、正切函数的图像及其主要性质(包括周期性、单调性、奇偶性、最值或值域);用平移变换和伸缩变换画函数 $y=A\sin(\omega x+\varphi)$ 的图像变换过程;用三角函数模型解决一些具有周期变化规律的实际问题.

教学难点是:弧度的概念,用集合来表示终边相同的角和象限角;用角的终边上的点的坐标来刻画三角函数;利用与单位圆有关的有向线段,表示任意角 α 的正弦、余弦、正切的函数值;诱导公式的推导;正弦函数和余弦函数图像间关系、图像间的变换;图像变换与函数解析式变换的内在联系的认识;将某些实际问题抽象为三角函数模型.

（二）平面向量

本章的教学重点是：向量的概念、相等向量的概念以及向量的几何表示；向量加、减法的定义及运算法则，实数与向量的积的定义及运算性质；平面向量的正交分解及其坐标表示，平面向量共线的条件；平面向量数量积的概念，用平面向量的数量积表示向量的模及向量的夹角；将实际问题转化为数学问题，将几何图形的性质转化为向量关系，将物理量之间的关系抽象为向量关系.

教学难点是：正确理解向量的概念和共线向量的概念；对向量加、减法的定义的理解；对平面向量基本定理的理解；平面向量数量积的定义及运算律的理解，平面向量数量积的应用；实际问题转化为向量问题.

（三）三角恒等变换

本章的教学重点是：通过探索和讨论交流，导出两角差与和的三角函数的十一个公式，并了解它们的内在联系；掌握三角变换的内容、思路和方法，体会三角变换的特点.

教学难点是：两角差的余弦公式的探索和证明；公式的灵活运用.

四、教学设计建议

在教学中应强调对基本概念和基本思想的理解和掌握，对一些核心概念和基本思想要贯穿高中数学教学的始终，帮助学生逐步加深理解. 由于数学高度抽象的特点，注重体现基本概念的来龙去脉. 在教学中要引导学生经历从具体实例抽象出数学概念的过程，在初步运用中逐步理解概念的本质. 同时要充分考虑数学的学科特点、高中学生的心理特点，不同水平、不同兴趣学生的学习需要，运用多种教学方法和手段，引导学生积极主动的学习，掌握数学的基础知识和基本技能以及它们所体现的数学思想方法，发展应用意识和创新意识，对数学有较为全面的认识，提高数学素养，形成积极的情感态度，为未来发展和进一步学习打好基础.

（一）三角函数

1. 准确把握教学要求

与以往的三角函数内容相比较，本章加强了三角函数作为刻画现实世界的数学模型，借助单位圆理解三角函数的概念、性质，以及通过建立三角函数模型解决实际问题等. 新课标对三角函数内容的削减比较多，课时量也减少了，例如，删减了任意角的余切、正割和余割、三角函数的奇偶性、已知三角函数值求角、反三角函数符号，将对三角函数周期性的一般讨论作为选学内容. 另外，任意角概念、弧度制概念、同角三角函数的基本关系式，诱导公式等都降低了要求. 这样的处理，把重点放在使学生理解三角函数及其基本性质，体会三角函数在解决具有周期变化规律的问题中的作用上，而对一些细枝末节的内容不再作过多要求. 教学时应当把握好这种变化，遵循新课标所规定的内容和要求，不要随意补充已被删减的知识点,不要引进那些繁琐的、技巧性高的变换题目(例如,求定义域、值域,求 α 的其他三角函数值,用诱导公式进行复杂变换的问题等).但要注重基本的技能训练,让学生记牢并熟练地使用诱导公式,同角三角函数关系式,能用五点法画出正(余)弦函数的图像等,因为这是利用三角函数解决问题的基础.

2. 结合实际,深化概念的理解

教学中要注意在学生已有生活经验的基础上,通过较丰富的实例展示角扩充的必要性.学习角的概念,首先应抓住用运动的观点理解概念这个根本,其次应理解各种角的现实意义,为数学知识的应用奠定基础.在直角坐标系中,引入象限角概念,为用代数方法研究角提供了基础.要认识象限角的分类,通过比较、发现,导出同终边角的集合表示.要注意在平面直角坐标系下研究角,应先明确直角坐标系的建立方法,这是用坐标法研究问题的基础.在教学中要揭示引入实数度量角的必要性,首先要明白弧度制与角度制一样都是表示角的一种单位制,但进位规则不同,前者是十进制,后者是六十进制,我们更多使用弧度制表示一个角的大小;有了弧度制后,弧长的公式和扇形的面积公式又出现了新的形式,弧长公式和扇形面积计算公式只需要会做简单应用.弧度是学生比较难接受的概念,教学中应使学生体会弧度也是一种度量角的单位$\left(1\text{弧度的角等于圆周的}\dfrac{1}{2\pi}\text{所对的圆心角或周角的}\dfrac{1}{2\pi}\right)$,随着后续课程的学习,他们将会逐步理解这一概念,在此不必深究.本节内容涉及概念较多,在教学方法上建议:先由学生自学,而后教师设置一些问题供学生思考,在此基础上,可以通过讲授再现概念,通过练习理解概念,完成教学.

3. 注重结合数学思想方法

注意从数学模型的角度来认识三角函数,突出数学思想方法在数学模型建构中的作用.根据学生的生活经验,创设丰富的情境.使学生体会三角函数是刻画周期现象的重要模型以及三角函数模型的意义.由于周期现象在现实中广泛存在,例如单摆运动、弹簧振子、圆周运动、交流电、音乐、潮汐、波浪、四季变化、生物钟等,它是物理、地理、生物、天文等其他学科研究的对象,因此,本章内容与其他学科有紧密联系.从数学内部来说,三角函数的概念、性质与圆的知识有紧密联系,在整个三角函数内容的讨论中,单位圆发挥了关键作用.教学中应充分利用学生的生活经验、其他学科的知识以及关于圆的性质方面的知识,使三角函数的学习建立在丰富的背景上.

要充分发挥数形结合思想方法在本章的运用.本章讨论的内容都可以用单位圆作为直观工具,教学中要充分发挥单位圆的作用,特别是借助单位圆上点的坐标来定义三角函数,可以更好地体现三角函数的周期性、三角函数线、三角函数的定义域、值域、函数值符号的变化规律、同角三角函数的基本关系式、诱导公式、单调性、最大值、最小值等.例如:

$P(x,y)$ 在单位圆上 $\Longleftrightarrow |x|\leqslant 1$, $|y|\leqslant 1$,即正弦、余弦函数的值域为 $[-1,1]$;

$$|OP|^2 = 1 \Longleftrightarrow \sin^2 x + \cos^2 y = 1;$$

第一节 总体说明

对于圆心的中心对称性 $\Longleftrightarrow \sin(\pi+\alpha)=-\sin\alpha$, $\cos(\pi+\alpha)=-\cos\alpha$;

对于 x 轴的轴对称性 $\Longleftrightarrow \sin(-\alpha)=-\sin\alpha$, $\cos(-\alpha)=\cos\alpha$;

对于 y 轴的轴对称性 $\Longleftrightarrow \sin(\pi-\alpha)=\sin\alpha$, $\cos(\pi-\alpha)=-\cos\alpha$;

对于直线 $y=x$ 的轴对称性 $\Longleftrightarrow \sin\left(\dfrac{\pi}{2}-\alpha\right)=\cos\alpha$, $\cos\left(\dfrac{\pi}{2}-\alpha\right)=\sin\alpha$;

$\sin\alpha$ 在 $\left[-\dfrac{\pi}{2},\dfrac{3\pi}{2}\right]$ 内的单调性：α：$-\dfrac{\pi}{2}\to 0\to \dfrac{\pi}{2}\to \pi \to \dfrac{3\pi}{2} \Longleftrightarrow y$：$-1\to 0\to 1\to 0\to -1$

$\Longrightarrow \sin\alpha$ 在 $\left[-\dfrac{\pi}{2},\dfrac{\pi}{2}\right]$ 上单调递增，在 $\left[\dfrac{\pi}{2},\dfrac{3\pi}{2}\right]$ 上单调递减.

运用和深化函数思想方法. 在函数观点的指导下, 学习三角函数, 这对进一步理解三角函数概念, 理解函数思想方法和提高学生的数学思维水平都是十分重要的. 应加强相关知识的联系, 强调数学思想方法的运用. 教学中应当充分利用章引言提供的情景, 引导学生从"刻画周期现象的数学模型"的角度来认识三角函数, 使学生从学习之初就建立起从数学模型的角度看三角函数的意识. 在此基础上, 要充分注重运用三角函数模型解决实际问题的教学, 使学生经历运用三角函数模型描述周期现象、解决实际问题的全过程.

在三角函数的诱导公式的教学中可先创设情境, 引入发现结论的条件, 促成学生发现诱导公式. 为能使创设的情境与学生原有基础的距离缩小, 需要复习一些已知知识, 如终边相同的角的同一三角函数的值相等, 单位圆与三角函数线等. 在此基础上, 通过探究由学生发现：终边与角 α 的终边关于原点、x 轴、y 轴和直线 $y=x$ 对称的各类角的各种表示方法, 借助单位圆, 通过图形观察, 由学生发现诱导公式二至四, 然后引导学生, 概括四组公式, 认识它们的作用. 安排的例题与练习, 要围绕熟悉公式, 理解化归与转化思想来进行, 并知道任意角的三角函数一定可以等价于转化为 0 至 $\dfrac{\pi}{2}$ 内的角的三角函数. 诱导公式五、六的教学可同上安排. 在小结中, 要突出两点, 一是突出几何图形对发现结论的影响, 即我们是如何从单位圆的对称性与任意角终边的对称性中发现结论的. 二是在诱导公式的运用中隐含着化归与转化的思想.

4. 恰当地运用信息技术

例如在 $y=A\sin(\omega x+\varphi)$ 的图像教学中, 可以借助计算机来模拟 A,ω,φ 的变化 $y=A\sin(\omega x+\varphi)$ 对函数图像的影响, 关键是建立 $y=\sin x$ 与 $y=A\sin(\omega x+\varphi)$ 图像的联系. 通过变换由 $y=\sin x$ 的图像得出 $y=A\sin(\omega x+\varphi)$ 图像, 从而引导学生认识图像 $y=A\sin(\omega x+\varphi)$ 的五个关键点, 由此得出 "五点法" $y=A\sin(\omega x+\varphi)$ 图像的方法. 教学中可在 A,ω,φ 对函数 $y=A\sin(\omega x+\varphi)$ 图像影响的基础上, 介绍它们的物理意义.

另外, 三角函数是学生在高中阶段系统学习的又一个基本初等函数, 教学中应当注意引导学生以数学必修 1 中学到的研究函数的方法为指导来学习本章知识, 即要结合三角函数引导学生进一步理解集合与对应观点下的函数概念, 函数中研究的基本问题和基本思路（根据刻画现实中周期现象的需要,引进三角函数来描述周期性变化的规律;在遇到一个新的函数时,总要看看它的图像、单调性、有没有特殊取值等等),这样可以使学生在高观点指导下体会进行数学学习与研究的思想方法,这对提高学生的数学思维水平是非常有帮助的.同样的,在讨论函数图像时,实际上涉及函数变换与图像变换(图像的平移、伸缩与函数变换的关系),需要数形结合思想的指导,虽然教师不一定要明确地向学生指出,但教学时还是要注意渗透.

(二)平面向量

1. 引导学生用数学模型的观点看待向量内容

在向量概念的教学中要利用学生的生活经验、其他学科的相关知识,创设丰富的情境,从物理背景(力、速度、加速度)和几何背景(有向线段)入手,引导学生认识向量作为描述现实问题的数学模型的作用,对于学生理解向量概念和运用向量解决实际问题都是十分重要的.同时还要通过解决一些实际问题,使学生学会用向量这一数学模型处理问题的基本方法.例如,利用向量计算力使物体沿某方向运动所做的功,利用向量解决平面内两条直线平行与垂直的位置关系等问题.本节可按照:"创设问题情境——探索研究新概念——巩固认识新概念"来设计,在问题情境设置环节,所设计的问题要贴近学生生活,并且注重与固有观念的联系与比较,在问题中培养学生的比较、鉴别、归纳的思维能力,以系统有序地"组织"看似零散的一堆相关概念,针对本节课概念多的特点,教学中要设计一定数量的练习达到重点概念重点掌握,并且注重概念辨析,可做一些必要的变式训练,以突出概念的本质特征,消除非本质因素对概念学习的负面影响.

2. 让学生参与建构活动

(1)通过建构活动让学生熟悉向量及其运算的几何意义和物理意义,这是灵活运用向量解决问题的基础.

(2)引导学生自主得出平面向量基本定理.平面向量基本定理是平面向量的核心内容之一,教学中可采用合作学习法,可以先让学生分析向量 e_1, e_2 可能的位置,区分出共线、不共线两种情况,然后作出两种情况下 $3e_1+2e_2, e_1-e_2$,在此基础上验证共线时"不能",不共线时"总能"的结论.通过探究活动,引导学生自主得出平面向量基本定理.在平面向量坐标表示的教学中要渗透求简意识的培养,让学生体悟到向量坐标表示是一种更简约的表示方式,向量的坐标表示的引入可使向量运算完全代数化和程序化,就可以使很多几何问题的解答转化为简单的数量运算.

(3)向量的数量积是向量的一种重要运算.教学中建议采用探究法,可以引导学生自己利用向量的数量积定义推导有关结论,这些结论可以看成是定义的一个推论,教学中应当让学生独立完成,教师作适当点评.在教学中与数的运算进行类比是一种重要的数学思想方法.教学中可采取引导发现法,通过探究引导学生自己类比数的加法交换律和结合律,通过画图验证的实验方法理解向量加法的交换律和结合律.教学过程可以按照"创设问题情境——探索研究——讨论交流"思路设计,强调分析问题的重要性,选取贴近学生生活的实际问题让学生讨论交流,亲自体验用向量方法解决物理及实际问题的过程,培养学生的探索精神和合作研究能力.

3. 加强向量与相关知识的联系性,使学生明确研究向量的基本思路

向量既是代数的对像,又是几何的对像.作为代数对像,向量可以运算,而且正是因为有了运算,向量的威力才得到充分的发挥;作为几何对像,向量可以刻画几何元素(点、线、面),利用向量的方向可以与三角函数发生联系,通过向量运算还可以描述几何元素之间的关系(例如直线的垂直、平行等),另外,利用向量的长度可以刻画长度、面积、体积等几何度量问题.教学中应当着力体现向量是连接代数几何的桥梁,从代数、几何两个角度学习向量有关概念.例如:向量的正交分解:几何角度——互相垂直的两个向量;代数角度——坐标表示.沟通向量与三角的联系.例如:用向量法证明两角差的余弦公式.同时注重沟通向量与其他学科的联系.例如:用向量法证明柯西不等式$|a \cdot b| \leqslant |a| \cdot |b|$,充分关注到向量的这些特点,引导学生在代数、几何和三角函数的联系中学习本章知识.值得特别注意的是,在本章的教学之初,应引导学生通过与数及其运算的类比,体会研究向量的基本思路,在学完本章内容后,还要引导学生反思,重新概括研究思路,这样可以使学生体会数学中研究问题的思想方法,提升学生的数学思维水平.

4. 让学生理解向量方法的实质

在平面向量应用的教学中,应使学生充分感受到向量的工具特性,强调用向量解决几何问题的基本思想,即"三步曲":建立平面几何与向量的联系,用向量表示问题中涉及的几何元素,将平面几何问题转化为向量问题;通过向量运算,研究几何元素之间的关系,如距离、夹角等问题;把运算结果"翻译"成几何关系.在贯穿向量教学的全过程中,都要向学生讲清本章研究的总思路,特别是在学完本章后,更应引导学生反思,因为这对于向量方法的理解是至关重要的,由于向量的数量积集距离和角这两个刻画几何元素(点、线、面)之间度量关系的基本量于一身,因而它在解决几何问题中的作用更大,应当通过适当的问题引起学生的注意.

5. 注意与数及其运算、解析几何的思想方法的类比

向量及其运算与数及其运算可以类比,这种类比使学生体会向量研究中的问题与方法,也是教学中提高思想性的有效手段,教学中应当予以充分的关注.另外,从思想实质来说,向量法与解析法是完全一致的,教学中可以引导学生回顾数学必修2中归纳的解析法的"三步曲",然后让学生自己概括出向量法的"三步曲".顺便指出,作为向量数量化依据的平面向量基本定理,教科书是通过具体的例子来说明同一平面内任一向量都可表示为两个不共线向量的线性组合,这种表示是学生所不熟悉的.教学中应当充分用好具体例子,使学生形成对基本定理的直观理解,但不要加以证明.在进入平面向量的坐标表示以及平面向量的坐标运算后,可以引导学生通过例题,在解决线段的定比分点、平移、平面上两点之间的距离等问题

的过程中,使学生看到得到的结果与在数学必修2中得到的一样,从而进一步体会平面向量基本定理的内涵.

(三) 三角恒等变换

在三角恒等变换的教学中,两角差的余弦公式的推导思路的获得是一个难点.为此,《课程标准》明确提出利用向量的数量积推导两角差的余弦公式,并由此公式推导出两角和的余弦、两角和与差的正弦、正切公式,二倍角的正弦、余弦、正切公式,教学中应当把握这种要求,不要因为用其他方法推导两角差的余弦公式有较好的思维教育价值而作过多扩展(对于学有余力的学生,可以作为课外学习素材).另外,教学中应鼓励学生通过独立探索和讨论交流,推导积化和差、和差化积、半角公式,以此作为三角恒等变换的基本训练,不要进行复杂的、技巧性强的三角恒等变换训练.

1. 准确把握教学要求

由于教材降低了对三角变换的要求.所以在教学中要注意基础训练,把重点放在培养学生的推理能力和运算能力上,降低变换的技巧性要求.教学时应当把握好这种"度",遵循"标准"所规定的内容和要求,不要随意补充知识点(如半角公式、积化和差与和差化积公式,这些公式只是作为基本训练的素材,结果不要求记忆,更不要求运用).在需要学生联系已学过的其他知识时,有意识地引导学生联想向量知识;充分利用单位圆,分析其中有关几何元素(角的终边及其夹角)的关系,为向量方法的运用做好准备;探索过程的安排,应当先把握整体,然后逐步追求细节,在补充完善细节的过程中,需要运用分类讨论思想,突破两角差的余弦公式的推导这一难点后,其他所有公式都可以通过学生自己的独立探索而得出.

2. 渗透数学思想方法

在两角差的余弦公式的推导中应体现数形结合思想以及向量方法的应用;从两角差的余弦公式推出两角和与差的正弦、余弦、正切公式,二倍角的正弦、余弦和正切公式的过程中,要注意始终引导学生体会化归思想;在应用公式进行恒等变换的过程中,渗透观察、类比、特殊化、化归等思想方法.特别是充分发挥"观察""思考""探究"等活动的作用,对学生解决问题的一般思路进行引导.

3. 强化各种变换之间的内在联系

三角恒等变换与代数恒等变换、圆的几何性质等都有紧密联系,推导两角差的余弦公式的过程比较集中地反映了这种联系,从中体现了丰富的数学思想.从数学变换的角度看,三角恒等变换与代数恒等变换既有相同之处又有各自特点.相同之处在于它们都是运用一定的数学工具对相应的数学式子作"只变其形不变其质"的数学运算,对其结构形式进行变换.由于三角函数式的差异不仅表现在其结构形式上,而且还表现在角及其函数类型上,因此三角恒等变换常常需要先考虑式子中各个角之间的关系,然后以这种关系为依据来选择适当的三角公式进行变换,这是三角恒等变换的主要特点.教学中应当引导学生以一般的数学(代数)变换思想为指导,加强对三角函数式特点的观察,在类比、特殊化、化归等思想方法上多作引导,同时要注意体会三角恒等变换的特殊性.创设问题情境,由浅入深,引导学生自主探究.注意改变学习三角函数就是背公式、记技巧、被动模仿练习的学习方式,充分利用教材中设置的"动手实践"、"思考交流"等栏目,改变学生的学习方式.强调公式 $S_{(\alpha-\beta)}$, $S_{(\alpha+\beta)}$, $C_{(\alpha-\beta)}$, $C_{(\alpha+\beta)}$ 具有一致性,即 α,β 是任意角.公式 $T_{(\alpha-\beta)}$, $T_{(\alpha+\beta)}$, 对 α,β 都有一定的要求,即要求

$$\alpha \neq k\pi + \frac{\pi}{2}\ (k \in \mathbf{Z}), \quad \beta \neq k\pi + \frac{\pi}{2}\ (k \in \mathbf{Z}), \quad \alpha \pm \beta \neq k\pi + \frac{\pi}{2}\ (k \in \mathbf{Z}).$$

第二节 教学实践案例

案例1 "1.4 三角函数的图像与性质"说课稿

一、教材分析

三角函数的学习是一种"逐渐分化"式的学习,为平面向量的学习作了必要的准备.教材以已有的集合与函数、指数函数与对数函数的知识为基础,研究三角函数的图像和性质,使三角函数的学习有一个好的"先行组织者",找到一个有力的"知识停靠点".本节主要研究正、余弦函数、正切函数的图像与性质,大约需要 4 学时.单位圆中的三角函数线是讨论三角函数图像与性质的基础,三角函数线是研究三角函数的有利工具,既是对利用三角函数的图像研究其性质的一个补充,又为今后的学习研究在方法上作铺垫,三角函数线的概念及其应用体现了数形结合的数学思想.借助三角函数线可以推出三角函数公式,求解三角函数不等式,探索三角函数的图像和性质.同时也强调了单位圆的直观作用,拓宽了研究三角函数性质的视野.本节课是在学生掌握了单位圆中的正弦函数线和诱导公式的基础上进行的,不仅是对前面所学知识应用的考察,也是后续利用三角函数性质解决问题的基础.对函数图像清晰而准确的掌握也为学生在解题实践中提供了有力的工具.根据本节课的特点、课程标准对教学的要求以及学生的认知水平,可从三个方面确定以下教学目标:

(1)知识与技能:利用单位圆中的三角函数线作出正弦函数的图像,明确图像的形状;通过研究掌握正弦函数图像及其画法;掌握余弦函数、正切函数的图像及其画法;深刻理解五点作图法中五点的本质;了解三角函数的周期性,借助图像理解正弦函数、余弦函数在 $[0,2\pi]$,正切函数在 $\left(-\dfrac{\pi}{2},\dfrac{\pi}{2}\right)$ 上的性质(单调性、最大和最小值、图像与轴的交点等等),并能利用图像解决一些有关问题.

(2)过程与方法:通过对三角函数图像性质的探究,让学生主动思考、主动发现、亲历知识的形成过程,使学生对三角函数图像及性质的认知更为深刻,从而培养学生观察、归纳、抽象的能力,感悟数形结合的思想方法;通过三角函数图像性质的具体应用让学生经历从具体

到抽象,从特殊到一般,从感性到理性的认知过程,逐步培养学生运用数学知识解决实际问题的意识和能力.

(3) 情感态度与价值观:通过创建问题情境、探究等方式构建积极活跃和谐的课堂氛围,引导学生用联系的观点看待问题,善于类比联想,直观想象,体会三角函数图像所蕴涵的和谐美,从而激发学生学习数学的兴趣,养成良好的数学学习品质.

二、学情分析

学生已掌握了幂函数、指数函数、对数函数等函数的图像和性质,并了解一些函数图像的画法,为三角函数图像和性质的学习奠定了良好的基础.另外学生对高中数学体系也有了初步认识,且具有了较强的分析、判断、理解能力和一定层次上的交流沟通能力.在本节内容的教学中要充分运用单位圆的直观性,通过类比、归纳、分析、判断等抽象出三角函数的性质,其中单位圆中的三角函数线是研究三角函数性质的基础.同时教师在课堂教学和课外辅导时注意进行学法指导,要重视运用"微笑、点拨、激励、共鸣"的教育情感发展机制,创造宽松的环境和氛围,激发学生提出问题、解决问题,改变学习方法,提高学习效率,变被动为主动,提升"主动"到"创造".

三、教法分析

在新课改的理念下,学生在学习中的主体地位成为教学的首要因素,根据教学内容、教学目标和学生的认知水平,主要采取教师启发讲授与师生讨论、学生探究学习的教学方法.教学过程中,创设适当的教学情境,激发学生求知欲,注意借助信息技术,让学生观察三角函数图像,指导学生讨论交流,获得对三角函数基本性质的直观认识,促进学生知识体系的建构和数学思想方法的形成,注重从实例的共同特征到一般性质的概括过程,使学生有机会经历数学概念抽象的各个阶段,鼓励与引导学生独立自主地开展探究,从而形成概念,获得方法,创造性地解决问题,培养能力,提高学生合作学习和数学交流的能力.

四、教学过程

新课程的理念,要以学生发展为本,注重学生知识与能力、过程与方法、情感态度与价值观等三方面目标的全面发展,引导学生学会学习,原来的单纯只注重传授知识的情况将不复存在.新课程对教师也提出了更高的要求,要求教师在设计思路上,注重体现"以学生为本"的基本理念.本节课是三角函数知识的重点之一,教学过程可设计分为六个环节:

(一) 情境设置——揭示课题

首先给出学生所熟悉的一次函数、反比例函数、二次函数、指数函数、对数函数等,让学生画出这几个函数的草图,也可以运用信息技术给出它们的图像.启发学生通过函数图像主要讨论函数的单调性、奇偶性以及最大值、最小值等.而引入弧度制后 $y=\sin x$,$y=\cos x$,

$y=\tan x$ 是一个实变量函数,作为函数,我们首先要关注其图像特征.本节课我们一起来学习三角函数的图像及其性质.

设计意图:回顾原来函数的内容,为即将学习的新知识做好铺垫,体现类比的数学思想方法.

(二)探索研究——归纳分析

1. 函数 $y=\sin x$ 的图像

复习正弦线、余弦线的概念,启发学生由单位圆中的正弦线知识,只要已知一个角 α 的大小,就能用几何方法作出对应的正弦值 $\sin\alpha$ 的大小来.初中所学的代数描点法作函数 $y=\sin x$ 的图像,因各点的纵坐标都是查三角函数表得到的,数值不够精确,使得描点后画出的图像误差也大,从而引出用几何法作出 $y=\sin x$ 在 $[0,2\pi]$ 上的图像,利用终边相同的角的三角函数值相等,通过平移得到三角函数 $y=\sin x$ 在 **R** 上的图像.比较函数 $y=\sin x(x\in[0,2\pi])$ 与函数 $y=\sin x(x\in\mathbf{R})$ 的图像,启发学生正确理解正弦函数的周期性,进一步让学生体会正弦线与正弦曲线的区别.几何描点法作图固然精确,但过程比较繁琐,启发学生找出在作函数 $y=\sin x(x\in[0,2\pi])$ 的图像时的五个关键点并写出坐标,从而引出五点法.由图像让学生总结正弦函数的单调区间、奇偶性以及最大值、最小值,然后教师补充说明.其中的五点法最常用,要让学生掌握五个关键点的坐标.

设计意图:从原有知识出发,引入问题情境,学生主动参与,积极思考.

2. 函数 $y=\cos x$ 的图像

复习函数图像平移变换的知识.根据诱导公式得出:$y=\cos x$ 与 $y=\sin\left(\dfrac{\pi}{2}+x\right)$ 是同一个函数,由 $y=\sin x$ 的图像向左平移 $\dfrac{\pi}{2}$ 单位,即可得出 $y=\cos x$ 在 $[0,2\pi]$ 的图像(可以用实物教具展示或是多媒体演示).让学生观察起关键作用的五个点并写出坐标.从而得到五点法作余弦函数的基本原理.在讲解过程中要注意引导学生如何识别正弦曲线与余弦曲线.类比正弦函数由图像学生得出余弦函数的单调区间、奇偶性以及最大值、最小值,教师总结并与正弦函数比较分析.

设计意图:通过对问题的探究、解决问题的尝试、亲历知识的形成过程,使该过程得到重视,促进交流、合作.

(三)类比分析——正切函数 $y=\tan x$ 的图像

类比正弦函数的图像的做法,引导学生通过平移正切线画出正切函数 $y=\tan x, x\in\left(-\dfrac{\pi}{2},\dfrac{\pi}{2}\right)$ 的图像(可用信息技术演示),再利用周期性把该段图像向左右延伸、平移得出正切函数 $y=\tan x$ 在整个定义域上的图像,称之为正切曲线.结合图像由学生探讨分析正切函数的定义域、值域、单调性、奇偶性以及最大值、最小值等性质.本节课的关键是类比正弦函数的图像性质来研究正切函数的图像性质.

(四) 典型例题——巩固基础

列举函数 $y=1+\sin x(x\in[0,2\pi])$ 以及 $y=-\cos x(x\in[0,2\pi])$,引导学生用五点法作出函数的图像,分析讨论它们的单调区间、最大值、最小值,使学生深化对正弦函数、余弦函数图像性质的理性认识以及对五点法作图本质的认识.

设计意图：熟练图像、灵活应用、加深对五点本质的认识.

(五) 设计问题——提高认识

通过例题：已知 $x=\cos\dfrac{3}{2}$，$y=\cos\dfrac{7}{4}$，$z=\cos\dfrac{1}{10}$，则 x,y,z 间的大小关系是（　　）

(A) $x<y<z$　　(B) $y<x<z$　　(C) $z<x<y$　　(D) $x<z<y$

阐述利用三角函数的单调性比较函数值大小的方法.通过例题：求函数 $y=\log_{\sin x}(\sqrt{2}\cos x+1)$ 的定义域,让学生灵活运用三角函数的图像解决问题的方法.在这个环节中,要在掌握方法的基础上,适当拓展,引导学生进行探索,交流学习过程中的体验和感受,在实践中体会,师生合作共同完成.

(六) 反思巩固,形成知识体系

引导学生思考总结,教师不断点拨启发,师生共同总结三角函数的图像及性质,强调本节课的重难点,用信息技术或用具体、形象的语言(如框图),给出本节课的知识点,从而使学生发现本节课的特点,对新知识获得总体印象,明确学习的目标和任务.同时,让学生对新知识与旧知识结构相比较,通过同化与顺应促进知识结构的整合,帮助学生建立合理的新认知结构,通过作业反馈学生对所学知识掌握的效果,以利于课后解决学生尚有疑难的地方.要注重师生间的互动.

设计意图：对本节课所学知识有一个清晰的认识,能抓住重点进行课后复习.

案例 2 "2.3.1 平面向量的基本定理"教案

一、教学目标

(1) 知识与技能：了解平面向量基本定理；理解平面里的任何一个向量都可以用两个不共线的向量来表示,初步掌握应用向量解决实际问题的重要思想方法；能够在具体问题中适当地选取基底,使其他向量都能够用基底来表达.

(2) 过程与方法：通过对平面向量基本定理的学习过程,渗透平面向量基本定理蕴涵的重要数学思想——转化思想,让学生体验数学定理的产生、形成过程,体验定理所蕴涵的数学思想方法,增强学生向量的应用意识,让学生进一步体会向量是处理几何问题强有力的工具之一.

（3）情感态度与价值观：通过营造轻松愉快、和谐的课堂氛围，提高学生的学习兴趣和交流合作能力，体会数学思想方法的意义，感受数学的价值；在探究平面向量基本定理过程中，培养学生观察分析和抽象概括能力，灵活运用所学知识解决实际问题的能力。

二、教学重点和难点

教学重点是对平面向量基本定理的探究；教学难点是对平面向量基本定理的理解与应用。

三、教学方法与教学手段

教学方法：采用探究式教学，启发式讲解。教学手段：多媒体辅助教学。

四、教学过程

（一）复习引入

首先回顾所学过的向量的线性运算。

(1) 实数与向量的积：实数 λ 与向量 a 的积是一个向量，记作 λa，其长度与方向规定如下：
① $|\lambda a|=|\lambda||a|$；　② 当 $\lambda>0$ 时，λa 与 a 方向相同；当 $\lambda<0$ 时，λa 与 a 方向相反。

(2) 运算律：设 λ,μ 为实数，

结合律：$\lambda(\mu a)=(\lambda\mu)a$；　　分配律：$(\lambda+\mu)a=\lambda a+\mu a$，$\lambda(a+b)=\lambda a+\lambda b$。

(3) 向量共线定理：向量 a 与非零向量 b 共线的充要条件是：有且只有一个非零实数 λ，使得 $a=\lambda b$。

（二）创设情境——提出问题

引例 已知 $\triangle ABC$ 中，$\overrightarrow{AD}=\frac{1}{4}\overrightarrow{AB}$，$DE/\!/BC$，且与边 AC 相交于点 E，$\triangle ABC$ 的中线 AM 与 DE 相交于点 N（图1）。设 $\overrightarrow{AB}=a$，$\overrightarrow{AC}=b$，试用 a，b 表示向量 $\overrightarrow{AE}$，$\overrightarrow{BC}$，$\overrightarrow{DE}$，$\overrightarrow{DB}$，$\overrightarrow{EC}$，$\overrightarrow{DN}$，$\overrightarrow{AN}$。

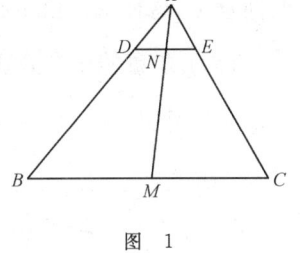

图　1

类似地，在习题和例题中我们经常遇到用两个不共线的向量来表示其他向量的问题。可以发现任一个向量都可以用两个不共线的向量表示。

问题 如果向量 e_1 和 e_2 是同一平面内的两个不共线的向量，a 是这一平面内的任一向量，那么 a 与 e_1,e_2 之间有什么关系呢？怎样探求这种关系？

（三）数形结合——探究规律

(1) 引导学生利用向量平移，将上述问题中的三个向量平移在同一个起点处，同时运用多媒体展示两种情况：

a 可能与 e_1,e_2 中的一个共线,也可能与 e_1,e_2 都不共线,引导学生得出结论 $a=\lambda_1 e_1+\lambda_2 e_2$.同时展示不同的 λ_1,λ_2 所作出的向量 a.

(2) 在物理上常将一个力分解成若干个力,将几个力合成为一个力. $a=\lambda_1 e_1+\lambda_2 e_2$ 可以看作是力的分解合成的向量表示形式.

(四)揭示内涵——理解定理

从前面的研究及力的分解合成的经验可以发现:向量 $a=\lambda_1 e_1+\lambda_2 e_2$ 中的 λ_1,λ_2 是唯一确定的.由此我们有定理:

平面向量基本定理 如果 e_1 和 e_2 是同一平面内的两个不共线向量,那么对于这一平面内的任一向量 a,有且只有一对实数 λ_1,λ_2,使 $a=\lambda_1 e_1+\lambda_2 e_2$.

探究 (1) 我们把不共线向量 e_1 和 e_2 叫做表示这一平面内所有向量的一组基底;

(2) 基底不唯一,关键是不共线;

(3) 由定理可将任一向量 a 在给出基底 e_1 和 e_2 的条件下进行分解;

(4) 基底给定时,分解形式唯一,λ_1,λ_2 是被 e_1,e_2,a 唯一确定的数量.

(五)讲解范例

例1 已知向量 e_1,e_2,求作向量 $-2.5e_1+3e_2$.(用电脑作图,演示结果.)

例2 平行四边形 $ABCD$ 的两条对角线交于点 M,且 $\overrightarrow{MA}=e_1$,$\overrightarrow{AB}=e_2$,用 e_1,e_2 表示 $\overrightarrow{AD}$ 和 $\overrightarrow{BD}$.

实际上前面已经在不自觉地利用基底解题,如我们在计算力与速度问题时,常进行分解合成,目的也是将问题集中到两个向量(基底)上来处理.前面的习题中我们已经做了许多有关向量的加法、减法、数乘,由向量基本定理,我们就可以将一个问题中的若干向量集中到两个向量上,这样就方便了我们的计算.

(六)向量的正交分解

(1) **引例** 已知平行四边形 $ABCD$ 中,E,F 是对角线 AC 上的两点,且 $AE=FC=\dfrac{1}{4}AC$(图2),试用向量方法证明四边形 $DEBF$ 也是平行四边形.

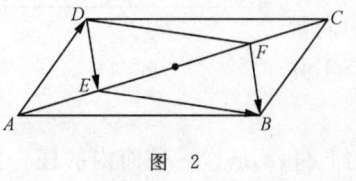

图 2

分析 由平面向量基本定理可知向量 $\overrightarrow{FB}$ 及 $\overrightarrow{DE}$ 用一组基底来唯一表示,要证明四边形 $DEBF$ 是平行四边形,只要证明用相同基底表示出来的向量 $\overrightarrow{FB}$ 及 $\overrightarrow{DE}$ 是相同的即可.

证明 设 $\overrightarrow{AD}=a,\overrightarrow{AB}=b$,因为 $\overrightarrow{DE}=\overrightarrow{AE}-\overrightarrow{AD}=\dfrac{1}{4}\overrightarrow{AC}-a=\dfrac{1}{4}b-\dfrac{3}{4}a$,而

$$\overrightarrow{FB}=\overrightarrow{AB}-\overrightarrow{AF}=b-\dfrac{3}{4}\overrightarrow{AC}=\dfrac{1}{4}b-\dfrac{3}{4}a,$$

所以 $\overrightarrow{DE}=\overrightarrow{FB}$,因此四边形 $DEBF$ 为平行四边形.

(2) 不共线的向量存在夹角.关于向量的夹角,我们规定:已知两个非零向量 a,b,作 $\overrightarrow{OA}=a$, $\overrightarrow{OB}=b$,则 $\angle AOB=\theta(0\leqslant\theta\leqslant\pi)$ 叫做向量 a,b 的夹角.当 $\theta=0$ 时,a 与 b 同向;当 $\theta=\pi$ 时,a 与 b 反向;当 $\theta=\pi/2$ 时,我们说 a 与 b 垂直,记作 $a\perp b$.

(七)课堂练习

(1) 设 e_1,e_2 是同一平面内的两个向量,则有(　　).
(A) e_1,e_2 一定平行　　(B) e_1,e_2 的模相等
(C) 同一平面内的任一向量 a 都有 $a=\lambda e_1+\mu e_2(\lambda,\mu\in\mathbf{R})$
(D) 若 e_1,e_2 不共线,则同一平面内的任一向量 a,都有 $a=\lambda e_1+\mu e_2(\lambda,\mu\in\mathbf{R})$

(2) 已知向量 $a=e_1-2e_2$,$b=2e_1+e_2$,其中 e_1,e_2 不共线,则 $a+b$ 与 $c=6e_1-2e_2$ 的关系(　　).
(A) 不共线　　(B) 共线　　(C) 相等　　(D) 无法确定

(3) 已知向量 e_1,e_2 不共线,实数 x,y 满足 $(3x-4y)e_1+(2x-3y)e_2=6e_1+3e_2$,则 $x-y=$ _____.

(4) 已知 a,b 不共线,且 $c=\lambda_1 a+\lambda_2 b(\lambda_1,\lambda_2\in\mathbf{R})$,若 c 与 b 共线,则 $\lambda_1=$ _____.

(5) 已知 $\lambda_1>0,\lambda_2>0,e_1,e_2$ 是一组基底,且 $a=\lambda_1 e_1+\lambda_2 e_2$,则 a 与 e_1 _____,a 与 e_2 _____(填共线或不共线).

(八)归纳小结、深化认知

通过本节课的学习,你学到了什么?体验到了什么?掌握了什么?你自己体会最深刻的是什么?

案例 3　"3.1 两角和与差的正弦、余弦和正切公式"教案

一、教学目标

(1) 知识与技能:理解以两角差的余弦公式为基础,推导两角和与差的正弦和正切公式的方法,体会三角恒等变换特点的过程,理解推导过程,掌握其应用.

(2) 过程与方法:通过学生动手操作推导两角差的余弦公式并进一步推导两角和与差的正弦和正切公式.

(3) 情感态度与价值观:培养学生由一般到特殊的思维习惯.

二、教学重点和难点

教学重点:两角和与差的正弦和正切公式的推导过程及运用;
教学难点:两角和与差的正弦、余弦和正切公式的灵活运用.

三、教学方法与教学手段

教学方法：讨论法、讲授法．教学手段：多媒体辅助教学．

四、教学过程

（一）复习式导入

回顾一下两角差的余弦公式：
$$\cos(\alpha-\beta) = \cos\alpha\cos\beta + \sin\alpha\sin\beta.$$

（二）讲授新课

问题 由两角差的余弦公式，怎样得到两角差的正弦公式呢？

探究 1 让学生动手完成两角和与差正弦公式．

$$\begin{aligned}
\sin(\alpha+\beta) &= \cos\left[\frac{\pi}{2}-(\alpha+\beta)\right] = \cos\left[\left(\frac{\pi}{2}-\alpha\right)+\beta\right] \\
&= \cos\left(\frac{\pi}{2}-\alpha\right)\cos\beta + \sin\left(\frac{\pi}{2}-\alpha\right)\sin\beta \\
&= \sin\alpha\cos\beta + \cos\alpha\sin\beta, \\
\sin(\alpha-\beta) &= \sin[\alpha+(-\beta)] = \sin\alpha\cos(-\beta) + \cos\alpha\sin(-\beta) \\
&= \sin\alpha\cos\beta - \cos\alpha\sin\beta.
\end{aligned}$$

探究 2 让学生观察认识两角和与差正弦公式的特征，并思考两角和与差正切公式．（学生动手）

$$\tan(\alpha+\beta) = \frac{\sin(\alpha+\beta)}{\cos(\alpha+\beta)} = \frac{\sin\alpha\cos\beta + \cos\alpha\sin\beta}{\cos\alpha\cos\beta - \sin\alpha\sin\beta}. \tag{1}$$

探究 3 能否推导出两角差的正切公式呢？

$$\tan(\alpha-\beta) = \tan[\alpha+(-\beta)] = \frac{\tan\alpha + \tan(-\beta)}{1 - \tan\alpha\tan(-\beta)} = \frac{\tan\alpha - \tan\beta}{1 + \tan\alpha\tan\beta}.$$

探究 4 通过什么途径可以把式(1)化成只含有 $\tan\alpha,\tan\beta$ 的形式呢？（分式(1)的分子、分母同时除以 $\cos\alpha\cos\beta$，得到 $\tan(\alpha+\beta) = \frac{\tan\alpha + \tan\beta}{1 - \tan\alpha\tan\beta}$．注意：$\alpha+\beta\neq\frac{\pi}{2}+k\pi,\alpha\neq\frac{\pi}{2}+k\pi,\beta\neq\frac{\pi}{2}+k\pi(k\in\mathbf{Z})$．）

探究 5 将 $S_{(\alpha+\beta)},C_{(\alpha+\beta)},T_{(\alpha+\beta)}$ 称为和角公式；$S_{(\alpha-\beta)},C_{(\alpha-\beta)},T_{(\alpha-\beta)}$ 称为差角公式．

（三）讲解例题

例 1 已知 $\sin\alpha = -\frac{3}{5},\alpha$ 是第四象限角，求 $\sin\left(\frac{\pi}{4}-\alpha\right),\cos\left(\frac{\pi}{4}+\alpha\right),\tan\left(\alpha-\frac{\pi}{4}\right)$ 的值．

解 因为 $\sin\alpha = -\frac{3}{5},\alpha$ 是第四象限角，得

$$\cos\alpha = \sqrt{1-\sin^2\alpha} = \sqrt{1-\left(-\frac{3}{5}\right)^2} = \frac{4}{5}, \quad \tan\alpha = \frac{\sin\alpha}{\cos\alpha} = \frac{-\frac{3}{5}}{\frac{4}{5}} = -\frac{3}{4},$$

于是有:

$$\sin\left(\frac{\pi}{4}-\alpha\right) = \sin\frac{\pi}{4}\cos\alpha - \cos\frac{\pi}{4}\sin\alpha = \frac{\sqrt{2}}{2}\times\frac{4}{5} - \frac{\sqrt{2}}{2}\times\left(-\frac{3}{5}\right) = \frac{7\sqrt{2}}{10},$$

$$\cos\left(\frac{\pi}{4}+\alpha\right) = \cos\frac{\pi}{4}\cos\alpha - \sin\frac{\pi}{4}\sin\alpha = \frac{\sqrt{2}}{2}\times\frac{4}{5} - \frac{\sqrt{2}}{2}\times\left(-\frac{3}{5}\right) = \frac{7\sqrt{2}}{10},$$

$$\tan\left(\alpha-\frac{\pi}{4}\right) = \frac{\tan\alpha - \tan\frac{\pi}{4}}{1+\tan\alpha\tan\frac{\pi}{4}} = \frac{-\frac{3}{4}-1}{1+\left(-\frac{3}{4}\right)} = -7.$$

思考 在本题中,$\sin\left(\frac{\pi}{4}-\alpha\right) = \cos\left(\frac{\pi}{4}+\alpha\right)$,那么对任意角 α,此等式成立吗? 若成立你能否证明?

例 2 已知 $\tan(\alpha+\beta) = \frac{2}{5}$,$\tan\left(\beta-\frac{\pi}{4}\right) = \frac{1}{4}$,求 $\tan\left(\alpha+\frac{\pi}{4}\right)$ 的值. (答案:$\frac{3}{22}$)

例 3 利用和(差)角公式计算下列各式的值:

(1) $\sin72°\cos42° - \cos72°\sin42°$;　　(2) $\cos20°\cos70° - \sin20°\sin70°$;

(3) $\frac{1+\tan15°}{1-\tan15°}$.

解 (1) $\sin72°\cos42° - \cos72°\sin42° = \sin(72°-42°) = \sin30° = \frac{1}{2}$;

(2) $\cos20°\cos70° - \sin20°\sin70° = \cos(20°+70°) = \cos90° = 0$;

(3) $\frac{1+\tan15°}{1-\tan15°} = \frac{\tan45°+\tan15°}{1-\tan45°\tan15°} = \tan(45°+15°) = \tan60° = \sqrt{3}$.

(四) 小结

本节我们学习了两角和与差的正弦、余弦和正切公式,我们要熟记公式,学会灵活运用.

本章参考文献

[1] 教育部. 普通高中数学课程标准(实验). 北京:人民教育出版社,2003.

[2] 人民教育出版社,课程教材研究所,中学数学课程教材研究开发中心. 普通高中课程标准实验教科书·数学必修 4(A 版). 2 版. 北京:人民教育出版社,2007.

[3] 人民教育出版社,课程教材研究所,中学数学课程教材研究开发中心. 普通高中课程标准实验教科书·数学必修 4(A 版). 教师教学用书. 2 版. 北京:人民教育出版社,2007.

[4] 何小亚. 与新课程同行——数学学与教的心理学. 广州：华南理工大学出版社，2004.
[5] 章建跃. 对高中数学新课标教学的若干建议. 陕西：中学数学教学参考，2007，3：1—3.
[6] 钱佩玲. 数学思想方法与中学数学. 北京：北京师范大学出版社，2008.

第五章 高中数学必修 5 教材解读与教学实践案例

> 高中数学课程标准实验教材《数学·必修5(A版)》(人教社，2007 第 3 版)内容主要包括解三角形、数列和不等式三章.解三角形部分将在以前学习的有关三角形、三角函数以及解直角三角形等知识的基础上，通过对任意三角形边角关系的研究，发现并掌握三角形中的边长与角度之间的数量关系，并运用它们解决一些与测量和几何计算有关的实际问题.数列可以视为特殊的函数，通过对等差数列与等比数列中基本数量关系的研究，体会这两种数列模型的广泛应用，在此基础上，利用它们解决一些实际问题.在不等式部分将通过具体情境，感受在现实世界与日常生活中存在着大量的不等关系，理解不等式(组)在刻画不等关系时的意义及价值；掌握求解一元二次不等式的基本方法，并能解决一些实际问题；能用二元一次不等式组表示区域，并能解决一些简单的二元线性规划问题；认识基本不等式及其简单应用；进一步体会不等式、方程与函数之间的关系.

第一节 总体说明

一、基本内容

(一) 解三角形

教材设置"解三角形"这一章的基本理念是发展学生的数学应用意识，教材突出地介绍了正弦定理、余弦定理及其应用.因为正弦定理、余弦定理深刻地反映了三角形的度量本质，是解三角形的主要工具.本章主要内容有：正弦定理和余弦定理；应用举例；实习作业.其基本知识结构如图 1 所示.

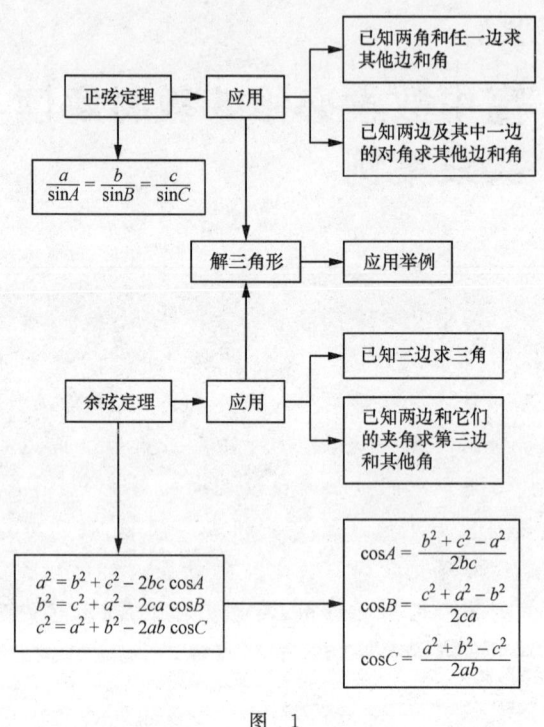

图　1

（二）数列

　　数列是高中数学的重要内容，它是培养学生的观察、分析、推理、逻辑思维和探索创新能力的重要章节，处于数学知识和数学方法的汇合点，起着承前启后的作用，本章主要容有：数列的概念与简单表示法；等差数列；等差数列的前 n 项和；等比数列；等比数列的前 n 项和.其基本知识结构如图 2 所示.

（三）不等式

　　不等关系在现实世界和日常生活中大量存在，是培养学生思维能力和推理能力的一个很好素材，教材在关注不等式的背景和实际应用基础上，把不等式作为刻画现实世界中不等关系的数学工具，作为描述优化问题的一种数学模型来研究.其主要内容有：不等关系与不等式；一元二次不等式及其解法；二元一次不等式（组）与简单的线性规划问题；基本不等式：$\sqrt{ab} \leqslant \dfrac{a+b}{2}$.其基本知识结构如图 3，图 4 所示.

第一节　总体说明

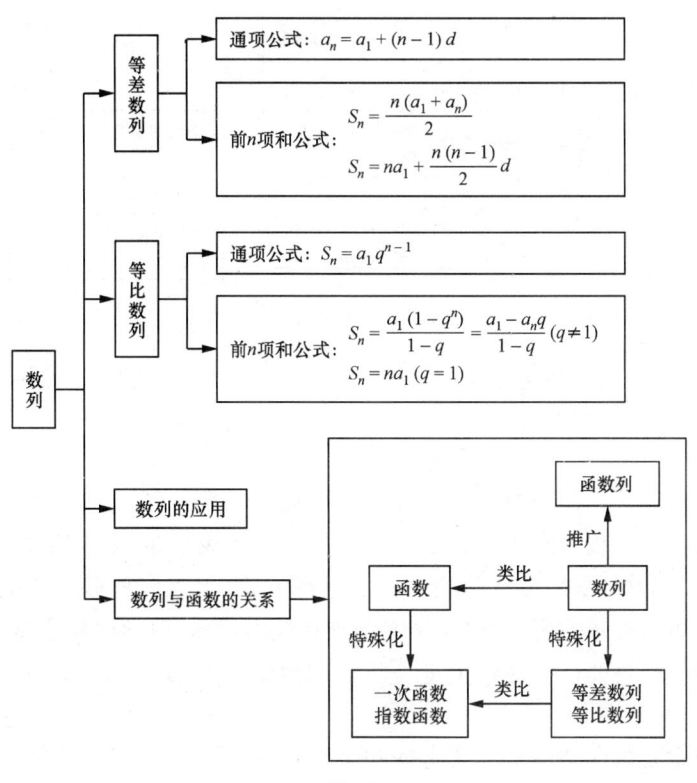

图　2

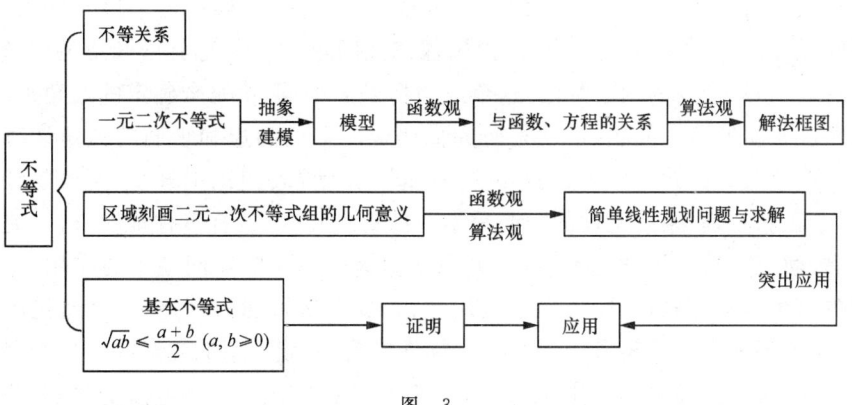

图　3

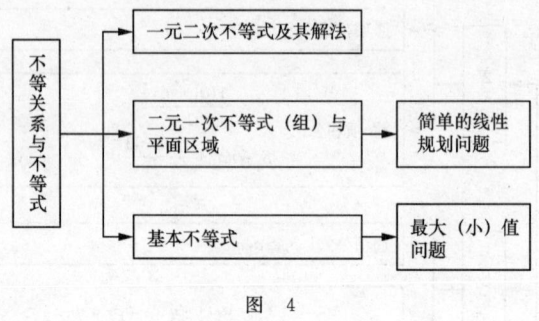

图 4

二、教材分析

(一) 解三角形

教材把"解三角形"这部分内容安排在数学必修 5 的第一章,在此之前学生已经学习了三角函数、平面向量、直线和圆的方程等与本章知识联系密切的内容,使这部分内容的处理有了比较多的工具.教材采用由特殊到一般的呈现方式,由直三角形边角关系的研究展开,引出一般三角形边角关系的研究,侧重探究和推理能力培养,使学生体会从特殊到一般的推理方法,提出猜想,严格的证明使学生进一步认识数学的严谨性,从而培养学生的逻辑思维能力.

本章的两个主要数学结论是正弦定理和余弦定理,它们都是关于三角形的边角关系的结论.教材在引入正弦定理内容时,从学生已有的几何知识出发,提出探究性问题:"在任意三角形中有大边对大角,小边对小角的边角关系.我们是否能得到这个边、角的关系准确量化的表示呢?"在引入余弦定理内容时,提出探究性问题:"如果已知三角形的两条边及其所夹的角,根据三角形全等的判定方法,这个三角形是大小、形状完全确定的三角形.我们仍然从量化的角度来研究这个问题,也就是研究如何从已知的两边和它们的夹角计算出三角形的另一边和两个角的问题."设置这些问题,紧贴学生所学习过的旧知识,更容易让学生理解和接受,对于正弦定理、余弦定理的证明是本章的重点和难点,有多种证明方法,是解三角形的主要工具.解三角形应用举例一节,努力为学生体验数学解决问题中的作用,感受数学与日常生活的其他学科的联系,发展数学应用意识,提高实践能力创造条件.通过解三角形的教学,使学生发现并掌握三角形边角之间的数量关系,并能运用他们解决一些与测量和几何计算有关的实际问题.通过实习作业使学生体验将理论知识应用于实践的过程,进而认识数学与现实世界和实际生活的联系,培养和发展学生的应用意识.

基本教学要求是:通过对任意三角形边长和角度的探索,掌握正弦定理、余弦定理,并能解决一些简单的三角形度量问题;能够运用正弦定理、余弦定理等知识和方法解决一些与测量和几何计算有关的实际问题.

（二）数列

（1）数列是刻画实际问题的重要模型. 数列作为一类特殊的函数有着广泛的应用. 在我们日常生活中, 许多经济问题都可归结为数列模型, 特别是等差数列, 等比数列, 是最基本的模型. 例如, 存款模型、教育储蓄模型、分期付款模型、商家返券模型等等都可以用等差数列、等比数列来刻画.

（2）数列是特殊的函数. 它的定义域一般是指正整数, 有时也可以为自然数或者自然数的子集. 自然数是离散的, 数列通常为离散函数. 数列作为离散函数, 在数学中有着自己重要的地位.

结合上面两个方面, 在现行高中数学教学中, 数列是重点学习内容之一, 也是难点内容之一. 教材首先通过对日常生活中大量实际问题的分析, 说明数列的意义, 给出数列的定义及相关概念, 在此基础上用函数的背景和研究方法研究了两类特殊的数列: 等差数列和等比数列, 使学生在探索中掌握与等差数列、等比数列有关的一些基本数量关系, 这样就可以让学生对数列产生初步了解, 抓住将要学习的知识的大致轮廓, 以及与相关知识的联系. 数列的实际应用背景增加了, 而对涉及数列中各量之间基本关系的繁难的技能训练题目, 要求则有所降低, 只要保证能达到基本技能训练目的就可以了. 通过在"探究与发现"中设计"购房中的数学", 使学生进一步感受数列与现实生活的联系和具体应用. 在呈现方式上, 依然延续了从实例出发引出新知的方式, 使抽象问题具体化, 有利于学生理解和接受. 由于数列作为反映自然规律的基本数学模型, 在计算机技术中扮演着重要角色, 因此教材除了在例题和习题中引入数列与计算机程序设计知识相结合的内容外, 还特别开辟了"信息技术应用"专栏, 供学生深入研究, 开拓视野, 在补充阅读中以"斐波那契数列"为素材, 极大地增添了数列的内涵, 拓宽了学生的知识面和学习空间, 为他们生动活泼地学习本节创造了条件. 另外, 还注意了数列与函数、算法、微积分等知识的联系, 通过数列的教学, 使学生认识等差数列和等比数列这两种数列模型, 掌握它们的一些数量关系, 感受这两种数列模型的广泛应用, 并能利用它们解决一些实际问题.

（3）数学思想方法蕴含丰富. 由于本章处在知识交汇点的地位, 所蕴含的数学思想方法较为丰富, 教材非常重视数列的函数背景（数列是一种特殊的函数, 等差数列和等比数列又是特殊的数列）, 进一步重视数列的多种表示（体现函数的一般特征）、函数的研究方法和数列的实际应用, 还重视数列的离散特征, 使数列的研究又有自身的特点; 立足基本概念, 在概念引入、例题解答、练习题的设计时无不体现对学生探究能力的培养. 注意从函数的观点去看数列, 以函数观点统领数列, 通过揭示数列与函数的关系, 通过对比学习加深对两个特殊数列本质的理解, 掌握等差数列、等比数列的通项公式与前 n 项和公式, 并能用有关知识解决相应的问题. 在这种整体的、动态的观点之下使数列的一些性质显得更加清楚, 某些问题也能得到更好的解决, 方程或方程组的思想也是体现得较为充分的, 观察、归纳、猜想、证明等思想方法的组合运用在本章里也得到了充分展示, 为学生了解它们各自的作用、相互间的关系并进行初步运用提供了条件.习题编排思路清晰,尤其是课后习题分为 A,B 两组,从易到难、从基础知识到综合运用,使学生的练习具有明确的目的和针对性,数学模型的使用及银行存款等实际应用题,体现了数列知识在社会生活中的应用,从而反映了数学"源于生活、服务生活"的辩证观.教材将数列安排在必修系列的第五个模块,这样的安排具有很大的灵活性,每所学校均有自主选择权,可根据不同的情况选择教学的顺序.

在高中数学中,要求通过日常生活中的实例,了解数列的概念和几种简单的表示方法(列表、图像、通项公式),了解数列是一种特殊的函数;通过实例,理解等差数列、等比数列的概念;探索并掌握等差数列、等比数列的通项公式与前 n 项和公式;能在具体的问题情境中,发现数列的等差关系和等比关系,并能用有关知识解决相应问题;体会等差数列、等比数列与一次函数、指数函数的关系.

(三) 不等式

不等关系与相等关系都是客观事物的基本数量关系,是数学研究的重要内容,本章是在学完不等式性质的基础上对不等式的进一步研究.不等式可以渗透到中学数学的很多章节中,且在实际生活中有很广泛的应用.章头图是一幅山峦重叠起伏的壮观画面,将学生带入"横看成岭侧成峰,远近高低各不同"的大自然中,使学生在具体情境中感受到不等关系在现实世界和日常生活中是大量存在的,由此产生用数学研究不等关系的强烈愿望.培养学生应用数学知识,灵活解决实际问题的能力,同时又渗透了数形结合、化归等重要数学思想,有利于培养学生良好的思维品质.

根据课程标准,删除了不等式证明部分,不等式的解法部分只保留了一元二次不等式的解法,删除了分式不等式、简单高次不等式、绝对值不等式的内容,基本不等式部分只研究基本不等式及其在求最大(小)值问题中的应用,

这些弱化技巧性的运算和证明,关注学习过程中的感受、体验、认识状况及理解程度,以问题代替例题、强化问题意识的变化,体现了新课标的基本理念:"删减繁琐的计算、人为技巧化的难题和过分强调细枝末节的内容",增加了简单线性规划问题,将线性规划问题作为不等式来处理,突出了不等式的几何意义以及在解决优化问题中的作用,有利于理解不等式的本质,体现优化思想,体现了"使学生体验数学在解决实际问题中的作用、数学与日常生活及其他学科的关系,促进学生初步形成和发展数学应用意识,提高实践能力"的基本理念.通过不等式的教学,使学生感受到现实世界中存在着大量的不等关系,理解不等式(组)对于刻画不等关系的意义和价值;掌握解决不等式(组)问题的基本方法,并能解决一些实际问题;使学生初步体会数学在解决优化问题中的作用,认识数学的应用价值.

基本教学要求是:通过具体情境,感受在现实世界和日常中存在着大量的不等关系,了解不等式(组)的实际背景;经历从实际情境中抽象出一元二次不等式模型的过程;通过函数图像了解一元二次不等式与相应函数、方程的联系;会解一元二次不等式,对给定的一元二次不等式,尝试设计求解的程序图;从实际情境中抽象出二元一次不等式组;了解二元一次

不等式的几何意义,能用平面区域表示二元一次不等式组;从实际情境中抽象出一些简单的二元线性规划问题,并能加以解决;探索并了解基本不等式的证明过程;会用基本不等式解决简单的最大(小)值问题.

三、教学重点和难点

(一) 解三角形

教学重点:(1)通过对任意三角形边长和角度关系的探索,掌握正弦定理、余弦定理及其基本应用;(2)定理的推导及用定理解决相关问题;(3)把实际问题抽象转化成数学问题,能够熟练运用正弦定理、余弦定理等知识和方法解决一些与测量和几何计算有关的生活实际问题.

教学难点:(1)正弦定理、余弦定理的推导,已知"边边角"求解三角形;(2)从实际问题中抽象出数学模型,并运用正弦定理、余弦定理等知识和方法解决一些实际问题.

(二) 数列

教学重点:数列的概念、等差数列与等比数列的概念、性质、通项公式及前 n 项和公式.

教学难点:(1)等差数列与等比数列的性质、通项公式及前 n 项和公式的推导;(2)等差数列与等比数列的通项公式及前 n 项和公式的结构特点;(3)公式推导中运用的方程思想、函数思想、分类讨论等数学思想及倒序相加法、不完全归纳法、错位相减法、叠加法、累乘法、裂项法等数学方法;(4)数列在实际问题中的应用.

(三) 不等式

教学重点:一元二次不等式的解法和线性规划问题的解法以及不等式的应用.

教学难点:函数、方程与不等式的关系、线性规划和不等式的应用.

四、教学设计建议

(一) 解三角形

本章的教学中,应该根据教学实际,启发学生不断提出问题,研究问题.在对于正弦定理和余弦定理的证明的探究过程中,应该因势利导,根据具体教学过程中学生思考问题的方向来启发学生得到自己对于定理的证明.如对于正弦定理,可以启发得到有应用向量方法的证明,对于余弦定理则可以启发得到三角方法和解析的方法.在应用两个定理解决有关的解三角形和测量问题的过程中,一个问题也常常有多种不同的解决方案,应该鼓励学生提出自己的解决办法,并对于不同的方法进行必要的分析和比较.对于一些常见的测量问题甚至可以鼓励学生设计应用的程序,得到在实际中可以直接应用的算法.教学中应注意以下问题:

1. 加强前后知识的联系,优化学生的认知结构

本章主要内容是正弦定理、余弦定理及其应用,是初中三角形有关知识的延续,与高中阶段的三角函数知识、向量知识联系密切,在立体几何、解析几何中其结论可用于求解关于角(如异面直线所成的角、直线与平面所成的角、二面角等)和距离等方面的问题,因此教学中应加强前后知识的联系.教材在正弦定理的推导中,首先从初中所学的直角三角形的情况入手,从联系的观点、新的角度看过去的问题,使学生对于过去的知识有新的认识,余弦定理的证明则采用向量法,这样的处理使学生认识到新旧知识的关系,不仅使学生理解掌握新知识,也使学生对旧知识有新的认识,新旧知识相互作用,有利于学生形成良好的认知结构.

2. 结合学生实际,进行多种证明方法的探讨

本章的教学中,应该根据教学实际,启发学生不断提出问题,研究问题.在正弦定理和余弦定理的证明的探究过程中,可结合学生的实际情况,因势利导,根据具体教学过程中学生思考问题的方向来启发学生得到证明方法,教学中可引导学生探讨其他的证明方法(如正弦定理的证明还可用面积法、外接圆法、向量法,余弦定理的证明还可用三角法和解析的方法等),在探讨不同的证明方法的过程中可以有效地渗透数学思想方法的教学,开拓学生视野,培养学生分析问题、解决问题的能力.在应用两个定理解决有关的解三角形和测量问题的过程中,一个问题也常常有多种不同的解决方案,应该鼓励学生提出自己的解决办法,并对于不同的方法进行必要的分析和比较.对于一些常见的测量问题甚至可以鼓励学生设计应用的程序,得到在实际中可以直接应用的算法.避免单纯的恒等变形和过分的技巧性训练.

3. 重视应用问题教学,培养学生的应用意识

学数学的最终目的是应用数学,正弦定理和余弦定理主要用于处理三角形的一些度量问题,教材的第二节就这两个定理的应用给出了大量的应用题作为例题和习题,教材的第三节则是需学生完成的一份实习作业,由于学生将实际问题抽象成数学问题的能力普遍较弱,因此在这两节内容的学习中多数学生会感到有一定的困难,学生往往不能把实际问题抽象成数学问题,不能把所学的数学知识应用到实际问题中去,对所学数学知识的实际背景了解不多,教师应对此给予足够的重视,可采用灵活多样的教学方法,例如在课堂教学之外,可以指导学生进行实践活动,对实际的、开放性的问题进行研究,要求学生写出研究报告,以此来培养学生观察、分析、归纳、类比、抽象、概括、猜想等发现问题、解决问题的科学思维方法,培养学生的应用意识.也可适当安排一些实习作业,让学生进一步巩固所学的知识,提高学生分析问题和解决实际问题的能力、动手操作的能力以及用数学语言表达实习过程和实习结果的能力,增强学生应用数学的意识和数学实践能力.

(二)数列

数列是高中数学的重要内容,它是培养学生的观察、分析、推理、逻辑思维和探索创新能力的重要章节,课程标准要求教材应当有利于调动教师的积极性,创造性地进行教学;有利于改进学生的学习方式,促进他们主动的学习和发展;体现知识的发生发展过程和相关内容的联系;要渗透数学文化,又要反映现代信息技术资源的整合的功能,应强化基本技能的训练,引导学生通过必要的练习,掌握数列中各量之间的基本关系,要改变传统的在纸上演化题型,花样翻新地搞偏题、怪题的做法,控制题目难度和复杂程度,注重应用,关注学生对数列模型的本质的理解.在数列的教学中应注意以下问题:

1. 加强双基教学,注意基本公式的灵活运用

与本模块的其他两章内容相比较,本章内容的突出特点是基本公式多,公式形式变化多样,运用灵活,与函数知识联系密切等,这无疑增加了学习难度.教学中教师应注意加强基础知识、基本技能的教学,引导学生对公式的特点、变形形式、应用范围、基本题型等进行总结分析,提高学生灵活运用基本公式的能力.

2. 重视公式的推导过程,有意识地渗透思想方法的教学

对于等差数列、等比数列,要从一些具体的等差、等比数列的实例出发,归纳总结一般等差、等比数列的特征.例如,1,2,3,4,…,是典型的等差数列.等差数列的特征、前 n 项和公式等都可以从研究这个具体数列中归纳出来.

教材在数列的性质、通项公式、前 n 项和公式、数列知识的应用等方面,展示了知识而没有展示思维过程.教学中应该重视公式的推导过程,并努力发掘教材中隐含的数学思想方法,有意识地渗透数学思想方法,如函数思想、方程思想、观察、归纳、类比等推理方法,及操作性极强的具体的解题方法,如错位相加法、错位相乘法、裂项法等,并将之直接或间接地教授给学生,或者让学生自己体会.由于等差数列与等比数列在内容上是完全平行的,包括:定义、性质(等差还是等比)、通项公式、前 n 项和的公式、两个数的等差(等比)中项,具体问题里成等差(等比)数列的三个数的设法等,因而可以用类比等差数列知识的方法得到等比数列的相关知识,但是也要注意到等比数列与等差数列之不同.如两个数的等差中项只有一个,而两个数的等比中项要么没有,有就要有两个,这些书中并没有直接体现,要靠教师引导学生去挖掘.

3. 应重视数列在解决实际问题中的应用

等差数列和等比数列有着广泛的应用,教材非常强调"发展学生的数学应用意识",发掘了日常生活中大量实际问题作为学习材料,如存款利息、出租车收费、放射性物质的衰变、商场计算机销售问题、购房中的数学等等,使学生充分感受到数列是反映现实生活的重要数学工具,体会数学是来源于现实生活并应用于现实生活的,教学中应重视在具体问题情境中,发现数列的等差关系或等比关系.通过具体实例,使学生理解这两种数列模型的作用,通过解应用题的教学,使学生逐步掌握从实际问题中抽象出数学模型的方法,使学生深入理解数列模型的本质,认识数学的价值,培养学生自觉应用数列模型解决实际问题的意识和能力.

引例 2000 年,我国推出一种新的储蓄方式——教育储蓄,意在鼓励城乡居民以储蓄方式为子女教育储备资金,支持国家教育事业的发展,该储种储户的存期分别为 1 年,3 年,6

年,以零存整取的方式存入资金,以相对应年限同档次的整存整取的利率2.52‰计付利息,利息免税.其起存金额最低为50元,本金合计最高限额为2万元,允许两次存足限额,即可约定每次最多存入1万元,到期一次性支取本利和,如何计算本利和?

分析 这个问题实际上是一个等差数列求和的计算.可以进一步抽象为:每月一次将 a 元存入银行,连续存 n 次,到3年期满后,本利和是多少?

解 设所得利息是 x 元,本利和是 y 元,那么,

$$y = na + x$$
$$= na + [36 \times (2.52‰ \div 12)a + 35 \times (2.52‰ \div 12)a + 34 \times (2.52‰ \div 12)a$$
$$+ \cdots + (36 - n + 1) \times (2.52‰ \div 12)a]$$
$$= 1.07665na - 0.00105n^2 a (元).$$

这就是计算三年期教育储蓄本利和的等差数列数学模型.

在数列的应用中,关键是把实际问题转化为数学问题,这也是学生感到困难的地方.而就数学问题本身的解答则往往不难.

(三) 不等式

不等式既是中学教学的重要内容之一,又是学好数学其他内容必须掌握的一门工具,是进行计算、推理、数学思想方法渗透的重要题材,诸如集合问题,方程(组)的解的讨论,函数定义域、值域的确定,函数的单调性的研究,三角、数列、最值问题,直线与圆锥曲线位置关系的讨论等,无一不与不等式有着密切的关系,人口增长、经济发展、生态环境等一系列问题都需用到不等式的有关知识.教学中始终要把培养学生用数学的意识放在首位,注意问题情境、实际背景的设置,着重体现以人为本、大众数学和问题解决的现代数学思想,深化数学知识间的融会贯通,从而提高分析问题解决问题的能力,为了关注学生的发展,激发学生学习的主体意识,又有利于教师引导学生学习,培养学生的数学能力与创新能力,使学生能独立实现学习目标.在探索结论时,可采用发现法教学;在基本不等式的应用及其条件的教学中可采用归纳法;在训练部分,可采用讲练结合方法.同时在进行不等式内容的教学中应注意以下三个问题:

1. 立足基础,加强训练

不等式是中学数学基本内容,其性质及解法在其他内容如函数的定义域、值域、单调性、最值及复数等有关问题中应用广泛.因此教学中应注意强化基础知识的教学,注意与其他知识之间的联系,在不等式解法的教学中还可结合实际情况适当融入算法思想,让学生尝试设计不等式解法的流程图,使学生更加清晰地认识不等式的求解过程.

2. 重视不等式在解决实际问题中的应用

不等式有丰富的实际背景,教学中应引导学生从生活实际背景中认识不等式,了解产生于问题模型的基本概念,在线性规划的教学中可结合实际情况,适当使用多媒体教学等手段,运用数形结合的思想方法,将抽象问题具体化,有助于学生对知识的理解和掌握,进一步

提高学生的数学建模能力,培养学生的应用意识.

3. 渗透数学思想方法

不等式这一部分涉及的数学思想方法较多,不等式是培养学生数学思想方法的良好题材,如一元二次不等式的解法借助于一元二次函数(方程)得出,体现了数形结合的数学思想方法,如分式不等式、绝对值不等式的解法体现了分类讨论、转化化归、整体换元等数学思想方法.在教学活动中渗透数学思想方法,对提高学生分析问题和解决问题能力是十分重要的,在提倡素质教育的今天更有重要的意义.

第二节 教学实践案例

案例1 "1.1.1正弦定理"说课稿

一、教材分析

本节教学内容为"正弦定理",属于高中数学课程标准必修课程第5个模块,是人教版高中数学必修5(A版)中的第一章解三角形的1.1节正弦定理和余弦定理的第一部分1.1.1正弦定理的内容.此部分内容是学生在初中学习的三角形的边和角的基本关系及解直角三角形等内容的后继课程,它既是初中"解直角三角形"内容的直接延拓,也是三角函数一般知识在三角形中的具体运用,是解可转化为三角形计算问题的其他数学问题及生产、生活实际问题的重要工具,因此具有广泛的应用价值.本节课是"正弦定理"教学的第一课时,课型为新授课,其主要任务是引入并证明正弦定理.根据上述教材内容分析,考虑到学生已有的认知结构、心理特征及原有知识水平,制定如下教学目标与教学重点、难点:

(1)知识与技能:掌握正弦定理的内容及其证明方法;能利用正弦定理解三角形以及利用正弦定理解决简单的实际问题.

(2)过程与方法:让学生从已有的几何知识出发,共同探究在任意三角形中,边与其对角的关系,引导学生通过观察,推导,比较,由特殊到一般归纳出正弦定理的推导方法,使学生体会完全归纳法在定理证明中的应用.

(3)情感态度与价值观:面向全体学生,创造平等的教学氛围,通过学生之间、师生之间的交流、合作和评价,激发学生学习的兴趣.培养学生处理解三角形问题的运算能力和探索数学规律的推理能力,通过三角函数、正弦定理、向量的数量积等知识间的联系来体现事物之间的普遍联系与辩证统一.

教学重点:正弦定理的探索和证明及其基本应用.

教学难点:(1)正弦定理的证明;(2)已知两边和其中一边的对角解三角形时判断解的个数.

二、教法与学法分析

本节课是教材第一章解三角形的第一节,所需主要基础知识有三角形边角关系、直角三角形边角关系、三角函数相关知识.在教法上,根据教材的内容和编排的特点,为更有效地突出重点,突破难点,教学中可采用探究式课堂教学模式,首先从学生熟悉的直角三角形情形入手,设计恰当的问题情境,将新知识与学生的已有知识建立起密切的联系,通过学生自己的亲身体验,使学生经历正弦定理的发现过程,激发学生的求知欲,调动学生主动参与的积极性,引导学生尝试运用新知识解决新问题,即在教学过程中,让学生的思维由问题开始,通过猜想的得出、猜想的探究、定理的推导等环节逐步得到深化.教学过程中还应鼓励学生合作交流、动手实践,通过对定理的推导、解读、应用,引导学生主动思考、总结、归纳解答过程中的内在规律,形成一般结论.在学法上,采取个人探究、教师讲解,学生讨论相结合的方法,强调"做"中学数学,让学生在问题情境中学习,自觉运用观察、类比、归纳等思想方法,体验数学知识内在联系,重视学生自主探究,增强学生由特殊到一般的数学思维能力,形成实事求是的科学态度和严谨求真的工作作风.

三、教学过程

本节课的教学过程分下面七个环节进行.

(一)创设情境,引发新问

教师: 早在 1671 年,两个法国天文学家就测出了地球与月球之间的距离大约为 385 400 km,在工作实际中我们也会遇到测量两个不可到达地点之间的距离、底部不可到达的建筑物的高度等问题,此类问题的解决需要我们进一步学习任意三角形的边与角关系的有关知识.

由初中所学内容我们知道,三角形共有六个元素:三个角 A,B,C 及其对边 a,b,c,它们具有大角对大边,小角对小边的边角关系.根据三角形全等的判定定理(角、边、角;边、角、边;边、边、边),我们知道,在一定条件下,一个三角形若已确定六个元素中的三个,即可确定另三个元素.从本节课开始,我们将在如何解直角三角形的基础上,尝试得到这个边、角关系准确量化的表示.这就是本章要研究的课题:正弦定理、余弦定理.今天我们将要学习的内容是正弦定理.

请思考下面的问题:

问题 如图 1,如何测得小河两岸 A,B 两点之间距离.

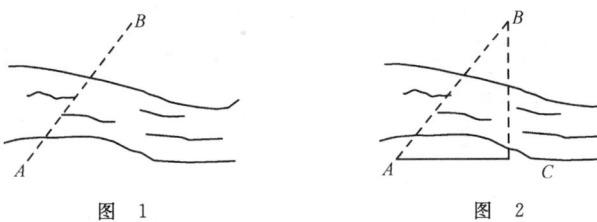

图 1　　　　　　　图 2

基于初中所学知识,学生通过讨论研究,可以用解直角三角形的方法加以解决,如图2,寻找点C使$\angle C$为直角,再测得$\angle A$的大小,及AC的距离,利用三角函数关系$\cos A=\dfrac{AC}{AB}$问题即可解决.

进一步提出下面的问题:很多情况下,受地理条件的限制,我们很难构造直角三角形,那么如果我们只能构造一般的三角形我们如何求出AB的距离?

例1　如图3所示,某测量者在A的同侧,在所在河岸边选定一点C,测出AC的距离是55 m,$\angle BAC=51°$,$\angle ACB=75°$.你能基于这些数据计算出A,B间的距离吗?

要解决此类问题我们需探究一般三角形的边角关系.

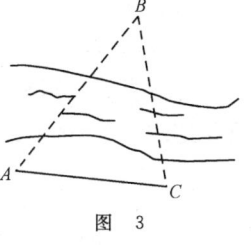

图 3

(设计意图:由实际问题入手,提出问题,可以激发学生的学习兴趣和求知欲,使学生自觉思考探索问题,为下一环节做好知识准备.例1是教材1.2节应用举例部分第11页的例1,采用此题,一方面可以激发学生的好奇心和求知欲;另一方面也可使学生在本节课上即可接触到定理的应用问题,从而分散1.2应用举例部分的难点.)

(二)探索讨论,形成新知

1. 直角三角形边角关系探究

在初中我们已经学习了解直角三角形的有关知识,写出直角三角形的边角关系.

学生很容易给出关系式$\sin A=\dfrac{a}{c},\sin B=\dfrac{b}{c},\sin C=1$.但许多同学不能将其联系起来,此时应引导学生注意到可通过边c将三者联系起来,即$c=\dfrac{a}{\sin A}=\dfrac{b}{\sin B}=\dfrac{c}{\sin C}$,从而得出结论

$$\dfrac{a}{\sin A}=\dfrac{b}{\sin B}=\dfrac{c}{\sin C}. \tag{1}$$

要求学生用文字表述此结论:"在一个直角三角形中,各边与它所对角的正弦比相等",进一步提问"在任意三角形中,该式是否也成立呢"?

2. 锐角三角形边角关系

若$\triangle ABC$为锐角三角形,你能通过添加辅助线的方法,做出与$\triangle ABC$边、角有关的直角

三角形吗？你能进一步应用直角三角形三角函数关系得出与(1)类似的结论吗？

学生通过思考、讨论，能完成下面的工作，教师在此环节应放手交给学生完成，在大多数学生完成推导后教师进行方法总结。

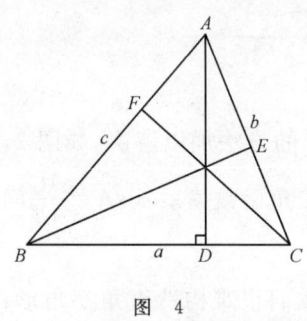

图 4

总结 如图 4 所示，做边 CB 上的高 AD，根据三角函数定义，$AD = c\sin B$，$AD = b\sin C$，所以 $c\sin B = b\sin C$，得到 $\dfrac{b}{\sin B} = \dfrac{c}{\sin C}$。

同理可证在 $\triangle ABC$ 中，$\dfrac{a}{\sin A} = \dfrac{b}{\sin B}$（作 AC 边上的高即可）。所以

$$\frac{a}{\sin A} = \frac{b}{\sin B} = \frac{c}{\sin C}.$$

3. 钝角三角形边角关系探究

引导学生利用类似的方法探索当 $\triangle ABC$ 为钝角三角形时，上述结论是否成立。在此基础上教师引导学生得出一般性结论。

对三类三角形分别进行的研究表明结论(1)对任意三角形均成立。我们将此结论称为**正弦定理**：在一个三角形中，各边和它所对角的正弦的比相等，即

$$\frac{a}{\sin A} = \frac{b}{\sin B} = \frac{c}{\sin C}.$$

（设计意图：从学生熟悉的直角三角形的情形出发，降低问题的难度，进一步引导学生探索锐角三角形与钝角三角形的情形，主要工作应由学生完成，让学生在探索中实践类比、归纳等推理方法的应用，提高学生应用数学思想方法分析问题解题的能力。）

（三）深入探究，理解新知

引导学生进一步探索正弦定理的其他证明方法，以开拓学生视野，加深对正弦定理的理解和认识。

探究 1 三角形面积法。

分别作三边上的高（见图 4），所以

$$S_{\triangle ABC} = \frac{1}{2} BC \cdot AD = \frac{1}{2} BC \cdot AB \cdot \sin B,$$

$$S_{\triangle ABC} = \frac{1}{2} AC \cdot BE = \frac{1}{2} AC \cdot BC \cdot \sin C,$$

所以得 $\dfrac{AC}{\sin B} = \dfrac{AB}{\sin C}$。同理可证 $\dfrac{AC}{\sin B} = \dfrac{BC}{\sin A}$。由此有

$$\frac{BC}{\sin A} = \frac{AC}{\sin B} = \frac{AB}{\sin C}.$$

结论推广：三角形面积公式：

$$S = \frac{1}{2}ab\sin C = \frac{1}{2}ac\sin B = \frac{1}{2}bc\sin A.$$

探究 2 外接圆法.

证明 如图 5 所示,圆 $\odot O$ 为 $\triangle ABC$ 的外接圆,过 B 做 $\odot O$ 的直径交 $\odot O$ 于点 D,连接 CD,则 $\angle BCD = 90°$. 所以

$$\frac{a}{\sin A} = \frac{a}{\sin D} = BD = 2R.$$

同理 $\dfrac{b}{\sin B}=2R$,$\dfrac{c}{\sin C}=2R$,所以

$$\frac{a}{\sin A} = \frac{b}{\sin B} = \frac{c}{\sin C} = 2R \quad (R \text{ 为 } \triangle ABC \text{ 外接圆半径}).$$

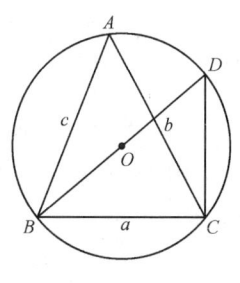

图 5

结论推广:正弦定理的推论:

$$\frac{a}{\sin A} = \frac{b}{\sin B} = \frac{c}{\sin C} = 2R \quad (R \text{ 为 } \triangle ABC \text{ 外接圆半径}).$$

思考:是否可以用其他方法证明这一等式? 由于涉及边长问题,从而可以考虑用向量来研究这个问题.

探究 3 向量法.

证明 过点 A 作 $\vec{i} \perp \overrightarrow{AC}$,由向量的加法可得 $\overrightarrow{AB} = \overrightarrow{AC} + \overrightarrow{CB}$,则

$$\vec{i} \cdot \overrightarrow{AB} = \vec{i} \cdot (\overrightarrow{AC} + \overrightarrow{CB}),$$

所以

$$\vec{i} \cdot \overrightarrow{AB} = \vec{i} \cdot \overrightarrow{AC} + \vec{i} \cdot \overrightarrow{CB},$$

即

$$|\vec{i}||\overrightarrow{AB}|\cos(90°-A) = 0 + |\vec{i}||\overrightarrow{CB}|\cos(90°-C),$$

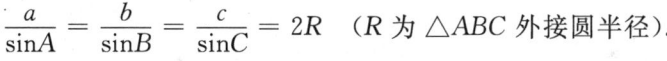

图 6

由此得 $c\sin A = a\sin C$,即 $\dfrac{a}{\sin A} = \dfrac{c}{\sin C}.$

同理,过点 C 作 $\vec{i} \perp \overrightarrow{BC}$,可得 $\dfrac{b}{\sin B} = \dfrac{c}{\sin C}$,从而

$$\frac{a}{\sin A} = \frac{b}{\sin B} = \frac{c}{\sin C}.$$

类似可推出,当 $\triangle ABC$ 是钝角三角形时,以上关系式仍然成立.(由学生课后自己推导)

(设计意图:此环节需要学生在教师的引导下探索正弦定理的不同的证明方法,进而得出定理的两个今后经常用到的结论,向量法对学生来讲有一定的难度,可以考虑在余弦定理学习后,结合余弦定理的向量法证明,向学生作介绍,开拓学生的视野.)

(四) 例题解析,强化新知

从理论上正弦定理可解决两类问题:

(1) 已知两角和任意一边,求其他两边和一角;

(2) 已知两边和其中一边对角,求另一边的对角,进而可求其他的边和角.

我们首先解决例1中提出的测量问题.

解 根据正弦定理,得

$$\frac{AB}{\sin\angle ACB}=\frac{AC}{\sin\angle ABC},$$

$$AB=\frac{AC\sin\angle ACB}{\sin\angle ABC}=\frac{55\sin75°}{\sin(180°-51°-75°)}=\frac{55\sin75°}{\sin54°}\approx 65.7(\text{m}).$$

答:A,B两点间的距离为 65.7 m.

例 2 在 $\triangle ABC$ 中,已知 $a=20\text{ cm}, b=28\text{ cm}, A=40°$,解三角形(角度精确到 $1°$,边长精确到 1 cm).

解 根据正弦定理,$\sin B=\dfrac{b\sin A}{a}=\dfrac{28\sin40°}{20}\approx 0.8999.$

因为 $0°<B<180°$,所以 $B\approx 64°$,或 $B\approx 116°$.

(1) 当 $B\approx 64°$ 时,$C=180°-(A+B)\approx 180°-(40°+64°)=76°$,所以

$$c=\frac{a\sin C}{\sin A}=\frac{20\sin76°}{\sin40°}\approx 30(\text{cm}).$$

(2) 当 $B\approx 116°$ 时,$C=180°-(A+B)\approx 180°-(40°+116°)=24°$,所以

$$c=\frac{a\sin C}{\sin A}=\frac{20\sin24°}{\sin40°}\approx 13(\text{cm}).$$

(设计意图:此两例分别为教材第11页的例1和第4页的例2,难度不大,可以让学生自己完成,例1为正弦定理的简单应用,与引入部分相呼应,使学生体验到定理的应用.例2对角B情况的讨论,很容易被学生忽略,教师应在学生完成题解后加以分析总结,并板书解题过程,起到示范作用.)

(五) 变式训练,深化新知

练习 在 $\triangle ABC$ 中,已知下列条件,求角 B(角度精确到 $1°$),

(1) $a=20, b=28, A=38°$;   (2) $a=36, b=28, A=38°$;

(3) $a=12, b=28, A=38°$;   (4) $a=20, b=28, A=142°$;

(5) $b=20, a=28, A=142°$.

解 (1) 由 $\sin B=\dfrac{b\sin A}{a}=\dfrac{28\sin38°}{20}\approx 0.8619.$

因为 $b>a$,所以 $B>A, B=60°$ 或 $120°$.

(2) 由 $\sin B=\dfrac{b\sin A}{a}=\dfrac{28\sin38°}{36}\approx 0.4786.$

因为 $b<a$,所以 $B<A, B=29°$.

(3) 由 $\sin B=\dfrac{b\sin A}{a}=\dfrac{28\sin38°}{12}\approx 1.4365>1$,角 B 无解,这样的三角形不存在.

(4) 由 $b>a$ 得 $B>A$,而 A 为钝角,这样的三角形不存在.

(5) 由 $\sin B = \dfrac{b\sin A}{a} = \dfrac{20\sin 142°}{28} = \dfrac{20\sin 38°}{28} \approx 0.4398.$

因为 $b<a$，所以，$B<A$，$B=26°$.

在学生解题过程中教师应适时提醒学生思考下面的问题：

为什么已知两边一角的三角形有时无解，有时一解，有时两解，能否找出规律性的结论？请大家思考并阅读教材第 8 页的"探索与发现"的内容，对正弦定理应用过程中需注意的问题做出总结.

（设计意图：此环节通过变式练习，使学生认识到正弦定理应用中存在的问题，正确掌握正弦定理的应用.）

（六）课时小结，反思认知

引导学生对本节课的重点内容进行总结.

本节课重点内容：

(1) 正弦定理 $\dfrac{a}{\sin A} = \dfrac{b}{\sin B} = \dfrac{c}{\sin C} = 2R$（$R$ 为 $\triangle ABC$ 外接圆半径）.

(2) 三角形面积公式：

$$S = \dfrac{1}{2}ab\sin C = \dfrac{1}{2}ac\sin B = \dfrac{1}{2}bc\sin A.$$

(3) 应用正弦定理可以解决两类问题：① 已知两角和任意一边，求其他两边和一角；② 已知两边和其中一边对角，求另一边的对角，进而可求其他的边和角.

设计意图：此环节教师引导学生对本节课的主要内容进行小结，形成良好的认知结构.

（七）布置作业，巩固新知

教材习题 1.1 A 组 1—4 题.

（设计意图：因为本节课为正弦定理的新授课，作业量和作业难度不宜过大. 习题 1.1 B 组题，可留待后续课程完成.）

案例 2 "2.3 等差数列的前 n 项和"教案

一、教学目标

(1) 知识与技能：掌握等差数列前 n 项和公式及其获取思路；会用等差数列的前 n 项和公式解决一些简单的与前 n 项和有关的问题.

(2) 过程与方法：通过对等差数列求和公式的推导，使学生能掌握"倒序相加"数学方法.

(3) 情感态度与价值观：培养学生辩证思维能力.

二、教学重点与难点

教学重点：等差数列 n 项和公式的理解、推导及应用.

教学难点：灵活应用等差数列前 n 项公式解决一些简单的相关问题.

三、教学方法与教学手段

教学方法：讨论法. 教学手段：多媒体、实物投影仪.

四、教学过程

（一）复习引入

首先回忆一下前几节课所学主要内容：

(1) 等差数列的定义：
$$a_n - a_{n-1} = d \quad (n \geqslant 2, n \in \mathbf{N}^+).$$

(2) 等差数列的通项公式：
$$a_n = a_1 + (n-1)d \quad (a_n = a_m + (n-m)d \text{ 或 } a_n = pn + q(p,q \text{ 是常数})).$$

(3) 几种计算公差 d 的方法：

① $d = a_n - a_{n-1}$； ② $d = \dfrac{a_n - a_1}{n-1}$； ③ $d = \dfrac{a_n - a_m}{n-m}$.

(4) 等差中项：
$$A = \frac{a+b}{2} \Longleftrightarrow a, A, b \text{ 成等差数列}.$$

(5) 等差数列的性质：
$$m + n = p + q \Longrightarrow a_m + a_n = a_p + a_q \quad (m, n, p, q \in \mathbf{N}).$$

(6) 数列的前 n 项和：

数列 $\{a_n\}$ 中，$a_1 + a_2 + a_3 + \cdots + a_n$ 称为数列 $\{a_n\}$ 的前 n 项和，记为 S_n.

小故事

高斯是伟大的数学家、天文学家，高斯 10 岁时，有一次老师出了一道题目，老师说："现在给大家出道题目：
$$1 + 2 + \cdots + 100 = ?"$$

过了两分钟，正当大家在：$1+2=3$；$3+3=6$；$4+6=10\cdots$ 算得不亦乐乎时，高斯站起来回答说：
$$"1 + 2 + 3 + \cdots + 100 = 5050.$$

教师问："你是如何算出答案的？

高斯回答说：因为 $1+100=101$；$2+99=101$；$\cdots 50+51=101$，所以 $101 \times 50 = 5050$.

这个故事告诉我们：

（1）作为数学王子的高斯从小就善于观察，敢于思考，所以他能从一些简单的事物中发现和寻找出某些规律性的东西．

（2）该故事还告诉我们求等差数列前 n 项和的一种很重要的思想方法，这就是下面我们要介绍的"倒序相加"法．

（二）讲解新课

如图1所示，一个堆放铅笔的 V 形架的最下层放一支铅笔，往上每一层都比它下一层多放一支，最上层放 120 支，问：这个 V 形架上共放着多少支铅笔？

图1是一个堆放铅笔的 V 形架，看到此图，大家都会很快捷地找到每一层的铅笔数与层数的关系，而且可以用一个式子来表示这种关系，利用它便可以求出每一层的铅笔数．那么，这个 V 形架上共放着多少支铅笔呢？这个问题又该如何解决呢？经过分析，我们不难看出，这是一个等差数列求和问题？

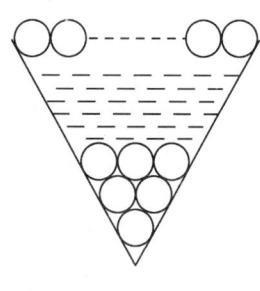

图 1

这个问题也类似于刚才我们所遇到的"小故事"中的问题，它可以看成是求等差数列 $1, 2, 3, \cdots, n, \cdots$ 的前 120 项的和．在上面的求解中，我们发现所求的和可用首项、末项及项数 n 来表示，且任意的第 k 项与倒数第 k 项的和都等于首项与末项的和，这就启发我们如何去求一般等差数列的前 n 项的和．如果我们可归纳出一计算式，那么上述问题便可迎刃而解．

1. 等差数列的前 n 项和公式 1

$$S_n = \frac{n(a_1 + a_n)}{2}.$$

对等差数列 $a_1, a_2, \cdots, a_n$ 求前 n 项和，得

$$S_n = a_1 + a_2 + a_3 + \cdots + a_{n-1} + a_n,$$
$$S_n = a_n + a_{n-1} + a_{n-2} + \cdots + a_2 + a_1.$$

上面两式相加得

$$2S_n = (a_1 + a_n) + (a_2 + a_{n-1}) + (a_3 + a_{n-2}) + \cdots + (a_n + a_1).$$

因为 $a_1 + a_n = a_2 + a_{n-1} = a_3 + a_{n-2} = \cdots$，所以 $2S_n = n(a_1 + a_n)$，由此得：

$$S_n = \frac{n(a_1 + a_n)}{2}. \tag{1}$$

从而我们可以验证高斯 10 岁时计算上述问题的正确性．

2. 等差数列的前 n 项和公式 2

$$S_n = na_1 + \frac{n(n-1)d}{2}.$$

用上述公式(1)要求 S_n 必须具备三个条件：n, a_1, a_n，但 $a_n = a_1 + (n-1)d$，代入公式(1)

即得

$$S_n = na_1 + \frac{n(n-1)d}{2}. \qquad (2)$$

此公式要求 S_n 必须已知三个条件：n, a_1, d（有时比较有用）.

总之，两个公式都表明要求 S_n 必须已知 n, a_1, d, a_n 中的三个.

公式(2)又可化为

$$S_n = \frac{d}{2}n^2 + \left(a_1 - \frac{d}{2}\right)n,$$

当 $d \neq 0$，这是一个常数项为零的关于 n 的二次式.

（三）讲解例题

例 1 一个堆放铅笔的 V 型架的最下层放一支铅笔，往上每一层都比它下一层多放一支，最上层放 120 支，问：这个 V 形架上共放着多少支铅笔？

解 由题意可知，这个 V 形架上共放着 120 层铅笔，且自下而上各层的铅笔成等差数列，记为 $\{a_n\}$，其中 $a_1 = 1, a_{120} = 120$，根据等差数列前 n 项和的公式，得

$$S_{120} = \frac{120 \times (1 + 120)}{2} = 7260(支).$$

答：V 形架上共放着 7260 支铅笔.

例 2 等差数列 $-10, -6, -2, 2, \cdots$ 前多少项的和是 54？

解 设题中的等差数列为 $\{a_n\}$，前 n 项为 S_n，则

$$a_1 = -10, \quad d = (-6) - (-10) = 4, \quad S_n = 54,$$

由公式(2)可得

$$-10n + \frac{n(n-1)}{2} \times 4 = 54.$$

解之得：$n_1 = 9, n_2 = -3$（舍去）. 所以等差数列 $-10, -6, -2, 2, \cdots$ 前 9 项的和是 54.

例 3 已知等差数列 $\{a_n\}$ 中 $a_1 = 13$ 且 $S_3 = S_{11}$，那么 n 取何值时，S_n 取最大值.

解法 1 设公差为 d，由 $S_3 = S_{11}$ 得

$$3 \times 13 + 3 \times 2d/2 = 11 \times 13 + 11 \times 10d/2,$$

解得 $d = -2$. 由 $a_n = 13 - 2(n-1)$，知 $a_n = 15 - 2n$.

由 $\begin{cases} a_n \geq 0 \\ a_{n+1} \leq 0 \end{cases}$，即得 $\begin{cases} 15 - 2n \geq 0 \\ 15 - 2(n+1) \leq 0 \end{cases}$ 得：$6.5 \leq n \leq 7.5$，所以 $n = 7$ 时，S_n 取最大值.

解法 2 由解法 1 得 $d = -2$，又 $a_1 = 13$，所以

$$S_n = \frac{d}{2}n^2 + \left(a_1 - \frac{d}{2}\right)n = -n^2 + 14n = -(n-7)^2 + 49,$$

所以当 $n = 7$ 时，S_n 取最大值.

对等差数列前 n 项和的最值问题有两种方法：

(1) 利用 a_n：

当 $a>0, d<0$ 时，前 n 项和有最大值. 可由 $a_n \geqslant 0$，且 $a_{n+1} \leqslant 0$，得 n 的值；

当 $a_n<0, d>0$ 时，前 n 项和有最小值. 可由 $a_n \leqslant 0$，且 $a_{n+1} \geqslant 0$，得 n 的值.

(2) 利用 S_n：

由 $S_n = \dfrac{d}{2}n^2 + \left(a_1 - \dfrac{d}{2}\right)n$，利用二次函数配方法求得最值时 n 的值.

（四）巩固练习

1. 求集合 $M = \{m \mid m = 7n, n \in \mathbf{N}^* \text{ 且 } m < 100\}$ 的元素个数，并求这些元素的和.

解 由 $7n < 100$ 得 $n < \dfrac{100}{7} = 14\dfrac{2}{7}$，所以正整数 n 共有 14 个，即 M 中共有 14 个元素，它们是：$7, 14, 21, \cdots, 98$，这是 $a_1 = 7$ 为首项，$a_{14} = 98$ 的等差数列，所以

$$S_n = \dfrac{14 \times (7 + 98)}{2} = 735.$$

2. 已知一个等差数列的前 10 项的和是 310，前 20 项的和是 1220，求其前 n 项和的公式.

解 由题设：$S_{10} = 310, S_{20} = 1220$ 得

$$\begin{cases} 10a_1 + 45d = 310, \\ 20a_1 + 190d = 1220 \end{cases} \Rightarrow \begin{cases} a_1 = 4, \\ d = 6. \end{cases}$$

所以

$$S_n = 4n + \dfrac{n(n-1)}{2} \times 6 = 3n^2 + n.$$

（五）归纳小结

本节课学习了以下内容：

(1) 等差数列的前 n 项和公式 1：

$$S_n = \dfrac{n(a_1 + a_n)}{2}.$$

(2) 等差数列的前 n 项和公式 2：

$$S_n = na_1 + \dfrac{n(n-1)d}{2}.$$

(3) $S_n = \dfrac{d}{2}n^2 + \left(a_1 - \dfrac{d}{2}\right)n$，当 $d \neq 0$ 时，这是一个常数项为零的关于 n 的二次式.

(4) 对等差数列前 n 项和的最值问题有两种方法：

① 利用 a_n：

当 $a_n > 0, d < 0$ 时，前 n 项和有最大值可由 $a_n \geqslant 0$，且 $a_{n+1} \leqslant 0$，求得 n 的值；

当 $a_n < 0, d > 0$ 时，前 n 项和有最小值可由 $a_n \leqslant 0$，且 $a_{n+1} \geqslant 0$，求得 n 的值；

② 由 S_n：$S_n = \dfrac{d}{2}n^2 + \left(a_1 - \dfrac{d}{2}\right)n$，利用二次函数配方法求得最值时 n 的值.

（六）课后作业

已知等差数列的前 n 项和为 a，前 $2n$ 项和为 b，求前 $3n$ 项和.

解 由题设 $S_n = a$，$S_{2n} = b$，所以 $a_{n+1} + a_{n+2} + \cdots + a_{2n} = b - a$，而
$(a_1 + a_2 + \cdots + a_n) + (a_{2n+1} + a_{2n+2} + \cdots + a_{3n}) = 2(a_{n+1} + a_{n+2} + \cdots + a_{2n})$，
$S_{3n} = (a_1 + a_2 + \cdots + a_n) + (a_{n+1} + a_{n+2} + \cdots + a_{2n}) + (a_{2n+1} + a_{2n+2} + \cdots + a_{3n})$
$= 3(a_{n+1} + a_{n+2} + \cdots + a_{2n}) = 3(b - a)$.

案例 3 "2.5 等比数列的前 n 项和"教案

一、教学目标

（1）知识与技能：掌握等比数列的前 n 项和公式及公式证明思路；会用等比数列的前 n 项和公式解决有关等比数列的一些简单问题.

（2）过程与方法：经历等比数列前 n 项和公式的推导过程，使学生体会错位相减法以及分类讨论的思想方法，并能在具体的问题情境中发现等比关系建立数学模型、解决求和问题.

（3）情感态度与价值观：在应用数列知识解决问题的过程中，激发学生勇于探索、积极创新的精神，渗透从特殊到一般，再从一般到特殊的辩证观点，培养学生实事求是的科学精神和严谨的学习态度.

二、教学重点和难点

教学重点：等比数列前 n 项和公式的推导及应用；

教学难点：公式推导中所运用的错位相减法以及分类讨论的思想方法的掌握；灵活应用公式解决有关问题.

三、教学方法与教学手段

引导发现法. 主要采取包括教师启发式提问、引导学生探究、教师重点讲解、师生互动、学生交流讨论等教学手段. 结合实际采取幻灯片、多媒体教学等辅助手段.

四、教学过程

（一）导入新课

在古印度，有个名叫西萨的人，发明了国际象棋，当时的印度国王大为赞赏，对他说：我

可以满足你的任何要求. 西萨说：请给我棋盘的 64 个方格上, 第一格放 1 粒小麦, 第二格放 2 粒, 第三格放 4 粒, 往后每一格都是前一格的两倍, 直至第 64 格. 国王令宫廷数学家计算, 结果出来后, 国王大吃一惊. 为什么呢？引导学生思考并得出以下结论：

西萨提出的在棋盘的方格上所放的小麦的粒数看成是一个数列, 我们可以得到一个等比数列：$1, 2, 2^2, 2^3, \cdots, 2^{63}$（公比为 2）, 它的首项是 1, 公比是 2, 求第一个格子到第 64 个格子各格所放的麦粒数总和就是求这个等比数列的前 64 项的和, 即求
$$S = 1 + 2 + 2^2 + \cdots + 2^{63}.$$

思考这一问题的解决方法, 如果你感觉困难可以尝试解决求此数列的前 5 项的和
$$S_5 = 1 + 2 + 2^2 + 2^3 + 2^4. \tag{1}$$

适时引导学生发现如下事实：根据等比数列的特点 $a_{n+1} = q a_n$, 如果在上式左右两边同乘以公比 2, 结果为
$$2 S_5 = 2 + 2^2 + 2^3 + 2^4 + 2^5. \tag{2}$$

通过观察发现 (1) 式右边的第 2, 3, 4, 5 项与 (2) 式右边的第 1, 2, 3, 4 项对应相等, 因此两式相减得
$$(1-2) S_5 = 1 - 2^5, \quad 即 \quad S_5 = 2^5 - 1.$$

运用类比的思想方法得出 $S = 1 + 2 + 2^2 + \cdots + 2^{63}$ 的解.

学生自己可以独立完成：将上式左右两边同乘以 2 得 $2S = 1 + 2 + 2^2 + \cdots + 2^{64}$, 然后两式相减得 $(1-2)S = 1 - 2^{64}$, 即 $S = 2^{64} - 1$.

这是一个二十位的大数：18 446 744 073 709 551 615. 这些麦粒究竟是多少呢？如果一升小麦按 150 000 粒计算, 这大约是 140 万亿升小麦, 超过了 7000 亿吨, 按目前的平均产量计算, 这差不多是全世界生产两千年的全部小麦！

据说, 聪明的西萨·班后来被国王杀掉了, 因为国王欠了他一笔还不清的债.

(二) 讲解新课

上面解决了在棋盘上撒麦粒求麦粒总数的例子, 对于一般的等比数列, 你可否利用从特殊到一般的归纳推理方法猜想出求等比数列前 n 项和的一般方法呢？

学生很自然地模仿上面的推导方法, 完成公式的推导过程：
$$S_n = a_1 + a_1 q + a_1 q^2 + \cdots + a_1 q^{n-2} + a_1 q^{n-1}, \tag{3}$$
$$q S_n = a_1 q + a_1 q^2 + \cdots + a_1 q^{n-1} + a_1 q^n, \tag{4}$$

(3) - (4) 得
$$(1-q) S_n = a_1 (1 - q^n).$$

教师在巡视过程中应适时提醒学生针对 q 的取值情况进行讨论, 得出下式
$$S_n = \begin{cases} n a_1 & (q = 1), \\ \dfrac{a_1 (1 - q^n)}{1 - q} & (q \neq 1). \end{cases} \tag{5}$$

教师重点讲解：
(1) 公式推导的方法——错位相减法.
(2) 公式中的基本元素：a_1, q, n, S_n.
(3) 对公比 q 的分类讨论.
(进一步探讨是否可以用其他方法推导公式(5)，引导学生进行分组讨论，研究讨论，探寻公式的其他推导方法，旨在培养学生的探究能力.)

等比数列前 n 项和公式其他几种推导方法：

方法 1 因为 $\dfrac{a_2}{a_1}=\dfrac{a_3}{a_2}=\cdots=\dfrac{a_n}{a_{n-1}}=q$，$\dfrac{a_2+a_3+\cdots+a_n}{a_1+a_2+\cdots+a_{n-1}}=q$，即 $\dfrac{S_n-a_1}{S_n-a_n}=q$.

所以
$$S_n=\dfrac{a_1-a_nq}{1-q} \quad (q\neq 1).$$

方法 2 $S_n=a_1+a_1q+a_1q^2+\cdots+a_1q^{n-2}+a_1q^{n-1}$
$=a_1+q(a_1+a_1q+a_1q^2+\cdots+a_1q^{n-2})$
$=a_1+q(S_n-a_n)$，

所以 $(1-q)S_n=a_1-a_nq$，即 $S_n=\dfrac{a_1-a_nq}{1-q} \quad (q\neq 1)$.

(三) 讲解例题

例 1 求下列等比数列前 8 项的和：

(1) $\dfrac{1}{2}, \dfrac{1}{4}, \dfrac{1}{8}, \cdots$；   (2) $a_1=27, a_9=\dfrac{1}{243}, q<0$.

解 (1) 因为 $a_1=\dfrac{1}{2}, q=\dfrac{1}{2}$，所以当 $n=8$ 时，

$$S_8=\dfrac{\dfrac{1}{2}\left(1-\dfrac{1}{2^8}\right)}{1-\dfrac{1}{2}}=\dfrac{255}{256}.$$

(2) 由 $a_1=27, a_9=\dfrac{1}{243}$，可得 $\dfrac{1}{243}=27q^8$.

由于 $q<0$，可得 $q=-\dfrac{1}{3}$，于是当 $n=8$ 时，

$$S_8=\dfrac{27\left[1-\left(-\dfrac{1}{3}\right)^8\right]}{1-\left(-\dfrac{1}{3}\right)}=\dfrac{1640}{81}.$$

例 2 某商场第 1 年销售计算机 5000 台，如果平均每年的销售量比上一年增加 10%，那么，从第一年起，约几年内可使总销售量达到 30 000 台（保留到个位）？

解 根据题意，每年销售量比上一年增加的百分率相同，所以从第一年起，每年的销售

量作成一等比数列$\{a_n\}$,其中$a_1=5000, q=1+10\%=1.1, S_n=30\,000$,于是得到

$$\frac{5000(1-1.1^n)}{1-1.1}=30\,000.$$

整理后,得$1.1^n=1.6$.两边取对数,得$n\lg 1.1=\lg 1.6$.用计算器得

$$n=\frac{\lg 1.6}{\lg 1.1}\approx\frac{0.20}{0.041}\approx 5(\text{年}).$$

答:约 5 年内可使总销售量达到 30000 台.

此两例为公式的简单应用,大多数学生可以自己独立完成,例 2 的求解中两边取对数的方法,个别同学感觉陌生,教师可酌情指导.教师可在学生完成后提出下面的思考问题,培养学生认真审题,缜密思考的思维习惯.

思考 例 1(2)中的条件 $q<0$ 如果被去掉,结果如何?你可以用两个不同公式进行计算吗?

(四) 巩固练习(教材中练习 1,2)

1. 根据下列各题中的条件,求相应的等比数列$\{a_n\}$的S_n.

(1) $a_1=3, q=2, n=6$；　　(2) $q_1=-2.7, q=-\dfrac{1}{3}, a_n=\dfrac{1}{90}.$

2. 如果一个等比数列前 5 项的和等于 10,前 10 项的和等于 50,那么它前 15 项的和等于多少?

(五) 归纳小结

引导学生对本节课重点内容做出总结:

(1) 等比数列的前 n 项和公式及其应用:

$$S_n=\begin{cases}na_1 & (q=1),\\ \dfrac{a_1(1-q^n)}{1-q} & (q\neq 1),\end{cases}\quad S_n=\frac{a_1-a_n q}{1-q}\quad(q\neq 1).$$

(2) 错位相减法及其应用.

案例 4 "3.3.2 简单的线性规划问题"说课稿

一、教材分析

本节教学内容为"简单的线性规划问题",是人教版高中数学教材第三章不等式的 3.3 二元一次不等式(组)与简单的线性规划第二部分,简单的线性规划问题是二元一次不等式表示平面区域的后续内容,在此之前学生已熟悉二元一次不等式的相关知识及直线方程的基础知识.依据《课程标准》将此内容安排在第三章不等式的第三节.此部分内容,涉及大量的实际问题,反映了《课程标准》对数学知识在实际应用方面的重视,体现了《课程标准》"高

中数学课程应力求使学生体验数学在解决实际问题中的作用、数学与日常生活及其他学科的联系,促进学生逐步形成和发展数学应用意识,提高实践能力"的基本理念,接近于生活实际的数学问题,可提高学生对数学学习的兴趣.线性规划是数学规划中理论较完整、方法较成熟、应用较广泛的一个分支,它可以解决科学研究、工程设计、经济管理等许多方面的实际问题,是利用数学作为工具,来研究在一定的人、财、物等资源条件下,如何安排,才能达到用最少的资源取得最大的效益.通过本节内容的学习,不仅使学生能解决线性规划的简单问题,更重要的是使学生学习解决实际问题的常用方法——数学模型方法,体会数学作为解决实际问题的有效工具,认识到数学的应用价值.

依据《课程标准》对此节内容的基本要求和学生知识背景及学习情况,提出以下教学目标与教学重点、难点:

(1)知识与技能:① 了解线性规划的意义,理解线性约束条件、线性目标函数、可行解、可行域和最优解等概念;② 掌握线性规划问题的图解法,会利用图解法求线性目标函数的最优解;③ 初步应用线性规划的图解法解决一些实际问题.

(2)过程与方法:① 在应用图解法解题的过程中渗透数形结合的数学思想,提高学生数学地提出、分析和解决问题的能力,发展学生数学应用意识;② 在应用线性规划的图解法解决一些简单的实际问题的过程中,使学生了解数学模型方法,以提高学生解决实际问题的能力.

(3)情感态度与价值观:① 让学生体验数学来源于生活,服务于生活,认识到数学的应用价值;② 让学生体验数学活动充满着探索与创造,培养学生勤于思考、勇于探索的精神.

由于线性规划的有关概念比较抽象,应用问题的实际背景丰富多样,学生现有的知识和认知水平难以透彻理解,因此对基本概念如线性约束条件、线性目标函数、可行解、可行域和最优解等教材是在给出具体问题后,采用了描述性定义的方式,以便于学生理解;另外,本节课学生初次接触线性规划问题的图解法,而数学建模是解决线性规划问题极为重要的环节,对初学者来说,面对文字长、数据多的应用题,要明确目标函数和约束条件有相当的难度,学生对代数问题等价转化为几何问题也需要有一个接受与消化的过程,因此确定本节课的教学重点和难点是:

教学重点:画可行域;在可行域内,用图解法准确求得线性规划问题的最优解.

教学难点:建立适当数学模型,把实际问题转化为线性规划问题.

二、教法与学法分析

由于本节内容中学生需学习掌握的新概念较多,且这些新概念如线性约束条件、线性目标函数、可行解、可行域和最优解与学生在此前所学的数学概念联系并不密切,是直接由问题原型得出的,因此在教学中应注意从学生的学习实际出发,引导学生了解概念的含义,熟悉这些名词的使用.在教学中教师应注重调动学生思考和主动探索的积极性,尽可能地增加学生参与教学活动的时间和空间,引导学生进行观察分析,探索知识的发生发现过程,通过作图、实验等活动,鼓励学生主动探索发现解决问题的有效途径,总结归纳解题方法,从而有效地掌握所学知识,形成自己对数学知识的理解和有效的学习策略,提高分析问题、解决问题的能力.依据启发性教学原则,教学中采用启发、引导、探索相结合的教学方法,为学生提供观察、探索、交流的机会,将学习的主动权交给学生,最大限度地调动学生的学习积极性.由于本节课的教学内容涉及大量实际问题,题目的阅读量较大,因此教学中可借助多媒体辅助教学,一方面可节省教师板书的时间;另一方面可借助多媒体教学的直观性,生动地揭示二元一次不等式组所表示的平面区域以及图形的变化情况,直观地呈现图解法求最优解的过程,既加大课堂信息量,又提高了教学效率,激发学生的学习兴趣.(若不具备多媒体教学的条件,也可在课前准备题板.)

三、教学过程

本节课的教学过程分下面六个环节进行.

(一) 复习旧知,引入新问

上节课重点学习了二元一次不等式及二元一次不等式组表示的平面区域,让学生回顾所学知识,解决以下问题:

例1 (1) 画出不等式组

$$\begin{cases} x+y \leqslant 1, \\ x-y \leqslant 2, \\ x \geqslant 0 \end{cases}$$

表示的平面区域.

(2) 若 x,y 满足上面的不等式组,求 $z=2x+y$ 的最值.

例1中的(1)学生们可迅速解决,画出的图如图1;(2)对学生来讲是个新问题,应给予学生足够的时间思考,同学们通过自主探索、合作交流,认识问题的实质,鼓励学生探求问题解决的方法,对学生给出的不同的解法,不同的答案,引导学生探索简捷、正确解题方法.可能出现的错解是:在(1)画出的三角形区域内,x 的最大取值为 $\frac{3}{2}$,最小取值为 0;y 的最大取值为 1,最小取值为 -2,所以 $z=2x+y$ 最大值为 $2\times\frac{3}{2}+1=4$,最小值为 $2\times 0+(-2)=2$.对此教师引导学生注意当 x 取最大值 $\frac{3}{2}$ 时,y 不能同时取得最大值 1,因为点 $\left(\frac{3}{2},1\right)$ 并不在(1)所表示的平面区域内.

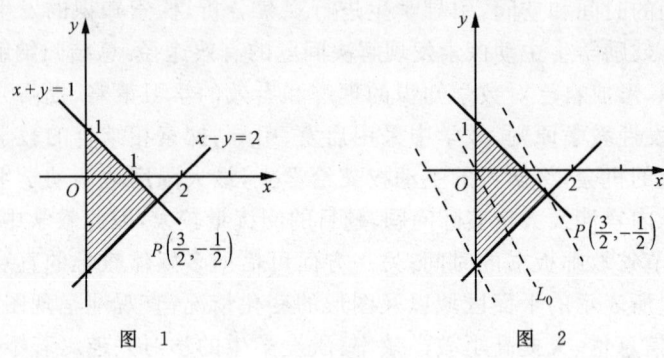

图 1　　　　　　　　　图 2

（设计意图：在此环节中，我们并没有采用应用题的方式引出课题，虽然应用题的实际背景可增加问题的趣味性，有利于激发学生的学习热情，但冗长的文字表述，太过复杂的问题背景，都会增加问题的难度，且会干扰学生对问题的理解和认识.）

（二）分析问题，形成概念

在第一个环节中，学生对不同的答案进行对比，基本上能得出正确的答案，但猜想、实验的成分较多，因此同学们对解题的途径产生强烈的好奇心和求知欲，此时作如下引导：

基于上一课时的知识，将不等式组(1)表示成了平面区域.（教师演示画不等式组表示的平面区域如图1），于是问题转化为当点(x,y)在此平面区域内运动时，如何求$z=2x+y$的最大值和最小值的问题. x,y在点$(0,-2)$处同时取得了最小值，因此$z=2x+y$在此点取得最小值-2，此种做法对此题是可行的，但由于当x取最大值$\frac{3}{2}$时，y不能同时取得最大值1，因此其最大值的计算不能沿用上面的方法，现在我们换个角度考虑，在问题(1)中我们已将x,y所满足的条件几何化了——化成平面区域，那么能否也对式子$z=2x+y$作某种几何解释？如果将z视为常数，那么$z=2x+y$就可视为关于x,y的二元一次方程，我们可用直线将其表示出来，当z取不同的值时可得到一族平行直线，将$z=2x+y$变形为$y=-2x+z$，则z的几何意义是什么？（直线在y轴上的截距），那么问题(2)可作怎样的解释？（问题转化为当这族直线与此平面区域有公共点时，求z的最值，进而将问题又转化为当直线$y=-2x+z$与平面区域有公共点时，在区域内找一个点P，使直线经过点P时在y轴上的截距取得最值. 如图2）

接下来可让学生动手实践，引导学生可先做出一条过原点的直线$y=-2x$，然后将其作平行移动，观察在y轴上的截距的变化规律，最终找到点$P\left(\frac{3}{2},-\frac{1}{2}\right)$，求出$z$的最大值为$\frac{5}{2}$.

回顾上述解题过程，介绍本节需要学习的新概念.

总结：在上述问题中,(1) x,y 的限制条件称为变量 x,y 的约束条件,由于 x,y 都是一次的,又称约束条件为线性约束条件.

(2) 求最值的式子称为目标函数,由于 x,y 都是一次的,又称该目标函数为线性目标函数.

(3) 在线性约束条件下,求线性目标函数的最值的问题称为线性规划问题.

(4) 满足线性约束条件的解,称为可行解,可行解的集合叫做可行域.

(5) 使目标函数取得最大值和最小值的解称为最优解.

回顾解题过程,总结此类问题的求解步骤.(借用多媒体辅助教学,动态演示解题过程,引导学生归纳、提炼求解步骤.)

求解步骤：

(1) 画：画出线性约束条件所确定的平面区域和过原点且与目标函数直线平行的直线 L_0；

(2) 移：平移直线 L_0 观察确定可行域内最优解的位置,即确定使目标函数取得最大值或最小值的点；

(3) 求：解有关方程组求出最优解,将最优解代入目标函数求最值.

(4) 答：给出正确解答.

设计意图：在第一个环节的基础上,教师通过提出疑问,启发引导,调动学生的积极性,引导学生从几何角度重新审视问题,打开了学生思维空间.教师(可借助多媒体)演示不等式组表示的公共区域,目标函数 $z=2x+y$ 如何取得最值,使学生得以直观、形象地理解问题,有利于培养学生的探索性思维能力.新概念是在问题解决后由教师给出,是因为所学新概念都是由问题原型产生的,学生知道会用即可.而问题的求解步骤由学生总结完成,可以锻炼学生对问题的分析能力和归纳总结的能力,有利于学生对解题方法的掌握和运用.

(三) 例题解析,巩固新知

例2 某工厂用 A,B 两种配件生产甲、乙两种产品,每生产一件甲产品使用 4 个 A 配件耗时 1h,每生产一件乙产品使用 4 个 B 配件耗时 2h,该厂每天最多可从配件厂获得 16 个 A 配件和 12 个 B 配件,按每天工作 8h 计算,该厂所有可能的日生产安排是什么？若生产一件甲产品获利 2 万元,生产一件乙产品获利 3 万元,采用哪种生产安排利润最大？

分析 用本节课所学新概念,重新表述此问题：

设甲、乙两种产品分别生产 x,y 件.

(1) 线性约束条件为：$\begin{cases} x+2y \leqslant 8, \\ 4x \leqslant 16, \\ 4y \leqslant 12, \\ x \geqslant 0, \\ y \geqslant 0. \end{cases}$

(2) 线性目标函数为：$z=2x+3y$.

此问题即为在线性约束条件(1)下，求线性目标函数 z 的最大值的线性规划问题.

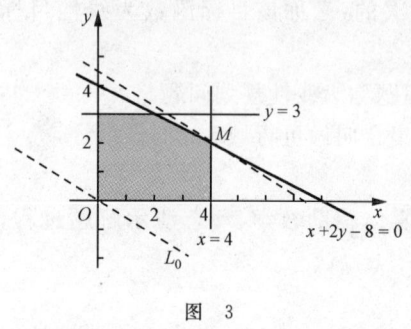

图 3

解　如图 3 所示.(1) 画出可行域及过原点作目标函数直线的平行直线 L_0：$y=-\dfrac{2}{3}x$；

(2) 平移直线，观察确定可行域内最优解的位置，目标函数在点 M 处有最优解；

(3) 求解方程组 $\begin{cases} x=4, \\ x+2y-8=0, \end{cases}$ 得 $\begin{cases} x=4, \\ y=2. \end{cases}$

最值 $z_{\max}=2\times 4+3\times 2=14$.

答：每天生产甲产品 4 件、乙产品 2 件时，工厂可获最大利润 14 万元.

设计意图：此环节所选例题为教材第 87 页的应用题，目的是让学生熟悉所学新概念，通过实际问题的求解过程，了解数学模型的建立方法与求解方法，培养学生的应用意识. 操作过程中，教师应引导学生对实际问题进行抽象概括，找出约束条件和目标函数，并从数学的角度有条理地表述出来. 整个过程以学生活动为主，教师指导为辅，以培养学生独立的分析问题、解决问题的能力.

(四) 变式训练，深化知识

练习 1　营养学家指出，成人良好的日常饮食应该至少提供 0.075 kg 的碳水化合物，0.06 kg 的蛋白质，0.06 kg 的脂肪. 1 kg 食物 A 含有 0.105 kg 的碳水化合物，0.07 kg 蛋白质，0.14 kg 脂肪，花费 28 元；而 1 kg 食物 B 含有 0.105 kg 碳水化合物，0.14 kg 蛋白质，0.07 kg 脂肪，花费 21 元. 为了满足营养专家指出的日常饮食要求，同时使花费最低，需要同时食用食物 A 和食物 B 各多少 kg？

练习 2　求 $z=3x+5y$ 的最大值和最小值，使 x 和 y 满足约束条件

$$\begin{cases} 5x+3y \leqslant 15, \\ y \leqslant x+1, \\ x-5y \leqslant 3. \end{cases}$$

设计意图：此环节以学生练习为主，练习 1 为教材第 88 页例 5，练习 2 为教材第 91 页练习 1(2). 通过练习使学生加深对所学新知的理解，并能熟练运用所学知识解决相关问题.

(五) 归纳总结，反思提高

首先阅读教材，引导学生对教材第 91 页中的阅读与思考部分的内容进行深入思考，研究讨论，最后请同学对本节课的重点知识做出总结，教师最后给以总结，强调本节课的教学重点.

总结：本节课我们学习了简单线性规划问题的基本概念：线性约束条件、线性目标函数、可行解、可行域和最优解；我们可以采用数形结合的方法求得此类问题的解，具体步骤是：画—移—求—答.

设计意图：通过学生自己的归纳总结及教师对重点知识的梳理总结，使学生准确掌握所学知识，形成良好的认知结构.

（六）布置作业，实践掌握

教材中习题 3.3 A 组 1,2,3,4.

（设计意图：由于本节课为 3.3.2 简单的线性规划问题的第一课时，学生需要消化吸收的内容较多，作业量及作业难度不宜过大，因此将习题 3.3 中的 B 组题留待下次课解决.）

本章参考文献

[1] 人民教育出版社,课程教材研究所,中学数学课程教材研究开发中心.普通高中课程标准实验教科书·数学必修 5(A 版).3 版.北京：人民教育出版社,2007.

[2] 人民教育出版社中学数学室.全日制普通高级中学教科书(必修)数学.北京：人民教育出版社,2003.

[3] 教育部.普通高中数学课程标准(实验).北京：人民教育出版社,2003.

[4] 人民教育出版社,课程教材研究所,中学数学课程教材研究开发中心.普通高中课程标准实验教科书·数学必修 5(A 版)教师教学用书.3 版.北京：人民教育出版社,2007.

[5] 钱佩玲.数学思想方法与中学数学.北京：北京师范大学出版社,2008.

第六章 高中数学选修 2-1 教材解读与教学实践案例

> 本模块是选修 2-1,内容包括"常用逻辑用语""圆锥曲线与方程""空间向量与立体几何"三章. 正确地使用逻辑用语是现代社会公民应该具备的基本素质,无论是进行思考、交流,还是从事各项工作,都需要正确的运用逻辑用语表达自己的思维."圆锥曲线与方程"强调解析几何的基本思想:坐标法(或解析法)主要是用方程研究曲线."空间向量与立体几何"的主要内容是"空间向量"和"立体几何中的向量方法". 空间向量为处理立体几何问题提供了新的工具和方法,在理论研究和解决实际问题方面有广泛的应用. 通过这一部分学习,可以使学生在对平面向量已有认识的基础上,进一步学习空间向量,并运用空间向量研究立体几何中的问题,进一步体会向量方法在解决几何问题中的作用.

第一节 总体说明

一、基本内容

普通高中课程标准实验教材《数学·选修 2-1(A 版)》(人教社,2007 第 2 版),内容包括常用逻辑用语、圆锥曲线与方程和空间向量与立体几何. 本模块中,简要介绍常用逻辑用语,体会逻辑用语在表述和论证中的作用,利用这些逻辑用语准确地表达数学内容,从而更好地进行交流.

(一) 常用逻辑用语

本章内容与要求:了解命题的逆命题、否命题与逆否命题;理解必要条件、充分条件与充要条件的意义,会分析四种命题的相互关系;通过教学实例,了解逻辑联结词"或""且""非"的含义;通过生活和数学中的丰富实例,理解全称量词和存在量词的意义;能正确地对含有一个量词的命题进行否定.与以往教学大纲相比,增加了"全称量词与存在量词"的内容,更加重视了对意义的理解以及通过数学实例或生活中的实例理解相关概念,如要求"理解必要条件、充分条件与充要条件的意义";"通过数学实例,了解逻辑联结词'或''且''非'的含义";"通过生活和数学中的丰富实例,理解全称量词与存在量词的意义".本章有四节内容,共 8 课时,具体分配如下:命题及其关系约 2 课时,充分条件和必要条件约 2 课时,简单的逻辑联结词约 2 课时,全称量词与存在量词约 2 课时.

(二) 圆锥曲线与方程

圆锥曲线与方程是选修课程 1-1(12 课时)和 2-1 中的内容(16 课时).其中选修 1-1 是为希望在人文、社会科学等方面发展的学生设置的;选修 2-1 是为希望在理工、经济等方面发展的学生设置的.在必修阶段学习的平面解析几何初步基础上,本模块将继续学习圆锥曲线与方程,了解圆锥曲线与二次方程的关系,掌握圆锥曲线的基本几何性质,感受圆锥曲线在刻画现实世界和解决实际问题中的作用.结合已学过的曲线及方程的例子,了解曲线与方程的对应关系,进一步体会数形结合的思想.本章内容与要求见表 1.

表 1 "圆锥曲线与方程"内容与要求

	选修 1-1	选修 2-1
内容	椭圆及其标准方程,椭圆的简单几何性质;双曲线及其标准方程,双曲线的简单几何性质;抛物线及其标准方程,抛物线的简单几何性质;圆锥曲线的简单应用	椭圆及其标准方程,椭圆的简单几何性质;双曲线及其标准方程,双曲线的简单几何性质;抛物线及其标准方程,抛物线的简单几何性质;直线与圆锥曲线的位置关系;曲线与方程,求曲线方程.圆锥曲线的简单应用
要求	(1) 了解圆锥曲线的实际背景,感受圆锥曲线在刻画现实世界和解决实际问题中的作用. (2) 经历从具体情境中抽象出椭圆模型的过程,掌握椭圆的定义、标准方程及简单的几何性质. (3) 了解抛物线、双曲线的定义、几何图形和标准方程,知道双曲线的有关性质. (4) 通过圆锥曲线与方程的学习,进一步体会数形结合的思想. (5) 了解圆锥曲线的简单应用	(1) 了解圆锥曲线的实际背景,感受圆锥曲线在刻画现实世界和解决实际问题中的作用. (2) 经历从具体情境中抽象出椭圆、抛物线模型的过程,掌握它们的定义、标准方程、几何图形及简单的几何性质. (3) 了解抛物线、双曲线的定义、几何图形和标准方程,知道双曲线的有关性质. (4) 能用坐标法解决一些与圆锥曲线有关的简单几何问题(直线与圆锥曲线的位置关系)和实际问题. (5) 通过圆锥曲线与方程的学习,进一步体会数形结合的思想. (6) 结合已学过的曲线及其方程的实例,了解曲线与方程的对应关系,进一步感受数形结合的基本思想

(三) 空间向量与立体几何

在三维空间中,表示方向和大小的量是有三个分量的向量——三维空间向量(简称空间向量).空间向量在理论研究和解决实际问题方面有广泛的应用,它成为解决立体几何中大量问题的有力工具.提供了处理立体几何问题新的视角.空间向量的引入,为解决三维空间图形的位置关系与度量关系问题提供了一个十分有效的工具.在本模块中,将在学习平面向量的基础上,把平面向量及其运算推广到空间,运用空间向量解决有关直线、平面位置关系的问题,体会向量方法在研究几何图形中的作用,进一步发展空间想象能力和几何直观能力.第一节,空间向量及其运算内容包括:空间向量的定义、空间向量的加减运算、空间向量的数乘运算、空间向量的数量积运算、空间向量的正交分解及其坐标表示(包括空间向量的基本定理)、空间向量运算的坐标表示等内容.第二节,"立体几何中的向量方法"进一步研究几何中的向量方法,即用空间向量解决立体几何中的问题.教材首先介绍如何利用空间向量表示点、直线、平面的位置,进而利用空间向量运算表示空间的直线、平面间的平行、垂直关系以及夹角的大小等,并以解决几个立体几何中的问题为例,归纳出利用空间向量解决立体几何问题的"三步曲":第一步,向量表示(把立体几何问题中的点、直线、平面等元素用空间向量表示);第二步,向量运算(针对立体几何问题,进行空间向量运算);第三步,回归几何(对空间向量运算的结果做出几何意义上的解释).本章教学时间约需12课时,具体分配如下:空间向量及其运算 5 课时;立体几何中的向量方法 5 课时;小结 2 课时.

内容结构图如图 1 所示.

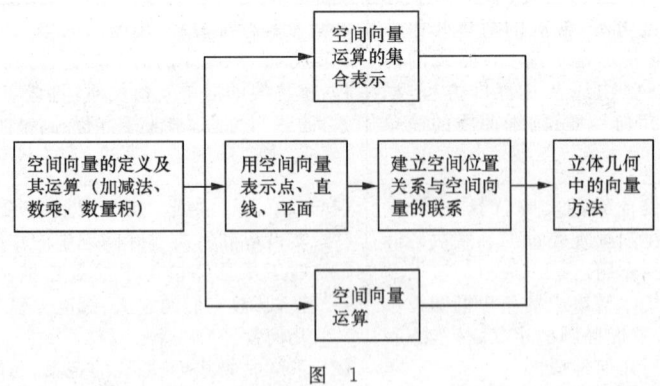

图 1

二、教材分析

学习始于疑问.教材通过适当的问题情境,引出需要学习的内容,然后在"观察""思考""探究"等活动中,引导学生自己发现问题、提出问题,使学生通过亲身实践、主动思维,经历不断地从具体到抽象、从特殊到一般的抽象概括活动来理解和掌握数学基础知识,打下坚实的数学基础."学而不思则罔".只有通过自己的独立思考,同时掌握科学的思维方法,才能真正学会数学.教材充分利用了数学内容之间的内在联系,特别是蕴含在数学知识中的数学思想方法,启发和引导同学们学习类比、推广、特殊化、化归等数学思考的常用逻辑方法,使学生学会数学思考与推理，不断提高数学思维能力．学习的目的在于应用．教材较好地提供了应用数学知识解决各种实际问题的机会，以使学生加深对数学概念本质的理解，认识数学知识与实际的联系，学会用数学知识和方法解决一些实际问题．另外，教材中还开辟了"观察与猜想""阅读与思考""探究与发现""信息技术应用"等拓展性栏目，为学生提供选学素材，有兴趣的学生可以自主地选择其中的一些内容进行探究．

（一）常用逻辑用语

命题、四种命题及其相互关系是逻辑学的基础知识．数学学科包含了大量的命题，了解命题的基础知识，认识命题的相互关系，对于掌握具体的数学学科知识是很有帮助的．教材给出"可以判断真假的陈述句叫命题"，并通过具体实例说明了判断一个语句是否是命题的依据：看它是否符合"是陈述句"和"可以判断真假"这两个条件．通过对"若 p，则 q"形式命题的条件和结论的讨论，认识了四种命题；通过对四种命题条件和结论之间的关系的讨论，认识了四种命题的相互关系；通过对"若 p，则 q"形式命题的真假性的讨论，认识充分条件和必要条件，并通过命题条件与结论之间的相互推出关系，认识充要条件．教材紧接着介绍了命题间的联结词"或""且""非"．这些联结词含义和用法的介绍，都是通过学生熟悉的数学实例讲授的，以使学生理解其含义，体会表述的准确性和简洁性，避免对其含义和用法的机械记忆和抽象概括．对于某些含有变量因素因而无法判断其真假的语句，如果对变量加以限制，这些语句就可以成为命题了．教材介绍了对变量加以限制的两类量词：全称量词和存在量词，指出判断全称命题和特称命题真假的方法，并介绍了如何对只含有一个量词的全称命题和特称命题的否定．对此，旨在让学生体会全称量词和存在量词的意义，能准确地对一个量词的命题进行否定．对"命题及其关系"、"简单的逻辑联结词"、"全称量词与存在量词"三部分内容的介绍，可以让学生更清楚地认识数学中大量存在的命题，学会分析命题的条件和结论，认识四种命题以及借助几个简单的逻辑联结词联结的命题间的关系，体会逻辑用语表述数学内容的准确性和简洁性．通过判断由逻辑联结词联结的命题的真假或含有量词命题的真假，可以帮助学生进一步体会逻辑联结词以及全称量词与存在量词的意义，体会命题之间的关系．要让学生体会到三部分内容之间的联系，而不是孤立地学习和机械地记忆．

本段内容相对较为刻板、传统，为提高学生学习的兴趣，教材采用了大量的数学实例，注重了知识间的前后联系，给学生提供充分的思考和探究的空间．如结合串联、并联电路理解逻辑联结词"且"、"或"的含义，结合串联、并联电路的接通和断开理解"且"、"或"联结的命题的真假；类比集合的"并""交""补"的运算理解逻辑联结词"或""且""非"等．各部分内容的编排，一般是按照思考、探究、发现、归纳总结，最后给出数学结论的形式展开的．结合大量的数学实例，按照这种以学生为主题的思路设计的内容安排，可以增进本段内容的亲和力，增强学生学习本段内容的兴趣，更好地体会和理解本段内容的含义以及实际意义，提高学习本段内容的兴趣，以使看似枯燥无味的内容变得津津有味起来．

（二）圆锥曲线与方程

"曲线与方程""方程与曲线"反映了空间形式与数量关系之间的内在联系，在平面直角坐标系下，用代数的方法研究几何问题，是数形结合的重要方面。"圆锥曲线与方程"强调解析几何的基本思想坐标法（或解析法），主要是用方程研究曲线。在必修 2 中，学生已经建立了直线、圆这两种平面上最简单的非封闭图形与封闭图形的方程，然后通过它们的方程，研究它们的有关性质。在直线与方程、圆与方程的内容中，已经渗透了坐标法思想，学生对这一思想已经有了一定程度的认识。在这个基础上，选修 2-1 中通过引进"曲线与方程""方程与曲线"的概念，进一步明确坐标法思想。随着椭圆、双曲线、抛物线三种圆锥曲线的学习，通过它们的方程研究其简单的几何性质，学生可以不断体会坐标法思想。

"圆锥曲线与方程"中介绍三种圆锥曲线时，教材更加注意了引入的过程，并对过程进行分析。在过程的分析中引导学生自主探索，从分析每种曲线的典型几何特征入手，选择适当的平面直角坐标系，建立每种曲线的标准方程。三种圆锥曲线都具有典型的几何特征。在椭圆的内容中，从圆出发，给出"探究"栏目，通过把细绳的两端分开，让学生观察套在绳上的移动的铅笔尖画出的轨迹的形状，突出了与已有知识的联系与区别。由画图的过程，探究形成轨迹的动点满足的几何条件，展现曲线的典型几何特征。在此基础上，给出具有这种典型几何特征的轨迹的名称——椭圆。通过观察椭圆的形状，引导学生建立适当的直角坐标系，用点的坐标表示距离，进而建立椭圆的标准方程。从而，突出知识的发生、发展的过程，引导学生自主学习探索，既动手又动脑，获得体验，形成感性认识。其他两种圆锥曲线：双曲线和抛物线，虽然它们的几何特征和椭圆不同，但其引入过程及其标准方程的建立过程，都是与椭圆相类比进行的。对于三种圆锥曲线的简单几何性质的研究，从直观入手，用代数的方法研究它们的几何性质，并注意代数方法与几何直观相结合。

无论是从几何直观的角度看，还是用代数的方法研究，圆锥曲线的范围、对称性、顶点的研究都比较容易。圆锥曲线的离心率、双曲线的渐近线相对复杂。抛物线比较特殊，它是离心率为 1 的圆锥曲线，是直接用离心率定义的一种圆锥曲线。对椭圆、双曲线离心率的研究，方法有所不同。对椭圆离心率的研究，首先从直观入手，让学生观察两组扁平程度不一的椭圆，提出问题"用什么量来刻画椭圆的扁平程度呢？"再让学生思考，然后给出椭圆离心率的定义。这种方式，可以使学生对离心率的作用有一个了解，对离心率的概念有更加深入的认识，同时可以从不同的角度，用不同的量刻画椭圆的扁平程度。类比椭圆离心率的概念，先直接给出双曲线离心率的定义，然后提出问题"椭圆的离心率可以刻画椭圆的扁平程度，双曲线的离心率刻画双曲线的什么几何特征？"让学生思考，结合几何直观，以及 a,c 两个量，可以发现，双曲线的离心率可以刻画双曲线"张口"的大小。

本套教材一个鲜明的特点是"讲背景，讲数学，讲应用"，"圆锥曲线与方程"也不例外。实际上，圆锥曲线很早就与人类生活、生产以及科研有着紧密的联系。在章引言中，说明三种圆锥曲线都是用不垂直圆锥的轴的平面截圆锥得到的。改变截面和圆锥轴线的夹角，可以得到椭圆、双曲线、抛物线. 这种引入，目的是使学生了解"圆锥曲线"名称的由来. 另外在教材正文中，还多次提到行星的运行轨道、发电厂冷却塔的外形、抛物运动轨迹、探照灯的镜面等等. 在教材的拓展栏目中，还安排了"探究与发现：为什么截口曲线是椭圆""阅读与思考：圆锥曲线的光学性质及其应用"（这些内容非常有趣，学习导数后会给出严格的证明）等. 安排大量的实例，注重实际背景和应用的目的是让学生感受圆锥曲线在刻画现实世界和解决实际问题中的重要作用.

（三）空间向量与立体几何

在学习了"空间几何体"（必修 2）和"平面向量"（必修 4）的基础上，本章从数量表示和几何意义两方面，把对向量及其运算的认识从二维情形提升到三维情形. 这是"由此及彼，由浅入深"的认识发展过程. 以立体几何问题为载体，体现向量的工具作用和向量方法的基本步骤和原理，再次渗透符号化、模型化、运算化和程序化的数学思想. 注重知识的联系，温故而知新，运用类比的方法认识新问题. 空间向量是平面向量的推广，两者除维数不同外，在几何意义、坐标表示、运算等方面都有一致性，平面向量基本定理与空间向量基本定理也有形式上基本一致的内容. 利用空间向量解决立体几何问题，是利用平面向量解决平面几何问题的发展，主要变化是维数的增加，讨论对象由二维图形变为三维图形. 基本方法都是将几何问题用向量形式表示，通过向量的运算，得出相应几何结论.

鉴于上述认识，本章内容安排，注意了充分利用学生已有的关于平面向量和平面几何中向量方法的知识基础和学习经验，在回顾和归纳预备知识的基础上，进行了新旧内容之间的类比. 本章内容的呈现方式多为从回顾平面向量的相应内容说起，叙述方式多为"与平面向量一样……""类似于平面向量……""对比平面向量……"，设置的问题中有许多是与平面向量有关的，全章从开篇引言到章尾小结都关注空间向量与平面向量的联系. 总之，本章教材重视知识结构中的纵向联系，强调内容中的"推广"和"发展"的成分，创造条件帮助学生实现认识上的正向迁移，从而达到温故知新的效果.

向量是从丰富的物理背景中抽象出来的数学概念，不论平面向量、空间向量，还是高维向量，都是既有大小又有方向的量. 向量的表示方式与坐标密切相关，坐标表示形式可以刻画量的大小和方向，向量的维数与它所在的空间维数一致. 向量的运算有其自有的法则、运算律、几何解释和表示形式. 几何中的向量方法是一种常用的方法. 平面几何所讨论的对象是同一平面内的点、直线等元素，它们可以与平面向量建立联系，利用平面向量可以表示平面上直线间的平行、垂直关系以及两条直线夹角的大小，因此许多平面几何问题可以转化为平面向量问题，通过平面向量的运算得出几何结论. 与此完全相似，立体几何所讨论的对象是三维空间中的点、直线、平面等元素，它们可以与空间向量建立联系，许多立体几何问题就可以转化为空间向量问题，通过进行空间向量的运算得出几何结论. 鉴于上述认识，本章内容设计，成功地解决了以下两个问题：

（1）从扩充对于"数（量）与运算"的认识角度反映空间向量及其运算. 本章注意引导学

生思考向量及其运算与实数及其运算的异同,空间向量及其运算与平面向量及其运算的异同.让学生经历和体会由实数到向量、由平面向量到空间向量的推广过程,使其认识推广数学概念的必要性,体验数学在结构上的科学性、和谐性,认识其中的共同规律(例如加法、乘法中的交换律).本章强调不同维数向量及其运算的通性同法,注意反映其中蕴含的一般规律(例如向量基本定理),并关注向量概念推广过程中的新问题(例如维数增加所带来的影响),讨论这些问题所引发的变化.

(2) 体现引入向量为解决某些几何中问题提供了通法.向量法有别于传统的纯几何方法,而是将几何元素用向量表示,进行向量运算,再回归到几何问题.这种"三步曲"式的解决问题过程,在数学中具有一般性,例如解析几何就是将几何元素用方程表示,进行代数运算,再回归到几何问题.这一般性的方法中,蕴涵了"符号化"和"模型化"的思想(即用抽象符号把一类对象转化为其他等价形式),"运算化"和"程序化"思想(即通过对量化后的对象进行特定运算来解决问题).第二节的重点是放在向量方法上,其中的立体几何问题只是体现向量方法的载体,说明一般方法的例子.教材围绕"使学生认识向量方法在解决几何问题中的作用,体会向量方法三步曲"这个中心来设计,重在反映向量方法的一般过程和基本思想,同时关注对象的维数的增加后带来的变化及其应对的方法(例如,联系平面几何向量方法中的直线的方向向量,认识立体几何向量方法中的平面法向量).

三、教学重点和难点

(一) 常用逻辑用语

教学重点:命题及其关系,充分条件、必要条件、充要条件的意义,逻辑联结词"或""且""非"的含义,全称量词和存在量词.

教学难点:理解必要条件的意义,能正确地对含有一个量词的全称命题或特称命题进行否定.

对于充分条件,学生容易理解,对于必要条件概念的理解则是难点,学生往往不清楚由 p 推出 q,则 p 是 q 的充分条件,为什么 q 又成了 p 的必要条件了?必要性怎么理解?为此,教材在边框中引入了与不等式有关的例子,帮助学生从原命题与逆否命题的等价性角度去理解必要条件.

对含有一个量词的命题的否定,学生也会出现一些逻辑错误.如错误地认为教材第 24 页的探究 1 中"所有的矩形都是平行四边形"的否定是"某些平行四边形不是菱形"等.对于这些学生易犯的逻辑上的错误,教学中要引起重视,这关系到学生对相关命题的认识,并可能影响到后来的相关命题的证明,如从逆否命题的角度去证明一个命题,就涉及对这个命题结论的正确否定.为避免这些逻辑上易犯的错误,教材是通过大量的实例帮助学生去理解量词的含义以及对它们的正确否定.

（二）圆锥曲线与方程

教学重点：椭圆、抛物线的定义、几何图形、标准方程及简单性质；"圆锥曲线与方程"强调解析几何的基本思想：坐标法（或解析法），主要是用方程研究曲线.

教学难点：曲线与方程和函数与图像之间的关系；对双曲线渐近线的研究，既是重点，也是难点. 从直观上看，双曲线的两支是向外无限延伸的，始终在渐近线形成的一组对顶角中，不会越过它的渐近线. 教材通过"信息技术应用"栏目，让学生通过观察，发现双曲线的这一性质，在正文中没有给出严格的证明. 在"探究与发现：为什么 $y=\pm\dfrac{b}{a}x$ 是双曲线 $\dfrac{x^2}{a^2}-\dfrac{y^2}{b^2}=1$ 的渐近线"中给出了证明，但不作为教学要求. 渐近线的概念比较抽象，学生对它的理解需要一个过程.

（三）空间向量与立体几何

"空间向量及其运算"是本章的基础，本章前面部分的重点为空间向量的基本概念和基本运算."立体几何中的向量方法"从一个侧面（立体几何）反映了空间向量的应用，同时也是对空间向量的再认识. 利用空间向量解决立体几何问题的"三步曲"，是本章后面的重点. 具体内容是空间向量及其运算、空间向量的应用；掌握空间向量的线性运算及其坐标表示；掌握空间向量的数量积及其坐标表示，能运用向量的数量积判断向量的共线与垂直；理解直线的方向向量与平面的法向量. 建立立体图形与空间向量之间的联系，把立体几何问题转化为向量问题也是本章的难点.

四、教学设计建议

（一）常用逻辑用语

1. 避免追求概念的形式化定义，忽视对概念意义的理解

《课程标准》中明确指出：注意引导学生在使用常用逻辑用语的过程中，掌握常用逻辑用语的用法，纠正出现的逻辑错误，体会运用常用逻辑用语表述数学内容的准确性、简洁性. 避免对逻辑用语的机械记忆和抽象解释. 与以往教材相比，本章内容的呈现注重了通过对实例的思考、探究、发现、归纳总结，最后得出相关概念的特点，这样的设计意图是力求突出学生学习的主体地位，体现通过学生自己的探究和发现，体会新概念的设计理念. 教学中要充分领会教材的这种编写意图，要结合数学或生活中的实例，让学生充分体会新概念的意义. 如对"命题"概念的理解，教材改变了给出"命题"概念，然后让学生对相关例题做出判断的呈现方式，而是先给出具体的例子，让学生去发现、归纳，得出"命题"的概念. 教学中要给学生以发挥的空间，也就是在学生得出"命题"概念前，要对给出的具体例子有充分发现、思考的空间，要允许学生有不同的见解和看法，最后归纳得到"命题"的概念. 新概念是在学生充分酝酿、感受的基础上得出的，是在学生充分感受其意义的基础上自己总结出来的.

总之，教学中要避免"形式"的理解概念，而忽视对概念意义的理解．要注意通过实例让学生去理解概念，同时要给学生充分的思考、探究的时间和空间，避免"概念＋例题"的形式化教学，避免教学中的"灌输"．

2. 联系日常生活实例或已有知识学习新内容

除了教材中给出的实例，实际教学中可以适当地增加相关的生活实例，同时注意联系已有的知识学习新内容．如对本章学生理解比较困难的"充分条件""必要条件"概念的学习，由于它们与日常生活中的"充分""必要"的意义接近，教学中可以适当给出一些生活中的例子以帮助学生理解．对逻辑联结词"或""且"的理解，可以借助并联、串联电路等知识．

3. 注意自然语言、文字语言、符号语言三者的结合运用

教学中鼓励学生用这三种语言描述对新概念的理解．自然语言也就是让学生用自己的话陈述对一个概念的理解，以此检验学生对这个概念的理解与否以及理解程度，而不是形式地去背教材中的界定，实际不理解这个概念的真正含义；文字语言可以帮助学生进一步精确、形式化地严谨表述这个概念，以达到对这概念的较为准确的理解；符号语言还可以达到对这个概念的简约化理解，以符号的形式简洁、准确地表述概念．教学中要注意这三种语言的结合运用，以达到对新内容的准确、深刻的理解．

（二）圆锥曲线与方程

1. 注意知识内容的前后衔接，准确把握教学要求

必修 2 中的直线与方程、圆与方程，以及选修 1-1（选修 2-1）中的圆锥曲线与方程，系列 4 中的"选修 4-4 坐标系与参数方程"一起构成了经典的平面解析几何内容的主干．教学时，要注意知识内容的衔接，把相关内容放在平面解析几何内容中通盘考虑，见木见林，切实把握每部分的教学要求．特别要注意的是，《课程标准》规定的教学要求中，椭圆的内容要求为"理解"，双曲线的内容只做"了解"，抛物线的内容理科要求"理解"而文科只要求"了解"．

2. 圆锥曲线的第二定义、圆锥曲线的统一定义以及非标准形式的圆锥曲线方程不做教学要求

《课程标准》指出：对于感兴趣的学生，教师可以引导了解圆锥曲线的离心率与统一方程．有条件的学校应充分发挥现代教育技术的作用，通过一些软件向学生演示方程中参数的变化对方程中所表示曲线的影响，使学生进一步理解曲线与方程的关系．圆锥曲线的第二定义、圆锥曲线的离心率与统一定义尽管是非常经典的内容，但不必作为基本的教学要求．考虑到它们的意义，椭圆、双曲线的"第二定义"在教材中相关部分的例题有所体现，但没有明确给出它们的第二定义．教材安排了一个选学内容"探究与发现：圆锥曲线的离心率与统一方程"，供学有余力的学生学习参考．另外，目前我们讨论的圆锥曲线的方程都是标准方程，并利用它们的标准方程研究它们的性质．非标准形式的圆锥曲线方程不是目前研究的内容，不要给学生补充这方面的内容．

3. 关注曲线与方程和函数与图像之间的关系

曲线与方程、函数与图像是两类不同的研究对象，它们之间有一定的联系，也存在一定

的区别. 在选修 2-1 中的"圆锥曲线与方程"一章安排了选学内容"探究与发现：为什么二次函数 $y=ax^2+bx+c(a\neq 0)$ 的图像是抛物线". 抛物线作为一类几何对象，它具有典型的几何特征；同时也是二次函数 $y=ax^2+bx+c(a\neq 0)$ 的直观载体. 尽管是不同的研究对象，但是这个"探究与发现"揭示了两类不同研究对象之间的关系. 抛物线是曲线（或图像），我们既可以从函数（或分段函数）的角度研究它，也可以从方程的角度研究它. 但是两者之间是有区别的，从函数的角度看，函数体现的是一种数量关系，图像是它的一种表现形式；从方程的角度看，它是从曲线的几何特征出发，确定它的代数关系（即方程），用方程研究曲线，这是解析几何的核心思想. 它们虽然体现了数形结合的思想，但却是数形结合的不同侧面. 一般来说，函数表达式可以看做是方程，它的图像可以看成曲线，但是反过来却不一定. 上面的选学内容告诉我们，在学习中要加强不同知识内容之间的联系，从不同的角度看待同一数学内容，感受数学的整体性.

4. 重视信息技术工具的作用

信息技术工具在"圆锥曲线与方程"的学习中有较大的支持作用，发挥空间也较广阔. 我们希望，在本章的学习过程中，有条件的学校和学生要充分利用信息技术的帮助理解相关内容. 利用信息技术工具向学生演示平面截圆锥的过程，通过改变截面与圆锥轴线的夹角，得出不同的圆锥曲线. 信息技术工具的使用可以加深学生对圆锥曲线的直观认识. 运用信息技术工具的"运动变化过程中保持几何关系不变"的特点，非常容易探索动点轨迹的形状. 一方面，信息技术工具为我们创造了一个实验、发现、猜想的环境，在动态演示中，观察轨迹形成的原因、轨迹的形状，发现结论、形成猜想；另一方面，当我们求出轨迹的方程后，可以用信息技术工具帮助我们进行直观验证轨迹的形状，加深对方程所表示的曲线形状的理解.

（三）空间向量与立体几何

我们认为本章教学中有如下几个问题值得特别关注.

1. 把重点放在空间向量和向量方法上

本章中空间向量和向量方法是重点内容，而对于立体几何不做系统安排，只是通过几个立体几何具体问题的例子，体现空间向量在解决立体几何问题时的应用，使学生加强对几何中向量方法的一般性认识. 因此，本章教学应突出重点，特别是"立体几何中的向量方法"的教学，立体几何本身不做为重点，而是把具体的立体几何问题作为学习向量方法的载体，以向量方法作为主要教学目标. 通过直接利用向量运算和向量方法与坐标法相结合的例题讨论立体几何中的向量方法，可以使学生对这一主题有更具体的感受. 最后，以框图的形式引导学生进行小结，这又可以使学生对上述主题（向量方法"三步曲"）的认识得到进一步深化，提高抽象概括一般规律的能力. 教学中应体会这些内容的设计目的，使它们能够服务于向量方法这个主题，把主要精力放在重点内容上.

2. 注意数与形的关联

向量的特征之一是其本身具有数与形两重含义. 本章教学中，除了要关注前面多次提及的知识纵向联系之外,还要特别关注知识的横向联系,从不同角度研究同一问题,认识与运用向量及其运算中数与形的关联.例如,下列等价关系是从数与形两方面建立起来的,它们在向量方法中有重要作用,教学中应该结合几何图形予以探讨,引导学生借助图形理解它们,注意避免不联系几何意义的死记硬背.设直线 l,m 的方向向量分别为 a,b,平面 α,β 的法向量分别为 u,v,则

线线平行:$l // m \Leftrightarrow a // b \Leftrightarrow a = kb$;线面平行:$l // \alpha \Leftrightarrow a \perp u \Leftrightarrow a \cdot u = 0$;

面面平行:$\alpha // \beta \Leftrightarrow u // v \Leftrightarrow u = kv$;线线垂直:$l \perp m \Leftrightarrow a \perp b \Leftrightarrow a \cdot b = 0$;

线面垂直:$l \perp \alpha \Leftrightarrow a // u \Leftrightarrow a = ku$;面面垂直:$\alpha \perp \beta \Leftrightarrow u \perp v \Leftrightarrow u \cdot v = 0$.

上述关系一方面用向量运算刻画了直线、平面的几何位置关系,另一方面也给出了向量运算的直观几何解释,教学中对这种双重作用应充分重视.

3. 深化理解向量运算的作用

向量是既有大小又有方向的量,对于它规定了运算法则,本章讨论了空间向量的线性运算(加、减、数乘)和数量积.正是有了线性运算,向量才显示其重要性.为了使学生能更深刻地体会向量运算的作用,教材中提出问题:你同意"向量是躯体,运算是灵魂""没有运算的向量只能起路标的作用"的说法吗?这个问题是要引导学生结合几何问题,关注向量运算在分析解决问题中的作用.如果向量仅能表示空间中的点、直线和平面,那么它的作用就只相当于"路标"了.有了向量的运算后,这样的运算与空间几何元素的位置关系就可以对应起来.例如,线线垂直的位置关系可以与向量的数量积建立对应关系,即:$l \perp m \Leftrightarrow a \perp b \Leftrightarrow a \cdot b = 0$(直线 l,m 的方向向量分别为 a,b).两个平面 α,β 的夹角 $\theta \left(0 \leqslant \theta \leqslant \dfrac{\pi}{2}\right)$ 的大小,可以由 $\cos\theta = \dfrac{|u \cdot v|}{|u||v|}$ 来计算(平面 α,β 的法向量分别为 u,v).这样我们就可以通过向量运算来讨论空间几何中的位置关系和度量问题,而这些正是几何所要讨论的主要问题.因此,我们说向量的主要作用要通过其运算来体现.如果没有运算,那么向量仅能表示空间中的点、直线和平面的位置关系,即只是"没有灵魂的躯体"或者"路标"而已.对于上述问题的理解,可能不是可以简单完成的,因此在本章教学中应反复引导学生对其加深认识.

第二节 教学实践案例

案例1 "1.1 命题及其关系"教案

一、教学目标

(1)知识与技能:了解命题的逆命题、否命题与逆否命题的概念,明白四种命题的关系,能求一般命题的逆命题、否命题、逆否命题.掌握合理进行思维的方法,正确判断命题的真

假,初步形成运用逻辑知识准确地表述问题的数学意识.

(2) 过程与方法:本章我们将从命题及其关系入手,学习四种命题的相互关系、充分条件和必要条件,学习逻辑用语,了解数理逻辑的有关知识,体会逻辑用语在表述或论证中的作用,使以后的论证和表述更加准确、清楚和简洁.

(3) 情感态度与价值观:在本节课中通过具体、生动的实例来使学生体会逻辑用语在论证和表述中的作用,增强思维的逻辑性和严谨性,进而认识到不但在数学中,即便在生活和社交中也能运用逻辑用语表达和交流,达到简洁、准确、严谨.

二、教学重点和难点

教学重点:逆命题、否命题、逆否命题的概念及求法.

教学难点:把命题写成若 P,则 q 的形式.

三、教学过程

(一) 创设情境

在我们日常生活中,经常涉及逻辑上的问题.无论是进行思考、交流,还是从事各项工作,都需要用逻辑用语表达自己的思想,需要用逻辑关系进行判断和推理.因此,正确使用逻辑用语和逻辑关系是现代社会公民应该具备的基本素质.

(二) 活动尝试

问题 1 下列语句的表述形式有什么特点?你能判断它们的真假吗?

(1) 若 $xy=1$,则 x,y 互为倒数;

(2) 相似三角形的周长相等;

(3) $2+4=5$;

(4) 如果 $b\leqslant -1$,那么方程 $x^2-2bx+b^2+b=0$ 有实根;

(5) 若 $A\cup B=B$,则 $B\subseteq A$;

(6) 3 不能被 2 整除.

结论:这些语句都是陈述句,且它们都能判断真假.

一般地,我们用语言、符号或式子表达的,可以判断真假的陈述句,叫做命题;其中判断为正确的命题,为真命题;判断为不正确的命题,为假命题;

上述命题中(1),(4),(6)为真命题;(2),(3),(5)为假命题.

(三) 师生探究

问题 2 判断下列命题的真假,你能发现各命题之间有什么关系?

(1) 如果两个三角形全等,那么它们的面积相等;

(2) 如果两个三角形的面积相等,那么它们全等;

(3) 如果两个三角形不全等，那么它们的面积不相等；

(4) 如果两个三角形面积不相等，那么它们不全等．

结论：命题(1),(4)为真,(2),(3)为假;(1)与(2),(3)与(4)条件和结论互逆,(1)与(3),(2)与(4)条件和结论互否.

(四) 数学理论

1. 原命题与逆命题

在两个命题中，如果第一个命题的条件(或题设)是第二个命题的结论，且第一个命题的结论是第二个命题的条件，那么这两个命题叫做**互逆命题**；如果把其中一个命题叫做**原命题**，那么另一个叫做原命题的**逆命题**．

例如，如果原命题是：命题1：同位角相等，两直线平行．它的逆命题就是：命题2：两直线平行，同位角相等．

2. 否命题与逆否命题

在两个命题中，一个命题的条件和结论分别是另一个命题的条件的否定和结论的否定，这样的两个命题就叫做**互否命题**，若把其中一个命题叫做**原命题**，则另一个就叫做原命题的**否命题**．例如，命题1与命题3：同位角不相等，两直线不平行是互否命题．

3. 原命题与逆否命题

在两个命题中，一个命题的条件和结论分别是另一个命题的结论的否定和条件的否定，这样的两个命题就叫做**互为命题**，若把其中一个命题叫做原命题，则另一个就叫做原命题的**逆否命题**．例如，命题1与命题4：两直线不平行，同位角不相等是逆否命题．

概括地说，命题1为原命题，则命题2为逆命题；命题3为否命题；命题4为逆否命题．关于逆命题、否命题与逆否命题，也可以这样表述：

(1) 交换原命题的条件和结论，所得的命题是逆命题；

(2) 同时否定原命题的条件和结论，所得的命题是否命题；

(3) 交换原命题的条件和结论，并且同时否定，所得的命题是逆否命题．它们之间的关系如图1所示．

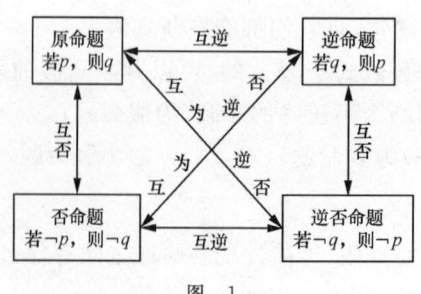

图 1

4. 四种命题的形式

一般地,我们用 p 和 q 分别表示原命题的条件和结论,用 $\neg p$ 和 $\neg q$ 分别表示 p 和 q 的否定,于是四种命题的形式就是:

原命题:若 p,则 q;

逆命题:若 q,则 p;

否命题:若 $\neg p$,则 $\neg q$;

逆否命题:若 $\neg q$,则 $\neg p$.

(五) 巩固练习

例 1 写出命题"若 $a=0$,则 $ab=0$"的逆命题、否命题、逆否命题,并判断各命题的真假.

解 原命题:"若 $a=0$,则 $ab=0$"是真命题;

逆命题:"若 $ab=0$,则 $a=0$"是假命题;

否命题:"若 $a\neq 0$,则 $ab\neq 0$"是假命题;

逆否命题:"若 $ab\neq 0$,则 $a\neq 0$"是真命题;

副产品:原命题为真,它的逆命题和否命题不一定为真;原命题为真,它的逆否命题一定为真.

例 2 把下列命题改写成"若 p,则 q"的形式,并写出它们的逆命题、否命题与逆否命题,同时指出它们的真假.

(1) 两个全等的三角形的三边对应相等;

(2) 四边相等的四边形是正方形;

(3) 负数的平方是正数;

分析 关键是找出原命题的条件 p 和结论 q.

解 (1) 原命题可以写成:若两个三角形全等,则这两个三角形的三边对应相等;(真)

逆命题:若两个三角形的三边对应相等,则这两个三角形全等;(真)

否命题:若两个三角形不全等,则这两个三角形不是三边对应相等;(真)

逆否命题:若两个三角形不是三边对应相等,则这两个三角形不全等;(真)

(2) 原命题可以写成:若一个四边形四边相等,则它是正方形;(假)

逆命题:若一个四边形是正方形,则它的四条边相等;(真)

否命题:若一个四边形四边不相等,则它不是正方形;(真)

逆否命题:若一个四边形不是正方形,则它的四条边不相等;(假)

(3) 原命题可以写成:若一个数是负数,则它的平方是正数;(真)

逆命题:若一个数的平方是正数,则它是负数;(假)

否命题:若一个数不是负数,则它的平方不是正数;(假)

逆否命题:若一个数的平方不是正数,则它不是负数.(真)

另解 原命题可写成：若一个数是负数的平方,则这个数是正数；(真)

逆命题：若一个数是正数,则它是负数的平方；(假)

否命题：若一个数不是负数的平方,则这个数不是正数；(假)

逆否命题：若一个数不是正数,则它不是负数的平方.（真）

结论 两个互为逆否的命题同真或同假（如原命题和它的逆否命题,逆命题和否命题）,其余情况则不一定同真或同假（如原命题和逆命题,否命题和逆否命题等）.

例 3 设原命题是"当 $c>0$ 时,若 $a>b$,则 $ac>bc$",写出它的逆命题、否命题与逆否命题,并分别判断它们的真假.

分析 "当 $c>0$ 时"是大前提,写其他命题时应该保留,原命题的条件是 $a>b$,结论是 $ac>bc$.

解 逆命题：当 $c>0$ 时,若 $ac>bc$,则 $a>b$. 它是真命题；

否命题：当 $c>0$ 时,若 $a\leqslant b$,则 $ac\leqslant bc$. 它是真命题；

逆否命题：当 $c>0$ 时,若 $ac\leqslant bc$,则 $a\leqslant b$. 它是真命题.

（六）回顾反思

本节重点研究了四种命题的概念与表示形式,即如果原命题为：若 p,则 q,则它的逆命题为：若 q 则 p,即交换原命题的条件和结论即得其逆命题；否命题为：若 $\neg p$ 则 $\neg q$,即同时否定原命题的条件和结论,即得其否命题；逆否命题为：若 $\neg q$ 则 $\neg p$,即交换原命题的条件和结论,并且同时否定,即得其逆否命题；两个互为逆否的命题同真或同假；

（七）课后作业

1. 命题"内错角相等,则两直线平行"的否命题为(　　).

   (A) 两直线平行,内错角相等　　　　(B) 两直线不平行,则内错角不相等

   (C) 内错角不相等,则两直线不平行　(D) 内错角不相等,则两直线平行

2. 命题"若 $a>b$,则 $\dfrac{a}{b}>1$"的逆否命题为(　　)

   (A) 若 $\dfrac{a}{b}>1$,则 $a>b$　　　(B) 若 $a\leqslant b$,则 $\dfrac{a}{b}\leqslant 1$

   (C) 若 $a<b$,则 $b<a$　　　(D) 若 $\dfrac{a}{b}\leqslant 1$,则 $a\leqslant b$

3. 写出"若 $x^2+y^2=0$,则 $x=0$ 且 $y=0$"的逆否命题：＿＿＿＿＿＿＿＿＿＿＿＿＿；

4. 把下列命题写成"若 p,则 q"的形式,并判断其真假.

   (1) 实数的平方是非负数；

   (2) 等底等高的两个三角形是全等三角形；

   (3) 能被 6 整除的数既能被 3 整除也能被 2 整除；

   (4) 弦的垂直平分线经过圆心,并平分弦所对的弧.

5. 写出命题"若 a 和 b 都是偶数,则 $a+b$ 是偶数"的否命题和逆否命题.
6. 判断命题"若 $x+y\leqslant 5$,则 $x\leqslant 2$ 或 $y\leqslant 3$"的真假.

案例 2 "2.2.1 椭圆及其标准方程"说课稿

一、教材分析

"椭圆及其标准方程"是人教版高中数学(选修 2-1)第二章《圆锥曲线》第一节的内容,是继学习圆以后运用"曲线和方程"理论解决具体的二次曲线的又一实例.从知识上说,它是运用坐标法研究曲线的几何性质的又一次实际演练,同时它也是进一步研究椭圆几何性质的基础;从方法上说,它为后面研究双曲线、抛物线提供了基本模式和理论基础;所以说,无论从教材内容,还是从教学方法上都是起着承上启下的作用,它是学好本章内容的关键.因此搞好这一节的教学,具有非常重要的意义.

根据上述教材结构与内容分析,考虑到学生已有的认知结构心理特征,制定如下教学目标与教学重点、难点:

(1)知识与技能:掌握椭圆的定义及其标准方程,通过对椭圆标准方程的探求,熟悉求曲线方程的一般方法.

(2)过程与方法:让学生通过自我探究、操作、数学思想(待定系数法)的运用等,从而提高学生实际动手、合作学习以及运用知识解决实际问题的能力.

(3)情感态度与价值观:在教学中充分揭示"数"与"形"的内在联系,体会形数美的统一,激发学生学习数学的兴趣,培养学生勇于探索、勇于创新的精神.

在学习本课"椭圆及其标准方程"前,学生已学习了直线与圆的方程,对曲线和方程的概念有了一些了解与运用的经验,用坐标法研究几何问题也有了初步的认识.但由于学生学习解析几何时间还不长、学习程度也较浅,学生对坐标法解决几何问题掌握还不够;另外,学生对含有两个根式之和(差)等式化简的运算生疏,去根式的策略选择不当等是导致"标准方程的推导"成为学习难点的直接原因.

据以上对教材及学情的分析,确定椭圆的定义及其标准方程为本课的教学重点;椭圆标准方程的推导为本课的难点.

二、教学方法与教学手段

课堂教学中创设问题的情境,激发学生主动地发现问题、解决问题,充分调动学生学习的主动性、积极性;有效地渗透数学思想方法,发展学生个性思维品质,这是本节课的教学原则.根据这样的原则及所要完成的教学目标,采用如下的教学方法和手段:

教学方法:引导发现法、探索讨论法.

(1)引导发现:用课件演示动点的轨迹,启发学生归纳、概括椭圆定义.

(2) 探索讨论：由学生通过联想、归纳把原有的求轨迹方法迁移到新情况中,有利于学生对知识进行主动建构;有利于突出重点,突破难点,发挥其创造性.引导发现和探索讨论是适应新课程体系的一种全新教学模式,它能更好地体现学生的主体性,实现师生、生生交流,体现课堂的开放性与公平性.

教学手段：利用多媒体课件教学,化抽象为具体,降低学生学习难度,增强动感及直观感,增大教学容量,提高教学质量.

三、学法指导

"授人以鱼,不如授人以渔."教会学生：(1) 动手尝试;(2) 仔细观察;(3) 分析讨论;(4) 抽象出概念,推出方程.这样有利于学生发挥学习的主动性,使学生的学习过程成为在教师引导下的"再创造"过程.

四、教学过程

教学流程设计：认识椭圆→画椭圆→定义椭圆→推导椭圆方程→椭圆方程知识讲解→椭圆方程知识运用→本课小结→作业布置(见表1).

表1 教学过程一览表

教学环节	教学过程(师生双边活动)	设计意图
认识椭圆	图片展示：椭圆就在我们身边； 多媒体演示："神舟"六号飞船绕地球旋转运行的画面,并描绘出运行轨迹图,说明椭圆也存在于浩瀚太空； 多媒体演示：平面截圆锥的各种情形,向学生介绍"圆锥曲线"名称的由来	(1) 从学生所关心的实际问题引入,使学生了解数学来源于实际. (2) 展示图片,使学生更好地掌握椭圆形状,更直观、形象地了解后面要学的内容
尝试探究,形成概念	1. 画一画（画椭圆） (1) 请学生拿出课前准备的硬纸板、细线、铅笔,同桌合作画椭圆. (2) 课件动态演示椭圆的形成过程,并指出：这就是我们要学习的一类新的封闭曲线——椭圆	(1) 通过画图给学生提供一个动手操作、合作学习的机会；调动学生学习的积极性. (2) 多媒体演示向学生说明椭圆的具体画法,更直观形象

(续表)

教学环节	教学过程（师生双边活动）	设计意图
定义椭圆	2. 议一议（椭圆的定义及有关概念） （1）由学生画图及教师演示椭圆的形成过程,引导学生归纳定义. **定义** 在平面内,到两定点 F_1,F_2 的距离之和等于常数 $2a(2a>\|F_1F_2\|)$ 的点的轨迹叫做**椭圆**.这两个定点叫做椭圆的**焦点**,两焦点的距离叫做椭圆的**焦距**,记 $\|F_1F_2\|=2c$. （2）椭圆定义的再认识. 问题：① 为什么要满足 $2a>2c$ 呢？ 　　② 当 $2a=2c$ 时,轨迹是什么？ 　　③ 当 $2a<2c$ 时,轨迹又是什么？ 结论：① 当 $2a>\|F_1F_2\|$ 时,是椭圆； 　　② 当 $2a=\|F_1F_2\|$ 时,是线段； 　　③ 当 $2a<\|F_1F_2\|$ 时,轨迹不存在. 引导学生总结定义的关键之处：① 平面曲线； 　　② 任意一点到两个定点的距离之和等于常数； 　　③ 常数大于 $\|F_1F_2\|$	让学生通过反思画图,归纳定义,理解定义,教师利用动画演示,帮助学生深刻理解椭圆定义的条件,突破难点. 说明：实验中发现椭圆的几何特征,可以挖掘出椭圆定义的内涵,使得学生对椭圆的定义留下深刻的印象
推导椭圆方程	3. 求一求（椭圆标准方程的推导）（教师引导） 设问1：求曲线方程的一般方法怎样？（建系、设点、列式、化简） 设问2：本题中可以怎样建立直角坐标系？（让学生根据自己的经验来确定） 方案1：（如图1）以 F_1,F_2 所在的直线为 x 轴,F_1F_2 的中点为原点建立直角坐标系. 方案2：（如图2）以 F_1,F_2 所在的直线为 y 轴,F_1F_2 的中点为原点建立直角坐标系 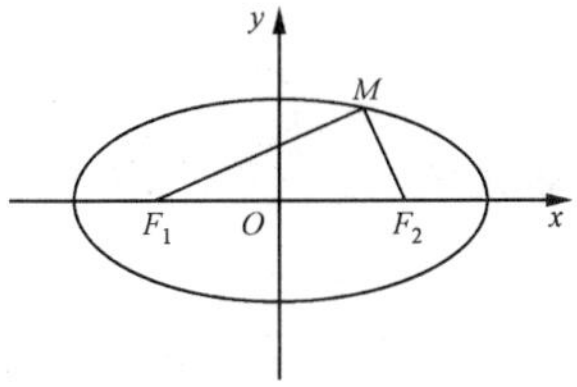 图 1 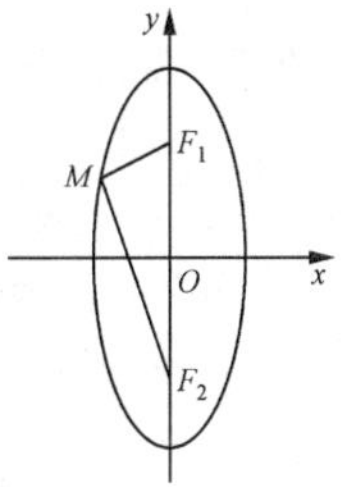　　　　　图 2 方程：$\dfrac{x^2}{a^2}+\dfrac{y^2}{b^2}=1(a>b>0)$ 和 $\dfrac{y^2}{a^2}+\dfrac{x^2}{b^2}=1(a>b>0)$. 请学生观察归纳两个方程的特征,从而区别焦点在不同坐标轴上的椭圆标准方程；令 $b^2=a^2-c^2$,要渗透数学对称美教学. 说明：① $a>b>0$；② $a^2=b^2+c^2$（要区别与习惯思维下的勾股定理 $c^2=a^2+b^2$）	首先由师生共同回忆建立圆的方程的过程,从而归纳出求曲线方程的一般步骤；然后让学生自己去推导椭圆的标准方程,给学生较多的思考问题的时间和空间,变"被动"为"主动",变"灌输"为"发现".教师结合猜想加以引导

(续表)

教学环节	教学过程(师生双边活动)	设计意图
问题点拨	4. 问一问 问题1：在探索中得到了椭圆方程： $$\sqrt{(x+c)^2+y^2}+\sqrt{(x-c)^2+y^2}=2a,$$ 但不会化简. 问题2：化简后得到的方程好像没有猜想简洁、漂亮，与教材上的标准方程也有一点距离. 设问： ① 教师问：化简含有根号的式子时，我们通常有什么方法？ 　　学生回答：可以两边平方. ② 教师问：对于本式是直接平方好呢，还是恰当整理后再平方？学生通过实践，发现对于这个方程，直接平方不利于化简，而整理后再平方，最后能得到圆满的结果.	通过精心设问突破了椭圆方程推导的难点，深化了学生的探索活动. 允许和鼓励学生提问，让学生从"不问"到"敢问、善问"是培养学习能力的重要一环
椭圆方程知识讲解	5. 用一用(讲解知识) 例1　判断下列各椭圆的焦点位置，并说出焦点坐标、焦距： (1) $\dfrac{x^2}{3}+\dfrac{y^2}{4}=1$；　(2) $\dfrac{x^2}{4}+\dfrac{y^2}{2}=1$； (3) $3x^2+4y^2=1$；　(4) $x^2+\dfrac{y^2}{4}=1$. 例2　求适合下列条件的椭圆标准方程： (1) 两个焦点的坐标分别为$(-4,0),(4,0)$，椭圆上一点P到两焦点距离的和等于10； (2) 两个焦点的坐标分别为$(0,-2),(0,2)$，并且椭圆经过点$(-3/2,5/2)$.	(1) 掌握椭圆方程中a,b,c三者之间的关系； (2) 掌握运用椭圆定义法、待定系数法求椭圆的标准方程. 运用定义法时要强化根式化简计算；运用待定系数法时强调"二定"，即定位、定量 (3) 培养学生运用知识解决问题的能力
椭圆方程知识运用	6. 练一练(运用知识) (1) 已知F_1,F_2是椭圆$\dfrac{x^2}{25}+\dfrac{y^2}{9}=1$的两个焦点，过$F_1$的直线交椭圆于$M,N$两点，则$\triangle MNF_2$的周长为_____； (2) 平面内两定点距离之和等于8，一个动点到这两个定点的距离之和等于10，建立适当坐标系写出动点的轨迹方程.	通过课堂练习，使学生进一步巩固知识，运用知识
小结	7. 小结(一、二、二、三) (1) 一个定义(椭圆的定义)； (2) 二类方程(焦点分别在x轴与y轴的上的两个标准方程)； (3) 二种方法(去根号的方法、待定系数法)； (4) 三个意识(求美意识，求简意识，猜想意识).	归纳小结，突出重点，巩固新知，形成知识网络

(续表)

教学环节	教学过程（师生双边活动）	设计意图
作业布置	(1) 写出适合下列条件的椭圆标准方程： ① $a=4, b=1$，焦点在 x 轴上；② $a=4, c=3$. (2) 运用椭圆的定义，将下式化简为椭圆的标准方程： $\sqrt{x^2-6x+13}+\sqrt{x^2+6x+13}=10.$ (3) 研究性题目： ① 反思画图，观察椭圆上的点到焦点的距离最大、最小的点是哪个点？并用数学方法加以证明. ② 小组合作自编题（总题数 4 个，可以为填空、选择或解答题，要求说明编题的基本思路）	(1) 巩固知识发现和弥补教学中的不足. (2) 强化学生的基本技能的训练，提高学生运用新知识的熟练程度

五、教学评价

(1) 这节课围绕"认识椭圆→画椭圆→定义椭圆→推导椭圆方程→椭圆方程知识讲解→椭圆方程知识运用"这一主线展开.

(2) 教学中学生通过观看动画、动手实践，自己总结出椭圆定义，符合从感性上升为理性的认识规律.

(3) 在整个教学过程中，采用引导发现法、探索讨论法等教学方法，注重数形结合等数学思想的渗透.培养学生勇于探索、勇于创新的精神.

案例 3 "3.1.1 空间向量及其加减运算""3.1.2 空间向量的数乘运算"教案

一、教学目标

(1) 知识与技能：理解空间向量的概念，掌握其表示方法；会用图形说明空间向量加法、减法、数乘向量及它们的运算律；能用空间向量的运算意义及运算律解决简单的立体几何中的问题.

(2) 过程与方法：注重知识间的联系，温故而知新，运用类比的方法认识新问题，强调内容中"推广"和"发展"的成分，创造条件帮助学生实现认识上的正迁移.

(3) 情感态度与价值观：学会用发展的眼光看问题，认识到事物都是在不断的发展，会用联系的观点看待事物.

二、教学重点和难点

教学重点：空间向量的加减与数乘运算及运算律.

教学难点：应用向量解决立体几何问题.

三、教学方法与教学手段

教学方法：类比教学法、启发发现法、课堂讨论法．教学手段：多媒体辅助教学．

四、教学过程

（一）导入新课

（1）我们学习了有关平面向量的一些知识，什么叫做向量？向量是怎样表示的呢？

既有大小又有方向的量叫向量．向量的表示方法有：

① 用有向线段表示；

② 用字母 a，b 等表示；

③ 用有向线段的起点与终点：$\overrightarrow{AB}$ 表示．

（2）数学上所说的向量是自由向量，也就是说在保持向量的方向、大小的前提下可以将向量进行平移，由此我们可以得出向量相等的概念：长度相等且方向相同的向量叫相等向量．

（3）向量的加减以及数乘向量运算：

向量的加法有三角形法则和平行四边形法则，分别如图1，图2所示．

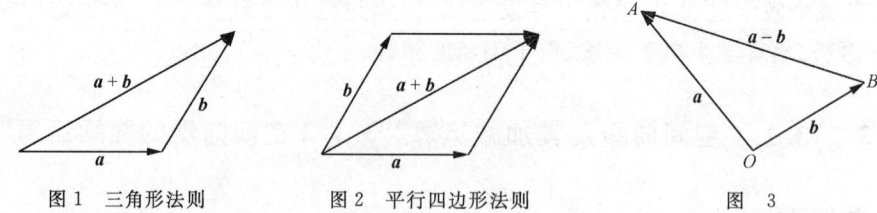

图1　三角形法则　　　图2　平行四边形法则　　　图3

向量的减法如图3所示．

实数 λ 与向量的积：实数 λ 与向量 a 的积是一个向量，记作 λa，其长度和方向规定如下：

① $|\lambda a|=|\lambda||a|$；

② 当 $\lambda>0$ 时，λa 与 a 同向；当 $\lambda<0$ 时，λa 与 a 反向；当 $\lambda=0$ 时，$\lambda a = \mathbf{0}$．

（4）关于向量的以上几种运算，有哪些运算律呢？

加法交换律：$a+b=b+a$；

加法结合律：$(a+b)+c=a+(b+c)$；

数乘分配律：$\lambda(a+b)=\lambda a+\lambda b$．

（5）在平面向量的基础上，类比地引入空间向量的概念、表示方法、相同或相等关系、空间向量的加法、减法、数乘以及这三种运算的运算律，并进行一些简单的应用．请阅读教材第 84—85 页．

(二)讲解新课

1. 基本概念

(1) 空间向量：空间中具有大小和方向的量叫做向量.

(2) 空间向量也用有向线段表示，并且同向且等长的有向线段表示同一向量或相等的向量.

(3) 向量的模：向量的大小叫向量的长度或模，即表示向量的有向线段的长度.

(4) 单位向量：模是 1 的向量. 当有向线段的起点 A 与终点 B 重合时，$\overrightarrow{AB}=\mathbf{0}$.

(5) 零向量：模是 0 的向量. 零向量的方向是任意的.

(6) 相等向量：模相等且方向相同的向量叫做相等向量.

(7) 相反向量：模相等且方向相反的向量叫做相反向量.

由以上知识可知，向量在空间中是可以平移的. 空间任意两个向量都可以用同一平面内的两条有向线段表示. 因此我们说空间任意两个向量是共面的.

练习：对给出的下列命题，其中正确的是(　　).

(1) 将空间中所有的单位向量移到同一个点为起点，则它们的终点构成一个圆；

(2) 若空间向量 a,b 满足 $|a|=|b|$，则 $a=b$；

(3) 在正方体 $ABCD$-$A_1B_1C_1D_1$ 中，必有向量 $AC=A_1C_1$；

(4) 若空间向量 $m=n, n=p$，则 $m=p$.

(5) 空间中任意两个单位向量必相等.

2. 空间向量的加法、减法、数乘向量的运算

(1) 空间向量的加法、减法、数乘向量的运算：

$$\overrightarrow{OB}=\overrightarrow{OA}+\overrightarrow{AB}=\mathbf{a}+\mathbf{b}（图 4）；$$

$$\overrightarrow{AB}=\overrightarrow{OB}-\overrightarrow{OA}（指向被减向量）（图 4）；$$

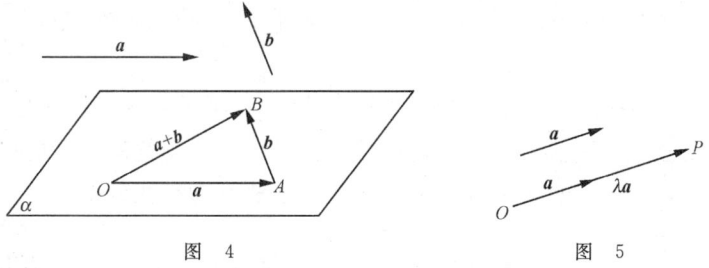

图 4　　　　　　图 5

$\overrightarrow{OP}=\lambda\mathbf{a}(\lambda\in\mathbf{R})$ $(\lambda>0$，$\lambda\mathbf{a}$ 与 $\mathbf{a}$ 方向相同(图 5)，$\lambda<0$，$\lambda\mathbf{a}$ 与 $\mathbf{a}$ 方向相反).

(2) 空间向量的加法与数乘向量有哪些运算律呢？

① 加法交换律：$\mathbf{a}+\mathbf{b}=\mathbf{b}+\mathbf{a}$；

② 加法结合律：$(\mathbf{a}+\mathbf{b})+\mathbf{c}=\mathbf{a}+(\mathbf{b}+\mathbf{c})$；

③ 数乘分配律：$\lambda(\boldsymbol{a}+\boldsymbol{b})=\lambda\boldsymbol{a}+\lambda\boldsymbol{b}$.

(3) 空间向量加法的运算律要注意以下几点：

① 首尾相接的若干向量之和，等于由起始向量的起点指向末尾向量的终点的向量(图 6)，即：

$$\overrightarrow{A_1A_2}+\overrightarrow{A_2A_3}+\overrightarrow{A_3A_4}+\cdots+\overrightarrow{A_{n-1}A_n}=\overrightarrow{A_1A_n}.$$

因此，求空间若干向量之和时，可通过平移使它们转化为首尾相接的向量.

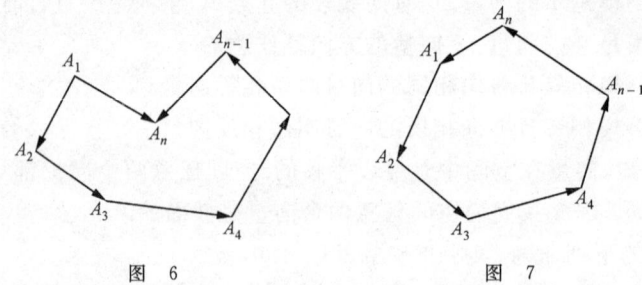

图 6　　　　　　　　图 7

② 首尾相接的若干向量若构成一个封闭图形，则它们的和为零向量(图 7)，即：

$$\overrightarrow{A_1A_2}+\overrightarrow{A_2A_3}+\overrightarrow{A_3A_4}+\cdots+\overrightarrow{A_{n-1}A_n}+\overrightarrow{A_nA_1}=\mathbf{0}.$$

③ 两个向量相加的平行四边形法则在空间仍然成立.

因此，求始点相同的两个向量之和时，可以考虑用平行四边形法则.

注意：常用的关系：

① 在平形四边形中，$\overrightarrow{AB}+\overrightarrow{AD}=\overrightarrow{AC}$，$\overrightarrow{BC}=\overrightarrow{AC}-\overrightarrow{AB}$.

② 在三角形中，$\overrightarrow{AB}+\overrightarrow{BC}+\overrightarrow{CA}=\mathbf{0}$.

③ 在长方体中，$\overrightarrow{AC'}=\overrightarrow{AB}+\overrightarrow{AD}+\overrightarrow{AA'}$.

·说明：① 平行四边形 $ABCD$ 平移向量 $\boldsymbol{a}$ 到 $A'B'C'D'$ 的轨迹所形成的几何体，叫做平行六面体，记作 $ABCD$-$A'B'C'D'$. 平行六面体的六个面都是平行四边形，每个面的边叫做平行六面体的棱.

② 始点相同且不在同一个平面内的三个向量之和，等于以这三个向量为棱的平行六面体的以公共始点为始点的对角线所表示的向量，这是平面向量加法的平行四边形法则向空间的推广.

3. 讲解例题

例 1　已知平行六面体 $ABCD$-$A'B'C'D'$，E 为 $A'B'C'D'$ 的中心(如图 8).

(1) 化简下列向量表达式，并标出化简结果的向量：

$$\overrightarrow{AB}+\overrightarrow{BC},\quad \overrightarrow{AB}+\overrightarrow{AD}+\frac{1}{2}\overrightarrow{CC'}.$$

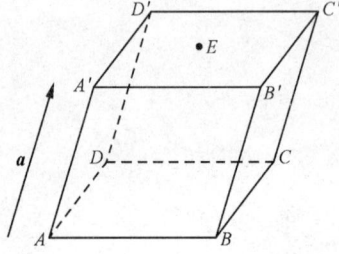

图 8

(2) 求下列各式中的 x, y, z：
$$\overrightarrow{BD} = x\overrightarrow{AB} + y\overrightarrow{AD} + z\overrightarrow{AA'},$$
$$\overrightarrow{AE} = x\overrightarrow{AB} + y\overrightarrow{AD} + z\overrightarrow{AA'}.$$

(三) 巩固练习、小结

学生练习完教材中的习题后，总结本节的主要内容：空间向量的定义、空间向量的加减运算、空间向量的数乘运算，这些内容是全章的基础.

本章参考文献

[1] 人民教育出版社,课程教材研究所,中学数学课程教材研究开发中心.普通高中课程标准实验教材·数学选修 2-1(A 版).2 版.北京：人民教育出版社,2007.

[2] 人民教育出版社,课程教材研究所,中学数学课程教材研究开发中心.普通高中课程标准实验教材·数学选修 2-1(A 版)教师教学用书.3 版.北京：人民教育出版社,2007.

[3] 人民教育出版社中学数学室.全日制普通高级中学(必修)数学第二册(上).2 版.北京：人民教育出版社,2006.

[5] 人民教育出版社中学数学室.全日制普通高级中学(必修)数学第二册(上)教师教学用书.北京：人民教育出版社,2004.

第七章 高中数学选修2-2教材解读与教学实践案例

> 高中数学《选修课程2-2》是为希望在理工、经济等方面发展的学生设置的,在本模块中,学生将学习导数及其应用、推理与证明、数系的扩充与复数的引入,这些内容是进一步学习高等数学的重要基础.

第一节 总体说明

一、基本内容

普通高中课程标准实验教材《数学·选修2-2(A版)》(人教社,2007第2版)内容包括:第一章:导数及其应用;第二章:推理与证明;第三章:数系的扩充与复数的引入.下面分章节介绍它们的基本内容.

第一章导数及其应用共分七节,第一节是变化率与导数;第二节是导数的计算;第三节是导数在研究函数中的应用;第四节是生活中的优化问题举例;第五节是定积分的概念;第六节是微积分基本定理;第七节是定积分的简单应用.在本章中,学生将学习导数和定积分的有关知识,体会其中蕴含的思想方法,感受它们在解决实际问题中的作用,了解微积分的文化价值.

第二章推理与证明共分三节,第一节是合情推理与演绎推理;第二节是直接证明与间接证明;第三节是数学归纳法;在第一节与第二节之间安排了"阅读与思考:平面与空间中的余弦定理".在本章中,学生将通过对已学知识的回顾,进一步体会合情推理、演绎推理以及二者之间的联系与差异,体会数学证明的特点,了解数学证明的基本方法,包括直接证明的方法(如分析法、综合法、数学归纳法)和间接证明的方法(如反证法),从而感受逻辑证明在数学以及日常生活中的作用,养成言之有理、论证有据的习惯.

第三章数系的扩充与复数的引入共分两节,第一节是数系的扩充和复数的概念;第二节是复数代数形式的四则运算.本章最后安排了一个"阅读与思考:代数基本定理".在本章中,学生将在问题情境中了解数系扩充的过程以及引入复数的必要性,学习复数的一些基本知识,体会数系扩充中人类理性思维的作用.

二、教材分析

(一)导数及其应用

第一章导数及其应用讲授的导数概念和定积分概念都是微积分的核心概念,它们有着极其丰富的实际背景和广泛的应用.微积分的创立是数学发展中的里程碑,它的发展和广泛应用开创了向近代数学过渡的新时期,为研究变量和函数提供了重要的方法和手段.本章内容是中学阶段函数知识的延伸和函数研究手段的拓展,导数和定积分是研究函数单调性、极值、最值等函数性质及函数的变化趋势的重要工具,利用导数还可以有效地解决现实生活中的优化问题.因此,本章在中学数学中占有重要地位.在本章学习中,学生将通过大量实例,经历由平均变化率到瞬时变化率刻画现实问题的过程,理解导数概念,了解导数在研究函数的单调性、极值等性质中的作用,学生还将经历求解曲边梯形面积、汽车行驶的路程等实际问题的过程,初步了解定积分的概念,体会导数和微积分的思想方法,为以后进一步学习微积分打下基础.

本章教材知识结构如图1所示.

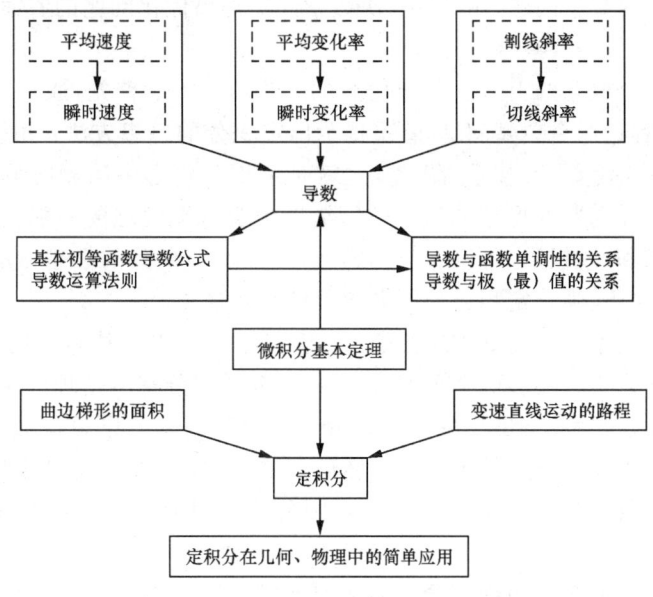

图 1

第七章　高中数学选修 2-2 教材解读与教学实践案例

教材中导数概念的处理思路是：通过实例,引导学生经历由平均变化率到瞬时变化率刻画现实问题的过程,引入导数的概念,体会导数的思想.具体地,通过"气球平均膨胀率"给出"瞬时膨胀率",由"高台跳水的平均速度"给出"瞬时速度",抽象概括到一般函数的研究,自然地由"函数的平均变化率"得出"瞬时变化率(导数的定义)".进而,从"曲线的割线斜率"得出"曲线的切线斜率(导数的几何意义)".

教材中导数计算的处理思路是按照课标的要求,共给出三种求导数方法：

(1) 根据导数定义求出导数(限于教材中的几个常见函数,不做扩展,目的是让学生理解导数的概念);

(2) 直接根据基本初等函数的导数公式求导数(不用推导);

(3) 利用导数的四则运算法则求导数(公式不用推导).

本节重点：会使用这些公式与法则求简单函数的导数,并会求简单复合函数的导数.

教材中导数应用和生活中优化问题举例的处理思路是：从三个方面研究导数的应用,即导数几何意义的应用、导数在研究函数性质中的应用、导数在解决实际问题中应用.其中用导数研究函数的性质,主要是研究函数的单调性——解决函数单调性的有关证明问题,求一些简单函数的单调区间等,进而用导数研究函数在某点取得极值的必要条件和充分条件.包括实际问题的求解,生活中经常遇到求利润最大、用料最省、效率最高等问题,这些问题通常称为优化问题,它们都可以化归为求函数最大(小)值.教材这样处理的目的是培养应用意识：运用导数,解决生活中的一些优化问题;培养学生数学建模的思想：生活中的优化问题转化为用函数表示的数学问题,用导数解决数学问题得出优化问题的答案,把数学结果解释成实际意义.

教材中的定积分概念的引入这部分内容的处理方法是：首先,通过解决曲边梯形的面积、汽车行驶的路程这两个典型问题,着重揭示出定积分的思想方法：在每个局部小范围内"以直代曲""以不变代变"和逼近的思想.这就是定积分概念中蕴涵的最本质思想,这也是应用定积分解决实际问题的思想方法.其次,给出求解这类问题的一般步骤——"四步曲"：分割、近似代替、求和、取极限.可以看出,教材着重揭示定积分的思想方法和求解问题的一般步骤,突出知识主干,强化定积分的历史背景和实际意义.

教材中微积分基本定理的处理思路是：让学生经历微积分基本定理的探究过程：分别从物理意义和几何意义(导数)两个角度,直观地了解微积分基本定理的含义,同时又一次经历了数学知识的发现过程.突出反映了微积分基本定理的基本思想,不给出严格证明.中学阶段微积分基本定理在教材中的重要意义体现在两个方面：(1) 计算定积分的一种有效方法;(2) 给出微分(导数)和积分(定积分)之间的内在联系,突出导数与定积分的思想和价值.

教材中定积分的简单应用这部分内容主要研究：(1) 定积分在几何中的应用：求平面图形面积.在这部分内容中,特别注意了利用定积分的几何意义,注意借助于图形直观,数形结合.(2)定积分在物理中的应用：变速直线运动的路程和变力所作的功等.教材中利用定积分的思想方法,解决变力作功的问题.对于变力作功的公式,教材中给出了一个"探究",未给出证明,主要是考虑到重点放在公式的应用上,而不是在公式的推导上.在这部分的教学中,应特别注意利用这些问题的物理意义,有时也要注意借助于定积分的几何意义,数形结合解决问题.

此外,教学中还应注意关注微积分的文化价值,教材落实在三个环节上,一是"引言",介绍了与微积分紧密相关的"四大问题";二是在"拓展栏目"牛顿法——用导数方法求方程的近似解;三是在"实习作业走进微积分",教学中要指导学生阅读,进行自主学习.

(二) 推理与证明

"推理与证明"是数学的基本思维过程,也是人们学习和生活中经常使用的思维方式.推理一般包括合情推理和演绎推理.合情推理是根据已有的事实和正确的结论(包括定义、公理、定理等)、实验和实践的结果,以及个人的经验和直觉等推测某些结果的推理过程,归纳、类比是合情推理常用的思维方法.

本章第一节合情推理与演绎推理,教材从歌德巴赫猜想的思维过程为背景,从中概括出归纳推理的含义,然后借助例题说明应用归纳推理的一般步骤和作用;教材从提出猜想"火星上可能有生命吗?"的探究,得出类比推理的含义.由此给出了合情推理的两种形式.教材结合事例说明合情推理未必可靠,需要验证.在解决问题的过程中,合情推理具有猜测和发现结论、探索和提供思路的作用,有利于创新意识的培养.演绎推理是根据已有的事实和正确的结论(包括定义、公理、定理等),按照严格的逻辑法则得到新结论的推理过程,培养和提高学生的演绎推理或逻辑证明的能力是高中数学课程的重要目标,合情推理和演绎推理之间联系紧密、相辅相成.

第二节直接证明和间接证明,教材结合学生已经学过的数学知识,通过实例引导学生分析一些基本证明方法的思考过程与特点,并归纳出操作流程.数学结论的正确性必须通过逻辑证明来保证,即在前提正确的基础上,通过正确使用推理规则得出结论.教材落实课程标准的要求,使学生了解直接证明的两种基本方法：分析法和综合法,了解分析法和综合法的思考过程与特点.教材还结合学生已经学过的数学实例,了解间接证明的一种基本方法——反证法,了解反证法的思考过程与特点.这部分内容也是对学生已经学习过的基本证明方法的总结.

第三节数学归纳法,教材首先通过实例——多米诺骨牌游戏和数列通项公式猜想问题,归纳出数学归纳法的原理,然后给出用数学归纳法证明一些简单数学命题的应用方法,通过证明数学命题巩固对数学归纳法的认识.教材思路是借助具体实例使学生了解数学归纳法的基本思想,掌握数学归纳法的基本步骤.

(三) 数系的扩充与复数的引入

第一节数系的扩充和复数的概念,教材的处理思路是：通过问题情景"在实数集内,像

$x^2+1=0$ 这样的方程是没有根的,因此在研究代数方程的过程中,如果限于实数集,有些问题就无法解决,怎样使问题变得可以解决呢?". 引发学生思考,使学生理解复数引入和数系扩充的必要性. 接着给出复数的基本概念、复数相等的充要条件、复数的代数表示法及其几何意义. 第二节通过复数代数形式的加减运算及其几何意义的研究,让学生掌握复数代数形式的四则运算法则. 数系扩充的过程体现了数学的发现和创造过程,也体现了数学发生、发展的客观需求和背景. 教材内容便于学生了解数系的扩充过程,体会实际需求与数学内部的矛盾(数的运算规则、方程理论)在数系扩充过程中的作用,理解复数引入的必要性和合理性,感受人类理性思维的作用以及数与现实世界的联系.

三、教学重点和难点

(一) 导数及其应用

本章的教学重点是理解导数概念、导数计算、导数的应用,了解定积分基本思想、定积分基本定理和定积分的几何意义,使学生在应用这些微积分知识解决平面图形的面积、变速直线运动的路程和变力作功等问题中,体验定积分的价值. 本章各节的教学重点和难点分析如下:第一节变化率与导数的教学重点是理解导数概念及其内涵,包括使学生知道瞬时变化率就是导数,理解导数的几何意义,体会导数的思想和方法. 难点是体会从平均变化率到瞬时变化率,从割线到切线的过程中采用的逼近方法. 第二节导数的计算的教学重点是让学生会根据导数的定义求五个函数 $y=c, y=x, y=x^2, y=\dfrac{1}{x}, y=\sqrt{x}$ 的导数,并能利用基本初等函数的导数运算法则求简单函数的导数,难点是根据导数的定义求五个函数的导数的推导以及简单复合函数求导数的方法. 第三节导数在研究函数中的应用的教学重点是利用导数研究函数的单调性,会求不超过三次的多项式函数的单调区间,难点是对函数在某点取得极值的必要条件和充分条件的理解. 第四节生活中的优化问题举例的教学重点是体会利用导数在解决生活中经常遇到的求利润最大、用料最省、效率最高等问题中的作用,难点是在解决生活中优化问题的过程中培养学生发现问题、分析问题和解决问题的数学建模能力. 第五节定积分的概念的教学重点是了解"以直代曲"、"以不变代变"的定积分基本思想方法,掌握定积分的概念及其几何意义,这些也是教学的难点. 第六节微积分基本定理的教学重点是直观了解微积分基本定理的含义,并能用定理计算简单的定积分,难点是了解微积分基本定理的含义. 第七节定积分的简单应用的教学重点是应用定积分解决平面图形的面积、物理中有关变速直线运动的路程和变力作功等问题,使学生在解决问题的过程中体验定积分的价值,难点是将实际问题化归为定积分的问题.

(二) 推理与证明

合情推理具有猜测和发现新结论、探索和提供解决问题的思路和方法的作用;演绎推理具有证明结论、整理和构建知识体系的作用,是公理体系中的基本推理方法,两者紧密联系、相辅相成.本章这部分内容的学习有利于培养学生的逻辑思维能力和创新思维能力,形成和发展理性思维,使学生体会并认识合情推理在数学发现中的作用,体会证明的功能及在数学和生活中的作用.推理与证明贯穿于高中数学的整个体系,它的系统学习是对以前所学知识和方法的总结、归纳,并对后继课学习起到引领的作用,因此,准确把握推理和证明的概念、理解合情推理与演绎推理的联系和区别、理解直接证明与间接证明的方法和步骤是教学重点.如何通过对命题进行观察、比较、分析、类比、归纳,运用适当的证明方法对命题给予证明是教学的难点.

这些教学重点和难点落实到本章各节的教学中,详细分析如下:第一节合情推理与演绎推理的教学重点是了解合情推理的含义,能利用归纳和类比进行简单的推理,了解演绎推理的含义,能利用"三段论"进行简单的推理;难点是利用归纳和类比进行推理,作出猜想,用"三段论"证明问题.第二节直接证明与间接证明的教学难点是结合已学过的数学实例和生活中的实例,了解直接证明的两种基本方法——综合法和分析法,了解间接证明的一种基本方法——反证法,了解综合法、分析法和反证法的思维过程及特点;难点是如何根据问题的特点,结合综合法、分析法和反证法的思考过程及特点,选择适当的证明方法或把不同的证明方法结合使用.第三节数学归纳法的教学重点是借助具体实例了解数学归纳法的基本思想,掌握它的基本步骤,运用它证明一些与正整数有关的数学命题;难点是如何使学生理解数学归纳法的思想实质,具体表现在不了解第二步骤(归纳递推)的作用、不易根据归纳假设作出证明.

(三)数系的扩充与复数的引入

本章的教学重点为复数的概念及表示方法,复数的代数形式的四则运算法则,两个复数相等的充要条件.难点是对复数的概念、复数的几何表示及复数运算的接受和掌握.具体地,在第一节数系的扩充和复数的概念的教学中,复数的概念、复数的代数形式、复数的向量表示应是重点,教学难点是复数相等的条件、复数的向量表示.第二节复数代数形式的四则运算的教学重点是复数代数形式的加、减、乘、除运算法则、运算律,及其复数加减运算的几何意义,难点是复数减法、除法的运算法则.

四、教学设计建议

(一)导数及其应用

1. 准确把握教学要求

明确课程标准对各知识单元的具体要求,不必作拓展.比如,课标中不要求给出导函数和微分的概念,只要求会用导数定义求一些简单函数的导数;导数公式直接给出,不要求记忆;导数四则运算和复合函数求导法都是直接给出,不要求学生推导,只要求会用;对于微积分基本定理,也只要求通过实例概括出微积分基本定理的内容,借助几何直观了解其含义,不需要给出严格证明;计算定积分的基础是导数公式,由于没有讲原函数等知识,故对于定

积分的计算要求很简单,基本上都是一些通过观察能想到原函数的函数,等等.《课程标准》对各知识单元的具体要求如下:

(1) 导数概念及其几何意义要求是:① 通过对大量实例的分析,经历由平均变化率过渡到瞬时变化率的过程,了解导数概念的实际背景,知道瞬时变化率就是导数,体会导数的思想及其内涵.② 通过函数图像直观地理解导数的几何意义.

(2) 导数的运算要求是:① 能根据导数定义求函数 $y=c$,$y=x$,$y=x^2$,$y=x^3$,$y=1/x$,$y=\sqrt{x}$ 的导数.② 能利用给出的基本初等函数的导数公式和导数的四则运算法则求简单函数的导数,能求简单的复合函数(仅限于形如 $f(ax+b)$)的导数.③ 会使用导数公式表.

(3) 导数在研究函数中的应用的要求是:① 结合实例,借助几何直观探索并了解函数的单调性与导数的关系;能利用导数研究函数的单调性,会求不超过三次的多项式函数的单调区间.② 结合函数的图像,了解函数在某点取得极值的必要条件和充分条件;会用导数求不超过三次的多项式函数的极大值、极小值,以及闭区间上不超过三次的多项式函数最大值、最小值;体会导数方法在研究函数性质中的一般性和有效性.

(4) 生活中的优化问题举例的要求是:通过使利润最大、用料最省、效率最高等优化问题,体会导数在解决实际问题中的作用.

(5) 定积分与微积分基本定理的要求是:① 通过实例,如求曲边梯形的面积、变力作功等,从问题情境中了解定积分的实际背景;借助几何直观体会定积分的基本思想,初步了解定积分的概念;② 通过实例(如变速运动物体在某段时间内的速度与路程的关系),直观了解微积分基本定理的含义.

(6) 数学文化方面的要求是:收集有关微积分创立的时代背景和有关人物的资料,并进行交流;体会微积分的建立在人类文化发展中的意义和价值.这些要求是对导数及其应用的阶段性要求,也是终结性要求,在教学设计中要领会要求的精神实质,把握教学深广度.

2. 突出导数和定积分的实际背景

导数的概念是通过实际背景和具体实例引入的,教学中,可以通过研究增长率、膨胀率、效率、密度、速度等反映导数应用的实例,引导学生经历由平均变化率到瞬时变化率的过程,知道瞬时变化率就是导数.通过感受导数在研究函数和解决实际问题中的作用,体会导数的思想及其内涵.这样的教学设计,目的是帮助学生直观理解导数的背景、思想和作用,这里不要把导数作为一种特殊的极限来处理,而是要注意实例及其背景的作用,定积分的引入也要突出曲边梯形面积、变力作功的问题处理的背景.

3. 防止将导数和定积分仅仅作为一些规则和步骤来学习,而忽视它的思想和价值

导数的学习应使学生认识到,任何事物的变化率都可以用导数来描述,应当避免过量的形式化运算练习.教师应引导学生在解决具体问题的过程中,将研究函数的导数方法与初等方法作比较,以体会导数方法在研究函数性质中的一般性和有效性.定积分内容的教学,是利用求曲边梯形的面积、变速直线运动的路程这两个典型问题,给出求解这类问题的一般步

骤,进而引出定积分的定义和几何意义,教学设计就要着重揭示出"以直代曲""以不变代变"和"逼近"的思想方法.生活中的优化问题举例的教学设计要突出"生活中,经常遇到求利润最大、用料最省、效率最高等问题,这些问题通常称为优化问题,它们都可以化归为求函数最大(小)值"的化归思想,突出这部分内容的教学的两个目的,即一是培养应用意识——运用导数解决生活中的一些优化问题,二是培养学生数学建模的思想——用函数表示的数学问题用导数解决,等等.

4. 加强几何意义和几何直观在本章教学设计中的作用

导数和定积分的概念有鲜明的几何意义和实际意义,教学中要注意加强"直观形象"的教学设计,比如,可用下面四种教学手段理解极限过程:(1)通过列表计算,直观把握函数变化趋势(蕴涵着极限的描述性定义),学生容易理解.(2)简单函数的图像几何意义,便于学生观察变化趋势."数形结合"是学习导数的一种重要的思想方法.(3)注重物理意义,理解导数的本质.(4)适当使用信息技术.演示割线的动态变化趋势,如曲线某一点附近的图像放大得到一个近景图,当 n 发生变化时用曲边梯形面积逼近等.又如,定积分的简单应用的教学设计,应该明确:(1)定积分在几何中的应用包括求平面图形面积,在这部分的教学中,应特别注意利用定积分的几何意义,注意借助于图形直观,数形结合;(2)定积分在物理中的应用有变速直线运动的路程和变力所作的功,教材中给出了一个"探究",未给出证明,主要是考虑到重点应放在公式的应用上,而不是在公式的推导上.在这部分的教学中,应特别注意利用这些问题的物理意义,有时也要注意借助定积分的几何意义,数形结合解决问题.

这部分内容的教学设计,可以鼓励学生自主学习,自己收集图书资料和网络信息等阅读资料,培养阅读理解能力,关注微积分的文化价值,教材在"引言"栏目中介绍了与微积分紧密相关的"四大问题",在"知识拓展栏目"中讲解了牛顿法——用导数方法求方程的近似解,在"实习作业"中介绍了微积分的数学史料让学生阅读,体验知识发生的过程,提高学习兴趣,加强学生的数学理解力.

(二)推理与证明

1. 准确把握教学要求

明确《课程标准》对本章内容的要求:

(1)合情推理与演绎推理的要求是:① 结合已学过的数学实例和生活中的实例,了解合情推理的含义,能利用归纳和类比等进行简单的推理,体会并认识合情推理在数学发现中的作用.② 结合已学过的数学实例和生活中的实例,体会演绎推理的重要性,掌握演绎推理的基本模式,并能运用它们进行一些简单推理.③ 通过具体实例,了解合情推理和演绎推理之间的联系和差异.

(2)直接证明与间接证明的要求是:① 结合已经学过的数学实例,了解直接证明的两种基本方法:分析法和综合法;了解分析法和综合法的思考过程、特点.② 结合已经学过的数学实例,了解间接证明的一种基本方法——反证法;了解反证法的思考过程、特点.

(3) 数学归纳法的要求是：了解数学归纳法的原理，能用数学归纳法证明一些简单的数学命题．

(4) 数学文化的要求是：① 通过对实例的介绍（如欧几里得《几何原本》、马克思《资本论》、杰弗逊《独立宣言》、牛顿三定律），体会公理化思想．② 介绍计算机在自动推理领域和数学证明中的作用．

2. 恰当创设情景促进学生自主探究

本章所用实例不宜过难，应以学生熟悉的生活实例或已学知识实例为载体来讲推理和证明．例如：证明方法，除数学归纳法外，都是学生在以前的学习中遇到过的，但对它们的特点和内涵不很明确，学生已经不自觉地或被动地使用了．本章教学任务就是把这些推理与证明的思想方法明确化、显性化，使学生能主动地、自觉地使用它们，教学设计中，可通过已学的具体数学实例总结各种证明方法的思考过程和特点、明确它们的内涵，通过应用进行强化，逐步主动、自觉地使用．

第一节合情推理与演绎推理，教材就是紧密结合已学过的数学实例和生活中的实例为载体，达到了解合情推理和演绎推理的，教学中应避免空泛的讲推理．

(1) 关于"归纳推理"的教学，教材给出一个案例：哥德巴赫猜想的提出过程：

$$3+7=10, \quad 3+17=20, \quad 13+17=30,$$
$$10=3+7, \quad 20=3+17, \quad 30=13+17,$$

猜想：偶数＝奇质数＋奇质数，即，歌德巴赫猜想：任何一个不小于 6 的偶数都等于两个奇质数之和，并且目前这个猜想没有发现反例，也没有完备的证明，教学设计可总结这个猜想案例的特点，得出归纳推理的定义，即"这种由某类事物的部分对象具有某些特征，推出该类事物也具有这些特征的推理，或者由个别事实概括出一般结论的推理，通常称为归纳推理（简称归纳），简言之，归纳推理是由部分到整体、由个别到一般的推理"．引导学生进一步探究归纳推理的一般步骤：① 对某类事物的部分对象（有限的资料）进行观察、分析、整理；② 提出猜想；③ 检验猜想．

(2) 关于"类比推理"的教学设计可创设问题情境："火星上是否有生命"？由实例让学生自主研讨总结特点，得出类比推理的定义："这种由两类对象具有某些类似特征和其中一类对象的某些已知特征，推出另一类对象也具有这些特征的推理称为类比推理（简称类比），简言之，类比推理是由特殊到特殊的推理"．教学中可设计学生活动，让学生小组合作探究类比推理的一般步骤：① 找出两类对象之间可以确切表述的相似特征；② 用一类对象的已知特征去推测另一类对象的特征，从而得出一个猜想；③ 检验猜想（通过证明确认猜想的正确性，或举出反例否定猜想）．在教学设计中要注意体现数学文化，让学生感受演绎推理，初步体会公理化方法，通过实际例子，让学生探究合情推理与演绎推理的联系与差异：通过合情推理去探索、猜测结论，但合情推理所得结论的正确性需要演绎推理进行证明，合情推理往往提供证明思路．

第二节直接证明与间接证明,教学设计要结合实例讲"证明",通过学生熟悉的例子总结各种证明方法的特点、明确它们的内涵,并应用于数学证明,使学生真正作到"论证有据"。教学中,先设计问题情境,回忆遇到过的某类证明方法的特点,再让学生讨论例题,体验证明方法的特点,总结特点,然后让学生给出证明方法的定义,并在教师指导下,给出证明的流程框图(提炼证明思路的特点)。接着,教师给出一个数学证明命题,使学生在命题证明中强化方法、体验自觉使用这种证明方法的乐趣。学生可以发现综合法和分析法的不同。

(1) 在综合法教学中可设计这样三个环节:① 回忆、描述:在数学证明中,我们经常从已知条件和某些学过的定义、定理、公理等出发,通过推理推导出所要的结论;② 举例、体验特点;③ 总结特点:一般地,利用已知条件和某些已经学过的定义、公理、定理等,经过一系列的推理、论证,最后推导出所要证明的结论成立,这种证明方法叫做**综合法**(如图 2 所示的由条件 P 到结论 Q 的推理过程)。

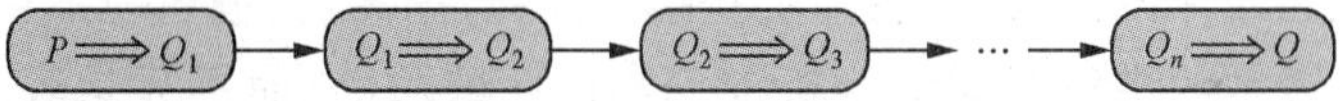

$$P \Longrightarrow Q_1 \longrightarrow Q_1 \Longrightarrow Q_2 \longrightarrow Q_2 \Longrightarrow Q_3 \longrightarrow \cdots \longrightarrow Q_n \Longrightarrow Q$$

图 2

(2) 在分析法教学中也可设计这样三个环节:① 回忆、描述:在数学证明中,我们还经常从要证的结论出发,反推回去,寻求保证结论成立的条件,直到找到一个明显成立的条件为止;② 举例、体验特点:一般地,从要证明的结论出发,逐步寻求推证过程中,使每一步结论成立的充分条件,直至最后,把要证明的结论归结为判定一个明显成立的条件(已知条件、定理、定义、公理等)为止,这种证明的方法叫做**分析法**(如图 3 所示的由结论 Q 出发,逐步寻求条件 P 的推理过程)。

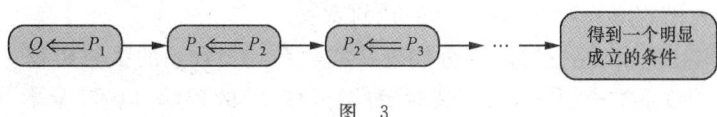

图 3

(3) 在反证法教学设计中,可充分利用范例作用。首先让学生感知反证法是间接证法的一种;其次可放手让学生在不等式证明、立体几何的证明、日常生活中反证法的运用等实例的探究中掌握反证的力量。

第三节数学归纳法的教学设计,应强调归纳出数学归纳法原理的过程,帮助学生了解数学归纳法的原理。通过多米诺骨牌、数学中的数列通项猜想与证明,让学生体会数学归纳法是一种特殊的证明方法,主要用于证明与正整数有关的数学命题。教学中要抓住要证明的问题特点:与正整数有关的数学命题,又要抓住问题证明的方法——数学归纳法的特点:通过有限个步骤的推理,证明 n 取无限多个正整数的情形。让学生真正理解数学归纳法的原理:(1)(归纳奠基):命题对 $n=n_0$ 成立(n_0 为使猜想成立的最小的正整数);(2)(归纳递推):命题若对 $n=k$ 成立,则对 $k+1$ 也成立($k \geq n_0$)。在数学归纳法这节教学中,学生普遍存在的问题：为什么第二步能在假设下进行证明？第二步实际上是证明一个命题："假设 $n=k(k\geqslant n_0)$ 时命题成立,证明当 $n=k+1$ 时命题也成立."教师应抓住数学归纳法第二步的本质——就是证明一个递推关系,归纳递推的作用是从前往后传递,只有证明了这一步,才证明了"传递"性成立.

3. 掌握教学的重点,让学生感受探究的过程

本章教学的重点在于通过具体实例理解合情推理与演绎推理,而不追求对概念的抽象表述,用合情推理探索猜测结论,并体会证明的必要性.通过实例,引导学生运用合情推理去探索猜测一些数学结论,并用演绎推理去证明所得结论的正确性,或者用反例推翻错误的猜想,这也是学习和研究的一般方法.改进教学方式,放手发动学生,活化学生的思维,教学设计的重点应是讲过程、讲思想,使学生在教学中亲身感受观察问题、发现问题、解决问题的全过程,使学生保持高水平的思维活跃状态.引导学生主动锻炼自己的抽象概括、推理论证的能力,以已学知识为载体设计教学,在师生互动中探究、思索、挖掘、提炼,明确例题中的推理方法和证明方法.教师的讲解要详细分析推理和证明的思路,而不只是表述解题的过程.对证明的技巧性不宜作过高的要求,如数学归纳法,讲清楚数学归纳法的原理,但只需用数学归纳法证明一些简单的数学命题.

(三) 数系的扩充与复数的引入

本章"数系的扩充与复数的引入"部分教学设计的重点,应是在问题情境中让学生了解数系的扩充过程,体会实际需求与数学内部的矛盾（数的运算规则、方程理论）在数系扩充过程中的作用,感受人类理性思维的作用以及数与现实世界的联系,使学生理解复数的基本概念及复数相等的充要条件,了解复数的代数表示法及其几何意义,能进行复数代数形式的四则运算,了解复数代数形式的加、减运算的几何意义.

1. 注重知识发生发展的过程,充分展现从实数系到复数系的扩充历程

本章教学由"数系扩充引入复数"到对"复数的概念"的理解,以及"复数代数形式的四则运算"的学习,都要注意与实数进行比较.复数系是在实数系的基础上扩充而得到的,数系扩充过程体现了实际需求与数学内部的矛盾（数的运算规则、方程求根）对数学发展的推动作用,同时也体现了人类理性思维的作用.数系扩充这一节,要引导学生弄清两件事：一是数系的扩充解决了矛盾且有用；二是数系扩充后运算律不变.教学设计要在问题情境下,自然、充分地展现引入的过程,设计教学程序：

(1) "方程 $x^2+1=0$ 在实数集中无解,联系从自然数系扩充到实数系的过程,你能设想一种方法,使这个方程有解吗？"（将方程求根与数系的扩充联系起来引发学生思考）；

(2) 回顾从有理数系到实数系的扩充过程：解决方程 $x^2-2=0$ 在有理数系没有根的问题；扩充后加法、乘法运算律仍不变（协调一致）；

(3) 类比这个过程完成了从实数系到复数系的扩充过程,强调实数系中数的运算规则（交换律、结合律、分配律仍然成立）.

2. 突出概念和运算之间的类比,从多元联系的角度认识复数

加深学生对复数系的认识的三条教学设计措施:

(1) 引导学生将复数系与实数系联系起来;

(2) 将复数的几何意义与实数的几何意义做类比;

(3) 将复数及其代数形式的加减运算与平面向量及其加减运算联系起来.

3. 在复数概念与运算的教学中,应注意避免繁琐的计算与技巧训练

对于复数概念与运算感兴趣的学生,可以安排一些引申的内容,如求 $x^3=1$ 的根,介绍代数学基本定理等.

第二节 教学实践案例

案例 1 "1.5 定积分的概念"说课稿

一、教材分析

教材首先研究如何求"曲边梯形面积"、"汽车行驶的路程"等蕴涵微积分思想方法的实际问题,这些问题给出了微积分的几何与物理背景,易于激发学生学习微积分的兴趣,也便于了解本节知识,在此基础上,借助几何直观抽象得出定积分的概念和基本性质,这样的教材结构和安排顺序,有利于从具体问题出发抽象推理出一般结论的数学学习,符合课程标准提出的"通过实例,从问题情境中了解定积分的实际背景;借助几何直观体会定积分的基本思想,初步了解定积分的概念;体会微积分的建立在人类文化发展中的意义和价值"的要求.

《课程标准》明确提出本节内容的要求是:"通过实例(如求曲边梯形的面积等),从问题情境中了解定积分的实际背景;借助几何直观体会定积分的基本思想,初步了解定积分的概念;体会微积分的建立在人类文化发展中的意义和价值",简言之,初步了解定积分的概念,为以后进一步学习微积分打下基础,是本节内容的主要学习目标. 为此,教材安排了曲边梯形面积、汽车行驶的路程、定积分的概念三小节内容,依次探究了定积分的几何意义和物理意义,进而引入定积分的概念,最后给出定积分的基本性质.

《课程标准》对本年级的要求是,借助几何直观体会定积分的基本思想;初步了解定积分的概念;通过收集有关微积分创立的时代背景和有关人物的资料,并进行交流,体会微积分的文化意义和价值. 具体体现在两个方面:

(1) 通过解决曲边梯形的面积、变速直线运动的路程这两个典型问题,着重揭示出定积分的思想方法:在每个局部小范围内"以直代曲""以不变代变"和逼近的思想,这就是定积分概念中蕴涵的最本质思想,这也是应用定积分解决实际问题的思想方法.

(2) 由两个引例自然地给出定积分的几何意义,给出求解这类问题的一般步骤——"四步曲":分割、近似代替、求和、取极限.

本节内容是微积分理论的核心内容之一,微积分的发展和广泛应用开创了向近代数学过渡的新时期,为研究变量和函数提供了重要的方法和手段,在高中数学教学尤其函数理论中处于重要地位.本节之前教材利用四节内容研究了微积分的核心概念之一——导数的概念及其应用,包括变化率与导数、导数的计算、导数在研究函数中的应用、导数在解决生活中的优化问题的应用.本节课是前面课程的继续,是导数的进一步应用,又是对函数的进一步的深入研究,同时,本节课定积分的思想方法和定积分的概念又是后面的微积分基本定理、定积分的简单应用两部分内容的基础,因此,本节课在本章内容的学习中起到十分重要的作用.本节课内容有:1.5.1 曲边梯形的面积;1.5.2 汽车行驶的路程;1.5.3 定积分的概念.这三小节内容间关系、以及本节课前后的已学课和后继课关系如图1所示.

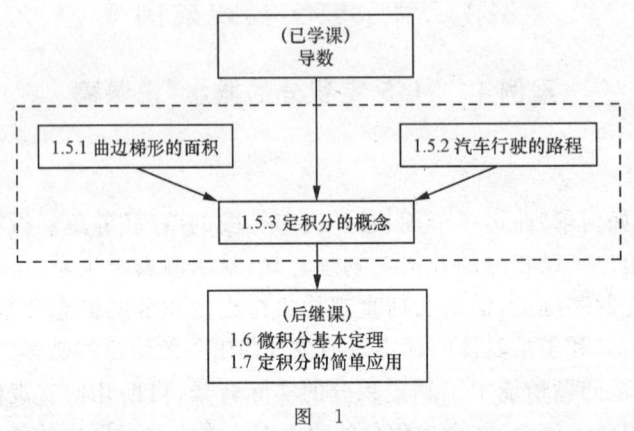

图 1

在本节内容的学习中,学生将通过大量实例,经历由导数到定积分的研究过程,初步了解定积分的概念,这为以后进一步学习微积分打下基础;通过本节课的学习,学生还将体会定积分的思想及其丰富内涵,感受它在解决实际问题中的作用,了解微积分的文化价值.

本节课的具体教学目标与教学重点、难点如下:

(1) 知识与技能:① 初步掌握求曲边梯形的面积和汽车行驶的路程的一般步骤——"四步曲":分割、近似代替、求和、取极限,了解定积分的背景;② 借助于几何直观了解定积分的基本思想,了解定积分的概念,初步掌握用定积分定义求简单的定积分的基本方法;③ 认识求和符号 $\sum$ 的意义.

(2) 过程与方法:① 通过探求曲边梯形的面积和汽车行驶的路程,使学生了解定积分的实际背景,了解"以直代曲"、"逼近"的思想方法,为理解定积分概念及几何意义奠定基础;② 借助几何图形了解定积分的思想方法,通过对定积分概念的建立过程的探究,逐步培养学生分析问题、解决问题的能力和思维能力.

(3) 情感态度与价值观:① 通过探求曲边梯形的面积、汽车行驶的路程这两个典型问题,使学生体会定积分的思想方法,即在每个局部小范围内"以直代曲""以不变代变"和"逼近"的思想,也是定积分概念中蕴涵的最本质思想;② 通过有关微积分创立的时代背景的交流以及本节课的学习,体会微积分的文化意义和应用价值.

教学重点:定积分的实际背景,"以直代曲"、"以不变代变"、"逼近"的思想方法,定积分的概念和几何意义;

教学难点:"以直代曲"、"以不变代变"、"逼近"的思想方法,定积分的概念.

确定重点、难点的教材依据和学情依据:本节内容和以往的函数研究相比,内容上学生感到抽象难懂,在公式使用、计算、推导等环节感到复杂不易掌握,思想方法上学生还没有经历过定积分的实际背景问题以及"以直代曲"、"以不变代变"、"逼近"的思想方法,并且对数形结合、类比推理与合情推理方法也没有达到一定的熟练程度;另一方面,本节课又是本章的核心内容之一,是微积分的基础,因而,确定定积分的概念和几何意义、定积分的实际背景,"以直代曲"、"以不变代变"、"逼近"的思想方法是重点也是难点.

二、学情分析

(一)学生的知识基础分析

学生对求"直边图形"面积的"割圆术"比较熟悉;匀速直线运动和变速直线运动的物理背景学生比较熟悉;

(二)对学生的起点能力分析

(1)学生受到求圆的面积用其内接正多边形逼近方法的启发,从直观上也比较容易接受用矩形面积逼近曲边梯形的面积的思想方法;求汽车行驶的路程时以"不变代变"的方法学生也可以接受;

(2)学生在"极限"过程的理解,以及"求和推导"的繁杂运算(尤其是无限求和)的推理技能上,应该成为本节课的学习障碍.

(三)学生学习特点分析

学生在前面学习导数时虽然对数学抽象过程有一定体会,但抽象思维能力尚未形成,因此,学生的学习,仍以直观感知、合情推理为主要思维形式,同时强化演绎推理的训练.

(四)学生学习方法指导

本节课由于涉及的公式及符号较多、推导繁难等特点,学生往往感到不易掌握.首先,教师要用微积分的深厚的历史背景材料,调动学生学习兴趣,先易后难,先具体后抽象,从实际问题入手切入主题;其次,教师应引导学生运用辩证思维方法,注意解释问题的现象,揭示其本质和共性.由此可见,学生既有独立探究的知识基础,也有独立思维的思想方法基础,因此,本节课可采用几何直观、分析讨论、抽象概括的学习方法,学生可以小组合作的形式进行探究学习.

三、教法分析

（一）教学方法与手段

（1）选用启发引导下的自主探究的教学方法；

（2）采取大屏幕演示曲边梯形面积的极限过程、物理实验演示汽车行驶的路程的物体匀变速运动现象，引导学生在对教材阅读理解基础上进行分析探究相结合的教学手段.

（二）采用这种教学方法的依据

本节课是微积分知识的基础课，初步探究了它的基本知识和思想方法，是一节入门课，因此，运用几何实例和物理实例引导学生自主探究，运用类比等合情推理，学生完全可以掌握这部分内容；同时，利用信息技术的图形功能，演示求曲边梯形面积的基本步骤："分割、近似代替、求和、取极限"，还能有效地显示出数值和图形的变化，便于学生体会"以直代曲"的思想. 总之，借助计算机课件教学，演示物理教具，既提高学生的兴趣又在实践中切实体会微积分的思想方法.

四、教学过程

本节课教学可以分 3 课时.

1.5.1 曲边梯形的面积（第 1 课时）

本课时教学的基本流程如图 1 所示.

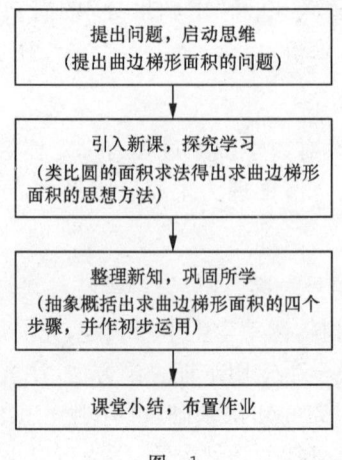

图 1

(一) 提出问题,启动思维

探究 1　你知道如何求正方形、长方形、三角形的面积吗？这些图形都有什么特点？

探究 2　你知道圆的面积公式吗？它的面积是怎样计算的？

探究 1 的设计意图　学生归纳平面图形特点是：各边都是线段组成的图形；同时把思维引向如何求面积的方向上来.

探究 2 的设计意图　学生感受求曲边图形面积的难度,回忆圆的面积求法,为本节课类比作好铺垫.

(二) 引入新课,探究学习

探究 3　如图 2,阴影部分类似于一个梯形,但有一边是曲线 $y=f(x)$ 的一段,我们把由直线 $x=a, x=b(a\neq b), y=0$ 和曲线 $y=f(x)$ 所围成的图形称为曲边梯形.如何计算这个曲边梯形的面积 S?

探究 3 的设计意图　给出曲边梯形的定义,明确本节的研究课题,由具体问题出发,激发思维热情.

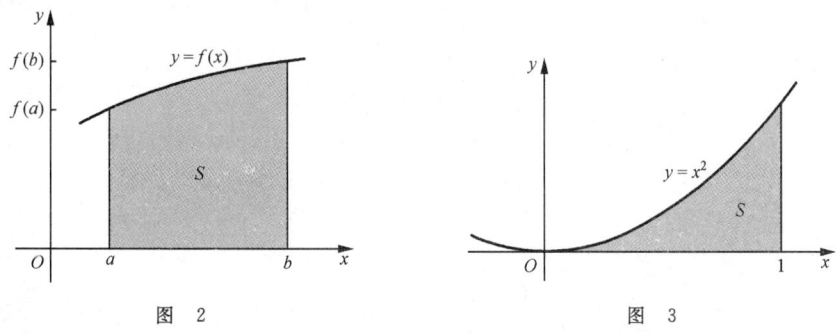

图 2　　　　　　　　图 3

探究 4　如图 3,如何求由抛物线 $y=x^2$ 与直线 $x=1, y=0$ 所围成的平面图形部分的面积 S?

探究 4 的设计意图　先研究特殊的曲边梯形的面积,简化运算,揭示思想核心.

思考下面问题：

(1) 曲边梯形与"直边图形"有什么区别？

(2) 能否将求这个曲边梯形面积 S 的问题转化为求"直边图形"面积的问题？

结论：(1) 曲边梯形与"直边图形"的主要区别：曲边梯形有一边是曲线段,"直边图形"的所有边都是直线段.

(2) 应用"以直代曲"的思想求曲边梯形面积,共分四步(教师引导,学生自主完成探究).

下面应用"以直代曲"的思想把求由抛物线 $y=x^2$ 与直线 $x=1, y=0$ 所围成的平面图形的面积归纳为以下步骤：

第一步——分割. 把区间$[0,1]$等分成n个小区间,得到n个小曲边梯形:在区间$[0,1]$内等间隔地插入$n-1$个点,将区间$[0,1]$等分成n个小区间:$\left[0,\dfrac{1}{n}\right]$,$\left[\dfrac{1}{n},\dfrac{2}{n}\right]$,$\cdots$,$\left[\dfrac{n-1}{n},1\right]$,记第$i$个区间为$\left[\dfrac{i-1}{n},\dfrac{i}{n}\right]$$(i=1,2,\cdots,n)$,其长度为$\Delta x=\dfrac{i}{n}-\dfrac{i-1}{n}=\dfrac{1}{n}$,分别过上述$n-1$个分点作$x$轴的垂线,从而得到$n$个小曲边梯形,它们的面积分别记作$\Delta S_1$,$\Delta S_2$,$\cdots$,$\Delta S_n$,显然,$S=\sum\limits_{i=1}^{n}\Delta S_i$. 图4是当$n=10$时,插入9个分点$0.1,0.2,\cdots,0.9$,将曲边梯形分成10个小曲边梯形的情形.

第二步——近似代替. 记$f(x)=x^2$,当n很大,即Δx很小时,在区间$\left[\dfrac{i-1}{n},\dfrac{i}{n}\right]$上,可以认为函数$f(x)=x^2$的值变化很小,近似地等于一个常数,不妨认为它近似地等于左端点$\dfrac{i-1}{n}$处的函数值$f\left(\dfrac{i-1}{n}\right)$,从图4上看,就是用平行于$x$轴的直线段近似地代替小曲边梯形的曲边.

这样,在区间$\left[\dfrac{i-1}{n},\dfrac{i}{n}\right]$上,用小矩形的面积$\Delta S_i'$近似地代替$\Delta S_i$,即在局部范围内"以直代曲",则有

$$\Delta S_i \approx \Delta S_i' = f\left(\dfrac{i-1}{n}\right) \cdot \Delta x = \left(\dfrac{i-1}{n}\right)^2 \cdot \Delta x = \left(\dfrac{i-1}{n}\right)^2 \cdot \dfrac{1}{n} \quad (i=1,2,\cdots,n). \quad (1)$$

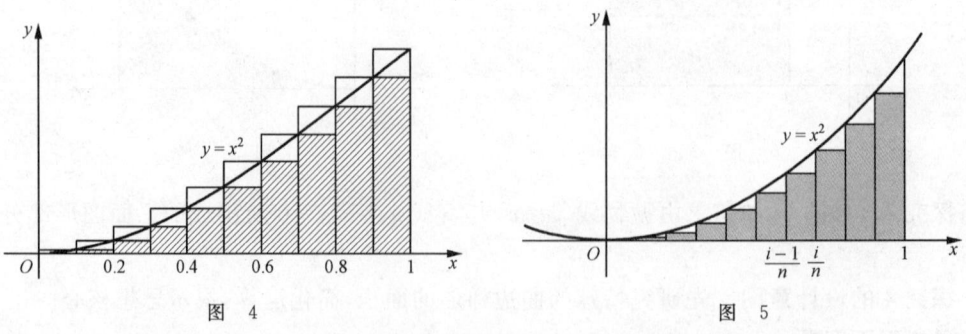

图 4 　　　　　　　图 5

第三步——求和. 求这些近似值的和,得到曲边梯形面积近似值. 由(1)式,图5中阴影部分的面积S_n为

$$\Delta S_n = \sum_{i=1}^{n}\Delta S_i' = \sum_{i=1}^{n}f\left(\dfrac{i-1}{n}\right)\cdot \Delta x = \sum_{i=1}^{n}\left(\dfrac{i-1}{n}\right)^2 \cdot \dfrac{1}{n}$$

$$= 0\cdot\dfrac{1}{n}+\left(\dfrac{1}{n}\right)^2\cdot\dfrac{1}{n}+\cdots+\left(\dfrac{n-1}{n}\right)^2\cdot\dfrac{1}{n}=\dfrac{1}{n^3}[1^2+2^2+\cdots+(n-1)^2]$$

$$= \dfrac{1}{n^3}\cdot\dfrac{(n-1)n(2n-1)}{6}=\dfrac{1}{3}\left(1-\dfrac{1}{n}\right)\left(1-\dfrac{1}{2n}\right).$$

从而得到 S 的近似值：

$$S \approx S_n = \frac{1}{3}\left(1-\frac{1}{n}\right)\left(1-\frac{1}{2n}\right).$$

此处，教师强调：这里的面积毕竟是近似值，不能代替真实值，尚需完善.

第四步——取极限. 分别将区间 $[0,1]$ 等分 $n=8,16,20,\cdots$ 等份（如图 6），可以看到，

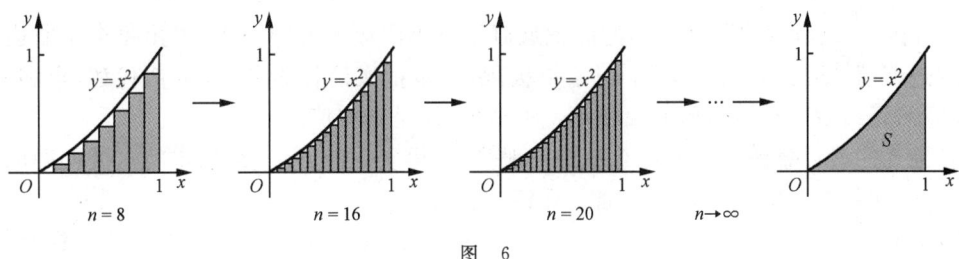

图 6

当 n 趋向于无穷大时，即 Δx 趋向于 0 时，$S_n = \frac{1}{3}\left(1-\frac{1}{n}\right)\left(1-\frac{1}{2n}\right)$ 趋向于 S，从而有

$$S = \lim_{n\to\infty} S_n = \lim_{n\to\infty}\sum_{i=1}^{n} f\left(\frac{i-1}{n}\right)\cdot\frac{1}{n} = \lim_{n\to\infty}\frac{1}{3}\left(1-\frac{1}{n}\right)\left(1-\frac{1}{2n}\right) = \frac{1}{3}.$$

系列图形的设计意图　用几何直观图说明"趋近于"更形象生动，有利于认识极限过程. 通过上图，可以借助几何图形直观地看出，随着分割越来越细，近似值不断趋向于曲边梯形的面积.

从数值上看这一变化趋势（可利用信息技术手段给出表 1）：

表 1　近似值 S_n 的变化趋势

区间 $[0,1]$ 的等分数 n	S 的近似值 S_n
2	0.125 000 00
4	0.218 750 00
8	0.273 437 50
16	0.302 734 38
32	0.317 871 09
64	0.325 561 52
128	0.329 437 26
256	0.331 382 75
512	0.332 357 41
1 024	0.332 845 21
2 048	0.333 089 23
...	...

由表 1 可以使学生能够定量地看出，随着区间等分数 n 的增大，曲边梯形的面积趋向于常数值.

表1的设计意图 用数据说明"趋近于"更令人信服,不仅从形的方面体会,还要从数的角度来认识极限过程.

(三) 整理新知,巩固所学

探究5 求曲边梯形面积的四个步骤都是什么? 这四个步骤间有何关系?

解答 第一步:分割.得到区间 $[x_{i-1}, x_i]$ $(i=1,2,\cdots,n)$,其长度 $\Delta x_i = x_i - x_{i-1}$;第二步:近似代替"以直代曲",用矩形的面积近似代替小曲边梯形的面积,求出每个小曲边梯形面积的近似值;第三步:求和;第四步:取极限;各步依次简称为分割、近似代替、求和、取极限;注意强调最后所得曲边形的面积不是近似值,而是真实值.

探究5的设计意图 先分后总整理一般步骤,得到一般方法,给出求解这类问题的一般步骤——"四步曲",由特殊问题探究上升到一般认识.

探究6 求由曲线 $y=2x-x^2$, $y=0$, $0 \leqslant x \leqslant 2$ 围成的图形面积.(由学生自主探究,小组合作完成下面求解过程.)

解答:(1) 分割:在区间 $[0,2]$ 上等间隔地插入 $n-1$ 个点,将区间 $[0,2]$ 等分成 n 个小区间:

$$\left[0, \frac{2}{n}\right], \left[\frac{2}{n}, \frac{4}{n}\right], \cdots, \left[\frac{2(n-1)}{n}, 2\right].$$

记第 i 个区间为 $\left[\frac{2(i-1)}{n}, \frac{2i}{n}\right]$ $(i=1,2,\cdots,n)$,其长度为 $\Delta x = \frac{2i}{n} - \frac{2(i-1)}{n} = \frac{2}{n}$;分别过上述 $n-1$ 个分点作 x 轴的垂线,从而得到 n 个小曲边梯形,它们的面积分别记作 $\Delta S_1, \Delta S_2, \cdots, \Delta S_n$,显然,$S = \sum_{i=1}^{n} \Delta S_i$.

(2) 近似代替:在区间 $\left[\frac{2(i-1)}{n}, \frac{2i}{n}\right]$ 上,用小矩形的面积 $\Delta S_i'$ 近似地代替 ΔS_i,即在局部范围内"以直代曲",则有

$$\Delta S_i \approx \Delta S_i' = \left[2\left(\frac{2(i-1)}{n}\right) - \left(\frac{2(i-1)}{n}\right)^2\right] \cdot \Delta x = \left[2\left(\frac{2(i-1)}{n}\right) - \left(\frac{2(i-1)}{n}\right)^2\right] \cdot \frac{2}{n}. \quad (1)$$

(3) 求和:由(1)式,有

$$\Delta S_n = \sum_{i=1}^{n} \Delta S_i' = \sum_{i=1}^{n} \left[2\left(\frac{2(i-1)}{n}\right) - \left(\frac{2(i-1)}{n}\right)^2\right] \cdot \frac{2}{n}$$

$$= \frac{8}{n^3} \sum_{i=1}^{n} [n(i-1) - (i-1)^2]$$

$$= \frac{8}{n^2}[0+1+2+\cdots+(n-1)] - \frac{8}{n^3}(1^2 + 2^2 + \cdots + (n-1)^2)$$

$$= \frac{8}{n^2} \cdot \frac{n(n-1)}{2} - \frac{8}{n^3} \cdot \frac{(n-1)n(2n-1)}{6},$$

从而得到 S 的近似值

$$S \approx S_n = \frac{8}{n^2} \frac{n(n-1)}{2} - \frac{8}{n^3} \frac{(n-1)n(2n-1)}{6}.$$

(4) 取极限：$S = \lim\limits_{n \to \infty} S_n = \lim\limits_{n \to \infty} \sum\limits_{i=1}^{n} \left[\frac{8}{n^2} \frac{n(n-1)}{2} - \frac{8}{n^3} \frac{(n-1)n(2n-1)}{6} \right] = \frac{4}{3}.$

探究 6 设计意图 通过解决具体曲边梯形的面积，熟悉求曲边梯形的方法和具体步骤，从而巩固定积分的最本质的思想方法，为下节课学习打好基础．

（四）课堂小结，布置作业

小结：(1) 求曲边梯形的思想方法是什么？具体步骤是什么？最终形式是什么？

(2) 结合求曲边梯形的思想和步骤谈谈你对"以直代曲"的核心思想的认识．

作业：(1) 设 S 表示由曲线 $y = \sqrt{x}, x = 1$ 以及 x 轴所围成平面图形的面积，求 S 的值．

(2) 教材第 42 页本小节练习．

设计要求和意图 让学生自己总结并谈体会，反馈和评价本小节学习，强调本小节重点，即掌握求解过程的步骤是分割、以直代曲、求和、逼近（取极限）以及"以直代曲"的思想．作业布置的两题，从不同题型训练本节学习的解题方法和书面表达的规范要求．

1.5.2 汽车行驶的路程（第 2 课时）

本课时教学的基本流程（见图 7）：

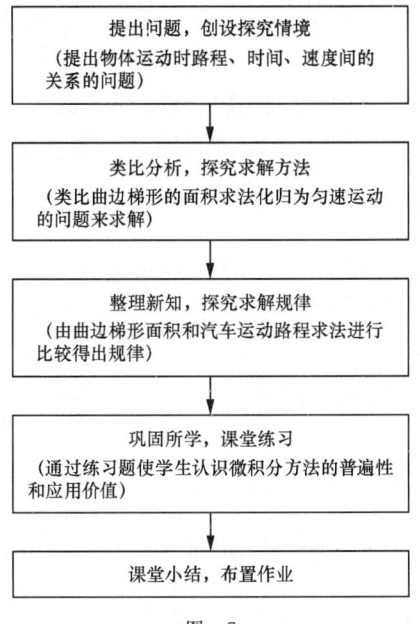

图 7

（一）提出问题，创设探究情境

探究 1　你知道如何求曲边梯形面积吗？说说它的基本思想和求解步骤．

探究 1 的设计意图　学生通过回忆曲边梯形面积的求法，既可以把思维引向本节学习范围，又可以把上节课问题的解法——求解的四个步骤，直接用于本节课学习，从而做好思想方法和知识铺垫的双重准备．

（二）类比分析，探究求解方法

探究 2　利用导数我们解决了"已知物体运动路程与时间的关系，求物体运动速度"的问题．反之，如果已知物体的速度与时间的关系，如何求其在一定时间内经过的路程呢？

探究 2 的设计意图　提出变速直线运动物体的运动时间、路程、速度间的关系的问题，借助学生熟悉的物理背景，便于将上节课求曲边梯形面积的方法用于该问题做类比分析，以便让学生进一步体会定积分的背景、思想和方法．

探究 2 的教学程序

1. 大屏幕给出问题

汽车以速度 v 作匀速直线运动时，经过时间 t 所行驶的路程为 $S=vt$．如果汽车作变速直线运动，在时刻 t 的速度为 $v(t)=-t^2+2$（单位：km/h），那么它在 $0\leqslant t\leqslant 1$（单位：h）这段时间内行驶的路程 S（单位：km）是多少？

2. 学生小组合作，探究分析

与求曲边梯形面积类似，采取"以不变代变"的方法，把求变速直线运动的路程问题，化归为匀速直线运动的路程问题．把区间 $[0,1]$ 分成 n 个小区间，在每个小区间上，由于 $v(t)$ 的变化很小，可以近似地看作汽车作匀速直线运动，从而求得汽车在每个小区间上行驶路程的近似值，再求和得 S（单位：km）的近似值，最后让 n 趋于无穷大就得到 S 的精确值．（思想：用化归为各个小区间上匀速直线运动路程和无限逼近的思想方法求出匀变速直线运动的路程．）

3. 类比分析，给出求解

第一步——分割．在时间区间 $[0,1]$ 上等间隔地插入 $n-1$ 个点，将区间 $[0,1]$ 等分成 n 个小区间：$\left[0,\dfrac{1}{n}\right]$，$\left[\dfrac{1}{n},\dfrac{2}{n}\right]$，$\cdots$，$\left[\dfrac{n-1}{n},1\right]$；记第 i 个区间为 $\left[\dfrac{i-1}{n},\dfrac{i}{n}\right](i=1,2,\cdots,n)$，其长度为 $\Delta t=\dfrac{i}{n}-\dfrac{i-1}{n}=\dfrac{1}{n}$；把汽车在时间段 $\left[0,\dfrac{1}{n}\right]$，$\left[\dfrac{1}{n},\dfrac{2}{n}\right]$，$\cdots$，$\left[\dfrac{n-1}{n},1\right]$ 上行驶的路程分别记作：ΔS_1，ΔS_2，$\cdots$，ΔS_n；显然，$S=\sum\limits_{i=1}^{n}\Delta S_i$．

第二步——近似代替．当 n 很大，即 Δt 很小时，在区间 $\left[\dfrac{i-1}{n},\dfrac{i}{n}\right]$ 上，可以认为函数 $v(t)=-t^2+2$ 的值变化很小，近似地等于一个常数，不妨认为它近似地等于左端点 $\dfrac{i-1}{n}$ 处

的函数值 $v\left(\frac{i-1}{n}\right)=-\left(\frac{i-1}{n}\right)^2+2$，从物理意义上看，即使汽车在时间段 $\left[\frac{i-1}{n},\frac{i}{n}\right]$ ($i=1$，$2,\cdots,n$) 上的速度变化很小，不妨认为它近似地以时刻 $\frac{i-1}{n}$ 处的速度 $v\left(\frac{i-1}{n}\right)=-\left(\frac{i-1}{n}\right)^2+2$ 作匀速直线运动，即在局部小范围内"以匀速代变速"，于是用小矩形的面积 $\Delta S_i'$ 近似地代替 ΔS_i，即在局部范围内"以直代取"，则有

$$\Delta S_i \approx \Delta S_i' = v\left(\frac{i-1}{n}\right)\cdot \Delta t = \left[-\left(\frac{i-1}{n}\right)^2+2\right]\cdot \frac{1}{n}$$

$$= -\left(\frac{i-1}{n}\right)^2 \cdot \frac{1}{n} + \frac{2}{n} \quad (i=1,2,\cdots,n). \tag{1}$$

第三步——求和. 由(1)式，有

$$S_n = \sum_{i=1}^{n} \Delta S_i' = \sum_{i=1}^{n} v\left(\frac{i-1}{n}\right)\cdot \Delta t = \sum_{i=1}^{n}\left[-\left(\frac{i-1}{n}\right)^2 \cdot \frac{1}{n} + \frac{2}{n}\right]$$

$$= 0\cdot\frac{1}{n} - \left(\frac{1}{n}\right)^2\cdot\frac{1}{n} - \cdots - \left(\frac{n-1}{n}\right)^2\cdot\frac{1}{n} + 2$$

$$= -\frac{1}{n^3}\left[1^2 + 2^2 + \cdots + (n-1)^2\right] + 2$$

$$= -\frac{1}{n^3}\cdot\frac{(n-1)n(2n-1)}{6} + 2 = -\frac{1}{3}\left(1-\frac{1}{n}\right)\left(1-\frac{1}{2n}\right) + 2;$$

从而得到 S 的近似值

$$S \approx S_n = -\frac{1}{3}\left(1-\frac{1}{n}\right)\left(1-\frac{1}{2n}\right) + 2.$$

第四步——取极限. 当 n 趋向于无穷大时，即 Δt 趋向于 0 时，$S_n = -\frac{1}{3}\left(1-\frac{1}{n}\right)\left(1-\frac{1}{2n}\right) + 2$ 趋向于 S，则有

$$S = \lim_{n\to\infty} S_n = \lim_{n\to\infty} \sum_{i=1}^{n} v\left(\frac{i-1}{n}\right)\cdot\frac{1}{n} = \lim_{n\to\infty}\left[-\frac{1}{3}\left(1-\frac{1}{n}\right)\left(1-\frac{1}{2n}\right) + 2\right] = \frac{5}{3}.$$

(三) 整理新知，探究求解规律

探究 3　结合求曲边梯形面积的过程，你认为汽车行驶的路程 S 与由直线 $t=0$，$t=1$，$v=0$ 和曲线 $v=-t^2+2$ 所围成的曲边梯形的面积有什么关系？你能得出什么规律？

探究 3 的设计意图　由曲边梯形面积求解的四个步骤和汽车运动的路程求法进行比较，可以看出它们的共性，使得学生的探究学习能从更一般的角度认识定积分思想，这样，定积分的概念就呼之欲出了，为定积分概念的得出奠定了坚实基础.

探究 3 的探究结论　结合上述求解过程可知，汽车行驶的路程 $S=\lim_{n\to\infty}S_n$ 在数据上等于由直线 $t=0$，$t=1$，$v=0$ 和曲线 $v=-t^2+2$ 所围成的曲边梯形的面积.

规律：一般地，如果物体做变速直线运动，速度函数为 $v=v(t)$，那么我们也可以采用分

割、近似代替、求和、取极限的方法,利用"以不变代变"的方法及无限逼近的思想,求出它在 $a \leqslant t \leqslant b$ 内所作的位移 S。

(四)巩固所学,课堂练习

探究 4 弹簧在拉伸的过程中,力与伸长量成正比,即力 $F(x)=kx$(k 为常数,x 是伸长量),求弹簧从平衡位置拉长 b 所作的功。

探究 4 的设计意图 应用求汽车运动的路程求法这一定积分思想方法,求解弹簧拉伸时作功这个物理问题,既扎实本节问题解决方法,又使学生深刻认识这种方法适用的普遍性,从而体会微积分的应用价值。

探究 4 的探究结论

(1)学生独立完成本问题的解决。最后师生共同研究,明确本题的解决方法是:利用"以不变代变"的思想,采用分割、近似代替、求和、取极限的四个步骤来求解。

(2)本问题的求解。若物体用常力 F 沿力的方向移动距离 x,则所作的功为
$$W = F \cdot x.$$

现弹簧在拉伸过程中,所受的力与拉伸的长度 x 成正比,是变力,其所作的功按如下四个步骤求解。

① 分割。在区间 $[0,b]$ 上等间隔地插入 $n-1$ 个点,将区间 $[0,b]$ 等分成 n 个小区间:
$$\left[0,\frac{b}{n}\right], \left[\frac{b}{n},\frac{2b}{n}\right], \cdots, \left[\frac{(n-1)b}{n},b\right];$$

记第 i 个区间为 $\left[\frac{(i-1)b}{n},\frac{i \cdot b}{n}\right]$ ($i=1,2,\cdots,n$),其长度为:$\Delta x = \frac{i \cdot b}{n} - \frac{(i-1)b}{n} = \frac{b}{n}$;把在分段 $\left[0,\frac{b}{n}\right], \left[\frac{b}{n},\frac{2b}{n}\right], \cdots, \left[\frac{(n-1)b}{n},b\right]$ 上所作的功分别记作:$\Delta W_1, \Delta W_2, \cdots, \Delta W_n$。

② 近似代替。由条件知:
$$\Delta W_i = F\left(\frac{(i-1)b}{n}\right) \cdot \Delta x = k \cdot \frac{(i-1)b}{n} \cdot \frac{b}{n} \quad (i=1,2,\cdots,n).$$

③ 求和。
$$W_n = \sum_{i=1}^{n} \Delta W_i = \sum_{i=1}^{n} k \cdot \frac{(i-1)b}{n} \cdot \frac{b}{n}$$
$$= \frac{kb^2}{n^2}[0+1+2+\cdots+(n-1)]$$
$$= \frac{kb^2}{n^2} \cdot \frac{n(n-1)}{2} = \frac{kb^2}{2}\left(1-\frac{1}{n}\right),$$

从而得到 W 的近似值
$$W \approx W_n = \frac{kb^2}{2}\left(1-\frac{1}{n}\right).$$

④ 取极限：
$$W = \lim_{n\to\infty} W_n = \lim_{n\to\infty}\sum_{i=1}^{n}\Delta W_i = \lim_{n\to\infty}\frac{kb^2}{2}\left(1-\frac{1}{n}\right) = \frac{kb^2}{2}.$$

所以得到弹簧从平衡位置拉长 b 所作的功为 $\frac{kb^2}{2}$.

(五) 课堂小结,布置作业

小结：请同学们总结求解汽车行驶的路程等有关问题的一般方法和解题步骤.

作业：教材第 45 页本小节练习 1,2 题.

设计要求和意图　要求学生自己独立完成总结和作业,巩固对定积分背景的了解,同时这将对这类问题解决方法的认识更扎实.

1.5.3　定积分的概念(第 3 课时)

本课时教学的基本流程见图 8.

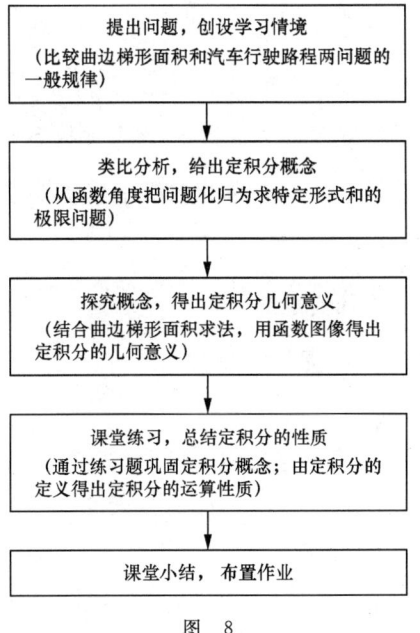

图　8

(一) 提出问题,创设学习情境

探究 1　回忆前面研究的曲边梯形面积和汽车行驶路程两问题的求解过程,解题的步骤是怎样的？请你找出共同点和一般规律.

探究 1 的设计意图　比较曲边梯形面积和汽车行驶路程两问题的一般规律,为理解定积分概念做好思想方法和知识的准备.

探究 1 的探究结论　曲边梯形面积、汽车行驶的路程等问题的解题方法都有四个步骤:分割、近似代替、求和、取极限.一般规律是:它们都可化归为求特定形式和的极限问题.

(二) 类比分析,给出定积分概念

探究 2　请你从函数角度,说出曲边梯形面积和汽车行驶路程两问题的几何意义.

探究 2 的设计意图　比较曲边梯形面积和汽车行驶路程两问题的几何意义的共同性,并从几何图形直观分析其函数意义.

探究 2 的探究结论　曲边梯形面积、汽车行驶的路程可看成函数在某区间上求特定形式和的极限问题.把这类问题一般化,给出定积分概念.

定积分的概念　如果函数 $f(x)$ 在区间 $[a,b]$ 上连续,用分点
$$a = x_0 < x_1 < x_2 < \cdots < x_{i-1} < x_i < \cdots < x_n = b$$
将区间 $[a,b]$ 等分成 n 个小区间,每个小区间长度为 $\Delta x \left(\Delta x = \dfrac{b-a}{n}\right)$,在每个小区间 $[x_{i-1}, x_i]$ 上取一点 $\xi_i (i=1,2,\cdots,n)$,作和式:
$$S_n = \sum_{i=1}^{n} f(\xi_i) \Delta x = \sum_{i=1}^{n} \frac{b-a}{n} f(\xi_i),$$
当 $n \to +\infty$ 时,上述和式 S_n 无限接近某个常数 S,这个常数 S 叫做函数 $f(x)$ 在区间 $[a,b]$ 上的**定积分**,记作 $S = \int_a^b f(x) \mathrm{d}x$,其中 $f(x)$ 称为被积函数,x 叫做积分变量,$[a,b]$ 称为积分区间,b 叫做积分上限,a 叫做积分下限.

(三) 探究概念,得出定积分几何意义

探究 3　(1) 定积分 $\int_a^b f(x) \mathrm{d}x$ 是一个常数吗?

(2) 用定义求定积分的一般方法是什么?

探究 3 的设计意图　探究定积分定义的内涵,为理解和运用定义打下坚实基础.

探究 3 的探究结论　(1) 定积分 $\int_a^b f(x) \mathrm{d}x$ 是一个常数,这是因为它是当 $n \to +\infty$ 时,S_n 无限接近的常数 S 称为定积分 $\int_a^b f(x) \mathrm{d}x$,而不是 S_n.

(2) 用定义求定积分的一般方法是:① 分割:n 等分区间 $[a,b]$;② 近似代替:取点 $\xi_i \in [x_{i-1}, x_i]$;③ 求和:$\sum_{i=1}^{n} \dfrac{b-a}{n} f(\xi_i)$;④ 取极限:
$$\int_a^b f(x) \mathrm{d}x = \lim_{n \to \infty} \sum_{i=1}^{n} f(\xi_i) \frac{b-a}{n}.$$

探究 4　用定积分符号表示曲边图形面积、汽车行驶的路程.

探究 4 的设计意图　熟悉定积分符号的含义,为求定积分和应用定积分解决实际问题打好基础.

探究 4 的解答　曲边图形面积：$S=\int_a^b f(x)\mathrm{d}x$；汽车行驶的路程 $S=\int_{t_1}^{t_2} v(t)\mathrm{d}t$.

探究 5　请你结合曲边梯形面积求法和定积分概念,探究一般函数的定积分的几何意义.

探究 5 的设计意图　放手让学生结合曲边梯形面积求法和函数图像得出定积分的几何意义,使学生更好理解定积分概念.

探究 5 的解答　如果在区间$[a,b]$上函数连续且恒有 $f(x)\geqslant 0$,那么定积分 $\int_a^b f(x)\mathrm{d}x$ 表示由直线 $x=a,x=b(a\neq b),y=0$ 和曲线 $y=f(x)$ 所围成的曲边梯形的面积(如图9).

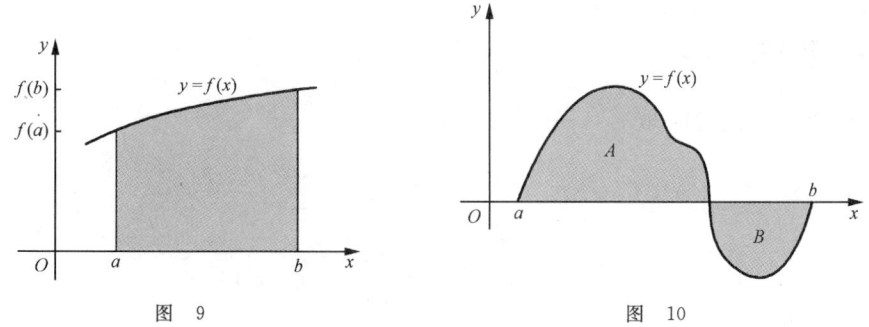

图 9　　　　　　　　　　图 10

探究 6　当被积函数 $y=f(x)$ 在区间$[a,b]$上的图像在 x 轴下方时,由直线 $x=a,x=b$ $(a\neq b),y=0$ 和曲线 $y=f(x)$ 所围成的曲边梯形的面积还是定积分 $\int_a^b f(x)\mathrm{d}x$ 的值吗？

探究 6 的设计意图　强化定积分上述几何意义的前提是：在区间$[a,b]$上函数连续且恒有 $f(x)\geqslant 0$,从而加深对定积分的"被积函数"、"积分变量"、"积分区间"、"积分上限"、"积分下限"以及定积分几何意义的理解.

探究 6 的解答　一般情况下,定积分 $\int_a^b f(x)\mathrm{d}x$ 的几何意义是介于 x 轴、函数 $f(x)$ 的图形以及直线 $x=a,x=b$ 之间各部分面积的代数和,在 x 轴上方的面积取正号,在 x 轴下方的面积去负号.

探究 6 结论的证明　一般地,设被积函数 $y=f(x)$. 若 $y=f(x)$在$[a,b]$上可取负值,考察和式 $f(x_1)\Delta x+f(x_2)\Delta x+\cdots+f(x_i)\Delta x+\cdots+f(x_n)\Delta x$,不妨设 $f(x_i),f(x_{i+1}),\cdots,f(x_n)<0$,于是和式即为

$$f(x_1)\Delta x + f(x_2)\Delta x + \cdots + f(x_{i-1})\Delta x$$
$$-\{[-f(x_i)\Delta x] + \cdots + [-f(x_n)\Delta x]\},$$

所以

$$\int_a^b f(x)\mathrm{d}x = 阴影 A 的面积 - 阴影 B 的面积$$

（如图 10 所示，即 x 轴上方面积减 x 轴下方的面积）．

（四）课堂练习，总结定积分的性质

探究 7 利用定积分的定义，计算 $\int_0^1 x^3 \mathrm{d}x$ 的值，并指出其几何意义．

探究 7 的设计意图 使学生进一步熟悉定积分的定义，熟悉计算定积分的"四步曲"，并体会具体函数的定积分的代数意义和几何意义．

探究 7 的解答 （1）分割：把区间 $[0,1]$ n 等分，则第 i 个区间为：$\left[\dfrac{i-1}{n}, \dfrac{i}{n}\right]$ ($i=1,2,\cdots,n$)，每个小区间长度为：$\Delta x = \dfrac{i}{n} - \dfrac{i-1}{n} = \dfrac{1}{n}$；

（2）近似代替、求和：取 $\xi_i = \dfrac{i}{n}$ ($i=1,2,\cdots,n$)，则

$$\int_0^1 x^3 \mathrm{d}x \approx S_n = \sum_{i=1}^n f\left(\dfrac{i}{n}\right) \cdot \Delta x = \sum_{i=1}^n \left(\dfrac{i}{n}\right)^3 \cdot \dfrac{1}{n}$$
$$= \dfrac{1}{n^4}\sum_{i=1}^n i^3 = \dfrac{1}{n^4} \cdot \dfrac{1}{4} n^2 (n+1)^2$$
$$= \dfrac{1}{4}\left(1+\dfrac{1}{n}\right)^2.$$

（3）取极限：

$$\int_0^1 x^3 \mathrm{d}x = \lim_{n\to\infty} S_n = \lim_{n\to\infty} \dfrac{1}{4}\left(1+\dfrac{1}{n}\right)^2 = \dfrac{1}{4}.$$

应该让学生探究给出解答，本题几何意义：所求定积分是由直线 $x=0, x=1, y=0$ 和曲线 $y=x^3$ 所围成的曲边图形的面积，面积为 $\dfrac{1}{4}$．

探究 8 由定积分的定义探究定积分的性质：

性质 1 $\int_a^b k f(x)\mathrm{d}x = k\int_a^b f(x)\mathrm{d}x$ （其中 k 是不为 0 的常数）．

性质 2 $\int_a^b [f_1(x) \pm f_2(x)]\mathrm{d}x = \int_a^b f_1(x)\mathrm{d}x \pm \int_a^b f_2(x)\mathrm{d}x$．

性质 3 $\int_a^b f(x)\mathrm{d}x = \int_a^c f(x)\mathrm{d}x + \int_c^b f(x)\mathrm{d}x$（其中 $a<c<b$）（定积分对积分区间的可加性）．

探究 8 的设计意图　为了便于计算定积分,给出这三个基本性质.

探究 8 的教学要求　可以让学生指出各条性质中的符号含义,不必让学生证明这些性质,教师可以利用多媒体课件和学生一起就具体函数的图像对这三条性质进行几何直观认识.

探究 9　(课堂让学生小组合作,完成下面各练习题,教师利用微机大屏幕给出题目.)

(1) 等式 $\int_a^b 1\mathrm{d}x = b-a$ 成立吗?给出在直角坐标系下平面图形的面积的几何解释.

(2) 计算定积分 $\int_1^2 (x+1)\mathrm{d}x$;若改为计算定积分 $\int_{-2}^2 (x+1)\mathrm{d}x$ 呢?给出几何解释.

探究 9 的设计意图　通过练习题的解答,可使学生进一步理解定积分意义,通过几何探究,使学生就特殊函数的定积分来认识定积分在直角坐标系下的几何意义.

探究 9 的解答:

(1) 等式 $\int_a^b 1\mathrm{d}x = b-a$ 成立. 几何解释(如图 11).

(2) $\int_1^2 (x+1)\mathrm{d}x = \dfrac{5}{2}$;所求定积分即为阴影部分面积,面积为 $\dfrac{5}{2}$(如图 12). 而

$$\int_{-2}^2 (x+1)\mathrm{d}x = 4.$$

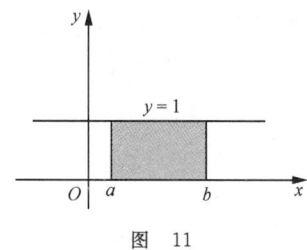
图 11

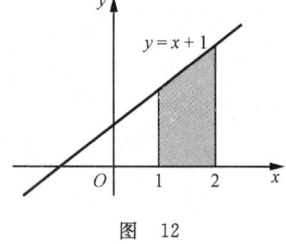
图 12

(五) 课堂小结,布置作业

小结:请同学们总结:(1)定积分的概念;(2)定义法求简单的定积分的步骤;(3)定积分的几何意义(要注意避免对定积分的几何意义的片面理解:认为定积分就是面积,进而认为定积分只能是非负数,事实上,定积分值可以为负数、正数和零)

作业:(1)阅读教材第 48 页的"曲边梯形的面积"(信息技术应用);

(2)教材第 50 页习题 1.5 A 组 1,4,5 题.

小结和作业的要求与设计意图　小结让学生完成,突出本节课的重点;作业安排一个利用信息技术求曲边梯形面积的题目,培养学生运用计算机研究定积分的能力,教材第 50 页的三个题主要反馈本节学习情况以便于给学生学习进行评价.

案例 2 "1.6 微积分基本定理"教案

一、教学目标

(一)知识与技能

(1)通过变速运动物体在某段时间内的速度与路程的关系,直观了解微积分基本定理的含义;

(2)能用微积分基本定理所揭示的导数与定积分的关系求简单的定积分.

(二)过程与方法

(1)让学生经历微积分基本定理的发现过程,并体会该定理发现过程中体现的从局部到整体、从具体到一般的研究方法;

(2)通过探究物理中变速直线运动物体位移和速度函数的关系,进一步直观了解定积分的含义,体会导数与定积分之间的内在联系;

(3)通过几个求定积分的实例,体会利用微积分基本定理计算定积分的基本方法.

(三)情感态度与价值观

(1)本节分别从物理意义和几何意义两个角度探究导数和定积分之间的内在关系,在体会了微积分基本定理的基本思想的同时,又一次经历了数学知识的发现过程,体会微积分方法在研究某些问题中的一般性和有效性;

(2)微积分基本定理的探究过程也直观地反映了微积分基本定理的数学内部与外部的应用价值.

二、教学重点和难点

教学重点:直观了解微积分基本定理的含义,并能用定理计算简单的定积分.

教学难点:了解微积分基本定理的含义.

三、教学方法与教学手段

利用实际背景的物理意义和几何意义,采用数形结合解决问题的方法,引导学生动手探究动脑思考自主学习.本节教学要使学生体会定积分基本定理的丰富背景和广泛的应用.利用教材资源、微机课件、大屏幕投影仪辅助教学.

四、教学过程

(一)导入新课

引言 上节课通过解决曲边梯形的面积、变速直线运动的路程这两个典型问题,揭示出定积分的思想方法：在每个局部小范围内"以直代曲""以不变代变"和逼近的思想．这就是定积分概念中蕴涵的最本质思想，这也是应用定积分解决实际问题的思想方法．本节课进一步学习定积分知识．

问题 1　说明定积分求解问题的一般步骤．（大屏幕给出问题内容）

问题 1 的预设结论　求定积分的一般步骤是——"四步曲"：分割、近似代替、求和、取极限．

问题 1 的设计意图　回忆定积分概念，使新知识在已有知识中建立生长点，为定积分概念深化作好知识准备．

问题 2　（1）定积分的几何意义是什么？（大屏幕展示问题内容）
（2）你能用定积分表示图中阴影部分的面积吗？（大屏幕给出图 13 的图形）

探究　根据定积分的几何意义，你能用定积分表示图 1 中阴影部分的面积 S 吗？

问题 2 的预设结论　（1）曲边梯形面积：

从几何上看，如果在区间 $[a,b]$ 上函数 $f(x)$ 连续且恒有 $f(x) \geqslant 0$，那么定积分 $\int_a^b f(x) \mathrm{d}x$ 表示由直线 $x=a, x=b(a \neq b), y=0$ 和曲线 $y=f(x)$ 所围成的曲边梯形（图 2 中的阴影部分）的面积．这就是定积分 $\int_a^b f(x) \mathrm{d}x$ 的几何意义．

（2）$S = \int_a^b f_1(x) \mathrm{d}x - \int_a^b f_2(x) \mathrm{d}x$．

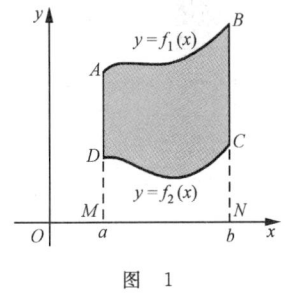

图　1

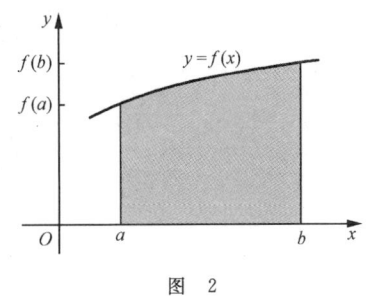

图　2

问题 2 的设计意图　使学生的思维集中在如何求定积分上来，也为从几何角度思考问题作好情景铺设．

（二）讲解新课

1. 揭示寻求计算定积分新方法的必要性，创设探究情境

问题 3　用定积分定义求 $\int_1^2 \dfrac{1}{x} \mathrm{d}x$ 的值．

解　教师指出，可以有四个步骤：分割、近似代替、求和、取极限．在求其和时，要求出

$\frac{1}{n}+\frac{1}{n+1}+\cdots+\frac{1}{2n-1}$ 的和,就目前高中知识是难以求出的.

问题 3 的预设结论 用定积分的定义计算定积分,其计算过程比较复杂(尤其是需要计算一个和式的极限)技巧性强,有时甚至不可能计算出结果,因此,我们需要寻求一种更一般、计算简便、有效易行的新方法来求定积分.

问题 3 的设计意图 让学生感受求定积分必须寻求新方法,使学生的思维处于应激状态.

2. 通过物理实例,对微积分基本定理进行初步探究

问题 4 (大屏幕给出问题 4 的内容及图形)

探究 如图 3,一个作变速直线运动的物体的运动规律是 $s=s(t)$. 由导数的概念可知,它在任意时刻 t 的速度 $v(t)=s'(t)$. 设这个物体在时间段 $[a,b]$ 内的位移为 s,你能分别用 $s(t),v(t)$ 表示 s 吗?

问题 4 的探究过程如下:

(1) 物体的位移是函数在两个端点处的函数值之差(图 3),即 $s=s(b)-s(a)$.

(2) 我们用定积分方法,由 $v(t)$ 求位移 s,即

① 把区间 $a\leqslant t\leqslant b$ 均匀等分成 n 个小区间,则小区间的长度都为 $\Delta t=t_i-t_{i-1}=\frac{b-a}{n}$.

② 对每一个小区间 $[t_{i-1},t_i]$,我们假设 $s(t)$ 的变化率近似为常量 $v(t_{i-1})$ 作匀速运动,结合物理意义,从导数的几何意义上看(图 4),我们得到

$$\Delta s_i \approx h_i = v(t_{i-1})\Delta t = s'(t_{i-1})\Delta t = \frac{b-a}{n}s'(t_{i-1}).$$

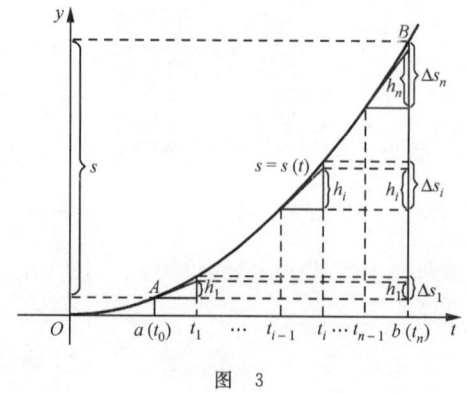

图 3

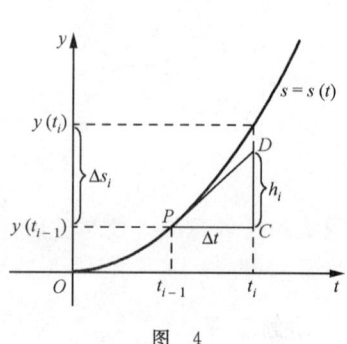

图 4

③ 求和,把所有小区间上得到的位移近似值加在一起,得到物体总位移

$$s=\sum_{i=1}^{n}\Delta s_i \approx \sum_{i=1}^{n}h_i = \sum_{i=1}^{n}v(t_{i-1})\Delta t = \sum_{i=1}^{n}s'(t_{i-1})\Delta t.$$

④ 当分割无限加细,n 无限增大,和式 $\sum_{i=1}^{n}v(t_{i-1})\Delta t=\sum_{i=1}^{n}s'(t_{i-1})\Delta t$ 与 s 的近似程度就越好,由定积分的定义,得到

$$s=\int_a^b v(t)dt=\int_a^b s'(t)dt.$$

结合 $s=s(b)-s(a)$,我们可得到以下结论:

$$s=\int_a^b v(t)dt=\int_a^b s'(t)dt=s(b)-s(a).$$

问题 4 的设计意图　通过学生小组合作探究物体运动规律函数和速度函数关系,为微积分基本定理奠定基础.从而体会定积分的基本思想.

3. 通过探究导数和定积分关系,对微积分基本定理进行一般化研究

问题 5　作直线运动的物体的运动规律是 $s=s(t)$,那么它在时刻 t 的速度是什么?

问题 5 的预设结论　由导数定义可知,物体在时刻 t 的速度是 $v(t)=s'(t)$.

问题 5 的设计意图　通过研究导数与定积分关系,为微积分基本定理的抽象化提供知识基础.

问题 6　结合问题 4 的推导过程和结果,你能得出什么结论?

问题 6 的预设结论　做直线运动的物体的运动规律是 $s=s(t)$,那么它在时间段 $[a,b]$ 内的位移可以用 $s(t)$ 和它的导数 $v(t)$ 表示出来.

问题 6 的设计意图　由物理意义想象一般函数意义,为把结论一般化打好基础.

问题 7　观察 $s=\int_a^b v(t)dt=\int_a^b s'(t)dt=s(b)-s(a)$,和 $v(t)=s'(t)$,你能结合定积分概念,抽象出一般函数 $y=f(x)$ 的积分计算公式吗?

问题 7 的预设结论　一般地,如果 $f(t)$ 是连续函数,并且 $f(t)=F'(t)$,那么

$$\int_a^b f(t)dt=F(b)-F(a),$$

这就是微积分基本定理,又叫牛顿-莱布尼茨(Nowton-Leibniz)公式.

问题 7 的设计意图　铺设阶梯,放手让学生探究得出微积分基本定理.让学生体验学习微积分基本定理过程中的抽象概括一般化的数学方法.

4. 通过探究微积分基本定理的内涵,揭示该定理的重要意义

问题 8　特别地,当物体作匀速运动时,即速度函数是常数函数 $y=v(v$ 是常数$)$,求定积分 $\int_a^b vdt$ 的值.(大屏幕给出问题 8 的内容)

问题 8 的预设结论　$\int_a^b vdt=v(b-a).$

问题 8 的设计意图　先解决具体简单的物理问题,印证定理的正确性和合理性.

问题 9　当物体作匀加速运动时,即 $v(t)=mt$(其中 m 是常数)时,求定积分 $\int_a^b mt\,dt$

的值.

问题 9 的预设结论 $\int_a^b mt\, dt = \dfrac{1}{2}m(b^2-a^2).$

问题 9 的设计意图 由特殊的物理问题进一步熟悉定理的含义.

5. 通过运用微积分基本定理求定积分,揭示该定理运用的关键

问题 10 由上面的讨论,你认为运用微积分基本定理求定积分的关键是什么?如何求 $F(x)$?

问题 10 的预设结论 关键是求出满足 $F'(x)=f(x)$ 的 $F(x)$;求 $F(x)$ 的方法是:运用基本初等函数的求导公式和导数的四则运算法则,从反方向上求出 $F(x).$

问题 10 的设计意图 明确运用定理的关键.

(三) 讲解例题(大屏幕给出例题内容,学生讨论解答,教师指导、点评)

例 1 计算下列定积分:

(1) $\int_1^2 \dfrac{1}{x}dx$;   (2) $\int_1^3 \left(2x-\dfrac{1}{x^2}\right)dx.$

设计意图 与引入本节课的问题呼应,初步展示利用基本定理求定积分的优越性;本题还起到规范书写格式的作用.

例 2 计算下列定积分:

(1) $\int_0^\pi \sin x\, dx$;   (2) $\int_\pi^{2\pi} \sin x\, dx$;   (3) $\int_0^{2\pi} \sin x\, dx.$

设计意图 展示求与三角函数有关的定积分的方法、步骤,并强化积分上下限及求原函数三个部分的重要性;通过比较三个小题的几何意义,进一步感知定积分的几何意义和数学意义.

(四) 巩固练习(大屏幕给出练习题内容)

(1) 判断题:下面求定积分的过程是否正确?

① $\int_{-1}^1 \dfrac{1}{x^2}dx = -\dfrac{1}{x}\Big|_{-1}^1 = 0;$

② $\int_{-1}^1 (1-x^2)dx = \left(x-\dfrac{1}{3}x^3\right)\Big|_{-1}^1 = -\dfrac{2}{3}-\dfrac{2}{3}=-\dfrac{4}{3}.$

(2) 解答题:

① 求 $\int_0^{\frac{1}{2}} e^{2x}dx$;   ② 求 $\int_{\cos x}^1 e^{-t}dt.$

(3) 应用题:

汽车以 32 km/h 的速度行驶,到某处需要减速停车,设汽车以加速度 $a=1.8\,\text{m/s}^2$ 刹车,问从开始刹车到停车,汽车走了多少距离?

巩固练习的答案:

(1) ① 不对,函数不是$[-1,1]$上的连续函数,无法应用定理运算;

② 不对,运算错误,应该是 $\int_{-1}^{1}(1-x^2)dx = \left(x-\dfrac{1}{3}x^3\right)\Big|_{-1}^{1} = \dfrac{2}{3}-\left(-\dfrac{2}{3}\right) = \dfrac{4}{3}$.

(2) ① 解:因为函数 $\dfrac{1}{2}e^{2x}$ 的导数是 e^{2x},于是由定积分基本定理

$$\int_{0}^{\frac{1}{2}} e^{2x} dx = \dfrac{1}{2}e^{2x}\Big|_{0}^{\frac{1}{2}} = \dfrac{1}{2}(e-1).$$

② 解: $\int_{\cos x}^{1} e^{-t} dt = (-e^{-t})\Big|_{\cos x}^{1} = -e^{-1} + e^{-\cos x}$.

(3) 解:当 $t=0$ 时,汽车速度 $v_0 = 32 \text{ km/h} = \dfrac{32\times 1000}{3600} \text{ m/s} \approx 8.88 \text{ m/s}$;刹车后汽车减速行驶,其速度为 $v(t) = v_0 - at = 8.88 - 1.8t$.

当汽车停住时,速度 $v(t)=0$,故从 $v(t)=8.88-1.8t=0$,解得 $t=\dfrac{8.88}{1.8}\approx 4.93(\text{s})$.

所以从刹车开始到停车经过了 4.93 s.

根据定积分意义,在这段时间内,汽车所走过的距离是

$$s = \int_{0}^{4.93} v(t)dt = \int_{0}^{4.93}(8.88-1.8t)dt = \left(8.88 - 1.8\times \dfrac{1}{2}t^2\right)\Big|_{0}^{4.93} \approx 21.90(\text{m}).$$

答:在刹车后,汽车需走过 21.90 m 才能停住.

巩固练习的设计意图:

判断题强化求定积分基本步骤;解答题训练应用基本定理的格式和方法;应用题使学生体会本节微积分基本定理的实际应用价值.设计三个题型调动学生思维巩固对定理的认识.

(五) 归纳小结(教师引导,由学生讨论总结)

(1) 微积分基本定理内容和思想方法:

一般地,如果 $f(t)$ 是连续函数,并且 $f(t)=F'(t)$,那么

$$\int_{a}^{b} f(t)dt = F(b)-F(a).$$

(2) 微积分基本定理求定积分的关键是用导数公式和法则求原函数.

(六) 课后作业

教材第 55 页,习题 1.6 中 A 组 1,2 题及 B 组第 3 题.

作业的设计意图 巩固微积分基本定理的思想、方法,训练应用定理求定积分的基本技能,反馈和评价本节学习情况.

案例3 "2.3 数学归纳法"说课稿

一、教材分析

本节教材首先由多米诺骨牌游戏引入问题情境,在此基础上揭示数学归纳法的核心思想,概括出数学归纳法的基本原理,教材这样的编写思路,有利于激发学生学习归纳递推的兴趣,有利于从具体问题出发抽象概括出数学归纳法.首先,教科书通过数列问题说明不完全归纳法的可靠性不强,使学生感受到探索新方法——数学归纳法的必要性;其次,教材通过探究"多米诺骨牌"全部倒下的两个条件,奠定了数学归纳法原理的思想基础.教材这样的安排,使学生经历了从问题情境中体会数学归纳法的基本思想,在具体问题中探究数学归纳法原理的数学学习过程,教学中有利于学生思维的启动和扩展,从而便于自主探究学习.数学归纳法是一种新的证明方法,学生对它比较陌生,加之它的数学本身的抽象性,学生往往不易理解数学归纳法的思想实质;在运用数学归纳法证明中,"归纳假设"作为证明依据,学生不易理解,这主要是没有理解证明的第二步的作用造成的,也是割裂两步间关系没有对数学归纳法进行整体认识的原因.

《课程标准》对数学归纳法内容的要求是:"了解数学归纳法的原理,能用数学归纳法证明一些简单的数学命题".本节内容作为《推理与证明》单元中的一部分,主要学习目标是了解数学归纳法的原理,掌握数学归纳法证明一些简单数学命题的基本步骤.为此,教材安排了一个多米诺骨牌游戏和两个例题,研究了数学归纳法的原理和基本方法.数学归纳法是一种特殊的直接证明的方法,主要用于推理和证明某些与正整数 n 有关的数学命题,其特点是通过有限个步骤的推理,能证明 n 取无限多个正整数的情形.本年级学习的要求,是把数学归纳法作为非常有用的研究工具,让学生体会它的基本思想,使学生了解一种全新的直接证明的方法.在这部分内容的学习过程中,例题和习题的难度要控制,重点让学生领会数学归纳法的原理和证明基本步骤,有关不等式的证明等复杂题目可在选修系列 4 中再进一步研究.

本节内容是为了让学生体会数学证明的特点,通过了解数学直接证明的基本方法来研究数学归纳法的.本节内容之前,学生已经学习了合情推理和演绎推理,以及直接证明和间接证明的一些具体方法,如分析法、综合法、反证法,对数学证明已经有了一定的认识,在此基础上学习一种学生从未接触过的数学方法,可以使学生对数学证明有更深刻的认识,也可使他们对数学推理和证明中的逻辑的力量有新的感受.因此,本节课在高中数学教材中处于非常重要的地位.

本节课内容与本章其他内容的关系结构图如图 1 所示.

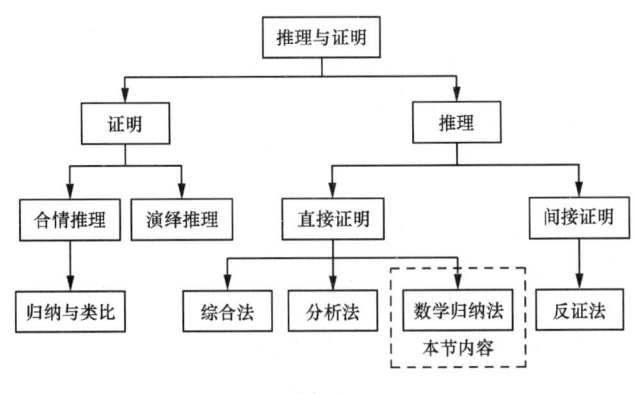

图 1

本节课的具体教学目标与教学重点、难点如下：

（1）知识与技能：① 借助具体实例了解数学归纳法的原理；② 掌握运用数学归纳法证明一些与正整数有关的数学命题的基本步骤。

（2）过程与方法：① 从多米诺骨牌等生活实例中考察和体会数学归纳法的原理；② 在例题探究中理解数学归纳法的两个步骤的各自作用和逻辑关系，掌握数学归纳法证明问题的基本方法。

（3）情感态度与价值观：① 在多米诺骨牌等生活实例中，体会数学归纳法的核心就是归纳递推，通过初步运用数学归纳法证明一些简单的数学命题可对数学归纳法有正确的整体认识，这样既可提高使用数学归纳法的能力，还能认识到数学归纳法作为数学问题的研究工具是非常有用的，同时也认识到数学归纳法在数学证明中的应用价值；② 通过数学归纳法的学习，体会不完全归纳与完全归纳这两种归纳推理方法的特点，使学生思维得到训练，培养创新意识的同时感受数学归纳法的数学魅力。

教学重点：借助具体实例了解数学归纳法的基本思想，掌握数学归纳法的基本步骤，运用它证明一些与正整数有关的数学命题。

教学难点：对数学归纳法原理的理解，尤其是对数学归纳法证明中第二个步骤的作用的理解。

二、学情分析

（一）学生的知识基础分析

学生对数学推理的常用方法有一定认识，如在学习数列的递推关系时，探究数列的通项公式中使用的不完全归纳法，本节前面又系统学习了推理与证明的内容，这些都是学生比较熟悉的知识。

（二）对学生的起点能力分析

学生在中学阶段对数学归纳法原理缺乏直观的感性认识，因此理解数学归纳法的核心思想有一定困难，因而，教学中可以让学生自主经历问题解决全过程，通过具体实例加强学生的生活感受和数学逻辑分析，通过这样的情境教学，学生完全可以理解数学归纳法的本质.

（三）学生学习特点分析

学生在前面学习了推理和证明的基本方法，在数学思维素质和逻辑推理能力上已经有了很大提高，但由于本节内容的抽象性和应用步骤的规定性成分较高，学生对像证明中的第二步归纳递推的理解有一定困难，因此，本节课要以具体实例为基础，运用直观感知和合情推理的思维形式，让学生亲身参与课堂活动，引导学生积极思考多米诺游戏活动所反映的现象的本质.

（四）学生学习方法指导

（1）以游戏活动和数学归纳法的历史背景材料，调动学生学习数学归纳法的兴趣；

（2）注意引导学生思考和解释游戏现象的本质，注意体会例题解决的思想方法，通过数列等具体问题分析，正确理解不完全归纳法的逻辑依据，理解数学归纳法的两个步骤的作用.

三、教法分析

选用问题情境下的自主探究的教学方法.教学手段是采取大屏幕演示"多米诺骨牌"的多媒体教育技术，引导学生对数学归纳法的本质的思考，让学生参与归纳出数学归纳法原理的过程.

本节课重点是了解数学归纳法原理，掌握数学归纳法的基本步骤，教学中由于学生已经学习了推理与证明的基本方法，加之学生思维的能力基础，学生有自主探究的能力，因此采用自主探究教学法.

四、教学过程

（一）教学思路与教学环节

从一个数学问题出发（数列通项问题）说明需要探索新的证明方法的必要性；由一个现象（"多米诺骨牌"的游戏）的本质思考，揭示数学归纳法的递推原理；利用两个例题强化数学归纳法证题的步骤和各步作用，理解数学归纳法证明的基本要求；安排两个课堂练习训练运用数学归纳法的技能.

本节教学流程图如图 2 所示.

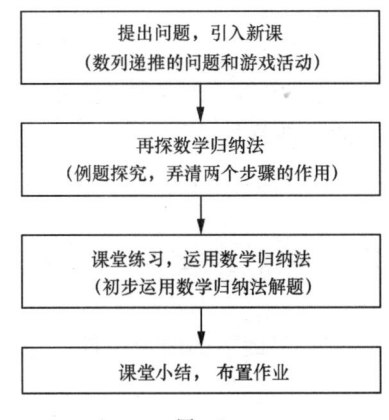

图 2

教学思路与教学环节安排的依据 通过具体问题、具体实例,直观感知数学归纳法的原理,为概括数学归纳法的两个步骤奠定思想基础;由实际问题出发概括出数学归纳法,再运用它解决数学问题,在运用中深化本节课重点.

(二) 导入新课的方法

采用问题情境导入新课.易于激发学生通过探究"多米诺骨牌"全部倒下的原因的学习兴趣,也就是易于使学生直接进入对数学归纳法原理的本质探究学习.

(三) 重点与难点的处理方法

重点与难点的处理方法 通过具体实例来强化教学重点,通过生活实例突破教学难点.

处理方法的依据 本节课重点在于理解数学归纳法的原理,而不追求对概念的抽象表述,对证明的技巧性不宜作过高的要求.通过实例和学生容易理解的生活事例,引导学生运用合情推理去探究,通过猜测、论证、比较等思维过程,体会数学归纳法两个步骤及其作用,这样使得教学过程具有可行性,也符合学生思维特点.

(四) 讲授的具体安排及依据

(双边活动安排:教师给出数列递推的问题,学生思考、探究、回答)

1. 提出问题,引入新课

探究 1 对于数列 $\{a_n\}$,已知 $a_1=1$,$a_{n+1}=\dfrac{a_n}{1+a_n}(n=1,2,3,\cdots)$,求 $n=1,2,3,4$ 时数列的前 4 项,你能猜想数列 $\{a_n\}$ 的通项公式吗?你有什么体会?

探究 1 的设计意图 说明探究新方法的必要性.

探究 1 的设计解答 我们可以猜想出数列 $\{a_n\}$ 的通项公式为 $a_n=\dfrac{1}{n}$,仅凭前 4 项,不能得出数列 $\{a_n\}$ 的通项公式.而逐一验证又是不可能的,这就需要寻求一种新方法:通过有限个步骤的推理,证明 n 取所有正整数都成立.

探究 2 观察一个现象如下面的"多米诺骨牌"游戏,回答问题:

(1)第一块骨牌倒下时,第二块一定倒下的条件是什么?;

(2)"多米诺骨牌"全部倒下的条件是什么?

教师和学生双边活动安排 学生小组合作,利用微机设计多米诺骨牌游戏,教师指导完成.

探究 2 的设计意图 说明递推传递性需要有一些必要条件,从而得出数学归纳法的原理.

探究 2 的解答 "多米诺骨牌"全部倒下的两个条件:

(1)第一块骨牌倒下;

(2)任意相邻的两块骨牌,前一块倒下一定导致后一块倒下.

探究 3 "多米诺骨牌"全部倒下的两个条件的作用是什么?

探究 3 的设计意图 利用"多米诺骨牌"原理引出数学归纳法的原理.

探究 3 的解答 条件(1)是奠基作用;条件(2)是使递推关系继续保持的作用.由此得出数学归纳法原理:

(1)(归纳奠基):命题对 $n=n_0$ 成立(n_0 为使猜想成立的最小的正整数);

(2)(归纳递推):命题若对 $n=k$ 成立,则对 $k+1$ 也成立($k \geq n_0$).

2. 再探数学归纳法

探究 4 怎样完成探究 1 的证明?

(师生双边活动安排:学生独立探究完成证明,教师指导、评价、展示学生探究成果.)

探究 4 的设计意图 探究数学归纳法的基本原理.

探究 4 的解答 用数学归纳法的原理完成证明.

探究 5 为什么第二步能在假设下进行证明?

探究 5 设计意图 探究并明确第二步中的"假设"的作用.

探究 5 解答 第二步实际上是证明一个命题:

"假设 $n=k(k \geq n_0)$ 时命题成立,证明当 $n=k+1$ 时命题也成立."其本质是证明一个递推关系,其作用是保证从前往后的传递性.

例 1 已知数列 $\{a_n\}$ 的公差为 d,求证:$a_n = a_1 + (n-1)d$.

设计意图 通过本题使学生明确(1)归纳证明时,利用归纳假设创造递推条件,寻求 $f(k+1)$ 与 $f(k)$ 的递推关系是解题的关键;(2)数学归纳法证明的基本形式:①(递推奠基):当 n 取第一个值 n_0 结论正确.②(递推归纳):假设当 $n=k(k \in \mathbf{N}^*,$ 且 $k \geq n_0$)时结论正确(归纳假设);证明当 $n=k+1$ 时结论也正确(归纳证明).由①,②可知,命题对于从 n_0 开始的所有正整数 n 都正确.

(师生双边活动安排:学生独立探究完成证明,教师指导、评价、展示学生探究成果.)

3. 课堂练习,运用数学归纳法

(师生双边活动安排:学生自主完成回答下面问题,教师指导、评价、展示学生探究成果.)

探究 6 解答下面问题:

已知数列 $\{a_n\}$ 的通项公式 $a_n=1+\dfrac{1}{2}+\dfrac{1}{3}+\cdots+\dfrac{1}{n}$,记 $S_n=a_1+a_2+\cdots+a_n$,用数学归纳法证明 $S_n=(n+1)a_n-n$.

探究 6 的设计意图 通过这两个练习说明用数学归纳法证题时要注意的问题.

探究 6 的解答 按数学归纳法步骤完成(证明过程中强调:凑假设、凑结论).

4. 课堂小结,布置作业

课堂小结 用数学归纳法证明与自然数有关的命题时,要注意初始值,要弄清 $n=k$ 和 $n=k+1$ 时的结论是什么. 要有目标意识,紧盯 $n=k+1$ 时的结论,对 $n=k$ 时的结论进行一系列的变形,变形的目标就是 $n=k+1$ 时的结论.

作业 (1)第 98 页复习参考题 A 组 2,3 题.

(2)用数学归纳法证明 $1\times 4+2\times 7+3\times 10+\cdots+n(3n+1)=n(n+1)^2$.

课堂小结与作业布置的意图 小结时强调用数学归纳法证明问题的步骤及数学归纳法的原理;通过作业训练学生用数学归纳法证明问题的能力和答题规范性.

案例 4 "3.1 数系的扩充和复数的概念"教案

一、教学目标

(1)知识与技能:理解复数的基本概念;理解复数相等的充要条件.

(2)过程与方法:了解数系扩充的过程以及引入复数的必要性;在问题情境中了解从实数系到复数系的扩充过程,体会实际需求与数学内部的矛盾在数系扩充过程中的作用.

(3)情感态度与价值观:在复数的引入的过程中,了解数系扩充的过程,以及引入复数的必要性,体会数系扩充中人类理性思维的作用;体会实际需求与数学内部的矛盾在数系扩充过程中的作用.

二、教学重点和难点

教学重点:对引入复数的必要性的认识,理解复数的基本概念.

教学难点:由于学生对数系扩充的知识不熟悉,对了解实数系扩充到复数系的过程有困难;由于学生对用一对有序实数来表示复数的方法不习惯,因而对复数的有关概念的理解也有一定困难.

三、教学方法与教学手段

教学方法是教师引导下的学生自主探究;教学手段是采用问题情景下的探究教学.多媒体课件辅助教学.

四、教学过程

(一) 导入新课

探究 1 探究下列问题:

(1) 方程 $x+1=0$ 在自然数集中有解吗?在整数集中有解吗?

(2) 方程 $2x-1=0$ 在整数集中有解吗?在有理数集中有解吗?

(3) 方程 $x^2-2=0$ 在有理数集中有解吗?把有理数集扩充到怎样的数集就会有解呢?

探究 1 的预设结论 (1) 方程有解与否,要看解的允许范围;

(2) 这三个方程都是在实数范围内进行判断的.

探究 1 的设计意图 (1) 从方程的角度,让学生回顾数系扩充的过程,紧扣本节课主题;

(2) 对方程 $x+1=0,2x-1=0,x^2-2=0$ 的解的探究,使学生认识方程的解是否存在,与数集有关,为数系扩充提供类比的素材.

探究 2 方程 $x^2+1=0$ 在实数集中无解,把数的范围扩大到其他数集的时候,就可能有解,你能设想一种方法,使方程 $x^2+1=0$ 有解吗?

探究 2 的预设结论 方程 $x^2+1=0$ 在实数范围内无解,要使它有解就必须扩充数系,这就是本节要研究的内容,点明课题——§3.3.1 数系的扩充与复数的概念.

探究 2 的设计意图 从方程的解的问题探究数系的历次扩充过程,引发学生做类比分析,激发学生思考,使数系扩充成为自然而然的过程,也为使学生认识复数引入的必要性做好思想准备.

(二) 讲解新课

1. 复数概念的发生

探究 3 (微机大屏幕给出问题内容)

方程 $x^2+1=0$ 在实数范围内无解,要使它有解,就必须扩充数系,如何扩充?请同学们说一说从有理数系到实数系的扩充过程,对解方程问题的影响有哪些?数系扩充后,多出来哪些数,数的运算律有哪些变化?反映了怎样的规律?

探究 3 的预设结论 (1) 使方程 $x^2-2=0$ 在有理数系没有根的问题变为在新数系中有了根 $x=\pm\sqrt{2}$;(2) 扩充到实数范围后,多出了一类新数——无理数;(3) 有理数系中的加法、乘法运算律在实数系中仍不变.

探究 3 的设计意图 强调新数（无理数）和有理数构成的实数系中的数的运算规则，即交换律、结合律、分配律仍然成立，为完成从实数系到复数系的扩充过程的类比做好铺垫.

2. 复数概念的发展及探究

探究 4 （微机大屏幕给出问题内容）

类比引进$\sqrt{2}$可以解决方程$x^2-2=0$在有理数集中无解的问题，你能解决方程$x^2+1=0$在实数范围内无解的问题吗？请同学提出自己的设想.

探究 4 的预设结论 （1）引进新数 i，使得$x=i$是方程$x^2=-1$的一个解；（2）新数 i 代入方程，得到运算式：$i^2=-1$.

探究 4 的设计意图 分析每一次引入新数，扩大数系的原因，使学生认识到要解决方程无解等数学上的矛盾，就要从扩充数的范围入手，而扩充数集要从引入新数开始，从而体验完成从实数系到复数系的扩充过程的类比方法.

3. 复数的概念的形成

（1）教师给出虚数单位 i 的名词，并给出有关它的自身运算：$i^2=i \cdot i=-1$.

（2）探究新数 i 与实数之间的运算：

探究 5 （微机大屏幕给出问题内容）

把实数和新数 i 像实数那样进行加法、乘法运算，并希望运算时有关的运算律仍成立，你得到了哪些新的数？

探究 5 的预设结论 有实数a与纯虚数$bi(b\in \mathbf{R})$以及实数a与纯虚数$bi(b\in \mathbf{R})$的和$a+bi(a\in \mathbf{R},b\in \mathbf{R})$可代表任意复数，从而得到复数概念.

教师给出复数的有关概念：复数，虚数单位，实部，虚部，复数的代数形式的意义.

探究 5 的设计意图 使学生感受到复数$a+bi(a\in \mathbf{R},b\in \mathbf{R})$的代数结构的合理性，从而得到对复数的整体认识.

4. 复数概念的深化

探究 6 （微机大屏幕给出问题内容）

两个实数可以比较大小，也可以定义相等，你认为应该怎样定义两个复数的相等？两个复数可以比较大小吗？

探究 6 的预设结论 （1）在复数集$\mathbf{C}=\{(a+bi\,|\,a\in \mathbf{R},b\in \mathbf{R}\}$中，任意两个复数$a+bi$，$c+di(a,b,c,d\in \mathbf{R})$，规定：$a+bi=c+di \Longleftrightarrow a=c,b=d$；

（2）不全为实数的两个复数，不能比较大小.

探究 6 的设计意图 使学生从复数的相等关系，对复数再认识，一方面，加深对复数的代数形式的理解；另一方面，也使学生对实数集与复数集的关系的研究更深入，加深对复数的完整认识.

探究 7 （微机大屏幕给出问题内容）

探究数集之间的关系：复数集、实数集、虚数集、纯虚数、有理数集、无理数集、整数集、列出它们的关系表.

探究 7 的设计意图 引导学生将复数系与实数系联系起来,使学生从集合角度认识实数集与复数集的关系,从而加深对复数概念的深入理解,进而对扩充后的复数系有全面认识.

(三)讲解例题

例 1 指出下列复数的实部、虚部,并说明哪些是实数、虚数、纯虚数?(微机大屏幕给出例题内容)

(1) $3+2i$, $\frac{1}{2}-\sqrt{3}i$, $-\sqrt{3}-\frac{1}{2}i$, $-0.2i$, $-\sqrt{3}$;

(2) $5i$, $-\sqrt{2}i$, $2-0.6i$, 0.

答案:实数有:$0,-\sqrt{3}$;其余都是虚数,其中纯虚数:$5i,-\sqrt{2}i,-0.2i$.

例 1 的设计意图.加深对复数代数形式结构的理解,加深对复数的认识.

例 2 实数 m 取什么值时,复数 $z=m+1+(m-1)i$ 是:(1)实数?(2)虚数?(3)纯虚数?

答案:(1) $m=1$;(2) $m\neq 1$;(3) $m=-1$.

例 3 如果 $(x+y)+(y-1)i=(2x+3y)+(2y+1)i$,求实数 x,y 的值.

答案:$x=4,y=-2$.

例 3 的设计意图:认识复数的代数形式;复数相等的概念的运用;加深对复数的理解和认识.

(四)巩固练习(微机大屏幕给出练习题内容)

1. 复数 $z=a+bi(a,b\in \mathbf{R})$ 在什么条件下是实数?是虚数?纯虚数?

2. 说出下列复数的实部和虚部:$-2+3i$,$7-\sqrt{2}i$,i,$-9i$,$\sqrt{2}-i$.

3. 分别求适合下列方程的实数 x,y 的值:

(1) $x+y-3+(x-4)i=0$; (2) $3x+2y+(5x-y)i=17-2i$.

练习题答案:

1. 复数 $z=a+bi(a,b\in \mathbf{R})$ 是实数时 $b=0$;$b\neq 0$ 是虚数;$a=0,b\neq 0$ 是纯虚数.

2. 实部依次为 $-2,7,0,0,\sqrt{2}$;虚部依次为 $3,-\sqrt{2},1,-9,-1$.

3. (1) $x=4,y=-1$; (2) $x=1,y=7$.

练习的设计意图 第 1 题夯实复数概念,认识复数代数形式下的数系分类方法;第 2 题认识复数概念,深化复数构成;第 3 题考查复数相等的灵活运用能力.

(五)课堂小结

(1)说明实数、虚数、复数的概念;

(2) 到目前为止,数从自然数发展到实数经历了四次扩充,请说明数集 N,Z,Q,R,C 的关系.

本章参考文献

[1] 教育部. 普通高中数学课程标准(实验). 北京:人民教育出版社,2003.

[2] 人民教育出版社,课程教材研究所,中学数学课程教材研究开发中心. 普通高中课程标准实验教科书·数学选修 2-2(A 版). 2 版. 北京:人民教育出版社,2007.

[3] 人民教育出版社,课程教材研究所,中学数学课程教材研究开发中心. 普通高中课程标准实验教科书·数学选修 2-2(A 版)教师教学用书. 2 版. 北京:人民教育出版社,2007.

[4] 何小亚. 与新课程同行——数学学与教的心理学. 广州:华南理工大学出版社,2004.

[5] 曹才翰,章建跃. 数学教育心理学. 2 版. 北京:北京师范大学出版社,2006.

[6] 〔美〕克莱因著. 古今数学思想. 第二册. 朱学贤,申又枨,叶其孝等译. 上海:上海科学技术出版社,2007.

[7] 张顺燕. 数学的思想、方法和应用. 3 版. 北京:北京大学出版社,2009.

第八章 高中数学选修 2-3 教材解读与教学实践案例

> 本模块内容包括计数原理、概率与统计案例等三章. 在计数原理部分将学习分类加法计数原理和分步乘法计数原理、排列、组合、二项式定理及其应用,了解计数与现实生活的联系,学会解决一些简单的计数问题. 概率部分,在必修课程学习的最基本概率性质、古典概型和几何概型等知识的基础上,学习某些离散型随机变量及其分布列、均值和方差等,初步学会利用随机变量描述和分析随机变量的方法,进一步体会概率模型的作用,能够利用所学知识解决一些简单的实际问题,初步形成利用随机变量的观点观察和分析随机现象的意识. 在已经学习的从样本数据中提取信息的统计方法(如,用样本估计总体分布及数字特征、线性回归等内容)的基础上,通过对典型案例的讨论,了解一些最常用的统计思想方法和统计模型,如回归分析、分类变量的独立性检验等,进而体会统计思想在解决实际问题中的作用.

第一节 总体说明

一、基本内容

普通高中课程标准实验教材《数学·必修 2-3(A 版)》(人教社,2006 第 2 版)内容包括计数原理、随机变量及其分布、统计案例等三章内容. 第一章:计数原理,内容包括:1.1 分类加法计数原理与分步乘法计数原理;1.2 排列与组合;1.3 二项式定理;探索与发现"子集的个数有多少"、"组合数的两个性质"、"杨辉三角"中的一些秘密. 第二章:随机变量及其分布,内容包括:2.1 离散型随机变量及其分布列;2.2 二项分布及其应用;2.3 离散型随机变量的均值与方差;2.4 正态分布;探究与发现"服从二项分布的随机变量取何值时概率最大";信息技术应用"μ,σ 对正态分布的影响".第三章:统计案例,内容包括:3.1 回归分析的基本思想及其初步应用;3.2 独立性检验的基本思想及其初步应用.各部分内容章节图如下面各图所示.

(一)计数原理

第一章计数原理内容如图 1 所示.

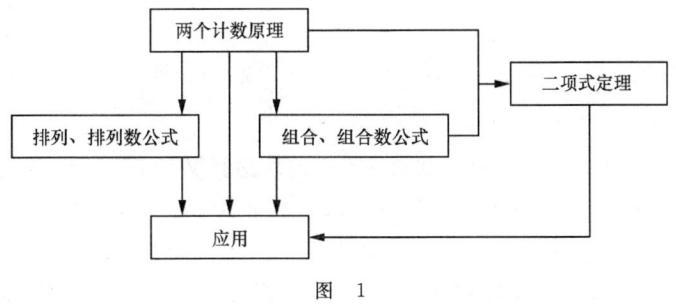

图 1

(二)随机变量及其分布

第二章随机变量及其分布内容如图 2 所示.

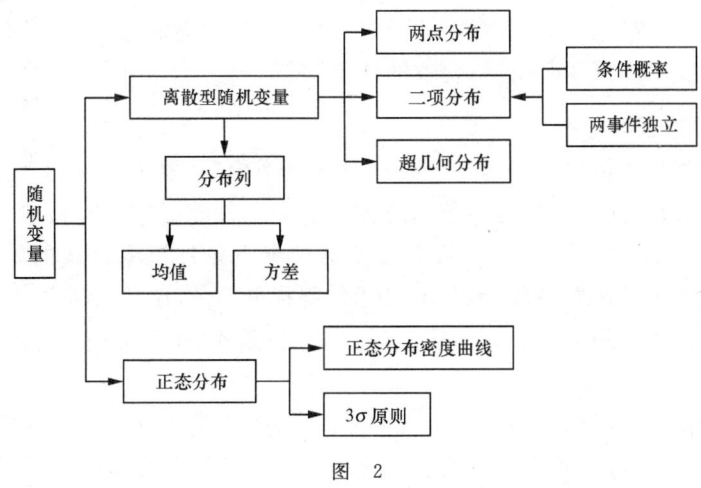

图 2

(三)统计案例

第三章统计案例内容如图 3 所示.

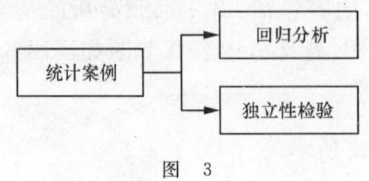

图 3

二、教材分析

(一) 计数原理

计数问题是数学中的重要研究对象之一,分类加法计数原理、分步乘法计数原理是解决计数问题的最基本、最重要的方法,也称为基本计数原理,它们为解决很多实际问题提供了思想和工具. 在本模块中,学生将学习计数基本原理、排列、组合、二项式定理及其应用,了解计数与现实生活的联系,会解决简单的计数问题.《课程标准》中更强调基本的计数原理,而把排列、组合、二项式定理的证明作为计数原理的应用实例. 就计数原理本身而言,《课程标准》强调对计数思想的理解,避免抽象的讨论计数原理,而且强调计数原理在实际中的应用. 在具体内容上,《课程标准》中这部分内容是选修内容,而且只是对理科的要求. 两个基本计数原理贯穿始终,要求"通过实例理解","通过实例总结","能利用计数原理推导","能由计数原理证明". 不要求掌握和应用"组合数的性质".

(二) 随机变量及其分布

随机变量及其分布增加了超几何分布和条件概率内容. 要求理解离散型随机变量及其分布列的概念,离散型随机变量的均值与方差概念,了解相互独立事件. 教材中相互独立事件的概念采用了概率论中的严格定义,即用特殊情况下条件概率公式的乘法变形来规定:当 $P(A|B)=P(A)$ 时,有 $P(AB)=P(A)P(B)$,则称事件 A,B 互相独立. 在正态分布中,教材增加了用定积分表示随机变量在某区间$(a,b]$上的概率(即正态曲线在某区间$(a,b]$上的面积).

学生将在必修 3 学习概率的基础上,学习某些离散型随机变量分布列及其均值、方差等内容,初步学会利用离散型随机变量思想描述和分析某些随机现象的方法,并能用所学知识解决一些简单的实际问题,进一步体会概率模型的作用及运用概率思考问题的特点,初步形成用随机观念观察、分析问题的意识.

在具体内容上,从知识要求上看《课程标准》要求通过实例理解内容,并能解决实际问题. 要求学习超几何分布、二项分布、正态分布,要求学习条件概率.

(三) 统计案例

学生将在必修 3 学习统计的基础上,通过对典型案例的讨论,了解和使用一些常用的统计方法,进一步体会运用统计方法解决实际问题的基本思想,认识统计方法在决策中的作用.统计案例内容是新增内容,是在必修 3 学习统计的基础上,通过对典型案例的讨论,了解和使用一些常用的统计方法,进一步体会运用统计方法解决实际问题的基本思想,认识统计方法在决策中的作用.《课程标准》要求的有四个案例,但教材中只选择了其中两个案例,所以《课程标准》建议 14 课时,而人教 A 版教师用书建议约 10 课时.

教材中提供了丰富的背景素材和实例;螺旋上升,逐步提高;贯穿"学以致用"的思想;注重信息技术与数学课程的整合.本模块强调加深对数学与实践关系的认识,突出应用性;加深对数学各部分内容联系的认识,突出思想性;强化信息技术与数学课程的整合.

三、教学重点和难点

(一)计数原理

教学重点:分类加法计数原理和分步乘法计数原理,排列和组合的意义,排列数、组合数计算公式,二项式定理.

教学难点:如何正确运用有关公式解决应用问题.

(二)随机变量及其分布

教学重点:离散型随机变量的分布列,条件概率,事件的相互独立性,二项分布,离散型随机变量的期望与方差的求法,正态分布的意义和正态曲线的性质.

教学难点:建立随机变量与离散型随机变量的概念;建立条件概率、事件的相互独立性的概念、相应的概率计算公式以及对它们有正确的理解;离散型随机变量的期望与方差的求法;结合指数函数的性质来理解正态曲线的性质.

(三)统计案例

教学重点:回归分析的基本思想和独立性检验的基本思想.

教学难点:掌握建立回归模型的基本步骤;利用随机变量来确认"两个分类变量有关系"这一结论成立的可信程度(类似于反证法).

四、教学设计建议

《课程标准》对于数学课程性质及基本理念作出了明确要求,因此在教学中应强调对数学基本概念和基本思想的理解和掌握;注重发展学生的应用意识和实践能力;处理好形式化表达与揭示数学本质的关系;培养学生对数据的直观感觉.教学中,应鼓励学生使用计算器、计算机等现代技术手段来处理数据,还可运用一些常见的统计软件解决实际问题.具体教学设计建议如下:

(一)计数原理

(1)突出实例,淡化形式.在这部分的教学中,要通过大量具体实例来帮助学生总结出分类加法计数原理和分步乘法计数原理以及排列数、组合数公式,在此基础上,引导学生总结出两个基本计数原理应用的特征.

(2) 突出计数原理的作用. 两个基本计数原理是贯穿这部分内容始终的主线. 排列数、组合数公式、二项式定理等都是用计数原理来推导和证明的. 利用计数原理解决计数问题是通性通法. 在教学中, 要充分发挥计数原理的作用, 把计数原理作为解决计数问题的基本工具, 对于具体的与计数有关的问题. 应引导学生根据计数原理分析、处理问题, 而不应该机械地套用公式. 同时, 在这部分教学中, 应避免繁琐的、技巧性过高的计数问题.

在教学中, 可以结合二项式定理介绍我国古代数学成就"杨辉三角", 以丰富学生对数学文化价值的认识.

(3) 排列、组合问题解题方法比较灵活, 从不同角度思考问题, 就会得到不同的解法. 若选择的切入角度得当, 则问题求解简便, 否则会变得复杂难解. 教学中倡导一题多解、优化解法. 既要注意比较不同解法的优劣, 更要注意提醒学生体会如何对一个问题进行认识思考, 才能得到最优方法. 为了防止重复、避免遗漏, 除了一题多解之外, 另一种切实有效的办法是倡导同学之间的交流与合作. 通过交流与合作, 不仅解出了题目, 同时不断反思自己的思考过程, 让别的同学能在你思考的基础上进一步的思考, 看清问题的其他方面. 这样相互启发、多角度的考虑, 一定会加深对问题的理解, 激发学习的兴趣.

(4) 数学是极为优美和魅力无穷的. 二项式定理本身的结构就具有严谨美、结构美、符号美等. 因此, 在教学中要引导学生赏析, 唤起他们对数学学习的热情和钟爱, 启迪他们深藏的智慧, 挖掘潜在的能力. 课堂教学中预设问题向生成问题的转化, 让学生能够积极参与到学习中来, 从而达到开发学生的思维品质的目的, 培养学生探索问题的能力同时学会学习的方法.

(二) 随机变量及其分布

(1) 研究一个随机现象, 就是要了解它所有可能出现的结果和每一个结果出现的概率, 分布列正是描述了离散型随机变量取值的概率规律, 超几何分布和二项分布是两个应用广泛的概率模型, 要求通过实例引入这两个概率模型, 不追求形式化的描述. 教学中, 应引导学生利用所学知识解决一些实际问题.

(2) 教学中, 应鼓励学生使用计算器、计算机等现代技术手段来处理数据, 可运用一些常用的统计软件解决实际问题.

(三) 统计案例

(1) 以典型案例为教学载体, 通过对案例的探究, 认识统计方法的基本思想与方法. 通过案例提出问题, 研究案例寻求解决问题的方法, 在探究案例, 解决案例问题的过程中, 体会统计方法的基本思想与方法.

(2) 统计案例的教学中, 应鼓励学生经历数据处理的过程, 培养他们对数据的直观感觉, 认识统计方法的特点(如统计推断可能犯错误, 估计结果的随机性), 体会统计方法应用的广泛性.应尽量给学生提供一定的实践活动机会,可结合数学建模的活动,选择一个案例,要求学生亲自实践.

(3) 对于统计案例内容,只要求学生了解几种统计方法的基本思想及其初步应用,对于其理论基础不做要求,避免学生单纯记忆和机械套用公式进行计算.

第二节　教学实践案例

案例 1 　"1.2 排列与组合"说课稿

本内容涉及的是高中数学选修 2-3 "1.2 排列与组合"的第 1 课时.下面从教学目标、教材分析、教学重点与难点、学法分析、教法分析、教学过程、学习效果预期分析等几个方面对本节课的内容加以说明.

一、教材分析

排列与组合是高中数学选修 2-3 第一章第二节的内容.在此之前,学生已经学习了第一节"分类加法计数原理与分步乘法计数原理"的内容,这为本节课的学习起了铺垫作用,具备了学习本节课的知识基础和思想准备.本节内容主要介绍排列与组合的定义、意义及区别,排列数与组合数的定义及计算公式,以及应用它们解决一些简单的应用问题.

数学不仅是人们生活和劳动必不可少的工具,学习数学还能提高人们的逻辑推理能力和抽象能力.选修内容排列组合正是为了满足学生的不同数学需求而设计的基础性数学内容.这一节在高中选修课程属于系列 2,要求学生在学好必修课的同时,扩充相关知识,把握数学知识的发展与应用,掌握一些相关的数学思想方法.本节课在整个年级的学习过程中有着非常重要的地位,是高中数学教学的重点与难点之一,是学习概率统计知识的基础,对于学生形成完善的数学思想,形成比较系统的数学思考方式有很大的促进作用;而且,排列、组合灵活的解题思路有助于学生对今后的数学学习产生强烈的探索兴趣,也是发展学生抽象能力和逻辑思维能力的良好素材.

本节内容教材试图在渗透数学思想方法方面做一些努力和探索,把重要的数学思想方法以学生日常生活中最简单的事例呈现出来,并运用操作、实验、猜测等直观手段解决这些问题,重在向学生渗透这些数学思想方法,并初步培养学生有序地、全面地思考问题的意识.

本节课的教学目标与教学重点、难点如下:

(1) 知识与技能:在理解排列与组合的意义的基础上,掌握排列数与组合数的计算公式及性质,并能运用它们解决日常生活中所遇到的一些简单问题;进一步提高分析问题、解决问题的能力,发展学生的抽象思维能力、逻辑推理能力与辩证思维能力.

(2) 过程与方法:学生在教师引导下,通过相互交流的学习方式,充分发挥学生的自主能动性，积极主动地经历探索活动、体会操作过程、归纳数学结论的过程. 领略诸如"枚举法""填空法""树形图法"等不同方法的解题功效.

（3）情感态度与价值观：通过教师有意识地渗透知识、学生自主学习，培养学生自主创新、合作学习、勇于探究的精神，并且提升学生的自尊、自信、自强的精神. 通过数学知识的学习，体会数学的简洁美、应用美、和谐美、统一美.

教学重点：理解排列与组合的定义、计算公式、性质以及应用.

教学难点：区别排列问题和组合问题要看是否与顺序有关，并求出实际问题中的排列与组合数.

二、学法分析

因为学生在初中的时候就已经接触到概率的内容，而且初中已经涉及到简单的排列，所以学习这一章的内容学生是有一定基础的，对绝大多数学生来讲这部分内容可以说是好理解的. 因为排列、组合里涉及很多实际的分配和概率问题，学生有直观的感觉，内容的初步引入相对容易. 受思维定势的影响，学生可能习惯于用初中知识来解决现在的问题，当然一开始是可以的，因为开始时设计的内容都是些简单的为了让他们好理解的问题. 在教授新知识的过程中，一定要让学生感受到运用新知识解决问题的方便，体会掌握新的数学工具的喜悦.

组织学生采取分组协作，合作探究的学习模式. 教师选取一些贴近学生生活实际的内容，引导学生观察、归纳，亲身经历发现问题、提出问题、解决问题的过程，体会数学的应用价值. 不仅获得了知识，更获得了积极的情感体验，也培养了学生的合作意识和探究精神.

三、教法分析

根据这节课内容的特点，以目标教学为框架，通过学生喜闻乐见的一些活动导入新课，激发学生的学习兴趣. 结合生活中的一些实例引出本节课的重点内容.

采用启发诱导式的教学模式，教师通过对学生在已有知识经验的基础上进行引导，使学生获得新知识，这样获取知识的过程符合现代认知理论和当代信息理论的实践要求.

使用现代多媒体教学手段辅助教学，增大教学容量，提高教学效率. 通过计算机的图形处理功能和动画设计功能，为学生提供包括声音、图片、视频等感知效果. 正如现代信息传播理论所言，视听等多媒体通过感官刺激大脑，会唤起表象，激起强烈的求知欲和浓厚的学习兴趣，使教学目标得以顺利完成，收到良好的教学效果.

四、教学过程

（一）教学思路与教学环节安排

首先，进行激情引导. 通过多媒体介绍多个生活实例，激发学生的求知欲，引入课题. 其次,进行探索交流.由以上提到的实例,再加上前一节课的内容,鼓舞学生动脑思考,让学生自己归纳、交流讨论的结果,提高学生自主学习的能力.再次,进行重点、难点及易错点的处理.总结同学们的计算结果,看看有没有重复和遗漏的情况.引导学生一起分析、推导计算过程,并指出计算过程中遇到的易错点及难点.一方面使学生明白解题的思路,另一方面给学生指出易错的地方,留下深刻印象.使学生既能掌握问题的推导过程,又能准确记忆重点、难点及易错点.何时用组合,何时用排列对于学生是一个难点也是本节课的重点,区分某一个问题是排列还是组合的关键是看取出的元素是否与顺序有关,与顺序有关的就是排列问题,与顺序无关的就是组合问题.

整个教学过程设计成"创境引入,展示目标;启发诱导,精讲点拨;尝试练习,合作探究;巩固练习,反馈回授;课后小结;布置作业"六个环节.

(二) 具体讲授过程安排

在教学中要引导学生联系现实情境,正确领会问题的实质.排列、组合问题大都来源于生活和学习中所熟悉的情境,解题思路通常是依据具体做事的过程,用数学的原理和语言加以表述.可以说解排列、组合问题就是从生活经验、知识经验、具体情境出发,正确领会问题的实质,抽象出"按部就班"的处理问题的过程.因此,在1.2.1排列中,首先通过两个问题让学生运用枚举法、树形图法、填空法掌握排列的简单意义,抽象出排列数概念,推导出排列公式 $A_n^m = n(n-1)(n-2)\cdots(n-m+1)$,分析公式特点,加深学生的记忆.然后通过教材中的例1,让学生熟悉使用计算器计算排列数的方法,引导学生发现排列公式 $A_n^m = \dfrac{n!}{(n-m)!}$,在教学中不断渗透猜想、归纳的数学思想方法,使学生形成演绎与归纳并重的思维习惯.接着通过教材例2、例3、例4巩固学生对排列的理解.在例2中,要抓住"每队要与其余各队在主、客场分别比赛一次"含义的分析,由于有主客场之分,所以与顺序有关,是一个排列问题.在例3教学中,先让学生自己分析和比较两个问题的差别,再运用所学知识解决.例4是一个带有限制条件的排列问题,教材给出了三种解法.解法1依据分步乘法计数原理,解法2依据分类加法计数原理,解法3应用的是一种间接解法,是不用排列概念时的做法.教学中教师要引导学生从不同角度思考问题、解决问题,让学生通过不同的解法来检验自己解法的正确性,培养思维的灵活性,提高自己分析和解决问题的能力.在1.2.2组合这一小节中,从探究入手,目的是引导学生通过与排列一节中相应问题的比较,在引出组合概念的同时,体会排列与组合的本质区别,即排列与顺序有关,而组合与顺序无关.在组合数概念的教学中要区分"组合数"与"一个组合"两个概念.一个组合不是数,而组合数是自然数.紧接着让学生充分经历"发现"的过程,在讲解的时候,借助树形图、枚举法等方法寻求解答,探究排列与组合之间的关系 $A_4^3 = C_4^3 \times A_3^3$,推广得出组合数公式

$$C_n^m = \frac{A_n^m}{A_m^m} = \frac{n(n-1)(n-2)\cdots(n-m+1)}{m!},$$

同时给出求组合数的另一公式 $C_n^m = \dfrac{n!}{m!(n-m)!}$. 接下来解决教材中的例题,用于巩固学生对组合概念及公式的理解. 例 5 是公式的简单应用,要求使用计算器;例 6 中包含两个问题,解决第一个问题时,只要学生理解"上场学员没有角色差异"就很容易解决;而解决第二个问题除了教材中的解法外,还可引导学生思考:在选出的 11 人中,每一个人担任守门员都是不同的方案. 因此可以分两步来解决,先从 17 人中选出一人作为守门员,再从剩下的 16 人中选出 10 人作为队员即可,从而有 $C_{17}^1 C_{16}^{10} = 136\,136$(种). 例 7 是与向量概念相结合的问题,在讲解时要强调"向量端点是有序的"(对应排列)、"线段的端点是无序的"(对应组合),两者是有本质区别的. 例 8 中有三个小题,其中第一小题是没有限制条件的组合问题,第二、三小题是有限制条件的组合问题. 解决第二、三小题的关健是正确理解"恰好""至少"等词的含义. 当然第二小题也可仿照上节排列的例 4 的间接计算法来解决. 在第三小题的解法中,应当引导学生重视"解法 1"中所蕴含的解题思路,即"先分类,后分步". 教学中,给学生留下探索空间,要求学生仿照"性质 1"$C_n^m = C_n^{n-m}$ 的探索思路,自己证明"性质 2"$C_{n+1}^m = C_n^m + C_n^{m-1}$,教学中可以引导学生利用组合的定义和两个计数原理进行证明,然后再用组合数公式证明.

五、学习效果预期分析

运用与学生共同探究的教学方法,同时运用多媒体呈现比较多的实例,增强知识的趣味性,并让同学们理解排列、组合在生活中的重要性,激发学习的兴趣.

学生学习应达到如下的预期效果:

(1) 通过任务分配、选择对象等活动,培养学生多渠道获取信息的能力,培养学生全面地思考问题和观察、分析及推理的能力.

(2) 通过师生、生生的交流和交往,开展各种灵活多样的研究活动,提高学生的交际能力和表达能力,培养学生的合作意识和合作能力.

(3) 对每个问题,通过先由学生分析、讨论,教师不失时机地追问,鼓励学生积极参与,激发学生的主动参与意识,增强自信心,积极进行创造性思维的培养.

案例 2 "1.3 二项式定理"教案

二项式定理(第 1 课时)

一、教学目标

(1) 知识与技能:使学生参与并探讨二项式定理的形成过程,掌握二项式系数、字母的幂次、展开式项数的规律,并能灵活使用定理,解决求余数或证明某些整除或余数的简单问题. 通过对二项式定理的推导过程,培养学生观察、猜想、归纳的能力以及分类讨论、运算能力和综合能力.

（2）过程与方法：培养学生观察、分析、归纳、发现事物内在客观规律的能力，提高学生的化归意识水平以及严密的逻辑推理能力.渗透类比与联想的思想方法，并能运用这个思想处理某些问题.

（3）情感态度与价值观：通过学生自主参与和探讨二项式定理的形成过程，培养学生解决数学问题的兴趣和信心，体会数学内在的和谐对称美和应用价值.

二、教学重点和难点

教学重点：使学生参与并深刻体会二项式定理的形成过程，掌握二项式、系数、字母的幂次、展开式项数的规律.能够应用二项式定理对二项式进行展开.

教学难点：掌握运用多项式乘法以及组合知识推导二项式定理的过程.会应用定理解决简单的实际问题.

三、教学方法

教学方法是以启发式引导学生去思考，互相讨论来引出新内容，通过深入探究来理解并巩固内容.引导学生采用自主、观察、合作、探索的学习方式，提高学生独立解决问题的能力，拓展学生探究问题的深度与广度.

四、教学过程

（一）导入新课（设疑导入）（投影仪）

问题 1 若今天是星期一，再过 8 天后是星期几？（星期二.）

问题 2 若今天是星期一，再过 64 天后是星期几？怎么算？（将问题转化为求"15 被 7 除后算余数"是多少.）

引导 也就是考虑将 64 分成不含有 7 的因数是多少，即考虑 $(7+1)^2$ 的展开式.

问题 3 若今天是星期一，再过 $8^n(n \in \mathbf{N}^*)$ 天后是星期几？怎么算？（将问题转化为求"$8^n = (7+1)^n$ 被 7 除后算余数"是多少.）

引导 也就是研究形如 $(a+b)^n(n \in \mathbf{N}^*)$ 的展开式是什么？这就是本节课要学的内容，学完本课后，此题就不难求解了.

（二）讲解新课

第一步：让学生运用以前学过的知识，展开以下各式，同时观察各项的系数特征（投影片）

$$(a+b)^1 = a+b;$$
$$(a+b)^2 = a^2 + 2ab + b^2;$$
$$(a+b)^3 = (a+b)^2(a+b) = a^3 + 3a^2b + 3ab^2 + b^3.$$

分析：$(a+b)^4=(a+b)(a+b)(a+b)(a+b)$的各项都是 4 次式，即展开式应有下面形式的各项：$a^4, a^3b, a^2b^2, ab^3, b^4$.

第二步：继续设疑：

问题 4 以 a^2b^2 项为例，有几种情况相乘均可得到 a^2b^2 项？这里的字母 a,b 各来自哪个括号？

问题 5 既然以上的字母 a,b 分别来自 4 个不同的括号，a^2b^2 项的系数你能用组合数来表示吗？

问题 6 你能将问题 5 所述的意思改编成一个排列组合的命题吗？

（有 4 个括号，每个括号中有两个字母，一个是 a、一个是 b. 每个括号只能取一个字母，任取两个 a、两个 b，然后相乘，问不同的取法有几种？）

问题 7 请用类比的方法，求出二项展开式中的其他各项系数，并将下式补充完整：
$$(a+b)^4 = (a+b)(a+b)(a+b)(a+b)$$
$$= (\quad)a^4 + (\quad)a^3b + (\quad)a^2b^2 + (\quad)ab^3 + (\quad)b^4.$$

要求括号中的系数全部以组合数的形式来填写．

上述展开式中各项的系数：在 4 个括号中，每个都不取 b 的情况有 1 种，即 C_4^0 种，a^4 的系数是 C_4^0；恰有 1 个取 b 的情况有 C_4^1 种，a^3b 的系数是 C_4^1；恰有 2 个取 b 的情况有 C_4^2 种，a^2b^2 的系数是 C_4^2；恰有 3 个取 b 的情况有 C_4^3 种，ab^3 的系数是 C_4^3；4 个都取 b 的情况有 C_4^4 种，b^4 的系数是 C_4^4，所以
$$(a+b)^4 = C_4^0 a^4 + C_4^1 a^3b + C_4^2 a^2b^2 + C_4^3 a^3b + C_4^4 b^4.$$

第三步：引申与推广（投影仪）：

请同学们猜想完成下式，并对所给答案加以说明：
$$(a+b)^n = (\quad)a^n + (\quad)a^{n-1}b + (\quad)a^{n-2}b^2 + \cdots + (\quad)a^{n-r}b^r$$
$$+ \cdots + (\quad)b^n \quad (n \in \mathbf{N}^*)?$$

$(a+b)^n$ 的展开式的各项都是 n 次式，即展开式应有下面形式的各项：
$$a^n, a^{n-1}b, \cdots, a^{n-r}b^r, \cdots, b^n,$$

展开式各项的系数：每个都不取 b 的情况有 1 种，即 C_n^0 种，a^n 的系数是 C_n^0；恰有 1 个取 b 的情况有 C_n^1 种，$a^{n-1}b$ 的系数是 C_n^1，…，恰有 r 个取 b 的情况有 C_n^r 种，$a^{n-r}b^r$ 的系数是 C_n^r，…，n 个都取 b 的情况有 C_n^n 种，b^n 的系数是 C_n^n，即
$$(a+b)^n = C_n^0 a^n + C_n^1 a^{n-1}b + C_n^2 a^{n-2}b^2 + \cdots + C_n^r a^{n-r}b^r + \cdots + C_n^n b^n \quad (n \in \mathbf{N}^*).$$

第四步：总结概念．

这个公式叫做**二项式定理**，右边的多项式叫做 $(a+b)^n$ 的二项展开式，$C_n^r (r=0,1,\cdots,n)$ 叫做**二项式系数**．

二项展开式的**通项公式**：式中的 $C_n^r a^{n-r}b^r$ 叫做二项展开式的通项．用 T_{r+1} 表示，即通项

为展开式的第 $r+1$ 项：$T_{r+1} = C_n^r a^{n-r} b^r$.

第五步：概念说明及分析(投影片).

二项展开式的特征分析：

(1) 二项展开式共有 $n+1$ 项，每项中 a,b 的指数和(即二项式的次数)都等于二项式的次数 n；

(2) 字母 a 按降幂排列，次数由 n 递减到 0，字母 b 按升幂排列，次数由 0 递增到 n；

(3) 字母 a,b 可以是数、式子或其他元素.

(4) $(a+b)^n$ 的通项是 $T_{r+1} = C_n^r a^{n-r} b^r$，而 $(b+a)^n$ 的通项是 $T_{r+1} = C_n^r b^{n-r} a^r$，两个式子不一样.

(5) 特别地，在二项式定理中，当用 $-b$ 代替 b 时，则得到公式：
$$(a-b)^n = C_n^0 a^n - C_n^1 a^{n-1} b + C_n^2 a^{n-2} b^2 + \cdots + (-1)^r C_n^r a^{n-r} b^r$$
$$+ \cdots + (-1)^n C_n^n b^n \quad (n \in \mathbf{N}^*).$$

如果设 $a=1, b=x$，则得到公式：
$$(1+x)^n = 1 + C_n^1 x + C_n^2 x^2 + \cdots + C_n^r x^r + \cdots + C_n^n x^n \quad (n \in \mathbf{N}^*).$$

如果设 $a=1, b=1$，则得到公式：
$$C_n^0 + C_n^1 + C_n^2 + \cdots + C_n^n = 2^n \quad (n \in \mathbf{N}^*).$$

(三) 讲解例题

要求：利用二项式定理求二项展开式.

例 1 求 $\left(1+\dfrac{1}{x}\right)^4$ 的展开式.

解法 1 $\left(1+\dfrac{1}{x}\right)^4 = 1 + C_4^1 \left(\dfrac{1}{x}\right) + C_4^2 \left(\dfrac{1}{x}\right)^2 + C_4^3 \left(\dfrac{1}{x}\right)^3 + C_4^4 \left(\dfrac{1}{x}\right)^4$

$= 1 + \dfrac{4}{x} + \dfrac{6}{x^2} + \dfrac{4}{x^3} + \dfrac{1}{x^4}.$

解法 2 $\left(1+\dfrac{1}{x}\right)^4 = \left(\dfrac{1}{x}\right)^4 (1+x)^4 = \left(\dfrac{1}{x}\right)^4 [x^4 + C_4^1 x^3 + C_4^2 x^2 + C_4^3 x^1 + C_4^4]$

$= 1 + \dfrac{4}{x} + \dfrac{6}{x^2} + \dfrac{4}{x^3} + \dfrac{1}{x^4}.$

例 2 求 $\left(2\sqrt{x} - \dfrac{1}{\sqrt{x}}\right)^6$ 的展开式，并求展开式中的常数项.

解 $\left(2\sqrt{x} - \dfrac{1}{\sqrt{x}}\right)^6 = \dfrac{1}{x^3}(2x-1)^6$

$= \dfrac{1}{x^3}[(2x)^6 - C_6^1 (2x)^5 + C_6^2 (2x)^4 - C_6^3 (2x)^3 + C_6^2 (2x)^2 - C_6^1 (2x) + 1]$

$= 64x^3 - 192x^2 + 240x - 160 + \dfrac{60}{x} - \dfrac{12}{x^2} + \dfrac{1}{x^3}.$

展开式中的常数项是 -160.

例 3 求证：$3^{2n}+C_n^1 3^{2n-2}+C_n^2 3^{2n-4}+\cdots+C_n^{n-1}3^2+1=10^n$.

证明 右边 $=10^n=(9+1)^n=(3^2+1)^n$
$$=C_n^0(3^2)^n+C_n^1(3^2)^{n-1}+C_n^2(3^2)^{n-2}+\cdots+C_n^{n-1}(3^2)^1+C_n^n(3^2)^0$$
$$=3^{2n}+C_n^1 3^{2n-2}+C_n^2 3^{2n-4}+\cdots+C_n^{n-1}3^2+1=\text{左边}.$$

例 4 若今天是星期一，再过 $8^n(n\in \mathbf{N}^*)$ 天后是星期几？怎么算？

解 $8^n=(7+1)^n=C_n^0 7^n+C_n^1 7^{n-1}+\cdots+C_n^{n-1}7+C_n^n$，前面都是 7 的倍数，因此余数为 $C_n^n=1$，故应该为星期二.

说明：解决某些整除性问题是二项式定理的一方面应用.

（四）巩固练习

1. 求下列各式的值：

(1) 求 $2^n-C_n^1 2^{n-1}+C_n^2 2^{n-2}+\cdots+(-1)^r C_n^r 2^{n-r}+\cdots+(-1)^n C_n^n$ 的值.

（答案：原式 $=(2-1)^n=1$）

(2) 求 $3^{10}+C_{10}^1 3^9 2+C_{10}^2 3^8 2^2+\cdots+2^{10}$ 的值.（答案：原式 $=(3+2)^{10}=5^{10}$）

2. 教材练习中的其他习题.

（五）小结

这节课主要学习了二项式展开定理.

(1) 掌握定理的内容及说明.

(2) 注意"二项式系数"与"这一项的系数"是不同的.

二项式定理（第 2 课时）

一、教学目标

(1) 知识与技能：掌握二项式定理，灵活使用定理解决一些简单问题. 培养学生运算能力、分析能力和综合能力.

(2) 过程与方法：培养学生观察、分析、归纳、发现事物内在客观规律的能力，提高学生的化归水平以及严密的逻辑推理能力. 渗透类比与联想的思想方法，能运用这个思想处理问题.

(3) 情感态度与价值观：通过积极主动学习，体会到数学的应用价值.

二、教学重点和难点

教学重点：利用二项式的通项公式求展开式中的指定项或指定项系数；利用分解因式求特定项的系数.

教学难点：二项式的通项公式特点及应用.

三、教学过程

(一) 导入新课(投影仪)

在上一节我们学习了**二项式定理公式**,公式右边的多项式叫做$(a+b)^n$ 的**二项展开式**,$C_n^r(r=0,1,\cdots,n)$叫做**二项式系数**,$(a+b)^n$ 的二项展开式:

$$(a+b)^n = C_n^0 a^n + C_n^1 a^{n-1} b + C_n^2 a^{n-2} b^2 + \cdots + C_n^r a^{n-r} b^r + \cdots + C_n^n b^n \quad (n \in \mathbf{N}^*).$$

二项展开式的**通项公式**:式中的 $C_n^r a^{n-r} b^r$ 叫做二项展开式的通项. 用 T_{r+1} 表示,即通项为展开式的第 $r+1$ 项:$T_{r+1} = C_n^r a^{n-r} b^r$.

二项式展开式的特征分析:

(1) 二项展开式共有 $n+1$ 项,每项中 a,b 的指数和(即二项式的次数)都等于二项式的次数 n;

(2) 字母 a 按降幂排列,次数由 n 递减到 0,字母 b 按升幂排列,次数由 0 递增到 n;

(3) 字母 a,b 可以是数,式子或其他.

(4) $(a+b)^n$ 的通项是 $T_{r+1} = C_n^r a^{n-r} b^r$,而 $(b+a)^n$ 的通项是 $T_{r+1} = C_n^r b^{n-r} a^r$,两个式子不一样.

(5) 特别地,在二项式定理中,当用 $-b$ 代替 b 时,则得到公式:

$$(a-b)^n = C_n^0 a^n - C_n^1 a^{n-1} b + C_n^2 a^{n-2} b^2 + \cdots + (-1)^r C_n^r a^{n-r} b^r$$
$$+ \cdots + (-1)^n C_n^n b^n \quad (n \in \mathbf{N}^*).$$

如果设 $a=1,b=x$,则得到公式:

$$(1+x)^n = 1 + C_n^1 x + C_n^2 x^2 + \cdots + C_n^r x^r + \cdots + C_n^n x^n \quad (n \in \mathbf{N}^*).$$

如果设 $a=1,b=1$,则得到公式:

$$C_n^0 + C_n^1 + C_n^2 + \cdots + C_n^n = 2^n \quad (n \in \mathbf{N}^*).$$

(二) 讲解新课

本节主要学习二项式的 $(a+b)^n$ 的通项公式 $T_{r+1} = C_n^r a^{n-r} b^r$ 的应用,及分解因式求特定项的系数. 通项的特点:(1) 通项表示二项式展开式中的任意项,只要 n 与 r 确定,此项也随之确定. (2) 通项公式表示二项式展开式中的第 $r+1$ 项,而不是第 r 项. (3) 公式中 a,b 位置可能颠倒,它们的指数和一定为 n.

二项式系数与展开式系数是有区别的:$C_n^r(r=0,1,\cdots,n)$称为二项式系数,二项式系数依次为 $C_n^0, C_n^1, C_n^2, \cdots, C_n^r, \cdots, C_n^n$. 展开式系数是指展开各项中除字母以外的其他数字因数.

(三) 讲解例题(投影仪)

1. 利用二项式的通项公式求展开式中的指定项或指定项系数

例 1 求 $(x+a)^{12}$ 的展开式中的倒数第 4 项.

解 $(x+a)^{12}$ 的展开式中共 13 项,它的倒数第 4 项是第 10 项,

$$T_{9+1} = C_{12}^9 x^{12-9} a^9 = C_{12}^3 x^3 a^9 = 220 x^3 a^9.$$

例 2 (1) 求 $(1+2x)^7$ 的展开式的第 4 项的系数.

(2) 求 $\left(x-\dfrac{1}{x}\right)^9$ 的展开式中的 x^3 的系数.

解 (1) 由二项式定理知 $(1+2x)^7$ 的展开式的第四项是

$$T_{3+1} = C_7^3 \times 1^{7-3} \times (2x)^3 = C_7^3 \times 2^3 \times x^3 = 35 \times 8 x^3 = 280 x^3,$$

所以第四项的系数为 280.

注 $(1+2x)^7$ 的展开式的第四项的二项式系数是 $C_7^3 = 35$,这说明一个二项展开式的某一项的二项式系数与系数是两个不同的概念.

(2) 因为 $\left(x-\dfrac{1}{x}\right)^9$ 的展开式的通项是: $T_{r+1} = C_9^r x^{9-r}\left(-\dfrac{1}{x}\right)^r = (-1)^r C_9^r x^{9-2r}$,

令 $9-2r=3$,得 $r=3$. 把 $r=3$ 代入 $(-1)^r C_9^r x^{9-2r}$ 得到 x^3 的系数为 $(-1)^3 C_9^3 = -84$.

例 3 由 $(\sqrt{3}x + \sqrt[3]{2})^{100}$ 展开所得的 x 的多项式中,系数为有理数的有多少项?

解 因为通项为 $T_{r+1} = C_{100}^r (\sqrt{3})^{100-r} (\sqrt[3]{2})^r = C_{100}^r 3^{50-\frac{r}{2}} 2^{\frac{r}{3}} x^{100-r}$,所以要使系数为有理数,则 r 为 6 的倍数,令 $r=6k(k \in \mathbf{Z})$,而且 $0 \leqslant 6k \leqslant 100$,即 $r = 0, 6, 12, \cdots, 96$,因此,共有 17 项.

例 4 试判断 $\left(3x^2 + \dfrac{1}{\sqrt{x}}\right)^{10}$ 展开中有无常数项?如果有,求出该常数项;如果没有,说明理由.

解 假设展开式中的第 $r+1$ 项为常数项,则通项为

$$T_{r+1} = C_{10}^r (3x^2)^{10-r} \left(\dfrac{1}{\sqrt{x}}\right)^r = 3^{10-r} C_{10}^r x^{20-\frac{5}{2}r},$$

依题意有: $20 - \dfrac{5}{2} r = 0$,即 $r=8$. 故有常数项,它是第 9 项,即 $T_9 = C_{10}^8 3^2 = 405$.

2. 利用分解因式求特定项的系数

例 5 在 $(1+x)^5(1-x)^4$ 展开式中,x^3 的系数为 _____.

解 原式 $=(1+x)(1-x^2)^4$,而 $(1-x^2)^4$ 中通项为 $C_4^r(-x^2)^r$,所以 x^3 的系数为 $-C_4^1 = -4$.

例 6 在 $(x-1)-(x-1)^2+(x-1)^3-(x-1)^4+(x-1)^5$ 的展开式中,x^2 的系数等于 _____.

解 原式 $=\dfrac{(x-1)+(x-1)^6}{x}$,只需求 $(x-1)^6$ 中的 x^3 的系数即可.

$T_{r+1} = C_6^r x^{6-r}(-1)^r$,令 $r=3$,所以系数为 -20.

例7 在$(1-x)^3(2x^2+1)^5$的展开式中，x^2的系数等于_____．

解法1 因为$(1-x)^3$中x^2的系数为$C_3^2(-1)^2=3$，常数项为1；$(2x^2+1)^5$中x^2的系数为$C_5^4 2=10$，常数项为1，故x^2项的系数为$3\times1+10\times1=13$．

解法2 因为
$$(1-x)^3(2x^2+1)^5=(1-x)(1-x)(1-x)(2x^2+1)(2x^2+1)(2x^2+1)$$
$$\cdot(2x^2+1)(2x^2+1),$$
根据组合的知识，所以x^2项的系数为$C_3^2(-1)^2 1^6+C_5^1\cdot 2\cdot 1^7=13$．

例8 求$(a+b+c)^{10}$展开式的项数．

解 因为
$$(a+b+c)^{10}=[(a+b)+c]^{10}$$
$$=(a+b)^{10}+C_{10}^1(a+b)^9 c+C_{10}^2(a+b)^8 c^2+\cdots+C_{10}^{10}c^{10},$$
所以展开式的项数为：$11+10+9+8+\cdots+2+1=66$．

（四）巩固练习

1. 教材第31页本小节练习4题．

2. 求$(1)(2a+3b)^6$，$(2)(3b+2a)^6$的展开式中的第3项．

解 $(1)\ T_{2+1}=C_6^2(2a)^4(3b)^2=2160a^4b^2$．$(2)\ T_{2+1}=C_6^2(3b)^4(2a)^2=4860b^4a^2$．

3. 写出$\left(\sqrt[3]{x}-\dfrac{1}{2\sqrt[3]{x}}\right)^n$的展开式的第$r+1$项．

解 $T_{r+1}=C_n^r(\sqrt[3]{x})^{n-r}\left(-\dfrac{1}{2\sqrt[3]{x}}\right)^r=\left(-\dfrac{1}{2}\right)^r C_n^r x^{\frac{n-2r}{3}}$．

4. $(x^3+2x)^7$的展开式中第4项的二项式系数是_____，第4项的系数是_____．

解 因为$T_4=C_7^3(x^3)^4(2x)^3=280x^{15}$，所以$(x^3+2x)^7$的展开式中第4项的二项式系数是$C_7^3$（或35），第4项的系数是280．

（五）课后作业

1. 教材第37页习题1.3 A组4,5,6题．

2. 在$\left(2x^3+\dfrac{1}{x^2}\right)^n$展开式中，若存在常数项，则$n$的最小值是多少？

思考题：

1. 二项式系数$C_n^0,C_n^1,C_n^2,\cdots,C_n^n$有何性质？
2. 如何求$(1+x-2x^2)^5$展开式中x^5项的系数？

二项式定理（第3课时）

一、教学目标

（1）知识与技能：结合"杨辉三角"分析二项式定理、掌握二项式定理中系数的对称性、增减性与最大值及二项式系数的和. 利用二项式定理及二项式系数的性质解决某些关于组合数的恒等式的证明等.

(2) 过程与方法：通过观察、分析、归纳、猜想，培养学生发现问题、探求问题的能力，逻辑推理能力以及科学的思维方式. 渗透类比与联想的思想方法，能运用这个思想处理问题. 学会用"赋值法"解决与二项式系数有关的问题.

(3) 情感态度与价值观：通过"杨辉三角"对学生进行爱国主义教育；培养学生勇于探索、勇于创新的个性品质，使学生体会数学的简洁美、和谐美和对称美，体会数学的应用价值；树立由一般到特殊的意识.

二、教学重点和难点

教学重点：二项式定理系数与"杨辉三角"的关系，"赋值法".

教学难点：在用计数原理分析二项式的展开过程中，发现二项式展开成单项式之和时各项系数的规律，即分析"杨辉三角".

三、教学方法与教学手段

采用启发法、讨论式和探究式等教学方法. 教学过程中设置探究式教学环节，让学生经历知识的形成过程，从而达到对知识的深刻理解与灵活应用，提高学生独立解决问题的能力. 利用电脑，投影仪等多媒体辅助教学展现二项式定理的推导过程，激发学生的的兴趣，增大教学容量，提高课堂效率，从而达到教与学的目的. 更好地达成教学目的，突出重点，突破难点.

四、教学过程

(一) 导入新课（投影仪）

$(a+b)^n$ 展开式的二项式系数，当 n 依次取 $1, 2, 3, \cdots$ 时，会出现如下三角形表，观察系数，引入"杨辉三角"（结合多媒体）

$$
\begin{array}{cc}
(a+b)^1 & 1\ \ 1 \\
(a+b)^2 & 1\ \ 2\ \ 1 \\
(a+b)^3 & 1\ \ 3\ \ 3\ \ 1 \\
(a+b)^4 & 1\ \ 4\ \ 6\ \ 4\ \ 1 \\
(a+b)^5 & 1\ \ 5\ \ 10\ \ 10\ \ 5\ \ 1 \\
\cdots & \cdots\cdots\cdots\cdots\cdots\cdots
\end{array}
$$

不难发现，它有这样的规律：每行两端都是 1，而且除 1 以外的每一个数都等于它肩上两个数的和. 能用我们所学知识解释一下吗？下一行的数是上一行肩上的两数之和. 即可设这一数为 C_{n+1}^r，其肩上的数则为 C_n^{r-1} 和 C_n^r，由组合数知识可知：

$$C_{n+1}^r = C_n^{r-1} + C_n^r.$$

这个表就称为二项式系数表. 早在 1261 年, 我国南宋数学家杨辉所著的《详解九章算术》中就有所记载, 又称为"杨辉三角". 此表将二项式系数的性质表现得淋漓尽致.(打出投影片)

$$\begin{array}{c}
C_1^0 \quad C_1^1 \\
C_2^0 \quad C_2^1 \quad C_2^2 \\
C_3^0 \quad C_3^1 \quad C_3^2 \quad C_3^3 \\
C_4^0 \quad C_4^1 \quad C_4^2 \quad C_4^3 \quad C_4^4 \\
C_5^0 \quad C_5^1 \quad C_5^2 \quad C_5^3 \quad C_5^4 \quad C_5^5 \\
\cdots\cdots\cdots
\end{array}$$

(二)讲解新课

下面结合此表,来看一下二项式系数的主要性质. 引导学生讨论,共同探究:

对称性 即与首末两端"等距离"的两个二项式系数相等.(因为 $C_n^m = C_n^{n-m}$.)

增减性与最大值 当 $k < \dfrac{n+1}{2}$ 时,二项式系数是逐渐增大的;当 $k > \dfrac{n+1}{2}$ 时,二项式系数是逐渐减小的. 当 n 是偶数时,$C_n^{\frac{n}{2}}$ 最大;当 n 是奇数时,$C_n^{\frac{n-1}{2}}$,$C_n^{\frac{n+1}{2}}$ 相等,且最大. 上述性质与我们所学二次函数性质有相似之处, 因此 C_n^r 可看成是以 r 为自变量的函数 $f(r)$, 其定义域是 $\{0,1,2,\cdots,n\}$.

解释上述性质: 因为

$$C_n^k = \frac{n(n-1)(n-2)\cdots(n-k+1)}{(k-1)!\,k} = C_n^{k-1} \cdot \frac{(n-k+1)}{k},$$

所以

当 $\dfrac{n-k+1}{k} > 1$, 即 $k < \dfrac{n+1}{2}$ 时, $\dfrac{C_n^k}{C_n^{k-1}} > 1$, 即 $C_n^k > C_n^{k-1}$;

当 $\dfrac{n-k+1}{k} < 1$, 即 $k > \dfrac{n+1}{2}$ 时, $\dfrac{C_n^k}{C_n^{k-1}} < 1$, 即 $C_n^k < C_n^{k-1}$.

特别地, $(1+x)^n = C_n^0 + C_n^1 x + C_n^2 x^2 + \cdots + C_n^r x^r + \cdots + C_n^n x^n$.

当 $x=1$ 时, $2^n = C_n^0 + C_n^1 + C_n^2 + \cdots + C_n^r + \cdots + C_n^n$, 即 $(a+b)^n$ 的展开式的各个二项式系数的和等于 2^n.

(三)讲解例题

下面看怎样应用二项式的这些性质.

例 1 证明在 $(a+b)^n$ 的展开式中, 奇数项的二项式系数的和等于偶数项的二项式系数的和.

证明 在 $(a+b)^n$ 的展开式中,

$$(a+b)^n = C_n^0 a^n + C_n^1 a^{n-1} b + C_n^2 a^{n-2} b^2 + \cdots + C_n^r a^{n-r} b^r + \cdots + C_n^n b^n \quad (n \in \mathbf{N}^*).$$

令 $a=1, b=-1$,则可得:

$$0 = C_n^0 - C_n^1 + C_n^2 - C_n^3 + \cdots = (C_n^0 + C_n^2 + \cdots) - (C_n^1 + C_n^3 + \cdots),$$

即

$$C_n^0 + C_n^2 + \cdots = C_n^1 + C_n^3 + \cdots.$$

也就是说,在 $(a+b)^n$ 的展开式中,奇数项的二项式系数的和等于偶数项系数的和.在证明有关二项式的恒等式时,有时常用赋值法.

例 2 已知 $\left(\sqrt{x} + \dfrac{1}{\sqrt[3]{x}}\right)^n$ 展开式的系数之和比 $(a+b)^{2n}$ 展开式的系数之和小 240,求 $\left(\sqrt{x} + \dfrac{1}{\sqrt[3]{x}}\right)^n$ 展开式中系数最大的项.

分析 由于 $\left(\sqrt{x} + \dfrac{1}{\sqrt[3]{x}}\right)^n$,$(a+b)^{2n}$ 展开式的系数之和都是它们的二项式系数的和.另外,$\left(\sqrt{x} + \dfrac{1}{\sqrt[3]{x}}\right)^n$ 展开式的系数最大项也是其展开式中二项式系数最大项.

解 由题意得:$2^n = 2^{2n} - 240$,所以

$$2^{2n} - 2^n - 240 = 0, \quad 即 \quad (2^n - 16)(2^n + 15) = 0.$$

又因为 $2^n + 15 > 0$,所以 $2^n - 16 = 0, n = 4$.所以

$$\left(\sqrt{x} + \dfrac{1}{\sqrt[3]{x}}\right)^n = \left(\sqrt{x} + \dfrac{1}{\sqrt[3]{x}}\right)^4,$$

由此得 $\left(\sqrt{x} + \dfrac{1}{\sqrt[3]{x}}\right)^4$ 展开式中二项式系数最大项为第 3 项.故得

$$T_3 = C_4^2 (\sqrt{x})^2 \left(\dfrac{1}{\sqrt[3]{x}}\right)^2 = 6\sqrt[3]{x}.$$

所以 $\left(\sqrt{x} + \dfrac{1}{\sqrt[3]{x}}\right)^4$ 展开式中系数最大的项为 $6\sqrt[3]{x}$.

例 3 求函数 $f(x) = \dfrac{1}{3!} \cdot \dfrac{A_{x+2}^6}{1 + C_4^3 + C_5^3 + \cdots + C_x^3}$ 的最小值.

解 因为 $1 + C_4^3 + C_5^3 + \cdots + C_x^3 = C_3^3 + C_4^3 + C_5^3 + \cdots + C_x^3 = C_{x+1}^4$,所以

$$f(x) = \dfrac{1}{3!} \cdot \dfrac{A_{x+2}^6}{C_{x+1}^4} = 4\left(x - \dfrac{1}{2}\right)^2 - 25.$$

因为 $x \in \mathbf{N}^*$,所以 $x \geq 4$,即 $x=4$ 时,$f(x)_{\min} = f(4) = 24$.

(四)巩固练习(学生练习,教师讲评)

1. 教材第 35—36 页本小节练习 1—3 题.

2. (1) 当 x 为何值时,组合数 C_4^x 的值最大?

(2) 当 x 为何值时,组合数 C_5^x 的值最大?

(3) 探索组合数 C_n^m $(n \geqslant m, n, m \in \mathbf{N}^*, n$ 为常数$)$,当 m 为何值时,其值最大.

解 (1) 当 $x=0,1,2,3,4$ 时,组合数 C_4^x 的值分别为 $1,4,6,4,1$,所以当 $x=2$ 时,组合数 C_4^x 的值最大为 6.

(2) 当 $x=0,1,2,3,4,5$ 时,组合数 C_5^x 的值分别为 $1,5,10,10,5,1$,所以当 $x=2$ 或 3 时,组合数 C_5^x 的值最大为 10.

(3) 当 n 为奇数时,当且仅当 $m=\dfrac{n-1}{2}$ 与 $m=\dfrac{n+1}{2}$ 时,组合数 C_n^m 的值最大;当 n 为偶数时,当且仅当 $m=\dfrac{n}{2}$ 时,组合数 C_n^m 的值最大.

(五)归纳小结

通过本节学习,需掌握二项式系数的三大性质:即对称性、增减性和最大值,及二项式系数之和以及二项式定理的探索思路.在证明有关二项式的恒等式时,有时常用赋值法.

杨辉是我国古代数学家的杰出代表,是炎黄子孙的骄傲,应当值得我们骄傲.

(六)课后作业

1. 教材第 36 页习题 1.3 A 组 7,8 题.

2. 教材第 37 页习题 1.3 B 组 1,2 题.

数学是极为优美和魅力无穷的.二项式定理本身的结构就具有严谨美、结构美、符号美等.因此,在教学中要引导学生赏析,唤起他们对数学学习的热情和钟爱,启迪他们深藏的智慧,挖掘潜在的能力.课堂教学中预设问题向生成问题的转化,让学生能够积极参与到学习中来,从而达到开发学生的思维品质的目的,在培养学生探索问题能力的同时学会学习的方法.

案例 3 "2.2 二项分布及其应用"说课稿

二项分布及其应用

一、教材分析

"二项分布"是普通高中课程标准实验教科书数学选修 2-3 第二章随机变量及其分布的内容,是学生学习概率论与统计学的基础知识,也是学生学习高等数学的预备知识.其中所蕴涵的数学思想方法独特灵活,是发展学生的抽象、概括能力,培养学生逻辑推理能力,凸现数学的应用价值的好素材,体现了数学课程标准的基本理念.课程标准对本年级的相关内容要求是在具体情境中,了解条件概率和两个事件相互独立的概念,理解 n 次独立重复试验的模型及二项分布，并能解决一些简单的实际问题.

研究一个随机现象，就是要了解它所有可能出现的结果和每一个结果出现的概率，分布列正是描述了离散型随机变量取值的概率规律，二项分布和超几何分布是两个应用广泛的概率模型. 二项分布是继超几何分布后的又一应用广泛的概率模型，而超几何分布在产品数量 n 相当大时可以近似地看成二项分布. 在自然现象和社会现象中，大量的随机变量都服从或近似地服从二项分布，实际应用广泛，理论上也非常重要. 可以说本节内容是对前面所学知识的综合应用，是一种模型的构建；是从实际入手，通过抽象思维，建立数学模型，进而认知数学理论应用于实际的过程，对今后数学及相关学科的学习将产生深远的影响.

本节课的教学目标与教学重点、难点如下：

（1）知识与技能：在了解条件概率和相互独立事件概念的前提下，理解 n 次独立重复试验的模型及二项分布，并能解决一些简单的实际问题；培养学生的自主学习能力、数学建模能力和应用数学知识解决实际问题的能力.

（2）过程与方法：通过主动探究、自主合作、相互交流，从具体事例中归纳出数学概念，使学生充分体会知识的发现过程；渗透由特殊到一般，由具体到抽象，观察、分析、类比、归纳的数学思想方法.

（3）情感态度与价值观：通过主动探究、合作学习、相互交流，感受探索的乐趣与成功的喜悦，体会数学的理性与严谨，养成实事求是的科学态度和锲而不舍的钻研精神；培养学生对新知识的科学态度，勇于探索和敢于创新的精神；让学生了解数学来源于实际，应用于实际的唯物主义思想.

数学建模是运用数学思想方法和知识解决实际问题的过程，是数学学习的一种新的方式，它为学生提供自主学习的空间，有助于学生体验数学在解决实际问题中的价值和作用. 由此确定出本节内容的教学重点：理解 n 次独立重复试验的模型；理解二项分布模型，并能用它解决一些简单的实际问题.

由于条件概率、事件的相互独立性以前没有学习过，按学生的现有知识和认识水平难以透彻理解；另外高二学生虽然具有一定的抽象思维能力，但是从实际中抽象出数学模型对于学生来说还是比较困难的，需要教师的正确引导. 由此制定出本节内容的教学难点：理解条件概率的概念；理解独立性的概念；利用二项分布模型解决实际问题.

二、教学方法与手段

自主性、能动性是人的各种潜能中最主要也是最高层次的潜能，教育只有在尊重学生主体的基础上，才能激发学生的主体意识，培养学生的主体精神和主体人格，主体参与是现代教学论关注的要素. 在课堂教学中做到以学生的自主学习为中心，给学生提供尽可能多的思考、探索、发现、想象、创新的时间和空间. 另一方面，从学生的认知结构，预备知识的掌握情况看，学生也具有一定的自主学习、主动构建新知识的能力.《课程标准》也明确指出：有效的数学学习活动不能单纯地靠模仿与记忆,动手实践、自主探索与合作交流,可以促进学生自主、全面、可持续的发展,是学生学习数学的重要方式.教学要真正做到以学生为本,力求给学生提供研究、探讨的时间与空间,让学生充分经历"做数学"的过程,促使学生在自主中求知,在合作中获取,在探究中发展.因此,本节内容主要采取"自主探究式"的教学方法,即在教师引导下,让学生体会观察、分析、归纳、抽象、应用的自主探究式学习方法.教给学生观察发现、自主探究、合作交流、由特殊到一般、由感性到理性主动建构新知识的方法,使学生真正成为教学的主体.启发引导学生积极的思维,对学生的思维进行调控,帮助学生优化思维过程.培养学生自主探索以及发现问题、分析问题和解决问题的能力,注重利用非智力因素促进学生的学习,实现数学知识价值、思维价值和人文价值的高度统一.

利用多媒体手段辅助教学,激发学生的学习兴趣,增大课堂容量,提高课堂教学效果.

三、教学过程

本节第一部分介绍条件概率的概念,第二部分介绍事件独立性的概念,第三部分介绍独立重复试验与二项分布.采用如下五个环节进行教学:创设情景、应用旧知、导入新课;自主探究、合作学习、归纳概念;互相交流、揭示规律、培养能力;解决问题、提炼方法、巩固所学;归纳总结、进行反思、布置作业.多媒体辅助贯穿整个教学过程.

(一)创设情景、复习旧知、导入新课

由于条件概率、事件的相互独立性以前没有学习过,按学生的现有知识和认识水平难以透彻理解,需要教师创设问题情境,通过实际例子,帮助学生更好地学习新知识.

好的课堂情境引入,能激发学生求知欲,是新问题能够顺利解决的前提条件之一.因此,在本节的教学中,利用学生求知好奇心理,以日常生活中大家熟悉的问题为切入点,导入新课,便于激发学生学习本节内容的兴趣,调动学生思维的积极性.同时紧扣教学内容的主题与重点,使学生明确了解数学来源于实际又具有广泛的实际应用性.因此,在 2.2.1 条件概率的教学中,以日常生活中经常遇到的抽奖问题为背景,创设问题情境,复习古典概率的知识;以无放回抽取奖券的方式,通过比较抽奖前和在第一名同学没有中奖的条件下,最后一名同学中奖的概率,引入新课;在 2.2.2 事件的独立性教学中,同样以抽奖问题为背景,以有放回抽样的方式,通过计算在第一名同学没有中奖的条件下,最后一名同学中奖的概率来引入新课;2.2.3 独立重复试验与二项分布的教学中,通过学生熟悉的投掷硬币引入新课.

(二)自主探究、合作学习、归纳概念

在"二项分布及其应用"这一小节中,条件概率的概念、事件的相互独立性概念及相关公式,为独立重复试验中的二项分布打下铺垫,因此,在本节的学习中,概念的掌握是十分重要的.从具体问题出发引入概念,有利于帮助学生对概念的理解.在本节的教学中,利用学生已有知识,让学生独立解决一些问题;在解决问题过程中,鼓励学生讨论;教师适当指导,解答

学生的提问.选择过程写得较详细清楚的学生代表展示自己的解答过程(学生可拿自己的草稿在投影下讲).通过学生自主探究与合作学习,归纳概念.

在 2.2.1 条件概率的教学中,以无放回抽取奖券的方式,通过引导学生探究比较抽奖前和在第一名同学没有中奖的条件下,最后一名同学中奖的概率,归纳得到条件概率的概念;在 2.2.2 事件的独立性教学中,以有放回抽样的方式,通过学生探究计算在第一名同学没有中奖的条件下,最后一名同学中奖的概率,发现所得结果与在抽奖前计算最后一名同学中奖的概率相等,这是事件独立性概念的直观背景,借此归纳得到两个事件相互独立性的概念;在 2.2.3 独立重复试验与二项分布的教学中,利用 n 次重复掷硬币的试验归纳得到 n 次独立重复试验的概念,说明在 n 次独立重复试验中,$P(A_1 A_2 \cdots A_n) = P(A_1) P(A_2) \cdots P(A_n)$,并通过探究引导学生讨论一个简单的二项分布问题,引入二项分布的概念.这样做,能够使学生加深对概念、公式的认识,有利于解决本节内容的重点、难点.

(三)互相交流、揭示规律、培养能力

通过解决问题,学生在教师引导下,互相交流,由特殊到一般,由具体到抽象,揭示规律,把对知识的学习掌握变成了对知识的探索、发现、总结、创新的过程,符合学生的认知规律,培养他们观察、分析、总结、归纳的能力以及思维能力.因此,在 2.2.1 条件概率的教学中,学生在理解了条件概率概念的基础上,在教师的引导下,通过相互交流,掌握条件概率的两种计算方法,一种是利用定义计算,一种是利用缩小样本空间的观点计算,同时揭示条件概率具有概率的性质,并得到条件概率的两个性质,即 $0 \leqslant P(B|A) \leqslant 1$ 与 $P(B \cup C|A) = P(B|A) + P(C|A)$($B$ 和 C 为两个互斥事件);在 2.2.2 事件的独立性教学中,引导学生进行条件概率的定义与独立性概念的比较、两个事件相互独立与两个事件互斥的比较,并得到独立性的性质及两个事件互斥的加法公式;2.2.3 独立重复试验与二项分布的教学中,引导学生进行二项分布的推导,以及二项分布与两点分布间的关系,并引导学生从二项式定理的角度来考察二项分布的分布列,从而使学生更好地培养学生解决问题的能力.

(四)解决问题、提炼方法、巩固所学

发展学生的应用意识,是高中数学课程标准所倡导的重要理念之一.在教学中以具体问题为载体,加深学生对所学内容的理解,体验数学在实际生活中的应用.因此,本节内容在学生掌握并理解了概念及公式之后,通过紧扣目标的例题,帮助学生回顾概念,提炼方法,告诉学生如何将所学知识应用于实际,使学生将本节所学知识具体化,让学生了解数学来源于实际应用于实际,让学生对所学内容有一个更加深入的理解.教材"2.2.1 条件概率"例 1 中给了含有 3 道理科题、2 道文科题的 5 道题,要求不放回地依次抽取 2 道题,提出(1),(2),(3)三个问题.设计的目的在于演示条件概率的两种计算方法,设计思路有利于引导学生利用条件概率的定义来求解问题(3)的条件概率.在解答过程中,得到前两个的答案后,自然会想到利用条件概率的定义去计算条件概率 $P(B|A)$.问题(3)的解法 2,演示了用小样本空间的观

点来计算条件概率的方法；例 2 的背景是储蓄卡的密码问题，通过本例可以使学生进一步熟悉概率和条件概率的性质，并把这些性质用于简化概率和条件概率的计算；例 3 是一个关于两次抽奖事件的概率问题，其目的是让学生体会如何用事件的独立性计算随机事件的概率；例 4 演示了如何应用二项分布解决实际问题，这也是本节内容的一个难点，教学中首先解释为什么可以看成二项分布的概率模型，然后进行计算，这里的计算量很大，可以用计算机或计算器帮助计算，同时要对计算结果进行解释，最后可以对例题进行变式训练. 对于例题的处理，教师适当引导，学生积极参与，板演解答过程. 这一环节有助于学生掌握所学内容，使学生将本节所学知识具体化.

（五）归纳总结、进行反思、布置作业

本节的内容主要通过实际问题的直观含义和具体计算结果的对比，帮助学生了解条件概率、事件的相互独立性以及二项分布的概念，并能用二项分布模型解决一些实际问题. 通过归纳总结，进行反思可以帮助学生自行构建知识体系，理清知识脉络，养成良好的学习习惯. 作业是学生信息的反馈，能在作业中发现和弥补教学中的不足，同时注重个体差异，因材施教. 布置作业要突出本节课知识点，达到复习巩固的目的，又兼顾学有余力的同学有自由发展的空间，培养其探索精神和创新能力. 因此，本节的作业主要以课后习题 A 组的内容为主，B 组根据学生实际选作.

独立重复试验与二项分布

一、教材分析

通过前面的学习，学生已经学习掌握了有关概率和统计的基础知识：等可能事件概率、互斥事件概率、条件概率、相互独立事件概率的求法以及分布列有关内容. 二项分布是继超几何分布后的又一应用广泛的概率模型，而超几何分布在产品数量 n 相当大时可以近似地看成二项分布. 在自然现象和社会现象中，大量的随机变量都服从或近似地服从二项分布，实际应用广泛，理论上也非常重要. 可以说本节内容是对前面所学知识的综合应用，是一种模型的构建. 是从实际入手，通过抽象思维，建立数学模型，进而认知数学理论，应用于实际的过程. 会对今后数学及相关学科的学习产生深远的影响.

本小节课的教学目标与教学重点、难点如下：

（1）知识与技能：在了解条件概率和相互独立事件概念的前提下，理解 n 次独立重复试验的模型及二项分布，并能解决一些简单的实际问题. 同时，渗透由特殊到一般，由具体到抽象，观察、分析、类比、归纳的数学思想方法.

（2）过程与方法：培养学生的自主学习能力、数学建模能力和应用数学知识解决实际问题的能力.

(3) 情感态度与价值观：培养学生对新知识的科学态度，勇于探索和敢于创新的精神. 让学生了解数学来源于实际，应用于实际的唯物主义思想. 通过主动探究、合作学习、相互交流，感受探索的乐趣与成功的喜悦，体会数学的理性与严谨，养成实事求是的科学态度和锲而不舍的钻研精神.

数学建模是运用数学思想、方法和知识解决实际问题的过程，是数学学习的一种新的方式，它为学生提供自主学习的空间，有助于学生体验数学在解决实际问题中的价值和作用. 高二学生虽然具有一定的抽象思维能力，但是从实际中抽象出数学模型对于学生来说还是比较困难的，需要老师的正确引导. 由此制定出本节课的重点、难点如下：

教学重点：独立重复试验、二项分布的理解及应用二项分布模型解决一些简单的实际问题.

教学难点：二项分布模型的构建.

二、教法分析

自主性、能动性是人的各种潜能中最主要也是最高层次的潜能，教育只有在尊重学生主体的基础上，才能激发学生的主体意识，培养学生的主体精神和主体人格，"主体"参与是现代教学论关注的要素. 在课堂教学中做到以学生的自主学习为中心，给学生提供尽可能多的思考、探索、发现、想象、创新的时间和空间. 另一方面，从学生的认知结构，预备知识的掌握情况，学生有自主学习、主动构建新知识的能力.

由此，本节课主要采取"自主探究式"的教学方法：即学生在老师引导下，观察发现、自主探究、合作交流、由特殊到一般、由感性到理性主动建构新知识. 启发引导学生积极的思维，对学生的思维进行调控，帮助学生优化思维过程. 本节课主要让学生体会观察、分析、归纳、抽象、应用的自主探究式学习方法. 交给学生思考问题的方法，使学生真正成为教学的主体.

三、教学手段

多媒体辅助教学，激发学生的学习兴趣，增大课堂容量，提高课堂教学效果.

四、教学过程

（一）创设情景、复习旧知、导入新课

(1) 投掷一枚相同的硬币 5 次，每次正面向上的概率为 0.5.

(2) 某同学玩射击气球游戏，每次射击击破气球的概率为 0.7，现在向 10 个气球射击.

(3) 某篮球队员罚球命中率为 0.8，罚球 6 次.

(4) 口袋内装有 5 个白球、3 个黑球，不放回地抽取 5 个球.

问题 1 上面这些试验有什么共同的特点？

分析 (1) 包含了 n 个相同的试验. (2) 每次试验相互独立. (3) 每次试验只有两种可能的结果:"成功"或"失败". (4) 每次出现"成功"的概率 p 相同,"失败"的概率也相同,为 $1-p$. (5) 试验"成功"或"失败"可以计数,即试验结果对应于一个离散型随机变量.

设计意图 利用学生求知好奇心理,以一个人人皆知的试验为切入点,便于激发学生学习本节课的兴趣,调动学生思维的积极性.紧扣本节课教学内容的主题与重点,有利于知识的迁移,使学生明确知识的实际应用性.了解数学来源于实际.

(二) 自主探究、合作学习、归纳概念

根据问题 1 的分析,我们把这样的试验叫做独立重复试验.

1. 独立重复试验

一般的,在相同条件下重复做的 n 次试验称为 n 次独立重复试验.

强调:(1) 独立重复试验,是在相同条件下各次之间相互独立地进行的一种试验;

(2) 每次试验只有"成功"或"失败"两种可能结果.每次试验"成功"的概率都是 p,"失败"的概率为 $1-p$.

设计意图 学生由实例抽象出独立重复试验的概念.尝试到成功的喜悦.达到第一个目标;学生理解了独立重复试验,又培养了学生观察、分析、总结、归纳的能力.激发学生求知欲,等着解决下一个问题.

问题 2 某同学玩射击气球游戏,若每次射击击破气球的概率为 0.7,每次射击结果互不影响,现有气球 3 个,恰好击破 2 个的概率是多少?设击破气球的个数为 X, X 的分布列怎样?

设计意图 前节课已经解决了相互独立事件概率的求法,这个问题大部分学生能够独立解决.

(三) 互相交流、揭示规律、培养能力

1. 问题 2 的解决(学生拿自己的草稿在投影下讲)

分别记在第 1, 2, 3 次射击中,该同学击破气球为事件 A_1, A_2, A_3, 那么射击 3 次,击破 2 个共有下面三种情况:$A_1 A_2 \overline{A_3}, A_1 \overline{A_2} A_3, \overline{A_1} A_2 A_3$, 共 $C_3^2=3$ 种,每一种情况的概率为 $0.7^2(1-0.7)^{3-2}$, 因为三种情况彼此互斥,故 3 次射击击破 2 个的概率 $C_3^2 0.7^2(1-0.7)^{3-2}$.

X 的分布列如表 1 所示.

表 1 随机变量 X 的分布列

X	0	1	2	3
p	$(1-0.7)^3$	$C_3^1 0.7^1(1-0.7)^{3-1}$	$C_3^2 0.7^2(1-0.7)^{3-2}$	$C_3^3 0.7^3(1-0.7)^{3-3}$

根据表 1 及二项式定理的展开公式,有

$$(1-0.7)^3 + C_3^1 0.7^1(1-0.7)^{3-1} + C_3^2 0.7^2(1-0.7)^{3-2} + C_3^3 0.7^3(1-0.7)^{3-3}$$
$$= [(1-0.7)+0.7]^3 = 1.$$

设计意图 上述解答是一个前面所学知识的应用过程. 学生看到最后的结果就是二项式定理. 把对知识的学习掌握变成了对知识的探索、发现、总结、创新的过程.

通过解决问题 2,在教师引导下,由特殊到一般,由具体到抽象,由 n 次独立重复试验发生 k 次的概率,主动建构二项分布这一重要的离散型随机变量的分布列. 攻破本节课的难点.

2. 二项分布模型的构建(这一过程师生共同完成)

若一次试验中事件 A 发生的概率为 p,那么在 n 次独立重复试验中,事件 A 恰好发生 k 次的概率为

$$P(X=k) = C_n^k p^k q^{n-k}, \quad \text{其中 } q=1-p, k=0,1,2,\cdots,n.$$

以事件 A 发生的次数 X 为随机变量,则 X 的分布列如表 2 所示. 表 2 中的 $C_n^k p^k q^{n-k}$ 是二项式 $(q+p)^n$ 展开式中的通项,故称 X 服从**二项分布**,记为 $X \sim B(n,p)$,其中 n, p 为参数,n 表示重复的次数,p 指一次试验中事件 A 发生的概率.

表 2 随机变量 X 发生 k 次概率的分布列

X	0	1	$\cdots$	k	$\cdots$	n
p	$C_n^0 p^0 q^n$	$C_n^1 p^1 q^{n-1}$	$\cdots$	$C_n^k p^k q^{n-k}$	$\cdots$	$C_n^n p^n q^0$

二项分布是一种概率模型,有着十分广泛的应用. 用以解决独立重复试验中的概率问题. 比如下列问题中的随机变量 ξ 都可以看作是服从二项分布的:n 次独立射击,每次命中率相同,ξ 为命中次数;一枚硬币掷 n 次,ξ 为正面出现的次数;掷 n 个相同的骰子,ξ 为一点出现的次数;n 个新生婴儿,ξ 为男婴的个数;女性患色盲的概率为 0.25%,ξ 为任取 n 个女性中患色盲的人数.

设计意图 从实际中来,到实际中去,抽象出的二项分布有何用途?什么时候用?这是学生想知道的. 也是我们学习数学的目的所在.

(四)解决问题、提炼方法、巩固所学

突出重点和突破难点:

(1) 强调二项分布模型的应用范围:独立重复试验.

(2) 运用类比法对学生容易混淆的地方,加以比较. (见下面例题的(3)(4).)

(3) 创设条件、保证充分的练习. 设置基础训练、能力训练、实践创新三个层次的训练题,即模型的直接应用、变形应用和实际应用来突破难点,揭示重点. 对实际应用题师生要共同分析讨论,从问题中如何抽象出二项分布模型,要反复引导,循序渐进,加以巩固.

例题 某一射手平均每射击 10 次击中 8 次,求这名射手在 10 次射击中:
(1) 恰好 8 次击中目标的概率;   (2) 至少 8 次击中目标的概率;
(3) 第 8 次击中目标的概率;   (4) 前 8 次击中目标的概率;

设计意图　一道紧扣目标的例题,帮助学生回顾概念,告诉学生如何将二项分布模型应用于实际.使学生将本节所学知识具体化.让学生了解数学来源于实际,应用于实际.(1)(2)问可以直接用二项分布模型解决,(3)(4)问是以新带旧,做好新旧知识的衔接与比较,以免混淆.

例题的处理　老师适当引导,学生积极参与,演板解答过程.

基础训练:

1. 已知随机变量 $X \sim B(5, 1/5)$,求 $P(X=3)$.
2. 种植某种树苗,成活率为 0.9,现在种植这种树苗 5 棵,试求:
   (1) 全部成活的概率为(　　　);
   (2) 全部死亡的概率为(　　　);
   (3) 至少成活 4 棵的概率(　　　).
3. 若某射手每次射击击中目标的概率是 0.9,每次射击的结果相互独立,那么在他连续 4 次的射击中,第一次未击中目标,后三次都击中目标的概率是多少?
4. 某产品的次品率 $p=0.5$,进行重复抽样检查,选取 4 个样品,求其中的次品数 X 的分布列.

设计意图　基础训练是所学知识的直接应用,意在使学生理解二项分布其中每个参数所表示的实际意义,掌握其特征,加深认识,抽象出比较明显的二项分布模型.由学生口答完成.

能力训练:

1. 抛掷两个骰子,当至少有一个 5 点或一个 6 点出现时,就说试验成功,则在 54 次试验中成功次数 X 服从什么分布?
2. 如果每门炮的命中率都是 0.6,
   (1) 有 10 门炮同时向目标各发射一发炮弹,求目标被击中的概率;
   (2) 要保证击中目标的概率大于 0.99,至少需多少门炮同时发射?

设计意图　能力训练是知识的变形应用和逆向思维训练,深化概念,发展思维,使学生比较深刻地把握二项分布的本质.

实践创新:

甲乙两选手比赛,假设每局比赛甲胜的概率为 0.6,乙胜的概率为 0.4,那么采取 3 局两胜制还是 5 局 3 胜制对甲更有利?你对局制长短的设置有何认识?

设计意图　此题设计新颖,贴近生活,贴近高考,一下子把学生带到了全新的知识生长场境中,强大的诱惑力促使每个学生积极思考.此题是开放性试题,不是直接要你求什么、证什么,而是培养学生的发散性思维和创造性思维.

(五)归纳总结、进行反思、布置作业

本节课我们从实际出发,构建了二项分布这一重要的概率模型,又应用这一模型,解决了一些简单的实际问题——独立重复试验概率问题.应用程序如下:

(1)若一次试验中事件 A 发生的概率为 p;

(2)在 n 次独立重复试验中,事件 A 发生的次数为 X,则 $X \sim B(n,p)$;

(3)事件 A 恰好发生 k 次的概率为:
$$P(X=k) = C_n^k p^k (1-p)^{n-k} \quad (k=0,1,2,\cdots,n).$$

作业布置突出本节课知识点、适量,达到复习巩固的目的,又兼顾学有余力的同学有自由发展的空间,培养其探索精神和创新能力.

案例 4 "3.1 回归分析的基本思想及其初步应用"教案

在高中数学必修 3 中,学生已经学习了两个变量之间的相关关系,包括画散点图,最小二乘法求回归直线方程、利用回归直线方程进行预报等内容."回归分析的基本思想及其初步应用"这一节的内容,是在以上内容的基础上,进一步介绍回归分析的基本思想及其初步应用.这部分内容约需共计 4 课时,第 1 课时:介绍线性回归模型的数学表达式,解释随机误差项产生的原因,使学生能正确理解回归方程的预报结果;第 2 课时:从相关系数、相关指数和残差分析角度探讨回归模型的拟合效果;第 3 课时:介绍两个变量非线性相关关系;第 4 课时:回归分析的应用及建立回归模型的基本步骤.

回归分析的基本思想及其初步应用(第 1 课时)

一、教学目标

(1)知识与技能:通过典型案例的探究,进一步了解回归的基本思想方法及初步应用;了解随机误差项产生的原因;了解线性回归模型与函数模型的区别;掌握通过公式或计算器求出回归方程;能正确理解回归方程的预报结果.

(2)过程与方法:经历数据处理全过程,培养对数据的直观感觉,体会统计方法的应用;使学生体会使用计算器处理数据的方法.

(3)情感态度与价值观:加强数学与现实生活的联系,以科学的态度评价两个变量的相关性,理解处理问题的方法,形成严谨的治学态度和锲而不舍的求学精神.

二、教学重点和难点

教学重点:了解线性回归模型与一次函数的区别.

教学难点：随机误差的来源和对预报变量的影响.

采用启发式、探究式教学法,借助多媒体辅助教学等突破重点、难点.

三、教学过程

(一) 导入新课(复习旧知,导入新课)

问题 1 你能回忆一下统计方法解决问题的基本过程吗?

使当前的学习与数学必修 3 中随机抽样和样本估计总体的知识联系起来,从而使学生进一步掌握用统计方法解决问题的基本步骤(提出问题、收集数据、分析整理数据、进行预测或决策).

问题 2 对具有线性相关关系的两个变量进行回归分析的步骤是什么?

收集数据→画散点图(由样本点是否呈条状分布来判断两个变量是否具有线性相关关系),若存在线性相关关系→求回归直线方程→利用回归直线方程进行预报.本节课我们将通过案例,进一步学习回归分析的基本思想及其简单应用.

(二) 讲解新课

1. 讲解例 1

一般情况下,体重与身高是有一定关系的.通常个子较高的人体重会比较重,但是这个结论的正确性需要验证.我们不能从一两个人的个例来说明问题,而要用统计方法来解决这个问题.(多媒体演示例 1)

例 1 从某大学中随机选取 8 名女大学生,其身高和体重数据如表 1 所示.求根据女大学生的身高预报体重的回归方程,并预报一名身高为 172 cm 的女大学生的体重.

表 1 女大学生身高和体重数据

编号	1	2	3	4	5	6	7	8
身高/cm	165	165	157	170	175	165	155	170
体重/kg	48	57	50	54	64	61	43	59

教学过程：分析思路→教师演示→学生整理.

教学步骤：

第一步：作散点图.

画散点图：散点图可以形象地展示两个变量的关系,直观了解两个变量的关系.通常用横坐标表示解释变量,用纵坐标表示预报变量.

例 1 中,以身高为解释变量(自变量),体重为预报变量(因变量)画散点图.用多媒体展示散点图(见图 1).

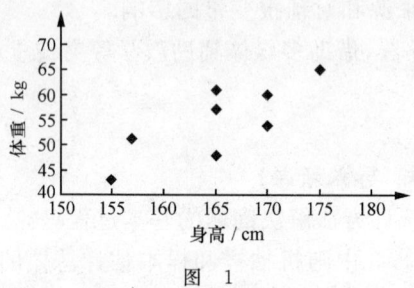

图 1

第二步：建立回归方程.

高中数学必修 3 中已讲授过最小二乘估计的思想，并给出线性回归直线方程 $\hat{y}=\hat{b}x+\hat{a}$ 的计算公式，其中

$$\hat{a}=\bar{y}-\hat{b}\bar{x}, \quad \hat{b}=\frac{\sum_{i=1}^{n}(x_i-\bar{x})(y_i-\bar{y})}{\sum_{i=1}^{n}(x_i-\bar{x})^2},$$

这里 $\bar{x}=\frac{1}{n}\sum_{i=1}^{n}x_i$，$\bar{y}=\frac{1}{n}\sum_{i=1}^{n}y_i$，$(\bar{x},\bar{y})$ 称为样本点的中心.

例 1 中，利用公式或 Excel 软件求得：$\hat{a}=-85.712$，$\hat{b}=0.849$，根据公式 $\hat{y}=\hat{b}x+\hat{a}$，求得线性回归方程为：$\hat{y}=0.849x-85.712$.

第三步：利用回归方程进行预报.

我们得到直线回归方程不是最终目的. 如果建立的回归模型有效，用它进行预测或决策. 对于身高 172 cm 的女大学生，即把 $x=172$ cm 代入所得回归方程可以预报其体重为：

$$\hat{y}=0.849\times172-85.712=60.316\,(\text{kg}).$$

探究 身高为 172 cm 的女大学生的体重一定是 60.316 kg 吗？如果不是，其原因是什么？目的让学生正确理解（线性）回归方程预报结果的含义.

答：身高为 172 cm 的女大学生的体重不一定是 60.316 kg，但一般可以认为她的体重在 60.316 kg 左右.

2. 解释线性回归模型与一次函数的关系

利用信息技术在散点图上画回归直线，展示回归直线与原始数据拟合的情况，使学生能直观感觉回归直线与散点之间的关系，引导学生体会函数模型与回归模型之间的差别.

引导学生观察散点图 2，样本点散布在某一条直线的附近，而不是一条直线上，所以不能用一次函数 $y=bx+a$ 来描述它们之间的关系. 所以线性模型只能近似地刻画身高和体重的关系. 说明体重不仅受身高的影响还受其他因素的影响，把这种影响的结果记为 e，叫做**残差变量**或**模型误差**，其中残差变量 e 中包含体重不能由身高的线性函数解释的所有部分，它是一个随机变量. 当残差变量恒等于 0 时，线性回归模型就变成一次函数模型. 这时我们用线性回归模型：$y=bx+a+e$ 来描述身高和体重的关系.

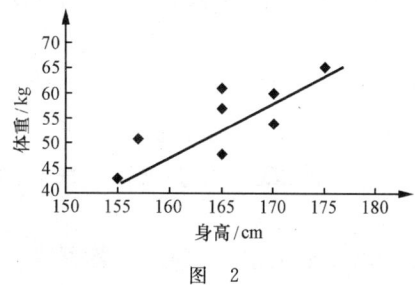

图 2

与一次函数 $y=bx+a$ 模型相比较，线性回归模型 $y=bx+a+e$（其中 e 是随机误差，x 是解释变量，y 是预报变量）增加了随机误差项 e，因变量 y 的值由自变量 x 和随机误差项 e 共同确定，即自变量 x 只能解析部分 y 的变化．在统计中，我们也把自变量 x 称为解析变量，因变量 y 称为预报变量．一次函数模型是线性回归模型的特殊形式，线性回归模型是一次函数模型的一般形式．

3．残差变量 e 的主要来源（可以推广到一般）

（1）用线性回归模型近似真实模型所引起的误差；

（2）其他因素的影响：影响体重 y 的因素不只是身高 x，可能还包括遗传基因、饮食习惯、生长环境等因素；

（3）体重 y 的观测误差．

说明　上面三项误差越小，回归模型的拟合效果越好．

（三）巩固练习

表 2 提供了 5 组身高与体重的数据，请同学们画散点图，并用函数计算器求线性回归方程．学生做完后教师用 Excel 展示散点图和所求回归方程．

表 2　身高与体重的数据

编号	1	2	3	4	5
身高/cm	165	165	157	170	175
体重/kg	49	58	51	53	65

（四）小结

（1）函数模型与线性回归模型之间有何异同？

（2）在本节课中，我们运用了哪些数学思想和方法？

（3）多个模型，怎样知道哪个效果更好？（为后继课程作铺垫）

（五）课后作业

教材第 90 页习题 3.1 第 1 题．

回归分析的基本思想及其初步应用(第2课时)

一、教学目标

(1) 知识与技能：通过典型案例的探究，了解回归分析的基本思想，会对两个变量进行回归分析；了解在利用所建立的回归模型进行预报时需要注意的问题；能对具体问题进行回归分析，解决实际应用问题．

(2) 过程与方法：通过使用转化后的数据，利用计算器求参数和相关指数，使学生体会使用计算器处理数据的方法；能从相关系数、相关指数和残差分析等角度探讨回归模型拟合的效果，明确只有在模型拟合效果好的情况下才能利用所建立的回归模型进行预报．

(3) 情感态度与价值观：了解回归分析的必要性和回归分析的基本思想；培养学生利用整体的观点和互相联系的观点来分析问题，进一步加强数学的应用意识；培养学生运用所学知识，解决实际问题的能力，形成实事求是的严谨的治学态度和锲而不舍的求学精神．

二、教学重点和难点

教学重点：回归模型拟合好坏的刻画——相关指数和残差分析．

教学难点：对实际问题进行回归分析．

三、教学过程

(一) 导入新课

问题1 如何描述两个变量之间线性相关关系的强弱？

在高中数学必修3中，我们学习了用相关系数 r 来衡量两个变量之间线性相关关系的方法．多媒体出示相关系数 r 的计算公式及作用：相关系数 r 的计算公式：

$$r = \frac{\sum_{i=1}^{n}(x_i - \bar{x})(y_i - \bar{y})}{\sqrt{\sum_{i=1}^{n}(x_i - \bar{x})^2(y_i - \bar{y})^2}}.$$

相关系数 r 的作用：

(1) 判断正、负相关：当 $r > 0$ 时，两个变量正相关；当 $r < 0$ 时，两个变量负相关．

(2) 判断线性相关的强弱：当 $0.75 \leqslant |r| \leqslant 1$ 时，两个变量相关性很强；当 $0.3 \leqslant |r| < 0.75$ 时，两个变量相关性一般；当 $0 \leqslant |r| \leqslant 0.25$ 时，两个变量相关性较弱．

相关系数越接近1，两个变量的相关关系越强，它们的散点图越接近一条直线，这时用线性回归模型拟合这组数据就越好，即说明建立的线性回归模型是有意义的．

(二) 讲解新课

1. 相关指数的定义

我们可以用相关指数 R^2 来刻画回归的效果. 首先了解几个概念:

(1) **残差**: 观测值减预测值, 即 $\hat{e}_i = y_i - \hat{y}_i$ 称为残差.

(2) **残差平方和**: 分别把残差的值平方后加起来, 即 $\sum_{i=1}^{n}(y_i - \hat{y}_i)^2$ 称为残差平方和.

(3) **总偏差平方和**: 观测值减去总的平均值的平方加起来, 即 $\sum_{i=1}^{n}(y_i - \bar{y}_i)^2$ 称为总偏差平方和.

(4) **相关指数**:

$$R^2 = 1 - \frac{\sum_{i=1}^{n}(y_i - \hat{y}_i)^2}{\sum_{i=1}^{n}(y_i - \bar{y})^2} = 1 - \frac{残差平方和}{总偏差平方和}.$$

在相关指数 $R^2 = 1 - \dfrac{\sum_{i=1}^{n}(y_i - \hat{y}_i)^2}{\sum_{i=1}^{n}(y_i - \bar{y})^2}$ 的定义中, 表达式 $\sum_{i=1}^{n}(y_i - \hat{y}_i)^2$ 从整体上描述了用估计量来近似预报变量的效果, 它越小, 说明模型的拟合效果越好; 表达式 $\sum_{i=1}^{n}(y_i - \bar{y}_i)^2$ 仅与样本数据有关, 与所选用的模型无关.

2. 相关指数与相关系数的关系

在含有一个解释变量的线性回归模型中, 相关指数 R^2 恰好等于相关系数 r 的平方. 多媒体演示推导过程:

$$R^2 = \frac{\sum_{i=1}^{n}(\hat{y}_i - \bar{y})^2}{\sum_{i=1}^{n}(y_i - \bar{y})^2} = \frac{\sum_{i=1}^{n}(\hat{b}x_i + \hat{a} - \bar{y})^2}{\sum_{i=1}^{n}(y_i - \bar{y})^2} = \frac{\sum_{i=1}^{n}(\hat{b}x_i + \hat{a} - \hat{b}\bar{x} - \hat{a})^2}{\sum_{i=1}^{n}(y_i - \bar{y})^2}$$

$$= \frac{\sum_{i=1}^{n}(\hat{b}x_i - \hat{b}\bar{x})^2}{\sum_{i=1}^{n}(y_i - \bar{y})^2} = \frac{(\hat{b})^2 \sum_{i=1}^{n}(x_i - \bar{x})^2}{\sum_{i=1}^{n}(y_i - \bar{y})^2}$$

$$= \left[\frac{\sum_{i=1}^{n}(x_i - \bar{x})(y_i - \bar{y})}{\sum_{i=1}^{n}(x_i - \bar{x})^2}\right]^2 \cdot \frac{\sum_{i=1}^{n}(x_i - \bar{x})^2}{\sum_{i=1}^{n}(y_i - \bar{y})^2}$$

$$=\frac{\left[\sum_{i=1}^{n}(x_i-\bar{x})(y_i-\bar{y})\right]^2}{\sum_{i=1}^{n}(x_i-\bar{x})^2 \cdot \sum_{i=1}^{n}(y_i-\bar{y})^2}=r^2.$$

由上式及线性相关系数的性质可知：在线性回归模型中有 $0 \leqslant R^2 \leqslant 1$.

在一元线性回归模型中，相关指数和两个变量的相关系数都能刻画用线性回归模型拟合数据的效果. 相关系数的绝对值越大，相关指数就越大，用线性回归模型拟合数据的效果就越好. 当 $r=\pm 0.8$ 时，$R^2=0.64$；当 $r=\pm 0.9$ 时，$R^2=0.81$. 通常当 $R^2>0.80$ 时，认为回归模型对于该组数据是很有效的，此时两个变量的相关系数的绝对值几乎超过 0.9.

问题 2 相关指数的作用是什么？

(1) 相关指数可以作为衡量指数模型拟合效果的一个指标，它越大，说明模型拟合的效果越好. R^2 越接近 1，表示回归的效果越好（因为 R^2 越接近 1，表示解析变量和预报变量的线性相关性越强）.

(2) 在线性回归模型中，R^2 表示解析变量对预报变量变化的贡献率.

(3) 如果某组数据可能采取几种不同回归方程进行回归分析，则可以通过比较 R^2 的值来做出选择，即选取 R^2 较大的模型作为这组数据的模型.

总的来说，相关指数 R^2 是度量模型拟合效果的一种指标. 在线性模型中，它代表自变量刻画预报变量的能力.

3. 残差分析

在回归模型中，残差变量是一个不能被观测的量，即在实际问题中我们无法得到残差变量的观测值，但我们可以估计预报变量观测值中所包含的残差变量，这种估计对于查找样本数据中的错误和模型的评价极为有用. 残差分析是回归诊断的一种方法. 最简单的残差分析是观测残差图，以发现观测数据中可能出现的错误及所选用的回归模型是否恰当. 利用残差图进行残差分析的具体步骤：

(1) 计算每组观测数据的残差，$\hat{e}_i = y_i - \hat{y}_i (i=1,2,\cdots,n)$，即残差等于观测值减预测值.

(2) 画残差图. 作图时纵坐标为残差，横坐标可以选为样本序号、自变量、因变量的预测值等. 残差图是一种散点图.

(3) 分析残差图. 多媒体展示几种常见残差图及其含义.

(4) 找异常值. 根据计算的残差值和残差图，观察是否存在远离坐标轴的点，如存在，研究其出现的原因，是否存在数据收集和录入中出现错误，如有错误，改正后重新建立回归模型.

(三) 讲解例题

例 2 利用相关指数和相关系数来判断例 1 的数据用线性回归模型拟合的效果.

解 利用计算器得到 $R^2 \approx 0.64$，此时两个变量的相关系数的绝对值近似为 0.8，所以认为该组数据用线性回归模型拟合还是比较有效的.

例 3 表 3 列出了女大学生身高和体重的原始数据以及相应的残差数据.

表 3 女大学生身高和体重的原始数据及残差

编号	1	2	3	4	5	6	7	8
身高/cm	165	165	157	170	175	165	155	170
体重/kg	48	57	50	54	64	61	43	59
残差	−6.373	2.627	2.419	−4.618	1.137	6.627	−2.883	0.382

多媒体展示残差图,使学生了解残差图的制作及作用,坐标纵轴为残差变量(见图 3),横轴可以有不同的选择.若模型选择的正确,残差图中的点应该分布在以横轴为心的带形区域.对于远离横轴的点,要特别注意.

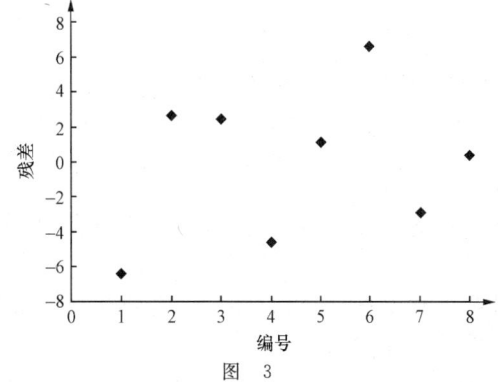

图 3

预报时需要注意的问题——注意回归模型的适用范围(以例 1 为例):

(1) 回归方程只适用于我们所研究的样本的总体.样本数据来自哪个总体的,预报时也仅适用于这个总体.

(2) 模型的时效性.利用不同时间段的样本数据建立的模型,只能用来对那段时间范围的数据进行预报.

(3) 建立模型时自变量的取值范围决定了预报时模型的适用范围,通常不能超出太多.

(4) 在回归模型中,因变量的值不能由自变量的值完全确定.正如前面已经指出的,某个女大学生的身高为 172 cm,我们不能利用所建立的模型预测她的体重,只能给出身高为 172 cm 的女大学生的平均体重的预测值.

(四)巩固练习

问题 1 分析残差可以帮助我们解决哪些问题?

(1) 寻找异常点;

(2) 发现回归模型的选择是否合适.

问题 2 用解释变量预报预报变量应注意哪些问题?
(1) 回归方程只适用于我们所研究的样本的总体;
(2) 我们所建立的回归方程一般都有时间性;
(3) 样本取值的范围会影响回归方程的适用范围;
(4) 不能期望回归方程得到的预报值就是预报变量的精确值.
问题 3 教材本小节练习第 3 题.

(五) 归纳小结

从相关系数、相关指数和残差分析角度探讨回归模型的拟合效果,以及建立回归模型的基本步骤.

(六) 课后作业

教材第 90 页习题 3.1 第 2 题.

回归分析的基本思想及其初步应用(第 3 课时)

一、教学目标

(1) 知识与技能:通过典型案例的探究,进一步了解回归的基本思想方法及初步应用;了解两个变量非线性相关关系.

(2) 过程与方法:让学生体会统计方法的特点;让学生体会可以借助于线性回归模型研究呈非线性关系的两个变量之间的关系.

(3) 情感态度与价值观:培养学生学好数学、用好数学的信心,加强与现实生活的联系,以科学的态度评价两个变量的相互关系;培养学生运用所学知识,解决实际问题的意识.

二、教学重点和难点

教学重点:通过探究使学生体会有些非线性模型通过变换可以转化为线性回归模型.
教学难点:有些非线性模型如何通过变换转化为线性回归模型.

三、教学过程

(一) 导入新课

问题 1 你能回忆建立线性回归模型的基本步骤吗?
选变量→画散点图→选模型→估计参数→分析与预测.
教科书上所列"建立回归模型的基本步骤",不仅适用于线性回归模型,也适用于一般回归模型的建立.

(二) 讲解新课

1. 讲解例 4

幻灯片出示例 4，引导学生理解例题含义．

例 4 一只红铃虫的产卵数 y 和温度 x 有关．现收集了 7 组观测数据列于表 4 中．

表 4　一只红铃虫的产卵数 y 与温度 x 的数据

温度 x/℃	21	23	25	27	29	32	35
产卵数 y/个	7	11	21	24	66	115	325

(1) 试建立产卵数 y 与温度 x 之间的回归方程；并预测温度为 28℃时产卵数目．

(2) 你所建立的模型中温度在多大程度上解释了产卵数的变化？

问题 2　例 4 中如何选择解释变量和预报变量？（选变量）

回答：选取温度为解释变量 x，红铃虫的产卵数为预报变量 y．

多媒体展示散点图，引导学生观察散点图的特点：随着自变量的增加，因变量也随之增加．（画散点图，如图 4 所示．）

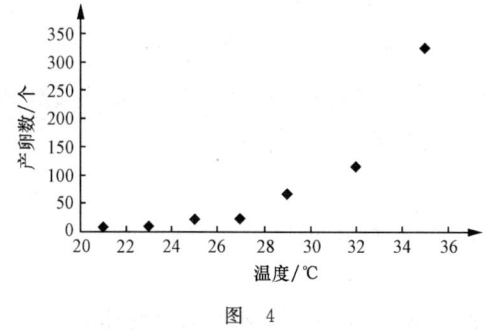

图　4

问题 3　一只红铃虫的产卵数 y 和温度 x 具有线性关系吗？除线性关系外，还学过哪些常见的函数关系？

目的　引导学生探究红铃虫的产卵数 y 与温度 x 之间更可能是什么关系，选择几个模型，如线性回归模型、二次函数模型、指数函数模型．

学生讨论、回忆一些常见函数图像的特点，判断红铃虫的产卵数 y 与温度 x 之间的可能关系．

2. 介绍两个变量非线性相关关系

问题 4　两个变量是线性相关时，利用最小二乘法得到了两个参数的估计公式，当模型不是线性回归模型时，如何估计模型中的参数？

目的　使学生了解最小二乘法的思想同样适用于非线性回归模型，但却不能给出统一的公式，多数情况下用数值计算的方法．

问题 5 模型 $y=bx^2+a$ 中怎样求 a,b 的最小二乘估计?

目的 让学生知道有时因变量与自变量的非线性关系经过变换后可以转化为两个新变量间的线性关系.

教师引导,学生观察模型,探究变换的方法并发表自己的意见,最后给出具体的方法.

平方变换:令 $t=x^2$,y 和 x 之间二次函数模型 $y=bx^2+a$ 就转化为 y 和 t 之间线性回归模型 $y=bt+a$.

问题 6 经过怎样的变换可以把模型 $y=c_1 e^{c_2 x}$ 转化为另外两个变量的线性相关?

目的 使学生进一步体会把因变量与自变量的非线性关系经过变换后转化为另外两个变量的线性关系的方法.

教师提出问题,引导学生寻找变换的方法,并鼓励学生思考、讨论、解释,在学生讨论后给出具体的方法:

对数变换:在 $y=c_1 e^{c_2 x}$ 中两边取常用对数得 $\ln y = c_2 x + \ln c_1$,令 $z=\ln y$,$a=\ln c_1$,$b=c_2$,则 $y=c_1 e^{c_2 x}$ 就转化为 z 和 x 之间线性回归模型 $z=bx+a$.

问题 7 经过变换后这几个模型都转化为线性回归模型,如何得到这几个线性回归模型的参数估计?

目的 使学生熟悉线性回归模型的参数估计方法.

教师提出问题,引导学生分组讨论,启发学生把原变量的观测数据转化为新变量的数据,利用最小二乘估计求得参数值.

(三) 归纳小结

(1) 建立回归模型的基本步骤,不仅适用于线性回归模型,也适用于一般回归模型的建立.

(2) 模型 $y=bx^2+a$ 和模型 $y=c_1 e^{c_2 x}$ 如何转化为另外两个变量的线性相关.

(四) 课后作业

阅读教材第 78—89 页,使学生对以上问题有所认识.

回归分析的基本思想及其初步应用(第 4 课时)

一、教学目标

(1) 知识与技能:通过典型案例的探究,进一步了解回归的基本思想方法及初步应用;明确解决回归模型的基本步骤;使学生逐渐熟悉探究更有效的回归模型的方法和步骤.

(2) 过程与方法:鼓励学生尝试建立不同的非线性回归模型,通过残差图和相关指数比较各个模型的拟合效果;提高学生分析问题、解决问题的能力.

(3) 情感态度与价值观:加强数学与现实生活的联系,以科学的态度评价两个变量的相关性,理解处理问题的方法,形成严谨的治学态度和锲而不舍的求学精神.

二、教学重点和难点

教学重点:通过探究使学生体会有些非线性模型通过变换可以转化为线性回归模型,了解在解决实际问题过程中寻找更好的模型的方法,了解可用残差分析的方法,比较两种模型的拟合效果.

教学难点:了解常用函数的图像特点,选择不同的模型建模,并通过比较相关指数对不同的模型进行比较.

二、教学过程

(一) 导入新课

问题 1 你能回忆建立线性回归模型的基本步骤吗?

选变量→画散点图→选模型→估计参数→分析与预测.

问题 2 模型 $y=bx^2+a$ 和模型 $y=c_1 e^{c_2 x}$ 如何转化为另外两个变量的线性相关?

幻灯片出示转化过程.

(二) 讲解新课

1. 讲解例 4

幻灯片出示例 4.

问题 3 根据上节课学习的内容以及大家课后的相关阅读,哪个模型能更好地刻画红铃虫的产卵数 y 与温度 x 之间的关系?

目的 引导学生尝试进行建立不同模型的比较.

教师提出问题,引导学生回忆评价线性回归模型拟合好坏的标准(相关指数、残差平方和),进一步引导学生探讨如何进行不同模型的比较,介绍计算模型相关指数和残差平方和的方法,说明一般在参数个数一定的条件下,相关指数越大或残差平方和越小说明模型拟合得越好.

学生讨论,提出自己的想法,建立回归模型,计算每个模型的相关指数,并进行模型的比较.

方案 1 选用线性回归模型 $\hat{y}=bx+a$.

解 例 4 中给出的数据画出的散点图如图 5 所示.选取温度为解释变量 x,红铃虫的产卵数为预报变量 y.假设线性回归方程为 $\hat{y}=bx+a$,由计算器得,线性回归方程为 $\hat{y}=19.87x-463.73$.相关指数 $R^2=r^2\approx 0.864^2\approx 0.7464$,当 $x=28$ 时,$\hat{y}=19.87\times 28-463.73\approx 93$.所以,线性回归模型中温度解释了 74.64% 的产卵数变化.

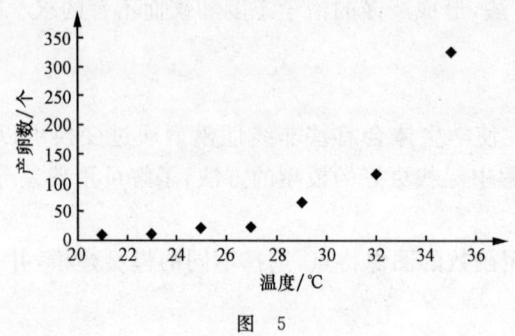

图 5

方案 2 选用二次函数模型 $y=bx^2+a$.

解 选取温度为解释变量 x,红铃虫的产卵数为预报变量 y. 假设非线性回归方程为 $y=bx^2+a$,作平方变换:令 $t=x^2$,红铃虫的产卵数 y 和温度 x 之间二次函数模型 $y=bx^2+a$ 就转化为产卵数 y 和温度的平方 t 之间线性回归模型 $y=bt+a$. 变换后的数据见表 5.

表 5 平方变换后的数据表

温度 $x/℃$	21	23	25	27	29	32	35
温度的平方 t	441	529	625	729	841	1024	1225
产卵数 $y/$个	7	11	21	24	66	115	325

作散点图,如图 6 所示,并由计算器得 y 和 t 之间的线性回归方程为
$$y=0.367t-202.543,$$
相关指数 $R^2=0.802$.

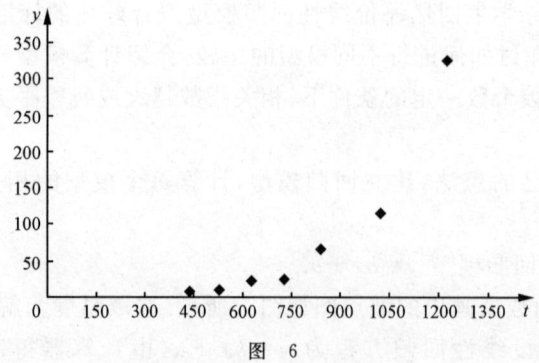

图 6

将 $t=x^2$ 代入线性回归方程得红铃虫的产卵数对温度的非线性回归方程为
$$y=0.367x^2-202.543.$$
当 $x=28$ 时,$y=0.367\times 28^2-202.543\approx 85$,且 $R^2=0.802$. 所以,二次函数模型中解释变量

温度解释了 80.2% 的产卵数变化.

方案 3 选用指数函数模型 $y=c_1 e^{c_2 x}$.

解 选取温度为解释变量 x, 红铃虫的产卵数为预报变量 y. 假设非线性回归方程为 $y=c_1 e^{c_2 x}$. 作对数变换: 在 $y=c_1 e^{c_2 x}$ 中两边取常用对数得 $\ln y=c_2 x+\ln c_1$, 令 $z=\ln y, a=\ln c_1$, $b=c_2$, 则 $y=c_1 e^{c_2 x}$ 就转化为 $z=bx+a$. 数据转换表见表 6.

表 6 对数变换后的数据表

温度 x/℃	21	23	25	27	29	32	35
$z=\ln y$	1.946	2.398	3.045	3.178	4.190	4.745	5.784
产卵数 y/个	7	11	21	24	66	115	325

作散点图, 如图 7 所示. 由计算器得: $a=-3.843, b=0.272, z$ 与 x 间的线性回归方程为 $z=0.272x-3.843$, 且相关指数 $R^2=0.985$, 红铃虫的产卵数对温度的非线性回归方程为 $y=e^{0.272x-3.843}$, 当 $x=28$ 时, $y=e^{0.272\times28-3.843}\approx44$, 且 $R^2=0.985$. 所以, 指数回归模型中解释变量温度解释了 98.5% 的产卵数的变化.

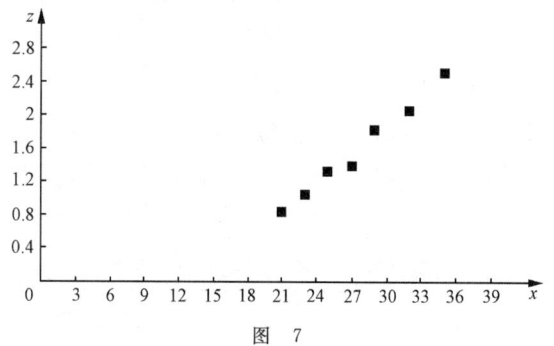

图 7

我们将三种函数模型得到的相关指数 R^2 列在表 7 中, 通过比较相关指数可知: 指数函数模型能更好地刻画红铃虫的产卵数 y 与温度 x 之间的关系.

表 7 函数模型与相关指数 R^2 对照表

函数模型	相关指数 R^2
线性回归模型	0.7464
二次函数模型	0.802
指数函数模型	0.985

还可引导学生从残差平方和的角度, 分析比较哪个模型更好.

(三) 巩固练习

例 5 为了研究某物种随时间 x 变化繁殖的个数, 收集数据如表 8 所示.

表8　繁殖个数随时间 x 变化一览表

天数 x/天	1	2	3	4	5	6
繁殖个数 y/个	6	12	25	49	95	190

（1）用天数作解释变量，繁殖个数作预报变量，作出这些数据的散点图；

（2）试求出预报变量对解释变量的回归方程；

（3）计算残差、相关指数 R^2.

解　（1）散点图如图8所示.

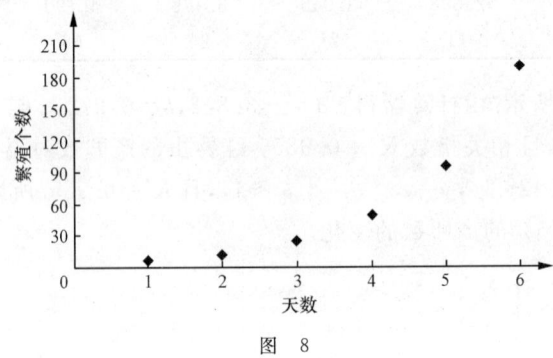

图　8

（2）由散点图看出样本点分布在一条指数函数 $y=c_1 e^{c_2 x}$ 的周围，于是令 $z=\ln y$，$a=\ln c_1$，$b=c_2$，则 $y=c_1 e^{c_2 x}$ 就转化为 $z=bx+a$. 表9是对数变换后的相应数据. 由计数器算得，$\hat{z}=0.69x+1.112$，则有 $\hat{y}=e^{0.69x+1.112}$.

表9　对数变换后繁殖个数随时间 x 变化一览表

x	1	2	3	4	5	6
z	1.79	2.48	3.22	3.89	4.55	5.25

（3）计算 $\hat{y}_i$，可得 $\hat{y}_i$ 与 y_i 对应表10.

表10　$\hat{y}$ 与 y 对应表

$\hat{y}_i$	6.06	12.09	24.09	48.04	95.77	190.9
y_i	6	12	25	49	95	190

利用已知的数据可计算出

$$\sum_{i=1}^n e_i = \sum_{i=1}^n (y_i - \hat{y}_i)^2 = 3.1643,$$

$$\sum_{i=1}^n (y_i - \bar{y}_i)^2 = \sum_{i=1}^n y_i^2 - n\bar{y}^2 = 25\,553.3,$$

$$R^2 = 1 - \frac{3.1643}{25\,553.3} = 0.9999,$$

即指数函数模型中解释变量天数解释了 99.99% 的该物种繁殖个数变化.

（四）归纳小结

1. 我们希望找到两个变量的关系，如何发现它们之间的关系？如何比较不同模型的拟合效果？

2. 通过例题你能归纳建立回归模型的基本步骤吗？

建立回归模型基本步骤为：

（1）确定研究对象,明确解释变量与预报变量；

（2）画出散点图,观察它们之间的关系；

（3）由经验确定回归方程的类型；

（4）按一定规则估计回归方程中的参数；

（5）得出结果后分析残差图是否有异常,若存在异常,则检查数据是否有误,或模型是否合适等.

3. 应用统计方法解决实际问题需要注意的问题：

对于同样的数据,有不同的统计方法进行分析,我们要用最有效的方法分析数据.可以利用直观（散点图和残差图）、相关指数来确定哪一个模型的拟合效果更好.

本章参考文献

[1] 教育部.普通高中数学课程标准（实验）.北京：人民教育出版社,2003.

[2] 人民教育出版社,课程教材研究所,中学数学课程教材研究开发中心.普通高中课程标准实验教科书·数学选修 2-3（A 版）.2 版.北京：人民教育出版社,2006.

[3] 人民教育出版社,课程教材研究所,中学数学课程教材研究开发中心.普通高中课程标准实验教科书·数学选修 2-3（A 版）教师教学用书.2 版.北京：人民教育出版社,2007.

[4] 张占亮,田玉萍,何聪.数学教学技能训练教程.东营：中国石油大学出版社,2007.

[5] 刘影,程晓亮.数学教学论.北京：北京大学出版社,2009.

[6] 章士藻.中学数学教育学.北京：高等教育出版社,2007.

[7] 钱珮玲,马波,郭玉峰,张丹.高中数学新课程教学法.北京：高等教育出版社,2007.